Direito dos Negócios Aplicado

Direito dos Negócios Aplicado

VOLUME III: DOS DIREITOS CONEXOS

2016

Coordenação:

Elias Marques de Medeiros Neto
Adalberto Simão Filho

DIREITO DOS NEGÓCIOS APLICADOS
VOLUME III: DOS DIREITOS CONEXOS
© Almedina, 2016

Coordenação: Elias Marques de Medeiros Neto e Adalberto Simão Filho
DIAGRAMAÇÃO: Almedina
DESIGN DE CAPA: FBA
ISBN: 978-858-49-3132-3

Dados Internacionais de Catalogação na Publicação (CIP)
(Câmara Brasileira do Livro, SP, Brasil)

Direito dos negócios aplicado, volume III : dos
direitos conexos / coordenação Elias Marques de
Medeiros Neto, Adalberto Simão Filho. --
São Paulo : Almedina, 2016.
Vários autores.
Bibliografia.
ISBN 978-85-8493-132-3
1. Direitos conexos - Brasil I. Medeiros Neto,
Elias Marques de. II. Simão Filho, Adalberto.

16-02917   CDU-34

Índices para catálogo sistemático:
1. Direito conexo : Direito 34

Este livro segue as regras do novo Acordo Ortográfico da Língua Portuguesa (1990).

Todos os direitos reservados. Nenhuma parte deste livro, protegido por copyright, pode ser reproduzida, armazenada ou transmitida de alguma forma ou por algum meio, seja eletrônico ou mecânico, inclusive fotocópia, gravação ou qualquer sistema de armazenagem de informações, sem a permissão expressa e por escrito da editora.

Maio, 2016

EDITORA: Almedina Brasil
Rua José Maria Lisboa, 860, Conj.131 e 132, Jardim Paulista | 01423-001 São Paulo | Brasil
editora@almedina.com.br
www.almedina.com.br

HOMENAGEM E AGRADECIMENTO

Este é um grande momento para os Autores que se reuniram em torno de um ideal literário, consistente da publicação dos três volumes da obra intitulada Direito dos Negócios Aplicado, pela importante e reconhecida Editora Almedina. A Coletânea é destinada a contribuir, ainda que minimamente, para com a criação de um propício ambiente para o desenvolvimento das atividades empresariais no Brasil, com vistas ao crescimento sustentável e a inclusão social. Desta forma, não podemos deixar de prestar ao colega Janahim Dias Figueira a justa homenagem e o necessário agradecimento pelo pessoal empenho na realização desta obra, contribuindo ativamente para a concepção do seu plano inicial, seleção temática, acompanhamento irrestrito e pronta sugestão de nomes de autores, lembrando que muitos dos quais, somente vieram a abrilhantá-la em razão de pessoal convite e solicitação direta deste nosso homenageado a quem tanto estimamos e reconhecemos as qualidades excepcionais e os esforços.

Os Coordenadores

NOTA DOS COORDENADORES

"O Direito dos Negócios moderno, como não poderia deixar de ser, faz o interface direto com as preocupações inerentes no dia-a-dia do panorama de negócios nacional e internacional.

De tal modo que áreas como o direito tributário, econômico, concorrencial, imobiliário ambiental e penal empresarial, têm necessariamente, de serem vistas como instrumentos aptos a solucionarem de forma efetiva, as disputas a que forem objeto de consultas no âmbito empresarial.

Neste volume, os autores se preocuparam em demonstrar o desafio de se obter a efetividade no processo e os obstáculos que o cotidiano forense apresenta para aqueles que dialogam diariamente com as diversas áreas abrangidas por este volume, áreas das mais diversas especialidades, de tal sorte a apresentar-se medidas e pensamentos que podem contribuir para uma sinergia cada vez mais bem vinda entre o mundo da resolução de conflitos e no universo de negócios do Brasil e exterior".

Os Coordenadores

APRESENTAÇÃO

Em tempos de tantas incertezas geradas não só pelas dificuldades já constatadas e vivenciadas, inerentes ao próprio exercício da atividade empresarial, bem como do emaranhado de leis que compõem um caótico panorama legislativo, aliado à forma interpretativa destas normas que nem sempre condizem com a moderna visão da empresa e a sua importância na ordem econômica como organização de natureza institucional pelos excelentes resultados gerados na busca de seu fim social, tanto na arrecadação de impostos e atribuição de postos de trabalho, como no fomento das relações, há que se caminhar, mesmo em ambiente sensível às turbulências políticas que tanto refletem nesta atividade tornando mais árido o caminho esperado, para a busca de um padrão de nova empresarialidade com valores éticos, impregnados de solidarismo e cooperativismo, visando o desenvolvimento inclusivo e sustentável da nação.

Os mais diversos temas que serão tratados neste volume, de uma intensidade e diversidade que em muito irá agradar o leito, posto à prova em um ambiente negocial oportuno aos investimentos e os Autores de escol convidados para abrilhantar esta obra, cada qual em determinado tema, procurarão trazer contribuições preciosas. Por uma questão metodológica, optamos por agrupar temas que possam se comunicar no âmbito de determinadas áreas, como o direito econômico, tributário, ambiental e penal empresarial, de forma tal que tenhamos no núcleo central um elemento condutor de natureza interpretativa.

Este volume é iniciado com brilhante artigo de José Ignácio Gonzaga Franceschini, que escreve sobre os contratos de transferência de tecnologia e o CADE.

Assim, na esteira segue o Professor Roberto Caldas, trazendo artigo sobre a relação jurídico – administrativo pactual pública.

Posteriormente, Carlos Marcelo Gouveia escreve sobre a guerra fiscal no âmbito do ICMS e a insegurança no plano empresarial.

Assim, temos a seguir, interessante artigo de Mayra Pinto Bonato, que nos vem falar da não incidência do IRPJ e da CSLL sobre as verbas indenizatórias.

Carlos Eduardo Ferrari Peres, colaciona artigo sobre o crédito imobiliário e as operações estruturadas para a emissão de certificados de recebíveis imobiliários, conhecidos mais como CRI.

O Professor Mário Luiz Oliveira vem tratar do tema PIS e COFINS não cumulativos.

Assim, na sequencia, a Adriana Piraíno Sanseviero escreve sobre tema muito em voga nos dias atuais, tratando em seu artigo sobre o papel do investimento anjo no direito dos negócios.

Flávio Franco, em virtude de sua experiência no setor corporativo, escreve sobre quais os desafios na gestão jurídica das empresas.

Chega após isso, a vez de Santiago Schunk escrever sobre o que é o *criminal compliance*.

A Professora Tânia Pantano, tendo por pano de fundo sua *expertise* em questões imobiliárias, escreve artigo sobre a constituição e o funcionamento dos fundos de investimento imobiliário.

O Professor Rogério Mollica, vem com um artigo sobre o ISS e a exportação de serviços.

Na sequencia, Luciano Ogawa, com seu artigo sobre reorganizações societárias aprovadas pelos órgãos reguladores, traz um enfoque regulador ao direito societário.

Eduardo Correa da Silva, eminente tributarista, nos fala sobre o ICMS no comércio eletrônico e quais os seus reflexos na atividade empresarial.

Na sequencia, Eugênio Soares, com base na sua experiência em questões de direito cooperativo, traz artigo sobre as formas jurídicas de empreendimentos jurídicos solidários.

O Professor Roberto Di Cillo, traz após isso, artigo com foco em governança corporativa.

Carlos Leduar de Mendonça Lopes, escreve sobre o PIS/COFINS.

Helmo Freitas colaciona artigo sobre a livre iniciativa empresarial, em contraposição à sustentabilidade ambiental.

O Professor Cristiano Maronna e Priscila Beltrame escrevem sobre o que é o *compliance*.

APRESENTAÇÃO

Em jeito de conclusão, o Juiz Federal Rafael Soares Souza discorre sobre o tema da Atividade Empresarial e do Combate à Corrupção na Administração Pública.

Espera-se que esta obra, em seu conjunto completo, possa atender aos anseios do leitor e contribuir para demonstrar a importância da atividade empresarial e dos negócios, no crescimento da economia e no desenvolvimento do país.

Os Coordenadores

PREFÁCIO

Recebi com alegria o convite para prefaciar este terceiro volume do Tratado de Direito dos Negócios, coordenado pelos professores Adalberto Simão Filho e Elias Marques de Medeiros Neto.

Os dois coordenadores integram o pelotão de frente de uma nova geração de juristas, que conjugam a vida acadêmica de pesquisadores com uma intensa carreira profissional, o que permite unir com feliz harmonia em seus trabalhos a dimensão sistemática, própria da reflexão teórica, com a dimensão pragmática, própria de quem enfrenta as consequências reais dos institutos jurídicos na lida diária dos negócios.

Os currículos dos dois falam por si. Adalberto Simão Filho fez mestrado e doutorado em Direito Empresarial pela PUC/SP, além de pós-doutorado na Faculdade de Direito da Universidade de Coimbra-Portugal. Exerce também uma intensa atividade advocatícia na área empresarial a mais de 20 anos e Elias Marques de Medeiros Neto também fez mestrado e doutorado pela PUC/SP, porém na área de processo civil e da mesma forma exerce uma incansável advocacia corporativa, como líder de um dos maiores grupos econômicos do país.

Falando agora do tratado propriamente dito, vejo que estrutura escolhida pelos coordenadores para a obra foi muito feliz.

O direito dos negócios é tradicionalmente incluído em tratados de direito civil (como no trabalho de Antônio Menezes Cordeiro) ou de direito privado (como na monumental obra de Pontes de Miranda).

A opção por organizar um tratado dedicado exclusivamente ao direito dos negócios, fora das bitolas privatistas, permite flexibilizar essas fronteiras tradicionais e, através de uma perspectiva transversal, estender as reflexões dos tratadistas a áreas do direito público, que também afetam negócios jurídicos, mesmo os estritamente privados.

Além disso, essa transversalidade se torna especialmente relevante quando verifica-se, de um lado, a importância dos negócios jurídicos públicos, em um país no qual o governo é o principal protagonista da atividade econômica, e, de outro, a tendência à publicização dos negócios jurídicos privados, que estão a cada dia mais sujeitos à interferências e revisões do poder público.

Daí a felicidade na organização do plano geral da obra.

Após enfrentar questões empresariais e civis nos dois primeiros volumes, este terceiro volume discute o que os coordenadores denominam direitos conexos aos negócios e envereda pelas áreas do direto concorrencial, econômico, tributário, imobiliário, penal empresarial, ambiental e a recente área do "compliance", que tem no seu epicentro a novíssima lei anticorrupção.

São ao todo dezenove artigos.

Graças ao emaranhado de normas fiscais, o direito tributário lidera a contagem com oito artigos, com temas que vão dos efeitos da guerra fiscal sobre os negócios empresariais até os regimes especiais de incentivo.

Os temas ligados ao compliance e governança são tratados em quatro artigos, que versam sobre gestão de empresas, governança, criminal compliance e investimento anjo.

Os negócios imobiliários são discutidos em três artigos, que tratam dos fundos de investimento imobiliário, restrições à propriedade estrangeira sobre imóveis rurais e as CRIs.

O direito econômico aparece com um artigo, que trata dos.

Por fim, o direito ambiental, o direito administrativo e o direito econômico trazem um artigo cada, discutindo respectivamente a responsabilidade civil por contaminação do solo, a relação jurídico administrativa pactual pública e a visão do CADE sobre contratos de transferência de tecnologia.

Concluindo (porque, afinal, assim como os discursos, a primeira qualidade de um bom prefácio é ser curto), a transversalidade da obra, a variedade dos temas e a qualidade dos autores coordenados certamente farão com que este Tratado de Direito dos Negócios se consolide como uma importante contribuição para o estudo dos negócios jurídicos na moderna realidade do direito brasileiro.

Marcelo Guedes Nunes

Graduado em Direito pela Faculdade de Direito da Pontifícia Universidade Católica de São Paulo (PUC-SP) – 2000. É mestre e doutor em Direito Comercial pela mesma Universidade.

Contratos de Transferência de Tecnologia e o CADE

José Inácio Gonzaga Franceschini

O conceito do "antitruste", fortemente positivado pelo Sherman Act e pelo Robinson-Patman Act do Direito norte-americano, tinha por alvo principal o combate à monopolização, priorizando os princípios de que quanto mais pulverizado o mercado (*small is beautiful*) maior seria o nível da concorrência (ainda que tal visão nivelasse por baixo a eficiência econômica), da dicotomia da infração *per se* em contraposição à Regra da Razão e na defesa da concorrência como um processo em si mesmo.

Levada a disciplina para terras europeias, encontrou ela guarida no Tratado de Roma, quando o conceito do "antitruste" de combate à monopolização foi substituído pelo enfrentamento do abuso da posição dominante, passando o Direito Antitruste a ser mais conhecido, até mesmo para efeitos de diferenciação conceitual, por Direito da Concorrência (*Competition Laws*). Inicialmente concebia-se mérito na concentração econômica, posto que promotora de eficiências e de bem-estar, coarctando-se apenas seus excessos, após a devida compreensão dos mercados. Esta posição deu margem, no Brasil, à admissibilidade de se alcançar posição de monopólio, desde que conquistado pelo processo natural fundado na natural eficiência do agente econômico em relação a seus competidores (art. 36, § 1º, da Lei n.º 12.529/11, de 30 de novembro de 2011). Essa visão benigna inverteu-se tragicamente tanto na Europa como no Brasil. A hermenêutica *pro negotio* da competitividade pela eficiência foi substituída por considerações de políticas públicas restritivas e dirigistas, muitas vezes anti-mercado.

No Brasil, a diferenciação conceitual, ao menos no plano da nomenclatura, é indistinta, usando-se indiferentemente "Direito Antitruste" e "Direito da Concorrência". A diferença conceitual, porém, se mostrou patente, aí sim, na execução da legislação concorrencial no decorrer dos tempos.

Até recentemente, com a Lei n.º 8.884, de 11 de junho de 1994, embora sempre permeada por inspirações de ordem ideológica, a exegese da norma concorrencial era claramente influenciada pelos conceitos do "antitruste" norte-americano, neste ponto mais preocupado com as realidades do mercado com o recorrente recurso à Regra da Razão, até mesmo em temas que alhures eram tratados como infração *per se*, como é o caso do cartel.

Por seu turno, a atual Lei n.º 12. 529/11, alterou radicalmente a forma de execução da legislação concorrencial no Brasil. Com forte influência na mais recente posição europeia, o novel diploma afrontou os princípios consagrados na Constituição vigente (de 1988) de primazia da livre iniciativa, para priorizar de forma templária o dirigismo estatal na Economia sob a égide da lógica da cenoura e do porrete (*stick-and-carrot approach*) e da *capitis deminutio* dos agentes de mercado, reduzidos à hipossuficiência perante o Estado.

É compreensível a origem da escola intervencionista quando se a sedia no contexto do Direito Comunitário europeu, eis que este tem por progênie o Tratado de Roma. De fato, é cediço que o Direito Internacional Público não contempla a admissibilidade de tratados internacionais penais, assim ensejando uma legislação de cunho administrativista-dirigista, o que não é concebível no sistema jurídico nacional em se tratando, o diploma concorrencial, de conjunto de normas de cunho repressivo.

Aliás, sensível a esse hibridismo de legislação penal executada por órgão administrativo, evoluiu a doutrina pátria com o surgimento do Direito Administrativo Sancionador, que não é incompatível com o Direito Penal-Econômico na medida em que se restringe ao âmbito da *jurisdição administrativa*. De fato, o Direito Concorrencial não se localiza no Direito Administrativo, tão somente por ter no CADE seu órgão executor, mas por faltar-lhe os atributos desse ramo do Direito, a saber, a discricionariedade (os atos praticados pelo CADE são vinculados ou regrados), a auto-executoriedade e a coercibilidade (as decisões do CADE são executadas, sempre, judicialmente). Mas, não sua aplicação, como se sabe, é de fato exercida sob a jurisdição de um órgão administrativo, o CADE. Recorda-se, neste ponto, porém, que o Direito Administrativo Sancionador tem a igual cautela de haurir seus princípios no Direito Penal Comum.

De qualquer modo, é significativo registrar que mesmo a jurisdição comunitária busca amenizar o impacto deletério de uma visão estritamente administrativa e dirigista do Direito da Concorrência, tal como é a atualmente adotada pela Comissão Europeia. De fato, a despeito de as sanções de combate às ofensas à livre concorrência em solo do Antigo Continente sejam classificadas, sob o aspecto formal, como sendo de natureza administrativa[1], vêm sendo elas consideradas, por sua origem, como penas "quase criminais", sob a égide do art. 6º da Convenção Europeia para a Proteção de Direitos Humanos (*ECHR*)[2], sobretudo em razão da natureza tanto da ofensa como da gravidade das sanções.

Em plagas nacionais, tem-se que o conceito do "quase criminal" encontra símile nos parâmetros do processo penal-econômico ou, no mínimo, no plano jurisdicional, do novel Direito Administrativo Sancionador, que, de qualquer sorte, exige atenção redobrada por parte da Autoridade Pública em relação ao *onus probandi* que lhe cabe na busca da verdade real e na análise da prova que lhe compete colher e examinar. Não se lhe admite mais, por exemplo, a usual "flexibilidade administrativa" no trato do devido processo legal e no exame do conjunto probatório, posto que em jogo direito humano do Administrado, que, à obviedade, goza de primazia face o Estado.

Todavia, sementes ofídicas da postura dirigista em terras brasileiras já haviam sido inoculadas na Lei n.º 8.884/94, que precedeu a atual, tendo esta, inconstitucionalmente, admitido a herética possibilidade da responsabilidade objetiva em matéria repressiva. Também o fenômeno afetou a jurisprudência do CADE, cuja *praxis* demonstrava efetivo desprezo pela solidez da cláusula devido processo legal e do princípio da segurança jurídica, além de alimentar conceitos constitucionalmente questionáveis, como o da presunção da ilicitude de atos de concentração (que culminou por ser positivada no diploma vigente – art. 88, §§ 5º e 6º, da Lei n.º 12.529/11).

Com forte tendência dirigista, a hermenêutica da nova lei chega a afrontar conceitos consagrados, dispensando o próprio poder de mercado para a tipificação de conduta infracional. Até então, somente poderia abusar do poder econômico quem, por óbvio, deste gozasse.

Para compreender esse fenômeno evolutivo, avulta, portanto, preliminarmente, o tema da taxinomia para que a matéria abandone a práxis ao sabor das conveniências de momento e em prol de um tratamento jurídico científico mais sólido e seguro.

A natureza jurídica da legislação concorrencial, o que não é privilégio seu, é de ser determinada em face da *substância intrínseca* e não da natureza

---

[1] Cf. o art. 23(5) do Regulamento 1/2003).
[2] Caso C-199/92P, Hüls vs. Comissão Europeia, [1999], ECR 4287, parágrafo 150.

de seu órgão executor ou dos propósitos sociais deste. Tem ela, portanto, por norte as características que lhe são endógenas e não considerações de ordem utilitárias e circunstanciais.

A legislação concorrencial brasileira encontra, diversamente de muitas jurisdições, embasamento constitucional, denotando a relevância da matéria para a sociedade brasileira e exigindo do Estado o respeito a seus princípios. De fato, afirma a Constituição Federal, em seu primeiro artigo, em cláusula pétrea, que a República Federativa do Brasil, formada pela união indissolúvel dos Estados e Municípios e do Distrito Federal, constitui-se em Estado Democrático de Direito e tem como fundamentos, dentre outros, a livre iniciativa (inciso IV, *in fine*).

Tem-se, portanto, na livre iniciativa uma pedra angular do Estado brasileiro e, como para viabilizá-lo, caracteriza-se aquela como princípio geral da atividade econômica nacional, reconhecendo a Carta Magna (art. 170, *caput*) ser ela fundamento da ordem econômica a par da valorização do trabalho humano. Havendo de instrumentalizar-se, no bojo da ordem econômica pátria, operacionaliza-se a livre iniciativa pelo princípio operacional da livre concorrência (art. 170, inciso IV). Por decorrência lógica, entendeu o legislador constitucional ser a livre iniciativa o propósito da garantia da livre concorrência.

A livre concorrência não é um fim em si mesma, mas meio de ver promovida a livre iniciativa, que, assim, tem sua natureza substantiva assegurada, exigindo-se, assim, do operador do Direito a busca incessante da apreensão da efetiva realidade dos mercados na execução da legislação infraconstitucional.

De qualquer sorte, é evidente a importância magna dos princípios da livre iniciativa e da livre concorrência, para a Sociedade, a ponto de ser esta a titular dos bens jurídicos por eles protegidos, como consagra a Lei da Concorrência nacional (Lei n.º 12.529, de 30 de novembro de 2011, art. 1º, parágrafo único). No esteio da definição de Direito Penal de *Stampa Braun*[3], sua violação exige, portanto, a reação estatal pela cominação de pena (pecuniária ou privativa de liberdade) e, eventualmente, de medida de segurança (penas acessórias, ordens de cessação e compromissos de cessação), o que reforça a localização da matéria no âmbito do Direito Público.

---

[3] "Direito Penal é o ordenamento jurídico autônomo, pertencente ao Direito Público, que tutela, mediante a aplicação de uma pena ou de uma medida de segurança, as condutas que contra aqueles interesses atentem (delitos)" (tradução livre do original em espanhol), *apud* "*Introducción a La Ciencia del Derecho Penal*", pág. 19.

CONTRATOS DE TRANSFERÊNCIA DE TECNOLOGIA E O CADE

Dada a relevância constitucional e as características endógenas de seu conteúdo, que prevalecem em relação a definições meramente formais[4], tem-se, por decorrência que o Direito da Concorrência é ramo do Direito Penal-Econômico que disciplina as relações de mercado entre os agentes econômicos e os consumidores, tutelando-lhes, sob sanção, o pleno exercício do direito à livre concorrência como instrumento da livre iniciativa, em prol da Sociedade. De fato, essa conclusão se impõe, na medida em que a legislação concorrencial se relaciona à disciplina de direitos e garantias individuais do cidadão, afetando diretamente o *status libertatis* dos agentes econômicos, vetores que são da livre iniciativa.

Não se cuida, destarte, de ramo autônomo, vinculando-se aos princípios de Direito Penal, posto que, como visto, visa assegurar o direito à livre iniciativa e punir infrações a um princípio fundamental a que faz jus a Sociedade.

Disciplina o Direito da Concorrência as relações *de mercado*, não entre concorrentes daí se dissociando da figura da concorrência desleal tipificada como crime (Lei n.º 9.279, de 14 de maio de 1996, art. 195), conduta punível quando o ato tenha repercussões mais graves, ou conduta de natureza civil, que enseja direito indenizatório. Define-a Celso Delmanto[5] como *"o uso de meios ou métodos incorretos para modificar a normal relação de competição"*. Diferencia-se, também, do Direito da Concorrência, posto que, enquanto em ambos os ramos do Direito, o sujeito ativo seja sempre um *concorrente*, o sujeito passivo, na concorrência desleal, será apenas outro *concorrente*, individualmente considerado, que tem sua propriedade imaterial violada, a infração à ordem econômica atinge, difusamente, a *concorrência*, valor cujo titular do interesse jurídico é a coletividade (art. 1º, parágrafo único, da Lei n.º 12.529/11). Um protege um direito individual, outro a ordem econômica.

Logo, as relações de mercado de que se trata são aquelas que se verificam entre os *agentes de mercado*, que atuam *no mercado*. Lides privadas entre concorrentes se localizam fora dos limites do Direito da Concorrência, devendo sempre ser dirimidas pela Justiça comum e não por meio das autoridades e ritos próprios estabelecidos na Lei da Concorrência.

Mas tais relações não se limitam aos atores do mercado, mas também em suas interações com o consumidor. A Lei da Concorrência, defende, sim, o consumidor, mas não como titular direto do interesse jurídico, porém de

---

[4] Cf. Pimentel, Manoel Pedro – "Legislação Penal Especial", pág. 3.
[5] Cf. Delmanto, Celso – "Crimes de Concorrência Desleal", Ed. José Bushatsky, São Paulo, 1975, pág. 12.

forma reflexa, como *ultima ratio* de seus naturais e necessários efeitos. Quanto maior a concorrência, em princípio, tende o mercado a gerar mais e mais novos produtos, reduzir preços e aumentar o volume de bens e serviços a satisfazer as necessidades e interesses dos consumidores ou usuários finais. Não se confunde, portanto, Direito da Concorrência com Direito do Consumidor, nem um nutre seus princípios no outro. Assim, descabida é a aplicação, no Direito da Concorrência, dos princípios da precaução ou da inversão do ônus da prova, mesmo porque não está a legislação concorrencial a proteger a hipossuficiência ou a disciplinar condutas de mercado de agentes difusos. A *concorrência* é sempre determinada ou determinável em sua estrutura.

O Direito da Concorrência, como visto, é um direito punitivo, penal, de cunho econômico. Não por outra razão as infrações à ordem econômica são atos típicos puníveis, seja mediante uma sanção principal (pecuniária – art. 37 da Lei n.º 12.529/11 – ou privativa da liberdade – art. 4º da Lei n.º 8.137, de 27 de dezembro de 1990 – embora se possa dizer que este estatuto foi, na parte concorrencial, derrogado pela Lei n.º 8.158, de 8 de janeiro de 1991, posto serem ambas leis penais, sem esta lei posterior) ou acessória, quando assim exigir a gravidade dos fatos ou o interesse público geral (art. 38 da Lei n.º 12.529/11), seja objeto de uma medida de segurança (tais como ordens de cessação e compromissos de cessação de prática). Não se trata de medidas meramente administrativas, mesmo porque a natureza da norma não é definida pela natureza do órgão que opera o Direito, mas sim por suas características intrínsecas, sob pena de se alterar a natureza da norma a cada vez que porventura se substitua uma Autoridade Pública aplicadora por outra.

O Direito da Concorrência, portanto, tutela, em prol da Sociedade, sob sanção, o pleno exercício do direito à livre concorrência como instrumento da livre iniciativa. Garantindo direitos constitucionais, sua execução há de se coadunar sempre com os direitos e garantias da Lei Maior, notadamente os individuais, sendo este o interesse público envolvido, o de proteger a livre iniciativa. Mesmo porque, o Direito da Concorrência não alberga interesses do Estado, mas da Sociedade, não se confundindo, por óbvio, esta com aquele.

Lapidarmente, o renomado Prof. Modesto Carvalhosa[6] bem ressalta a frequente confusão taxonômica decorrente do conteúdo econômico da legislação

---

[6] Carvalhosa, Modesto, "Direito Econômico – Obras Completas", Ed. Revista dos Tribunais, 2013, pág. 375.

CONTRATOS DE TRANSFERÊNCIA DE TECNOLOGIA E O CADE

concorrencial, resultante daquilo que o Prof. Fábio Nusdeo[7] bem definiu como "babel doutrinária", gerada com o surgimento do Direito Econômico no cenário jurídico nacional, ramo do Direito ao qual, equivocadamente, alguns juristas pretendem sediar o Direito da Concorrência: "Ainda que o Direito Econômico seja o resultado histórico da extensão do papel do Estado na economia, exprime ele – como Direito Positivo – o fenômeno específico do poder público intervir SISTEMÁTICA e RACIONALMENTE no processo. *Escapam, por conseguinte, de seu âmbito, as matérias repressivas de caráter administrativo –penal, que são tratadas pelo Direito Penal Econômico, que por sua vez, é informado por outros princípios e categorias"* (os grifos não são do original).

O tema da taxinomia é polêmico, tendo, a partir do final de 1990, angariado simpatias, inspiradas na "Escola de Minas", forjada que foi na Universidade Federal de Minas Gerais – UFMG, tendo por figura exponencial o ínclito Prof. Washington Peluso Albino de Souza, e introdutora no CADE a eminentíssima Professora Dra. Ana Maria Ferraz Augusto, o posicionamento de que o Direito Concorrencial encontraria guarida no então novel Direito Econômico. Esta corrente encontrou seu impulso legislativo inicial por ocasião da promulgação da Lei n.º 8.158, de 1991, que dela hauriu ensinamentos, e encontrou campo fértil com a evolução da interpretação intervencionista que vem sofrendo o capítulo da Ordem Econômica da Constituição Federal de 1988.

A origem da problemática foi magistralmente sintetizada por Ricardo Antunes Andreucci[8]: "*Um problema jurídico da atualidade é o direito econômico, juntamente com o qual evolui o direito penal socioeconômico, ambos com origem no intervencionismo estatal, fenômeno este que se sente com intensidade e que apresenta entroncamento com as funções que o Estado moderno desenvolve*".

Surgiu o Direito Econômico como uma tentativa de compor, como ramo híbrido do Direito, várias disciplinas da enciclopédia jurídica, com conteúdo difuso, almejando, porém, autonomia como ramo da Ciência Jurídica. Todavia, seu conteúdo necessariamente econômico não pode fazer supor que os demais ramos do Direito sejam "não econômicos".

O Direito Econômico é a parte do ordenamento que reflete a Política Econômica, ou, em outras palavras, que assimila e traduz, no âmbito normativo, a

---

[7] Nusdeo, Fábio, Prefácio à Obra "Direito Econômico – Obras Completas", do Prof. Modesto Carvalhosa, pág. 24.

[8] Andreucci, Ricardo Antunes, *"O Direito Penal Econômico e o Ilícito Penal", RT 426*, pág. 299.

direção emprestada pelo Estado ao processo econômico[9]. Carvalhosa[10] complementa: *"Seria, portanto, o direito da matéria econômica vinculada, ou seja, da estrutura econômica racionalmente eleita pelo Estado".*

No dizer de Fábio Konder Comparato[11]: *"O novo direito econômico surge como o conjunto das técnicas jurídicas de que lança mão o Estado contemporâneo na realização de sua política econômica. Ele constitui assim a disciplina normativa da ação estatal sobre as estruturas do sistema econômico, seja este centralizado ou descentralizado".*

Carvalhosa[12] arremata: *"Diante dessas premissas, uma definição de Direito Econômico deve levar em conta duas questões fundamentais: 1) O DIRIGISMO RACIONAL, que o poder público incute no processo, a fim de promover, EFICAZMENTE, a solidariedade e o desenvolvimento social no âmbito do econômico, em condições de relativa autonomia operativa; 2) O CONFLITO DE INTERESSES que, consequentemente, estabelece-se entre o Estado e as entidades econômicas, notadamente privadas. (...). No que respeita ao primeiro elemento – DIRIGISMO RACIONAL – podemos definir a nova Disciplina como o DIREITO DA POLÍTICA ECONÔMICA COERENTEMENTE PERSEGUIDA".*

Logo se percebe, portanto, que as conceituações do Direito Econômico enfatizam o cunho da participação ativa do Estado, com a constituição de um sistema de normas jurídicas destinadas a regulamentar a realização da Política Econômica do Estado, tendo o dirigismo estatal por instrumento.

A evolução da exegese do capítulo da Ordem Econômica na Constituição Federal de 1988 contribui fortemente para esse entendimento. Com efeito, surgiu a Constituição Federal em vigor, em seus primórdios, como reação democrática ao arcabouço constitucional que lhe antecedeu, próprio do regime militar instituído no País a partir da reacionária Revolução de 1964. Chegou a ser cognominada de "Constituição Cidadã", haja vista a intensidade com que se buscou resgatar a dignidade da liberdade pessoal e dos direitos e garantias individuais.

Repudiou-se com veemência a intervenção estatal na Economia, sob a égide de um pensamento de atuação minimalista do Estado nas atividades pessoais e econômicas. Limitou-se assim a atividade estatal, como agente normativo e regulador da atividade econômica, ao exercício, na forma da lei, das funções de fiscalização, incentivo e planejamento, o qual seria determinante

---

[9] Ricossa, Sergio, *"A propósito del Diritto dell'Economia"*, *apud* Modesto Carvalhosa, *"Direito Econômico"*, pág. 355.

[10] *Opus cit.*, pág. 354.

[11] Comparato, Fábio Konder, *"O Indispensável Direito Econômico"*, RT 353, pág. 22.

[12] *Opus cit.*, págs. 373/374.

para o setor público, mas apenas indicativo para o setor privado (art. 174 da Constituição Federal).

Tal posicionamento constitucional mostrou-se assim absolutamente coerente com seus princípios fundamentais, que alçaram a livre iniciativa ao patamar de fundamento do Estado brasileiro (art. 1º, inciso IV, da Carta Magna).

A mescla, porém, no mesmo inciso IV, do conceito da livre iniciativa com o dos valores sociais do trabalho, deu por início a um processo exegético, que culminou por esmaecer a primazia da livre iniciativa pelo dirigismo estatal, sob uma visão particular do princípio igualmente constitucional, atinente à ordem econômica, da função social da propriedade.

Passou assim, a Constituição Cidadã a ser vista, menos como o estatuto da liberdade individual e da livre iniciativa, a uma certamente lídima busca da proteção dos direitos difusos e do hipossuficiente. Vêm a lume, então o Direito Consumerista e o Direito Ambiental, com conceitos que lhe são muito próprios na defesa do Cidadão incapaz de, individualmente, defender seus direitos básicos ou de fazê-lo adequadamente, tais como a inversão do ônus da prova e o princípio da precaução. Transmutou-se, assim, aos poucos, a Constituição Cidadã em Constituição Social.

A tendência cultural brasileira ao intervencionismo estatal e à visão burocrática da sociedade, encontrou, então terreno fértil. À guisa de se proteger a Sociedade, que se passou a entender como genericamente hipossuficiente, a exigir a tutela da sapiência estatal, tendo por fundamento científico o Direito Econômico. Carvalhosa[13] registrou esse aspecto da cultura nacional com muita acuidade: *"Sendo uma tendência histórica, o perpetuar-se, daqui por diante, essa racional ingerência pública na vida produtiva, encontra aí o Direito Econômico a sua permanência"*.

O interesse político do Estado de orquestrar a Ordem Econômica não à luz da intervenção minimalista em relação à livre iniciativa, mas do planejamento dirigista da Economia, em que os agentes econômicos, de atores, teriam mais serventia como instrumentos da Política Econômica como formulação dos direitos coletivos e da consecução de interesses socioeconômicos gerais, setoriais e regionais, dentro, segundo Carvalhosa[14], de uma racional direção imprimida pelo Estado à economia.

Subjugou-se, assim, a autonomia da vontade à vontade estatal, e importou-se para o Direito Concorrência, à guisa de facilitadores da plataforma

---

[13] *Opus cit.*, pág. 375/376.
[14] *Opus cit.*, pág. 373.

dirigista, conceitos a ele absolutamente impróprios, como os afetos aos Direitos do Consumidor e do Direito Ambiental, como os da responsabilidade objetiva, da inversão do ônus da prova e do princípio da precaução, ainda que em afronta às garantias e direitos individuais constitucionalmente garantidos.

A livre iniciativa, como fundamento da atividade econômica, cedeu passo à regulação da atividade econômica privada. Os direitos e garantias individuais foram substituídos pela primazia da execução da Política Econômica.

Expressão máxima desse entendimento foi revelada na decisão proferida pelo CADE no Processo Administrativo n.º 08012.009088/1999-48, sob a Relatoria do Conselheiro Luís Fernando Rigato, que assim se expressou: "*4. Da Responsabilidade das Representadas. Outro argumento exaustivamente levantado na defesa das representadas, é que a responsabilidade individual e subjetiva dos acusados pela autoridade deveria ter sido efetuada de acordo com o principio constitucional da culpabilidade e que o comportamento dos indiciados deveria ter sido analisado individualmente, segundo sua participação efetiva na conduta tida por ilícita. **Trata-se de um paralelo com a direito penal, que traduz garantias de direito individual, e que não se coaduna perfeitamente com o enforcement da defesa da concorrência, que busca apurar responsabilidades por infrações a ordem econômica**" (o grifo não é do original).[15]*

Chegou-se desse modo à visão mais autoritária da Constituição Federal, que passou de Constituição Social para a Constituição Reguladora e sob essa égide templária é que o CADE vem interpretando e executando a legislação concorrencial. Como dito, o CADE prioriza o dirigismo estatal na Economia, sob a égide da lógica da cenoura e do porrete (*stick-and-carrot approach*) e da *capitis deminutio* dos agentes de mercado, reduzidos à hipossuficiência perante o Estado. O Estado, em seu entendimento, não precisa preocupar-se com as realidades do mercado, posto entendê-lo melhor que os agentes econômicos, em decisões dirigistas laboratoriais frequentemente dissociadas da realidade empírica.

Sua execução imita os métodos pedagógicos antigos da palmatória, com amargos "remédios", muitas vezes draconianos (lógica do joelho sobre o milho), e punições cada vez mais onerosas (como se estas, ao final, não culminassem por ser pagas pelo mercado e em última análise pelo consumidor), muitas vezes em detrimento da presunção da inocência, à guisa de propósitos educativos (*deterrence theory*). A experiência humana e de mercado é que a lógica conservadora não tem efeitos positivos, muito menos a longo prazo.

---

[15] Voto de liderança no Processo Administrativo n.º 08012.009088/1999-48, pág. 25, item 4.

Não há estudos empíricos que demonstrem que as intervenções do CADE tenham sido, por elas mesmas, benéficas ao mercado ou ao consumidor, salvo no plano preventivo teórico. Mesmo porque os mercados se adaptam à realidade, que não pode ser criada por ato da autoridade (*brutus fulmen*). Se em outros mercados, a postura em geral apenas resulta em adaptações, no caso da tecnologia, seu custo e o prejuízo ao País e à competitividade deste no cenário dinâmico mundial são altos e imediatos.

Passaram os atos de concentração a ser examinados pela lógica mais "conservadora", mais restritiva, imaginando-se sempre o pior cenário, mesmo que não lastreado na realidade empírica. Uma visão por vezes até mesmo anti--mercado, uma vez que o que se procura proteger é o *processo competitivo*. Não se iluda quanto à qualidade técnica e o substrato acadêmico da visão ideologicamente intervencionista. Apresenta-se ela revestida de pensamentos sérios e expressados com reconhecidos propósitos bem-intencionados, lastreados em fontes acadêmicas reconhecidas, tanto nacional como internacionalmente.

Seus adeptos lançam a debate pontos de atenção e justificativas de indubitável interesse, embora por vezes mais próprios a livros-texto (que muitas vezes são fundados, direta ou indiretamente, em doutrinas criadas alhures com base em realidades econômicas e de mercado diversas da nacional, mas mesmo assim acolhidas acriticamente, como se as Ciências do Direito e Econômica fossem ciências exatas, universais, e não humanas, adaptáveis a cada sociedade)[16] do que fundados na realidade empírica.

Mas o fato é que, a partir dessa corrente, a Sociedade passou a ser hipossuficiente e o CADE passou a agir e ser reconhecido como um agente regulador (*regulatory agency*) da livre iniciativa (embora isso seja conceitualmente ilógico, posto que as agências reguladoras só encontrem *leitmotiv* em mercados não competitivos).

Gerou-se, como decorrência natural, uma agenda negativa nas relações Administração e Administrado, em que a primeira, ciosa de suas prerrogativas e temerosa quanto a seu cabedal cognitivo, passou a enxergar os atores econômicos com desconfiança. Deixou-se de ver o produtor como um agente produtor de bens e serviços que busca, por meio da eficiência, atender as necessidades e desejos do consumidor, mas alguém cuja atividade no mercado

---

[16] É curioso, por exemplo, o *timor reventialis* com que se recorre ao índice Herfindahl-Hirschman (HHI) de mensuração de concentração do mercado, como fator determinante da existência ou não de preocupações concorrenciais, como se tal índice não tivesse sido criado à luz de características de mercado totalmente diversas daquelas existentes no País ou em *tempus* tanto econômico como cronológico distintos dos aqui vivenciados.

merece o sopro messiânico do dirigismo estatal em garantia do *processo competitivo* e não do bem-estar social.

O Administrado passou a ser visto com suspeição, sempre pronto ao engodo (aumentaram exponencialmente as imputações de enganosidade – art. 91, parágrafo único, da Lei n.º 12.529/11). Por seu turno, defensivamente, para os Administrados, passou-se a ter, na relação com a Autoridade, não a busca da execução fiel da lei e dos princípios constitucionais que a norteiam, mas antes uma atitude de minimização de perdas ("risco CADE").

A posição *magister dixit*, calcada na política da cenoura e do porrete, embora inconstitucional, é de mais fácil deglutição em mercados mais estáveis e maduros em que a dinâmica concorrencial é mais pausada (nem por isso menos ágil), mas é de difícil compreensão em mercados inovadores, como os de tecnologia. Entende-se a origem do problema. Pauta-se o CADE, na análise concorrencial, por um paradigma metodológico analítico falho, que teve por origem o trinômio "estrutura-conduta-desempenho", em que se prioriza eficiências produtivas e alocativas e praticamente se ignora a inovação e sua dinâmica. Ultimamente, até mesmo essa metodologia de análise vem sendo considerada insuficiente, preferindo-se um critério mais "flexível" para que se possa (ao contrário do que seria desejável à luz dos fundamentos constitucionais) desaguar em conclusões mais restritivas. As estruturas de mercado são vistas de forma estruturalista, maniqueísta e rígida, como decorrência quase que necessária das condições "dadas" de oferta e da demanda, olvidando-se claramente o fator retrogerador de mercado da inovação. Busca-se uma justiça distributiva, mas não há real interesse pelas origens das anomalias do mercado.

O texto da lei é substituído por mecanismos ou *guidelines* econômicos internacionais e nacionais que, embora não dotados de cogência legal e nem sempre coerentes com o arcabouço jurídico pátrio, a têm de fato. A Lei n.º 12.529/11, por exemplo, *ab absurdo* "admite" a autorização de atos de concentração tendo por único parâmetro legal a variável da eficiência (art. 88, § 6º). A "autorização" passou a ser uma concessão do príncipe, quando apenas o inverso é que seria constitucional, ao seja, ao Administrador caberia, apenas excepcionalmente (*odiosa restringendum*) intervir ou impedir a consumação das operações.

Curiosamente, a eficiência, a *única* pressuposição prevista na Lei para a aprovação das transações na contabilização dos saldos líquidos (positivo e negativo), é em regra olimpicamente ignorada pelo CADE ou relegada a um caráter meramente secundário na análise das operações. A eficiência prevista em Lei cede passo ao *processo competitivo* na metodologia de análise.

Como se vê, é evidente a contraposição à primazia do princípio constitucional da livre concorrência. Enquanto este presume a licitude dos atos de concentração, que poderão eventualmente ser vetados, no todo ou em parte em situações especialíssimas, a lógica infraconstitucional é a inversa: presume-se ilegal um ato de concentração, podendo ele ser eventualmente "autorizado" à luz da exegese do hermeneuta administrativo. Um óbvio contrassenso e inconstitucionalidade.

Busca-se, por meios de variáveis não mensuráveis "adivinhar o futuro", "punindo preventivamente" como "remédios", atos de lídimo exercício de livre iniciativa. Preocupa-se, com mecanismos divinatórios, os efeitos potenciais de atos de mercado, com menor preocupação, se alguma, pelas causas e origens das chamadas "anomalias de mercado".

Detendo-se na seara da tecnologia, sua rápida evolução sempre causa enorme dificuldade analítica ao CADE, uma vez que os mercadores inovadores (*innovation markets*), por seu dinamismo não se moldam a um modelo estático de concorrência. De fato, trata-se de mercados em que o próprio conceito de "produto" perde razão de ser, transmutando-se no polo analítico das questões concorrenciais da pesquisa e desenvolvimento. O mercado não é, assim, de ser definido pelo produto final, mas no de tecnologia, em que a concorrência se opera pela capacidade de se desenvolver novos produtos no menor espaço de tempo e no melhor interesse do consumidor, e não pela maior eficiência na produção e na distribuição.

Denis Borges Barbosa, explica que a doutrina nacional e estrangeira e a prática da propriedade industrial reconhecem vários objetos do comércio de propriedade industrial e de tecnologia[17].

Assim, são tipos de contratos de tecnologia:

- contratos de propriedade intelectual (licenças, autorizações, cessões, etc. pertinentes a marcas, patentes, direitos autorais, direitos sobre o *software*);
- contratos de segredo industrial e similares (inclusive *franchising*);
- contratos de projeto de engenharia; e
- contratos de serviços técnicos especializados.

---

[17] Barbosa, Denis Borges, "Contratos em Propriedade Intelectual", encontradiço em www.denisbarbosa.addr.com/.../contratos_propriedade_intelectual.pdf

Além desses, aquele autor inclui, acertadamente, os contratos de pesquisa, tais como os acordos pelos quais alguém encomenda a pesquisa e o desenvolvimento de uma nova solução técnica, ainda não existente ou disponível (art. 81 e seguintes do Código de Propriedade Industrial, de 1996).

A jurisprudência do CADE sobre o tema da transferência de tecnologia, sempre foi vacilante, com altos e baixos[18]. Causou, assim grande insegurança jurídica aos Administrados pelo tratamento casuístico e circunstancial que se conferia à matéria, a começar pela indefinição sobre quais modalidades contratuais repousavam as potenciais preocupações concorrenciais. Intui-se, mas sem certeza, de que estas se dirigiam aos contratos que tivessem por objeto a *tecnologia* ou seja, o *know how*, fosse ele patenteado ou não, excluindo-se os demais, tais como os contratos referentes a marcas, direitos autorais ou direitos sobre *software*.

Não se tem, até o momento, uma resposta definitiva a essa questão.

Todavia, a jurisprudência, ao menos até 2012, indicava claramente o reconhecimento, em geral, da natureza intrinsecamente pró-competitiva dos contratos de transferência de tecnologia, posto serem os acordos necessariamente promotores de desconcentração econômica (ao contrário de serem atos de concentração). De fato, o debate, a partir de 2005 e até 2012, se restringia ao tema preliminar, de conhecimento ou não da operação, com tendência a esta última e mais sensata opção, desde que se tratassem de licenciamentos não exclusivos de direitos de propriedade industrial[19]. Mas não deixa de ser importante que, rotineiramente, quando conhecidos, os "atos de concentração" eram eles aprovados pelo rito sumário. Não se chegou, contudo, a um consenso que ensejasse uma cristalização sumular do tema, mas era nítida a visão *pro negotio* do CADE.

Segundo o entendimento então prevalecente, e que perdurou até o início de 2013, entendia-se não constituir essa modalidade contratual um ato de concentração (e portanto, não mereciam eles conhecimento pelo CADE) ou, em uma vertente mais conservadora, ser o caso de serem as operações conhecidas, mas aprovadas sob rito sumário, desde que as avenças:

---

[18] No Ato de Concentração n.º 0812.007963/2009-53, chegou-se ao extremo de se exigir a apresentação e conhecimento de contrato de mera pesquisa e desenvolvimento a ser promovida no exterior, por empresas estrangeiras, sem qualquer envolvimento de ativos ou de atividades no País. Exemplo típico de exercício abusivo de jurisdição e altamente desmotivador da atividade inovativa.

[19] Confira-se os Atos de Concentração n.ºs 08012.08656/2006-47, 08012.000311/2007-26, 08012.000182/2010-71, 08012.0002881/2010-75, 08012.0003441/2010-71, 08012.005367/2010-72, 08012.009227/2010-73, 08012.006625/2011-19, 08700.0039891/2012-70 e 08700.0038971/2012-90.

a) tivessem por objeto tão somente o licenciamento de patente ou a transferência de tecnologia;
b) não contemplassem empreendimentos em comum ou forma de atuação conjunta;
c) não implicassem em troca ou rearranjo de participações societárias; e
d) não previssem cláusulas de exclusividade ou que influenciassem a atuação concorrencial independente das partes[20].

Com efeito, chega a ser intuitivo o resultado líquido positivo para o bem-estar social de contratos de transferência de tecnologia, posto ensejarem eles o ingresso de novos agentes no mercado, o incentivo a investimentos em pesquisa e desenvolvimento e a oferta de novos e melhores produtos em contraposição ao monopólio legal ou de fato do detentor da tecnologia.

Influenciados os aplicadores do direito concorrencial pela semente dirigista e sob forte inspiração no sistema europeu, cujo arcabouço jurídico confronta o sistema jurídico nacional, alicerçou-se o entendimento restritivo no Ato de Concentração n.º 08012.006706/2012-08[21], sob o argumento de que cumpria ao CADE zelar pelas estruturas concorrenciais de mercado, mas em resumo gerando enorme insegurança jurídica (a partir da impraticabilidade material da plena execução da tese), elevando custos de ineficiência e desestimulando a competitividade dos mercados nacionais, com riscos até mesmo para a geopolítica tecnológica do País.

Passou-se assim, a adotar os seguintes critérios para o conhecimento de operações de transferência de tecnologia:

a) a obrigação de o aplicador da lei proteger as condições de concorrência, favorecendo o conhecimento das operações à luz de uma chamada postura de "*humildade cognitiva*", a pretexto de que a indicação de critérios de submissão traria mais segurança aos agentes do mercado;
b) o reconhecimento da existência de assimetria de informação, instransponível e constantemente móvel entre os agentes inovadores (pensando-se mais propriamente nos conglomerados multinacionais, detentores de acúmulo de conhecimento e de capital), e as autoridades concorrenciais (carentes de recursos capazes de lhes permitir a

---

[20] Vide a respeito a resenha histórica feita no Voto do Conselheiro Marcos Paulo Veríssimo no Ato de Concentração n.º 08012.002870/2012-38.
[21] Relatoria do Conselheiro Alessandro Octaviani.

realização de cálculos com base estatística consolidada sobre a diminuição do bem-estar do consumidor com as opções do não conhecimento e do conhecimento);

c) o risco de que a adoção de critérios de isenção em bloco (*bloco exemptions*) possam resultar em "cheques em branco", devendo as hipóteses de não conhecimento de operações ou de setores inteiros, ser em regra excepcionais; e

d) a conclusão de que a dominação empresarial *ab extra*, sem participação de capital de uma empresa em outra, poderia ser ainda mais intensa nos setores de altíssima tecnologia, por via da dependência da própria tecnologia (com compras e licenças, com ou sem exclusividade), do crédito e do acesso às redes de distribuição.

O posicionamento conservador, como visto, reconhece a ignorância da autoridade concorrencial em relação à realidade do setor ("*humildade* cognitiva") e prefere a postura dirigista à guisa de "cautela" na pretensa defesa das condições de concorrência (ou seja, a concorrência pela concorrência, independentemente de seus impactos sobre os mercados e o bem-estar social), ao mesmo tempo em que ignora a vasta experiência internacional a respeito do tema.

É pacífico na literatura jurídica e econômica internacional, que os contratos de transferência de tecnologia podem, em tese e conjecturalmente, resultar em efeitos deletérios à concorrência, por meio de (a) fechamento do mercado pela elevação de barreiras ao ingresso ou de custos de rivais e (b) promoção de ingerência externa de uma empresa sobre outra em suas decisões empresariais.

Isto em tese, como dito, eis que o mercado de tecnologia exige uso intensivo de capital, do que decorre o necessário porte econômico (e, portanto, de independência) de seus atores. Muitas vezes o porte necessário (e também a diluição de riscos), é alcançado justamente por parcerias entre empresas. Chega a ser difícil conjecturar que restrições porventura contempladas em contratos de tecnologia possam, como regra, desencorajar o desenvolvimento de novas tecnologias, seja por entrantes, seja por rivais, à míngua de cláusulas de exclusividade. Também chega aos lindes do irrealismo imaginar que os consumidores não tenham o condão de motivar os inovadores a pesquisar e desenvolver novas tecnologias, mesmo porque estas não são necessariamente substitutas das tecnologias existentes, mas a elas complementares ou alternativas.

CONTRATOS DE TRANSFERÊNCIA DE TECNOLOGIA E O CADE

Os efeitos teóricos anticoncorrenciais de contratos de transferência de tecnologia não apenas são de difícil (senão improvável) implementação e controle, como também pontuais. A pró-competitividade natural de tais contratos ultrapassa em muito o risco acadêmico de hipóteses adversas à concorrência, do que resulta considerações da relação custo-benefício, tendo em vista que a opção, como regra, pelo conhecimento das operações acarreta altos custos aos agentes e ao País e impactos negativos significativos ao bem-estar social e aos mercados.

Veja-se, por exemplo, como se expressa, a respeito dos efeitos benéficos dos contratos de colaboração entre concorrentes, o Guia para Análise de Acordos de Cooperação entre Concorrentes (*Antitrust Guidelines For Collaboration Among Competitors*), publicação conjunta do *Federal Trade Commission (FTC)* e do Departamento de Justiça dos Estados Unidos (*DoJ*). Segundo esse trabalho, os consumidores podem se beneficiar desses acordos na medida em que seus participantes podem oferecer bens e serviços mais baratos, melhorar qualidade e trazer novos produtos ao mercado de maneira mais rápida:

> *"The Agencies recognize that consumers may benefit from competitor collaboration in a variety of ways. For example, competitor collaboration may enable participants to offer goods or services that are cheaper, more valuable to consumers, or brought to market faster than would be possible absent the collaboration. A collaboration may allow its participants to better use existing assets, or may provide incentives for them to make output-enhancing investments that would not occur absent the collaboration"*[22].

> *"A collaboration may facilitate the attainment of scale or scope economies beyond the reach of any single participant. For example, two firms may be able to combine their research or marketing activities to lower their cost of bringing their products to the market, or reduce the time needed to develop and begin commercial sales of new products. Consumers may benefit from these collaborations as the participants are able to lower prices, improve quality, or bring new products to market faster"*[23].

---

[22] Em vernáculo, em tradução livre: "As agências reconhecem que os consumidores podem se beneficiar da colaboração entre concorrentes de diversas maneiras. For exemplo, uma colaboração entre concorrentes pode permitir aos participantes oferecer bens ou serviços mais baratos, mais valiosos para os consumidores, ou trazê-los ao mercado mais rápido do que seria possível na ausência da colaboração. Uma colaboração pode permitir a seus participantes o melhor uso dos ativos existentes, ou pode fornecer-lhes incentivos para fazerem investimentos em aumento de produtividade, o que não ocorreria na ausência da colaboração."

[23] Em vernáculo, em tradução livre: "Uma colaboração pode facilitar a realização de economias de escala e de escopo além do que seria obtido por um único participante. Por exemplo, duas empresas podem combinar suas atividades de pesquisa ou marketing para reduzir seu custo de colocar seus produtos no mercado, ou reduzir o tempo necessário para desenvolver e lançar o novo produto. Os

O próprio CADE já reconheceu que os acordos de cooperação tecnológica em setor de base científica (*science base sectors*) permitem, ademais, a realização de ganhos de internalização de *spillovers* tecnológicos, com o consequente fomento aos investimentos em pesquisa e desenvolvimento[24].

A absoluta minoria de eventos teóricos de efeitos concorrencialmente negativos não poderia, logicamente, prevalecer ante a avassaladoramente maior possibilidade de efeitos positivos, daí resultando um saldo líquido negativo na exigência "preventiva" do controle de estruturas.

O arcabouço legal brasileiro e a cultura burocratizada (e de suspeita em regra em relação à atividade empresarial) são sabidamente propícios à geração de embaraços à livre iniciativa. Mas inquestionavelmente, postura restritiva de exigência de submissão de contratos de transferência de tecnologia ao CADE, além da desmotivação ao progresso inovativo, amplia o conhecido "custo Brasil", ainda que:

a) pela exigência de recolhimento de taxas processuais;
b) pelo retardamento da eficácia contratual e por decorrência dos trabalhos de pesquisa, uma vez que os contratos não poderão ser consumados antes de apreciados pelo CADE, nos termos do art. 88, § 3º, da Lei de Regência;
c) pela motivação para a exclusão do País de contratos globais ou pelo menos a tardança de sua inclusão nessas avenças, dadas as razões acima e a insegurança jurídica da postura governamental (que é interpretada pelos agentes econômicos mundiais como de suspeita conceitual sobre a pró-competitividade e legitimidade presuntiva da inovação tecnológica);
d) pela impossibilidade material de o CADE examinar todos os contratos de licenciamento que porventura sejam celebrados no País (para não se mencionar aqueles celebrados mundo afora e que tenham ou venham ter algum relacionamento, por menor que seja, com o País); ou
e) pela tenebrosa insinuação lógica de que todos os contratos de licenciamento de tecnologia averbados até o presente pelo Instituto Nacional da Propriedade Industrial – INPI (e igualmente os não averbados) são

---

consumidores podem se beneficiar dessas colaborações na medida em que os participantes estão aptos a reduzir preços, melhorar qualidade, ou trazer novos produtos ao mercado de maneira mais rápida"

[24] Cf. Ato de Concentração n.º 08012.001576/2006-61.

ilegais, porque não submetidos ao CADE não tendo, portanto, eficácia jurídica, assim indicando a existência de uma plêiade planetária de infratores à ordem econômica brasileira.

O mercado de tecnologia não gera produtos homogêneos e refoge às análises tradicionais de concentração econômica, baseadas em um modelo estático de concorrência. Naquele caso não se discute a capacidade das empresas de manipularem preços, mas, antes, a capacidade do monopolista hipotético de protrair a pesquisa e o desenvolvimento, atrasando ou eliminando a possibilidade do avanço tecnológico. A própria natureza dos contratos de transferência de tecnologia se opõe a esse conceito, na medida em que promove a disseminação do *know how* pelo monopolista legal ou natural. A transferência da tecnologia em caráter não exclusivo tem por finalidade a disseminação da tecnologia e da inovação e a dissolução do monopólio.

Ao revés, a exigência de submissão de contratos da espécie ao CADE e seu conhecimento pelo Conselho é que, convenha-se, substitui o monopolista hipotético pela autoridade antitruste que, pela suspeita infundada de uma presunção de anticompetitividade potencial de contratos de licenciamento tecnológico, seria o motor do desincentivo à inovação e da demora no andamento da pesquisa e do desenvolvimento e na difusão do avanço tecnológico, contribuindo assim com a conhecida falta de competitividade da indústria nacional na atualidade.

Ante esse cenário, restam evidentes as vantagens do controle *ex post* de condutas face ao *ex ante* de "atos de concentração" (que se sequer caracterizam tais avenças).

Ao mesmo tempo, é intuitiva a impraticabilidade de tal controle *ex ante*. O número de contratos comutativos desta e de outras espécies, caso tivessem sua submissão ao CADE exigida, ou levaria à paralisação das atividades do órgão pelo número impensável de apresentações, ou significaria a implícita aceitação de um universo de infrações pela não submissão de contratos ao escrutínio do órgão.

Pode-se imaginar as consequências negativas de ambas as situações, subvertendo-se às escâncaras a *mens legis* do diploma concorrencial vigente. Isto sem se mencionar os efeitos adversos para a economia nacional, em que se daria preferência à ineficiência da oneração da competitividade e ao desestímulo à pesquisa e desenvolvimento e do próprio licenciamento, em contraposição aos impactos positivos da disseminação da tecnologia e da consequente desconcentração dos mercados.

Substitui-se o muito que a transferência de tecnologia pode promover em favor da Sociedade, dos mercados e do consumidor, pelo muito pouco e duvidoso que o controle *ex ante* pode favorecer, sem prejuízo do controle *a posteriori* de condutas anticoncorrenciais que, antecipa-se, muito raramente poderia ser encontrado na realidade dos mercados em questão.

Como acertadamente se manifestou o Conselheiro Marcos Paulo Veríssimo no Ato de Concentração n.º 08012.002870/2012-38, de um ponto de vista programático, exigir conhecimento dessas operações implicaria não só lançar na ilegalidade um sem número de operações que ocorrem rotineiramente no País, não notificadas, como também, do ponto de vista da execução de uma Política Concorrencial, as preocupações concorrenciais decorreriam do exercício ou exploração abusiva de direitos de propriedade industrial, intelectual, tecnologia ou marca, aliás a novel infração-meio adicionada ao rol de práticas anticompetitivas na atual Lei n.º 12.529/11 (art. 36, § 3º, inciso XIX), temática muito mais próxima ao controle repressivo.

À exceção do que se pretende com a política dirigista restritiva, em que se substitui a inteligência do mercado pelo ato laboratorial da autoridade, nenhum País, que seja de conhecimento deste Autor, procura dessa forma desestimular a pesquisa e o desenvolvimento.

É claro nesse sentido o posicionamento tanto da *Federal Trade Commission* norte-americana, como da Comissão Europeia, que, embora reconhecendo a possibilidade teórica de efeitos anticoncorrenciais de contratos de transferência de tecnologia, não exigem sua notificação à míngua de cláusulas de exclusividade.

Com efeito[25], o licenciamento de um direito de patente não é de submissão obrigatória de acordo com o *Hart-Scott-Rodino Act*, **a não ser que a licença seja exclusiva para a aplicação da tecnologia**, não permitindo sua utilização por terceiros e, inclusive, vedando sua utilização pelo próprio detentor da patente. Na hipótese de o licenciamento da patente ser exclusivo, aí sim, esses direitos de exclusividade seriam considerados um ativo pelo *FTC* e seu valor teria de ser calculado para se determinar se atinge ele ou não os patamares (*thresholds*) previstos em lei para submissão à autoridade antitruste.

Esse entendimento do *Premerger Notification Office* (*PNO*) da *FTC* pode ser encontrado no manual da *American Bar Association* (*ABA*). Em sua interpretação

---

[25] Vide a respeito o primoroso Parecer Técnico n.º 171, da Superintendência Geral do CADE, de 2 de julho de 2013, no Ato de Concentração n.º 08700.004957/2013-72, acolhido pelo Despacho n.º 581, de mesma data, pelo Superintendente-Geral Carlos Emmanuel Joppert Ragazzo.

n.º 29, lê-se a explicação de que licenças exclusivas são consideradas ativos e potencialmente passíveis de análise pela *FTC*, enquanto que licenças *não exclusivas* não o são.

Segundo o Regulamento (CE) n.º 772, de 27 de abril de 2004, a autoridade europeia considera que esses acordos *"contribuirão normalmente para melhorar a eficiência econômica e promover a concorrência, dado que podem reduzir a duplicação em matéria de investigação e desenvolvimento, reforçar os incentivos a favor de novas acções de investigação e desenvolvimento, promover a inovação incremental, facilitar a disseminação de tecnologia e fomentar a concorrência no mercado dos produtos"*[26].

Outrossim, para a Comissão Europeia, a aquisição de controle sobre ativos deve apenas ser considerada um ato de concentração quando constituam um negócio com presença de mercado ao qual se possa atribuir de forma inequívoca um volume de negócios. Especificamente acerca de contratos de licenciamento, a Comissão é direta ao entender que a licença transferida somente poderia atender a esse critério quando houver exclusividade. Veja-se trecho do Comunicado da Comissão Europeia relativo ao controle de atos de concentração:

> *"O Regulamento das concentrações, no nº 1, alínea b), e no nº 2 do artigo 3º, prevê que o objeto de controle possa ser uma ou mais empresas, ou também partes de empresas que constituam entidades juridicamente distintas, ou elementos do ativo dessas entidades, ou ainda apenas certos ativos destas. **A aquisição do controle sobre elementos do ativo apenas poderá ser considerada uma concentração se esses elementos do ativo constituírem o conjunto ou uma parte de uma empresa, ou seja, se representarem uma atividade traduzida por uma presença no mercado e à qual pode ser atribuído de forma inequívoca um volume de negócios.** A transferência da clientela de uma empresa pode cumprir estes critérios, se isso for suficiente para transferir atividades comerciais com um volume de negócios no mercado. Uma operação limitada aos ativos incorpóreos, nomeadamente marcas, patentes ou direitos de autor, pode ser igualmente considerada uma concentração se esses ativos constituírem atividades às quais está associado um volume de negócios. **De qualquer modo, a transferência de licenças relativas a marcas, patentes ou direitos de autor, sem ser acompanhada de elementos do ativo complementares, apenas poderá preencher esses critérios no caso de se tratar de licenças exclusivas, pelo menos num território específico, e a transferência dessas licenças contribuir para a transferência da atividade geradora de volume de negócios.** Relativamente às licenças não exclusivas, parece excluído que elas possam constituir, por si só, uma atividade à qual se associa um volume de negócios"* (os grifos não são do original).

---

[26] Vide Jornal Oficial da União Europeia, de 27.4.2004.

DIREITO DOS NEGÓCIOS APLICADO

Assim, em se tratando de contrato de transferência não exclusiva de tecnologia, aqueles órgãos presumem que os efeitos positivos do licenciamento de patentes sobre a concorrência prevalecem sobre seus potenciais efeitos negativos e não exigem sua submissão.

Em verdade, impõe-se esta solução, ainda que em homenagem ao princípio da segurança jurídica, sob pena de se lançar o Administrado ao caos da perplexidade quanto às suas obrigações e a seus direitos legais, sujeitando-o aos humores ocasionais e espasmódicos de um pensamento mutante da Autoridade Pública.

Considerando-se a dificuldade de conferir racionalidade à política de conhecimento generalizado de contratos de transferência de tecnologia como "atos de concentração" (o que já por si constitui uma *contradictio in terminis*), sob os aspectos de Política Concorrência e econômico, mais complexa é sua aceitação do ponto de vista legal.

Com efeito, buscou o legislador, acertadamente, substituir a absoluta incerteza do art. 54 da Lei n.º 8.884/94[27], que exigia a submissão "(d) os atos, *sob qualquer forma manifestados*, que possam limitar ou de qualquer forma prejudicar a livre concorrência, ou resultar na dominação de mercados (...)" (o itálico não é do original) por algo mais compreensível ao público-alvo. Assim, embora com sucesso apenas parcial, em *numerus clausus* se especificou as operações que seriam *ex vi legis* consideradas "atos de concentração" passíveis de submissão.

Assim, além das hipóteses tradicionais de fusão, incorporação e aquisição de empresas, considerou-se que também seriam passíveis de apresentação (art. 90, inciso V, da Lei n.º 12.5290/11), as operações em que "2 (duas) ou mais empresas celebram *contrato associativo*, consórcio ou *joint venture*" (o itálico não é do original).

Todavia, tendências saudosistas do antigo regime "em aberto" do revogado art. 54, fizeram retroceder toda a evolução legislativa e jurisprudencial do CADE, ao final da década de 1990, quando se entendia que *qualquer* contrato entre concorrentes estaria sujeito à aprovação da Autoridade concorrencial[28],

---

[27] Art. 54 da Lei n.º 8.884/94: *"Os atos, sob qualquer forma manifestados, que possam limitar ou de qualquer forma prejudicar a concorrência, ou resultar na dominação de mercados relevantes de bens ou serviços, deverão ser submetidos à apreciação do CADE"*.

[28] Cf. *e.g.* o Voto do Conselheiro Renault de Freitas Castro, no Ato de Concentração n.º 0800.021611/97-72, de 4 de março de 1998, sendo Requerentes Montecitrus Indústria e Comércio e Bascitrus Agro-Indústria S.A., *apud* Franceschini, José Inácio Gonzaga, "Direito da Concorrência - *Case Law*", ed. Singular, São Paulo, 2000, págs. 43/47, que se entendeu que um simples contrato

com a edição da Resolução nº 10, de 29 de outubro de 2014, que pretendeu, um tanto atabalhoadamente, disciplinar os chamados contratos associativos, buscando uma solução objetiva, sem, porém, eliminar a insegurança jurídica (em realidade a ampliando) da indefinição do conceito.

De acordo com a Resolução *"consideram-se associativos quaisquer contratos com duração superior a 2 (dois) anos em que houver cooperação horizontal ou vertical ou compartilhamento de risco que acarretem, entre as partes contratantes, relação de interdependência"* (art. 2º da Resolução). E complementa: *"os contratos com duração inferior a dois anos devem ser notificados nos termos desta Resolução quando mediante sua renovação, o período de 2 (dois) anos for atingido ou ultrapassado"* (art. 2º, § 3º, da Resolução).

Procura-se, em seguida, esclarecer com maior detalhe, o que seria uma *"cooperação horizontal ou vertical ou compartilhamento de risco que acarretam (sic) relação de interdependência"* (art. 2º, § 1º, incisos I e II, da Resolução). Seriam: (i) *"contratos em que as partes estiverem horizontalmente relacionadas no objeto do contrato (sic) sempre que a soma de suas participações no mercado relevante afetado pelo contrato for igual ou superior a vinte por cento (20%), e (ii) *"contratos em que as partes contratantes estiverem verticalmente relacionadas no objeto do contrato (sic), sempre que pelo menos uma delas detiver trinta por cento (30%) ou mais dos mercados relevantes afetados pelo contrato (sic), desde que preenchida pelo menos uma das seguintes condições: (a) o contrato estabeleça o compartilhamento de receitas ou prejuízos entre as partes"* ou *"(b) do contrato decorra relação de exclusividade"*. Entenda-se por *partes*, para os efeitos da Resolução, não apenas as partes contratantes, mas também os respectivos grupos econômicos (art. 2º, § 3º, da Resolução).

Como Resolução não tem força de lei é preciso examiná-la com cuidado em face do princípio da *legalidade*.

A primeira observação é a de que a Resolução criou, desde logo, mais um fator de insegurança, ao estabelecer o prazo contratual de dois anos, ainda que alcançado por meio de renovação, como pressuposto de admissibilidade. Não responde, portanto, qual o tratamento a ser dado aos contratos celebrados por prazo indeterminado. Poder-se-ia dizer que, decorridos dois anos de sua vigência, teria ele, *então*, de ser submetido, o que seria ilógico. Tratar-se-ia de uma aprovação retroativa, após ter ocorrido um biênio de potenciais riscos concorrenciais? Seria um formalismo ilógico. E, caso se entendessem algumas

---

de aluguel de capacidade instalada (*toll processing*) entre um *pool* de produtores de laranja e uma empresa processadora da fruta estava sujeito ao exame do CADE.

de suas cláusulas, ou o próprio contrato anticoncorrencial, e assim anulados, quais os efeitos dos atos anteriormente praticados nos últimos dois anos?

Também se faz menção aos contratos em que haja "compartilhamento de riscos". Ora, o conceito é redundante, eis que os contratos de que resultem compartilhamento de riscos nada mais são do que *joint ventures*, hipótese já coberta pelo art. 90, inciso IV, da Lei Concorrencial. O resultado é uma quase *aberratio ictus*, em que, procurando acertar o alvo dos contratos associativos, atingiu-se outro, restringindo as hipóteses de *joint ventures*, sujeitas a submissão ao CADE, pelos pressupostos restritivos descritos na Resolução.

Não fora isso, esse *tertium genus* é de quase impossível identificação como hipótese isolada no normativo. De fato, a hipótese de um lado compartilha no § 1º do art. 2º da Resolução, tanto os pressupostos dos contratos em que as partes estão horizontalmente relacionadas (inciso I), como aqueles em que as partes estão verticalmente relacionadas (inciso II), aliás, mais proximamente deste do que daquele, uma vez que a alínea "a" do inciso II se refere ao *"compartilhamento de receitas ou prejuízos entre as partes"*, que se identifica com o conceito de "compartilhamento de riscos".

Em suma, uma remissão apenas indefinida e tumultuária: ou se trata de uma *joint venture* ao juntar os esforços de duas empresas que não são concorrentes e não tenham relações verticais, ou se trata de contratos entre concorrentes com compartilhamento de riscos (leia-se com compartilhamento de receitas ou prejuízos) ou se trata de contratos entre não concorrentes em que haja compartilhamento de receitas ou prejuízos.

Por fim, identifica o conceito de "contrato associativo" com o de "interdependência" entre as partes, mas não define o que seja esta. Como resultado, alcançou, por exemplo, *todos* os contratos (tácitos, escritos ou epistolares) em que se configure que uma das partes seja titular de infraestrutura essencial[29], independentemente de suas considerações concorrenciais concretas.

---

[29] Segundo Calixto Salomão Filho, *in* "Regulação e Concorrência (Estudos e Pareceres)", ed. Malheiros, 2002, pág. 40. *"[u]ma essential facility existe, portanto, diante de situações de dependência de um agente econômico com relação a outro, no qual a oferta de certos produtos ou serviços não se viabilizaria sem o acesso ou o fornecimento do essencial"*. Trata-se, portanto, de uma situação em que se relacionam dois mercados distintos, um à jusante, outra à montante, podendo o detentor da facilidade esencial atuar em ambos ou em apenas um deles, mas sempre havendo uma relação de dependência entre as empresas. São exemplos, dentre incontáveis outros, os contratos de interconexão entre operadoras de telefonia, os contratos de suprimento de matérias-primas no setor pretroquímico por meio de dutos, os contratos de serviços ferroviários e portuários etc.

Ademais, o documento repristina regimentalmente o criticado conceito estruturalista de participação de mercado, que foi *abolido* da lei velha como uma das hipóteses de submissão de atos de concentração ao escrutínio do CADE (art. 54, § 3º, da revogada Lei n.º 8.884/94), dadas as incertezas que cercam a definição prévia, pelo Administrado, do mercado relevante no caso concreto, não tanto por seu desconhecimento do próprio mercado em que atua, mas mais diante da volatilidade do conceito na jurisprudência do CADE.

Mas, o mais perigoso, a Resolução, extrapola os limites da legislação ab--rogada, considerando, abstrusamente, que seria associativo *qualquer* contrato celebrado entre concorrentes, mesmo que não potencialmente anticoncorrenciais em sua concretude, bastando apenas que haja a participação conjunta de 20% do mercado relevante. No plano vertical, basta que uma das partes controle 30% do mercado e o contrato estabeleça ou (a) o compartilhamento de receitas ou prejuízos ou (b) cláusula de exclusividade. – Isto incluiria, por impraticável absurdo, contratos comerciais corriqueiros tais como contratos de fornecimento, contratos de P&D, contratos de concessão comercial automotiva, contratos de franquia, contratos de comissão mercantil e contratos de agência ou distribuição, apenas para se citar alguns.

Deixando de lado o pragmatismo e recorrendo à Ciência do Direito, a definição do contrato associativo é matéria espinhosa. O conceito não é encontrado no Código Civil, salvo quando se refere a associações civis (art. 53[30]), o que faz com que a Lei Concorrencial gere grande insegurança jurídica e perplexidade ao mercado. À toda a evidência, não se amolda o conceito ao entendimento de que abrangeria *qualquer* contrato celebrado entre concorrentes, mesmo que não potencialmente anticoncorrenciais em sua concretude[31]. Tal exegese contraria, à evidência, a *mens legis* da Lei Concorrencial, que

---

[30] Art. 53 do Código Civil: "*Constituem-se as associações pela união de pessoas que se organizem para fins não econômicos*".

[31] Cf. a respeito o voto da Desembargadora Federal Selene de Almeida na Apelação Cível 2008.34.00.011433-3/DF (Processo na Origem: 113849620084013400), sendo Apelante Dow AgroSciences Industrial Ltda. e outra e Apelado o CADE, 5ª. Turma do TRF-1ª. Região, julgado em 13 de agosto de 2012, ao examinar a questão da obrigatoriedade ou não de submissão ao CADE de contrato de cooperação para o desenvolvimento de tecnologia conjunta, concluindo que na hipótese a resposta era negativa pela ausência de potencialidade anticoncorrencial concreta e pelo fato de que, nesta etapa, não havia ainda um mercado relevante a ser considerado. *Verbis: "A sentença recorrida entendeu que a operação não afeta o mercado de sementes de milho, mas sim o mercado de desenvolvimento de novas variedades de milho ogm. Mesmo na hipótese de se entender existir um mercado de tecnologia mundial, um mero acordo de cooperação para desenvolvimento da tecnologia conjunta não signifique alteração no mercado de tecnologia, porque a tal inovação tecnológica que se busca não existe ainda, se é que vai*

buscou reduzir, não ampliar, o rol de atos de concentração sujeitos ao exame do CADE, almejando uma não alcançada segurança jurídica, inspirada pela visão *pro negotio* e não *pro autoritate*.

De fato, operações que necessariamente gerem algum grau de concentração econômica, tais como aquisições de participação acionária, fusões e incorporações, trazem em si mesmas a percepção e presunção de potencialidade lesiva à concorrência, sendo-lhes natural o controle preventivo, prévio, atendidos os requisitos e pressupostos legais. Nestes casos, a indicação de conhecimento dessas operações torna-se de fácil compreensão.

Diametralmente oposta é a condição de contratos de licenciamento de tecnologias (atendidos os pressupostos indicados, como o da ausência de exclusividade), em que a presunção é de pró-competitividade (e não de potencialidade lesiva à concorrência). Nestes casos, a exceção de prejuízos potenciais à competição não pode gerar a regra da obrigatoriedade da submissão prévia, mas apenas o controle *a posteriori*, repressivo de condutas anticoncorrenciais. Mesmo porque, caso contrário, ter-se-ia que se reconhecer que haveria potencialidade excepcional à concorrência em praticamente todos os contratos, mesmo de empréstimo, locação, comodato etc.

A tendência saudosista da generalidade do art. 54 da *lex priori* ("acordos sob qualquer forma manifestados"), como visto, é potente na autoridade ciosa e crente de seu destino providencial (*mashiach*) como agente garantidor do processo concorrencial, mesmo que tal postura afronte o espírito norteador da legislação vigente. Esta visou os atos que se caracterizassem como presuntivamente restritivos, em potência, do ambiente concorrencial[32], buscando, precisamente, a redução das hipóteses passíveis de submissão ao CADE.

Em outras palavras, o legislador propôs claramente submeter ao controle *ex ante* de estruturas, as transações caracterizadas pela presunção de efeitos potenciais concentracionistas e certamente não aquelas que se caracterizem

---

existir. *Sustentou o CADE que empresas que trabalham com genética de plantas no Brasil, como a EMBRAPA e a COODETEC, poderiam ser afetadas. Porém, esse argumento é difícil de ser minimamente admissível, que exista concentração econômica antes de existir esse mercado de novas variedades de milho geneticamente modificado. Têm razão as apelantes quando sustentam que para que se exija a apresentação de um ato dito de concentração, o pressuposto é a presunção de potencialidade lesiva e nunca de uma conjectura. Não há de se falar em punição por intempestividade se não havia obrigatoriedade de notificação do ato de concentração em exame".*

[32] Reza o art. 88, § 5º, da Lei n.º 12.529/11: "Serão proibidos os atos de concentração que impliquem eliminação da concorrência em parte substancial de mercado, que possam criar ou reforçar uma posição dominante ou que possam resultar na dominação de mercado relevante de bens ou serviços (...)".

por uma presunção de pró-competitividade, como é o caso dos contratos de transferência de tecnologia.

À míngua de uma definição legal, há que se ter por norte os princípios gerais que norteiam a matéria concorrencial.

A *terra incognita* do conceito concorrencial de "contrato associativo" teve por desbravadora pioneira a Conselheira Ana Frazão[33], a primeira jurista a se debruçar sobre o tema com preocupações científicas, tarefa que lhe deve render encômios. Depreende-se de sua lição que tal modalidade contratual atípica tem por pressupostos: (a) a realização de empresa comum ou a existência de paralelismo de comportamento entre empresas e (b) a organização comum, ainda que mais flexível do que em *joint ventures*. O mero objetivo de cooperação ou colaboração entre empresas não basta ao reconhecimento da figura contratual associativa, posto ser esta uma característica comum a todos os contratos.

Tais pressupostos afastam a configuração dos contratos de transferência de tecnologia como contratos associativos, ainda quando celebrados por empresas que atuem no mesmo segmento, eis que, neste caso, ainda que ambas as partes estejam aptas a desenvolver as mesmas atividades, cada uma continua atuando por sua conta e risco. Configuram eles contratos comutativos de execução duradoura, na medida em que uma das partes cede à outra o direito de usar sua propriedade intelectual mediante remuneração, sem que se possa ver neles comunhão de fim, prestações idênticas ou semelhantes ou organização comum. Deixa-se claro que se está referindo a licenças como objeto único do contrato, ou seja, a licença "simples". Excepcionam-se deste conceito, é de se ressaltar, os arranjos contratuais mais complexos, tais como os *license packages* ou os *patent pools* ou mesmo contratos de cooperação com natureza associativa não sinalagmática, como os de pesquisa e repartição de novas soluções tecnológicas, que se identifiquem às *joint ventures*, embora sob aspecto contratual.

A esses padrões caracterizadores do "contrato associativo", trazidos ao mundo jurídico pela Conselheira Ana Frazão, devem ser acrescentados ao menos mais dois: (a) a natureza comercial do contrato, posto que, na hipótese contrária, não operaria ele em nenhum mercado relevante e (b) tenha ele a capacidade de gerar efeitos concorrenciais concretos (concretude potencial anticompetitiva). Assim, por desatenderem esses requisitos, excluem-se *ipso*

---

[33] Cf. o voto-vista da lavra da Conselheira Ana Frazão no, dentre outros, Ato de Concentração n.º 08012.002870/2012-38.

DIREITO DOS NEGÓCIOS APLICADO

facto do conceito de contratos associativos os meros contratos de pesquisa e desenvolvimento, eis que estes apenas objetivam a descoberta e a inovação e não a exploração comercial de um produto em um mercado relevante, aliás por definição ainda sequer existe ou, quanto muito, é ele incerto.

De qualquer sorte, o controle *ex ante* dos contratos de tecnologia desprovidos de cláusula de exclusividade é, conclui-se, ineficiente, inócuo como promotor da concorrência e impraticável como regra geral, além de contrário ao interesse público da motivação à inovação e do incentivo à competitividade, a par de não poderem ser caracterizados como contratos associativos, o que torna sem amparo legal a tese da obrigatoriedade de sua submissão ao CADE. Tudo, é claro, sem prejuízo de submeterem-se eles ao controle *ex post*, repressivo de condutas anticompetitivas decorrentes de sua execução, embora improváveis na espécie.

Desafios da Gestão Jurídica nas Empresas

Flávio Franco

1. Introdução

A intenção do presente artigo é transmitir alguns aprendizados e parte da experiência de um advogado que, inicialmente de forma não planejada, vem trilhando sua carreira atuando em Departamento Jurídicos de empresas. Digo que tal oportunidade surgiu "de forma não planejada" muito pela ausência de orientação acadêmica e também pela reduzida atenção da comunidade jurídica em geral para essa rica e ainda mal explorada possibilidade de atuação.

É com felicidade que hoje observamos que este cenário vem se aos poucos se alterando. Mesmo que ainda escassos, é notório o crescente número de cursos e seminários voltados para advogados de empresas, bem como a quantidade de pessoas dispostas a debater as particularidades dessa atuação. O valioso espaço dedicado ao tema neste livro *"Direito dos Negócios Aplicado"*, junto a outros artigos de autoria de renomados profissionais, é mais uma evidência deste movimento.

Estamos seguros que, caso tivéssemos outras tantas obras semelhantes tratando de temas relacionados à Gestão Jurídica, meu caminho desde a Faculdade de Direito até o ingresso como advogado de uma corporação seria em muito abreviado. O mesmo vale para muitos gestores jurídicos que conhecemos, em sua maioria com uma trajetória semelhante. A expectativa é que esse breve artigo possa servir como mais um elemento a motivar outros advogados a se aprimorarem e aprofundarem nesta interessante opção profissional.

Porém, cabe ressaltar que todas as informações e opiniões contidas neste artigo vinculam-se apenas ao exercício profissional do seu autor, não representando necessariamente o posicionamento da Netshoes, de qualquer uma das empresas pertencentes ao seu grupo econômico, do Insper Direito, ou ainda da Comissão de Apoio a Departamentos Jurídicos da OAB/SP.

2. Breve histórico da "evolução" dos departamentos jurídicos no Brasil

Inegável que a advocacia empresarial (*"in-house"*) no Brasil passa por uma evidente revolução. Apesar dos pouquíssimos registros sobre esse tema, podemos afirmar que na "Década de 80" os Departamentos Jurídicos na maioria das grandes empresas em muito se assemelhavam a um verdadeiro escritório de advocacia. Geralmente as estruturas eram inchadas e repletas de procedimentos burocráticos, sendo que a condução dos processos judiciais e administrativos era toda realizada pelos advogados internos.

Neste contexto, e com a devida cautela de sempre respeitar as particularidades de cada empresa, é possível afirmar que havia baixa interação com as demais áreas e a tomada de risco era uma atividade totalmente distante da rotina do Jurídico. Como resultado, a área pouco agregava ao negócio da empresa (*"business"*) e os advogados eram vistos como fonte de objeções e negativas, que ao final mais atrapalhavam do que contribuíam com o restante da organização. Do ponto de vista organizacional, o Jurídico estava geralmente subordinado ao Departamento Financeiro ou Administrativo, e era considerado um pesado "centro de custos".

Ao longo dos anos esse modelo se mostrou ineficiente e, como alternativa, a maioria das grandes empresas optou por uma ruptura radical, representada pela terceirização completa das atividades do Departamento Jurídico interno para escritórios terceiros. Esse foi o modelo preponderante durante a "Década de 90", motivando o acelerado crescimento (e enriquecimento) de muitas bancas de advocacia. Não à toa que esse período ficou também conhecido como "Era de Ouro" para muitos advogados ditos "externos".

Entretanto, ressalvadas merecidas exceções, a terceirização total também se revelou uma alternativa pouco inteligente. Dentre muitas críticas a esse modelo, a comunicação pouco efetiva entre escritórios de advocacia e seus clientes corporativos sempre foi a principal delas. Somada à ausência de controles e alegações de baixo comprometimento, acabava por gerar um perigoso ambiente de insegurança para as empresas. Como agravante adicional, a terceirização radical não representou necessariamente uma medida de redução de custos e, ao contrário, a atividade jurídica permaneceu sendo considerada um incomodo "centro de custos" para muitas organizações.

Eis que, a partir do ano 2000, uma nova e diferente etapa na "evolução" dos Departamentos Jurídicos começou a ser notada. Como publicado na obra *"Gestão Estratégica do Departamento Jurídico Moderno – Caminhos para a excelência e formas de inseri-lo nas decisões empresariais"*, sob o título de *"Gestão Estratégica do Departamento Jurídico nas Empresas Internacionais"* (coord. Lara Selem e Leonardo Barém Leite – Juruá Editora – pág. 365 e seguintes), da qual o presente artigo é uma revisão atualizada, o principal elemento motivador deste processo transformacional foi o advento da Lei Sarbanes-Oxley, em 2002. Também conhecida como SOX, essa lei norte-americana é considerada um verdadeiro "divisor de águas" na gestão corporativa.

Em resumo, o principal objetivo da SOX foi aperfeiçoar os controles financeiros das empresas ao exigir transparência e eficiência especialmente das áreas fiscais e de controladoria (a chamada "governança corporativa"), buscando assim evitar fraudes que em passado recente geraram graves prejuízos a milhares de investidores.

Todas as empresas norte-americanas que possuem capital aberto devem observância à SOX (incluindo suas filiais e subsidiárias), bem como companhias de outras nacionalidades que operem diretamente e/ou possuam ADR's (*"American Depositary Receipt"* – papéis emitidos com lastro em ações de uma empresa não norte-americana) negociados no mercado de capitais dos Estados Unidos. Como se não bastasse, dirigentes, advogados e auditores estão também pessoalmente obrigados pela norma.

Outro clássico exemplo de legislação estrangeira com alcance extraterritorial é a *"FCPA – Foreign Corrupt Practices Act"*, norma aprovada pelo Congresso dos Estados Unidos em 1977, após o conhecido caso Watergate. Porém, apenas após 20 anos de sua promulgação é que passou a ser aplicada a casos concretos com maior frequência. Esta lei tornou ilegais os pagamentos efetuados a funcionários de governos, partidos políticos e candidatos a cargos políticos estrangeiros em troca de vantagens comerciais ou econômicas. Essa proibição aplica-se não só a pagamentos realizados visando obter ou manter negócios, mas também àqueles feitos com o objetivo de receber em troca qualquer vantagem indevida. Assim com a SOX, a FCPA é aplicável não só a empresas com sede nos EUA mas também àquelas com ações cotadas em Bolsas de Valores norte-americanas, às suas filiais e controladas fora dos Estados Unidos. Tais empresas podem ser responsabilizadas por condutas que violem as disposições da FCPA, ainda que os atos de corrupção sejam praticados por agentes comerciais, representantes ou por demais terceiros que atuem em seu nome, tanto nos EUA como fora daquele país.

Alinhada aos princípios da SOX ou em muitos casos diretamente deles decorrentes, a pressão internacional pela observância de comportamentos éticos no mundo dos negócios é crescente. Na esfera governamental, tal movimento é representado por tratados e convenções internacionais, refletidos e/ou ampliados pelos órgãos reguladores setoriais. Desta maneira, os países que interagem no âmbito do comércio internacional estão comprometidos a adotar normatizações rigorosas, às quais os diversos agentes econômicos estão necessariamente vinculados. Na atual economia globalizada, sobram regras de controle com aplicação extraterritorial que sujeitam empresas e seus representantes a graves sanções civis e criminais.

Junto com outras motivações de natureza social e econômica, o Brasil também acompanha essa tendência de forma que o ambiente regulatório local torna-se cada vez mais complexo. Além das centenas de normas administrativas emanadas a cada ano pelos diversos órgão do Poder Executivo, a Lei Anticorrupção (Lei nº 12.846/2013) e os projetos de lei que visam a reforma do Código Comercial, Código Penal e Código de Defesa do Consumidor são exemplos de normas com enorme impacto às companhias que atuam (ou pretendem atuar) no país, e que recentemente vem tomando muito da atenção da comunidade jurídica e empresarial.

Neste agitado contexto, cresce em importância o Departamento Jurídico e os escritórios de advocacia, na medida em que seus integrantes são investidos de competências e obrigações totalmente distintas daquelas antes exigidas. As empresas passam a enxergar de forma mais clara a necessidade de um suporte jurídico qualificado, crescendo a demanda por profissionais cada vez melhor preparados.

O resultado é que muitas empresas possuem hoje seu Jurídico constituído em um "formato híbrido" se comparado aos modelos anteriores vigentes nas décadas de 80 e 90. Salvo algumas exceções, as equipes jurídicas internas seguem sendo uma estrutura enxuta, exigindo de seus integrantes cada vez mais fluxos dinâmicos de tarefas, adoção de uma "cultura de inovação", redução da burocracia, fluidez da informação, bem como criando uma dependência crescente das ferramentas de tecnologia para a gestão. É cada vez mais frequente o Departamento Jurídico se reportando ao órgão máximo da administração da empresa (Presidência, Conselho de Administração, matriz no exterior, etc.), e finalmente sendo tratado – e cobrado, – como "unidade de negócios" dentro do organograma corporativo.

Como reflexo direto desta transformação, observamos o aperfeiçoamento de alguns cursos jurídicos, uma maior oferta de advogados com vivência internacional, softwares desenvolvidos especialmente para a Gestão Jurídica, além do festejado surgimento de novas áreas de especialização técnica, o que amplia as oportunidades e a abrangência da atuação do advogado dentro das empresas. Por outro lado, enquanto o volume de assuntos submetidos ao Departamento Jurídico aumenta dia a dia, igualmente cresce a pressão por redução de custos, com potenciais impactos na contratação de escritórios de advocacia e na própria ampliação da equipe interna. Como veremos ao longo deste artigo, conciliar de forma eficiente todos os componentes desta equação surge como o maior desafio do Gestor Jurídico.

3. Competências do gestor jurídico corporativo

O conhecimento técnico sempre foi e continuará sendo de extrema valia para o advogado e, juntamente com a maior complexidade das relações sociais e econômicas, a advocacia conquistou merecido destaque ao longo do tempo.

Contudo, sabemos que não é razoável exigir do advogado corporativo, cujo perfil na maioria das vezes é generalista, conhecimento pleno sobre absolutamente todos os aspectos jurídicos da atividade empresarial. Porém, tais situações são aceitáveis apenas em assuntos alheios ao *business* rotineiro da empresa. É obrigação do advogado interno tornar-se especialista no ramo de atividade da companhia para quando consultado, poder de pronto oferecer suas impressões, mesmo que, dependendo da complexidade ou relevância da matéria, tenha que buscar uma segunda opinião ou aprofundar o estudo para um posicionamento mais detalhado. Em outras palavras, o advogado interno, em especial nas corporações que adotam o modelo de Departamento Jurídico "enxuto", deve preferencialmente ter perfil generalista, mas ao mesmo tempo, pleno conhecimento das implicações técnicas do negócio (*"business"*) da empresa e do setor econômico em que ela atua.

No atual universo corporativo, guiado pelas políticas de redução de custos e maximização dos recursos, as chamadas "áreas de suporte" ao negócio – dentre as quais se inclui o Departamento Jurídico –, são bastante reduzidas e, ao mesmo tempo, por demais exigidas a prover um serviço qualificado a todas as centenas de demandas cuja boa prática empresarial exige sua participação.

Tal como nas demais áreas de atuação profissional, para o advogado empregar-se em uma respeitável corporação e trilhar progresso em suas fileiras, não basta mais ter-se graduado em uma faculdade de prestígio nacional e ostentar presença em cursos extracurriculares sobre qualquer atualização legislativa, seja material ou processual. Até mesmo os tradicionais mestrados e doutorados acadêmicos possuem hoje um peso relativizado.

Isto porque, o mercado corporativo vem exigindo diferentes habilidades dos profissionais do Direito, e quem atua ou pretende atuar na área deve estar consciente desta realidade. Importante ressaltar que tais exigências não vieram a diminuir a importância do conhecimento técnico, mas sim a complementar o currículo do advogado.

O advogado se vê "forçado", sob o risco de ter seu progresso na empresa restringido, a tratar de questões que exigem diferentes competências, vez que sua atuação extrapola os limites puramente jurídicos. Dentre muitos exemplos, envolve-se com planejamento estratégico, gestão de pessoas, relações públicas, sustentabilidade, facilitação de negócios, gestão de riscos, contabilidade e políticas de ética empresarial ("*Compliance*"). Relaciona-se com as demais áreas da empresa, com o mercado consumidor, com investidores, com parceiros comerciais, com a imprensa, com fornecedores e concorrentes.

Objetivamente, o atual cenário demanda do advogado corporativo domínio do negócio e da cultura organizacional, além de uma destacada habilidade para a "fusão de funções". Em outras palavras, o advogado passa a atuar como um executivo da empresa, comprometido, cobrado e (devendo ser) bonificado pelos resultados da mesma.

Para tanto, são fundamentais dois componentes: vocação e preparação (no melhor estilo "*inspiração e transpiração*"). Uma vez que nossas universidades ainda carecem de matérias específicas sobre a advocacia empresarial "*in-house*" em seus cursos de graduação, muitas vezes a vocação que aqui me refiro é despertada apenas na prática profissional. Vocação para navegar também em outros mares, para trabalhar e interagir com pessoas de outras formações e com interesses por vezes muito distintos do Jurídico.

Além dessa imprescindível vocação ou, no mínimo, pré-disposição, o profissional deve atualizar-se nas matérias mais recorrentes e nas "novas" competências exigidas pelo ambiente corporativo. Desconheço um Diretor Jurídico de qualquer grande empresa que não tenha em seu currículo um curso de MBA ("*Master in Business Administration*"), ou que não seja fluente em uma ou duas línguas estrangeiras. No campo prático, desconheço um Diretor ou Gerente Jurídico que não esteja obrigado a conhecer a fundo o "*business*" de

DESAFIOS DA GESTÃO JURÍDICA NAS EMPRESAS

sua empresa. Isso significa dizer que o advogado interno (e preferencialmente também o externo) de uma montadora de veículos, deve conhecer como um automóvel é fabricado, o advogado da indústria farmacêutica deve ter conhecimento sobre pesquisas de medicamentos, o advogado de uma empresa de tecnologia deve conhecer as funcionalidades dos softwares licenciados, o advogado de uma empresa de comércio eletrônico deve ter excelentes noções de marketing digital, enquanto que do advogado de uma prestadora de serviços de logística é exigido conhecimentos de como mover uma carga do Brasil para qualquer outro lugar do mundo, e assim por diante.

Portanto, para bem entender e advogar em favor de todos esses negócios (*"business"*) é conveniente a formação técnica também em áreas distintas da jurídica. Tanto as empresas devem facilitar este aprimoramento ao oferecer aos integrantes do seu Departamento Jurídico possibilidades de cursos e intercâmbios como também, e ainda mais importante, cabe ao profissional buscar e criar tais oportunidades dentro e fora da organização. Sendo enfático aqui, a experiência prova que o sucesso profissional do advogado corporativo será enormemente influenciado pelo domínio e aplicação de tais competências.

4. Sobrevivendo com a limitação de recursos

Mesmo em um ambiente regulatório de crescente complexidade, deparamo-nos com a costumeira situação na qual o número de advogados e de recursos externos é inferior à real necessidade do Jurídico.

Notadamente em empresas multinacionais (mas longe de ser um privilégio exclusivo destas), a dificuldade em se ampliar o Jurídico interno, mesmo que com estagiários ou assistentes administrativos, é imensa. Por muitas vezes, a abertura de novos postos de trabalho (*"headcounts"*) obedece a critérios matemáticos desenvolvidos por algum engenheiro ou financista da matriz aos quais o Gestor Jurídico local tem pouca influência. No cálculo do orçamento anual (*"budget"*), geralmente enfrentamos idêntica dificuldade.

Portanto, a gestão baseada no modelo *"Pessoas"*, *"Processos"* (aqui entendido como fluxo dinâmico de informações) e *"Tecnologia"*, mesmo que em suas versões mais básicas, passa a ser elemento crítico de sucesso para o Departamento Jurídico.

Analisando o elemento mais crítico desse "tripé", formar e desenvolver o time é responsabilidade primordial de qualquer gestor. O objetivo é manter uma eficiente equipe multifuncional que saiba circular à vontade junto à maioria das áreas da companhia (adequando-se às particularidades técnicas, funcionais e comportamentais de cada uma delas), e que tenha a valiosa a capacidade de "simplificar o Direito" através de uma linguagem direta e de fácil compreensão.

Claro que essa tarefa será em muito facilitada se a empresa e o Gestor Jurídico forem capazes de promover um ambiente desafiador, com reconhecimento, transparência e oportunidades de crescimento, independentemente do tamanho da área. Por mais que nos pareça óbvio, ainda nos deparamos com Departamentos Jurídicos que não possuem um "Plano de Carreira" para seus integrantes, com descrição de cargos detalhada e regras objetivas para promoções. É comum essa ser uma das principais razões de desmotivação e alto índice "*turnover*" (rotatividade) dos advogados. Intimamente relacionado ao "Plano de Carreira", está o "Plano de Desenvolvimento Individual" (abreviado e conhecido por "PDI"), através do qual estipula-se entre a empresa e cada profissional as condições e obrigações mútuas, visando o aprimoramento das competências exigidas para a evolução dentro da estrutura corporativa. As empresas mais avançadas nesse campo costumam formalizar um "contrato formal" com seus empregados tratando desse processo de desenvolvimento, com revisões periódicas e monitoramento obrigatório.

Quando bem aplicado ao Jurídico, o "PDI" deve abranger muito mais do que simplesmente matricular advogados em cursos de atualização técnica. Deve tratar da inserção da equipe jurídica nos treinamentos de educação corporativa (quando existentes), promoção de programas de "*job rotation*", intercâmbio com escritórios de advocacia, com outras áreas e filiais da empresa, participação dos advogados em comissões e grupos de discussão, dentre outras oportunidades aplicáveis a cada companhia.

Sob a perspectiva de "foco no negócio" e com certa dose de criatividade, perceberemos que não raramente as melhores opções de desenvolvimentos para os advogados estão "dentro de casa", e a um custo acessível. Sob a ótica da companhia, esse investimento é combustível para o "Plano de Sucessão", e portanto, fundamental para a perpetuidade da organização. Para o advogado, é a oportunidade de se aprimorar profissionalmente e avançar para outros níveis de responsabilidade, reconhecimento e, por consequência, de remuneração.

Ainda seguindo os fundamentos básicos da gestão baseada no modelo "*Pessoas, Processos* e *Tecnologia*", é imprescindível que o Departamento Jurídico desenvolva organização e padrões de fluxo de atividades dinâmico, de maneira a garantir, mesmo em estruturas bastante reduzidas (com é o caso da maioria das empresas), a fluidez de informação no tempo e na qualidade exigida.

DESAFIOS DA GESTÃO JURÍDICA NAS EMPRESAS

E, diante da quantidade crescente de demandas submetidas ao Jurídico, promover tal organização é tarefa das mais complexas. Sempre que necessário (e possível), o suporte de profissionais especializados na área de "gestão de projetos" revela-se um investimento de grande valia. O objetivo aqui é proporcionar ágil acesso às informações sob a responsabilidade do Departamento Jurídico, bem como geração de relatórios executivos confiáveis, possibilitando assim alocação de tempo de qualidade dos advogados para processos de melhoria contínua, para desenvolvimento da cultura de inovação do Jurídico e para outras atividades de maior valor agregado.

Não raramente, tal desafio passa pela implementação de ferramentas de gestão fornecidas por empresas terceiras especializadas, ou desenvolvidas internamente para os mesmos fins. Entretanto, a experiência demonstra que a contratação de tais softwares e sua integração com os demais sistemas da empresa (especialmente os de controle contábil), deve ser previamente debatida e muito bem detalhada. Notadamente em situações de alto volume de contratos e de processos judiciais, não faltam exemplos em que tais implementações acabam sendo custosas e lentas demais pela falta de planejamento e ausência de mapeamento prévio de todas as etapas necessárias. Sequência de customizações não acordadas com antecedência, falta de "saneamento" do repositório base de informações e ausência de treinamentos adequados aos usuários são equívocos comuns, com enorme potencial de comprometer toda a iniciativa.

Porém, observadas a cautelas necessárias por todos os "agentes" envolvidos (Jurídico, "clientes internos" demandantes e escritórios de advocacia), os resultados obtidos tendem a justificar o investimento de tempo e dinheiro. Além dos benefícios já comentados, propiciam vantagens em relação à segurança e proteção das informações da empresa, e auxiliam em muito na "agilidade" do Jurídico.

Nunca é demais lembrar da necessidade de uma atuação em parceria com os advogados externos, tema que talvez merecesse um artigo específico nesta obra. É fundamental investir neste relacionamento, fornecendo todas as informações relevantes, identificando e esclarecendo o processo decisório da empresa para, em troca, poder receber e cobrar respostas ágeis, precisas e objetivas, compatíveis com os níveis de serviço e remuneração previamente pactuados. Como em qualquer relacionamento humano, os melhores resultados são decorrentes de um processo de confiança mútua e, nestas condições, o escritório de advocacia externo passa a ser um valioso aliado do Gestor Jurídico à medida que esteja alinhado ao perfil da empresa, aos seus valores

51

e cultura organizacional, sempre respeitando os melhores princípios éticos e a confidencialidade das informações disponibilizadas.

Ademais, muitas das competências do advogado corporativo tratadas no item anterior são desejáveis, senão fundamentais, também aos advogados externos que atendem regularmente a empresa. Ora, quanto mais o escritório conhece a realidade e as exigências que a prática corporativa vem demandando do Jurídico interno, mais facilitada fica a relação, encurtam-se as distâncias, aprimora-se a comunicação e a tendência natural é que os resultados sejam cada vez melhores para todas as partes envolvidas.

Além do qualificado suporte do escritório de advocacia externo, é imprescindível para a empresa que o advogado corporativo também tenha bem desenvolvida sua capacidade de buscar informações jurídicas e de negócio nas mais diversas fontes, incluindo consultas internas anteriormente respondidas, *sites* especializados, fóruns de discussão, bibliotecas, contatos pessoais, dentre outras. Não raramente, tais fontes revelam-se excelentes opções para questões práticas que exigem um posicionamento ou decisão imediata, ou mesmo para gerar contrapontos úteis ao aprofundamento da análise de determinada situação.

5. Participação nas decisões estratégicas condicionada ao relacionamento produtivo com as demais áreas da empresa

Conforme anteriormente mencionado, para que o advogado possa melhor se integrar à empresa e participar de seu centro decisório, faz-se necessária a plena compreensão dos aspectos jurídicos e operacionais de sua atividade econômica.

Acostumamo-nos a ouvir a correta afirmação que, no moderno contexto empresarial, o Departamento Jurídico deve participar das decisões estratégicas da companhia. A contribuição do advogado neste ponto é inquestionável, seja para identificar oportunidades e riscos de determinada decisão, seja para antecipar futuros obstáculos e melhor preparar a empresa para enfrentá-los. A natural capacidade do profissional do Direito de analisar uma determinada questão da forma mais ampla possível é ferramenta de extrema valia que diferencia positivamente a classe, devendo ser explorada pela companhia e constantemente aprimorada pelo advogado.

Entretanto, inserirmo-nos no centro decisório da empresa não é tarefa fácil, principalmente se tal participação não está enraizada por completo na cultura da organização. Sobram exemplos para comprovar que a fidelidade e o respeito ao Departamento Jurídico não se impõem através de atos ou "decretos" do Presidente ou do CEO ("*Chief Executive Officer*"). Essa questão torna-se ainda mais complexa quando analisada no contexto das grandes corporações internacionais, nas quais muitas vezes o poder decisório, mesmo sobre assuntos domésticos, encontra-se no exterior.

Apenas através de políticas internas rígidas que, por direta consequência, limitam a autonomia local, é que tais empresas conseguem manter o controle de suas atividades dentro de um mesmo padrão de atuação. Só desta maneira é que o controle central e a própria cultura corporativa podem ser eficientes em uma realidade transnacional, com filiais e funcionários alocados em diversos países do globo, com operações complexas e diferenciadas entre si e sujeitas às mais diversas regulamentações. Se assim não fosse, teríamos cada filial operando de maneiras distintas que, em curto espaço de tempo, culminariam por desmoronar a unidade e identidade do todo, comprometendo o sucesso das operações internacionais. Como se não bastasse, ainda temos as já citadas normatizações estrangeiras com alcance e abrangência extraterritorial, tais como a Sarbanes-Oxley ("SOX"), *Foreign Corrupt Practices Act* ("FCPA"), *UK Bribery Act*, dentre outras, que reforçam a atuação corporativa dentro de diversos padrões "pré-validados" e uniformes mundo afora.

Portanto, devemos reconhecer que a evolução do Departamento Jurídico neste ambiente inicialmente "restrito" depende da habilidade do gestor e do time jurídico para construir e manter relacionamentos produtivos com a liderança e com seus vários "clientes internos". Ocorre que tal processo de conquista geralmente é lento e gradual, exigindo, como em qualquer outro relacionamento interpessoal, investimentos em dedicação, tempo, compreensão e muita paciência, passando necessariamente pela transparência na atuação, por questões comportamentais e também pela objetividade na comunicação.

A visão tradicional sobre o advogado, infelizmente justificada ao longo do tempo, aponta para um profissional com um idioma próprio (o "*juridiquês*"), muitas vezes trajando uma vestimenta diferenciada, e preferindo a introspecção ao trabalho em equipe. A realidade atual não mais aceita essa prática e, ao contrário, exige um indivíduo integrado à empresa em todos os sentidos e a adoção de uma linguagem resumida e de fácil compreensão, ou seja, pelo fim do "*juridiquês*". As demais áreas da empresa dificilmente conseguirão valorizar e aplicar determinada orientação advinda do Jurídico se a mesma for expressa de forma rebuscada ou de complicada compreensão.

É comum depararmo-nos com corporações que utilizam milhares de siglas para representar filiais, modalidades de serviços, departamentos diversos ou até mesmo seus próprios funcionários. Igualmente comum o discurso interno conter diversas expressões em inglês ou no idioma da matriz. Assim como qualquer outro empregado, e com a cautela em não ofender por demais o nosso rico português, o advogado deve adotar o "idioma da empresa", seja ele qual for. Como se não bastasse, lembramos que quanto maior a empresa, maior o número de "idiomas" internos. Não há dúvidas que o "idioma" na fábrica é diferente daquele do Departamento Financeiro, que é distinto da área de marketing, que é diverso daquele do pessoal de Tecnologia, Logística, e assim sucessivamente. Talvez como nenhuma outra área, os profissionais do Jurídico circulam e interagem (ou deveriam interagir) com todas as demais, exigindo uma habilidade diferenciada e a "tecla SAP" propriamente ativada em cada uma dessas várias situações diárias.

Outro ponto crítico é agilidade no tempo de resposta. Não há coisa pior para um Departamento Jurídico do que ser tachado de "Força Anti-Vendas", "*show-stopper*", "poço sem fundo", "curva de rio", "gargalo" ou de outra denominação pejorativa do gênero, onde a injustificável demora em responder as questões apresentadas atrapalha e retarda qualquer iniciativa. A dinâmica corporativa atual não mais tolera isso, surgindo em consequência uma das seguintes situações: ou o advogado será responsabilizado pelo atraso daquele determinado projeto (colocando sua posição na empresa em perigo), ou a repetição desta prática fará com que as demais áreas simplesmente evitem o Jurídico, tomando decisões que muitas vezes comprometem os próprios interesses da companhia e geram diversos riscos desnecessários.

Dominadas tais habilidades, a tendência é que Departamento Jurídico deixe de ser uma mera via de passagem de informações entre executivos e escritórios de advocacia, e passe a assumir de forma independente o comando da estratégia jurídica da empresa, bem como um lugar permanente no seu *board* diretivo. Porém, se o mencionado "processo de conquista confiança" estiver incompleto, haverá insegurança por parte da liderança da corporação, perpetuando o advogado interno em funções menos relevantes e com baixa autonomia de decisão.

6. Indicadores de desempenho no departamento jurídico

A partir do movimento de crescente relevância dos advogados dentro das estruturas das empresas, comentamos no início deste artigo que o Departamento Jurídico passa (ou tende a passar) a ser considerado uma "unidade de negócio" dentro da organização, assim como todas as demais áreas, mesmo aquelas tradicionalmente consideradas como "de suporte".

E como qualquer outra "unidade de negócio", o Jurídico necessita traçar o seu "Plano de Metas" específico para aquele determinado exercício, umbilicalmente atrelado aos objetivos da empresa. Ou seja, além das tarefas diárias e rotineiras, o planejamento do Jurídico deve englobar as ações e o nível de contribuição da área para o atingimento de cada uma das metas da organização prometidas aos seus acionistas.

A partir desse ponto, cabe ao Departamento Jurídico determinar o "Plano de Ação" necessário, estipular e negociar os recursos necessários para o atingimento das metas estabelecidas, monitorar sistematicamente sua evolução, gerar os resultados esperados (retorno sobre investimento – "*ROI*") e, ao final, exceder as expectativas de maneira que os integrantes do time sejam reconhecidos e propriamente remunerados. Portanto, nada simples e absolutamente nada diferente de qualquer outra área da empresa.

Ocorre que, dependendo da cultura de cada organização, do nível de maturidade e de confiança conquistada pelo Jurídico dentro da companhia, nem sempre estas etapas de planejamento e execução aqui descritas surgem de maneira clara para o gestor, o que pode representar um perigoso risco. Lembrando da história de "*Alice no País das Maravilhas*", se não sei onde quero ir, qualquer caminho me serve (ou algo assim...), pois estarei sempre perdido. Obviamente, não queremos cair nesta armadilha.

É razoável supor que algumas das metas sob a responsabilidade do Departamento Jurídico são comuns nas maiorias das empresas. Diminuição do volume de contingências fiscais, cíveis e trabalhistas, otimização das despesas com escritórios de advocacia, cumprimento do orçamento anual e melhoria do nível de atendimento ao público interno são alguns exemplos básicos. Porém, além de tais metas "comuns", cabe ao gestor também dedicar a devida atenção ao que é considerado "resultado" dentro da específica realidade corporativa em que vive, considerando as particularidades (geralmente voláteis) do ambiente do qual o Jurídico é parte. Portanto, identificar claramente as metas da área, planejar e saber agir pró-ativamente nas reais prioridades da empresa, são atribuições de enorme relevância.

Outra regra básica de gestão que se aplica bem neste contexto é aquela que que ensina que *"só se consegue melhorar aquilo que se consegue medir"*. Daí a importância dos indicadores de desempenho, sem os quais a avaliação da performance do Departamento Jurídico e o consequente reconhecimento por parte da liderança, ficam seriamente comprometidos.

Mas, diante do enorme volume de tarefas atreladas ao Jurídico, definir o que medir e de perto monitorar dentro desse universo é outro desafio crítico. A resposta mais frequente que recebemos é *"medir tudo que interessa para a sua empresa"*. Exemplificadamente, isso pode incluir índices de *turnover* de empregados e pedidos recorrentes (provisão trabalhista), volume de reclamações de clientes (provisão cível), atendimento a demandas fiscais (provisão tributária), relações entre contratos analisados e tempo de análise, produtos/serviços oferecidos e respectivas ações judiciais, produtividade da equipe interna, tempo de resposta a consultas, registro de Marcas e Patentes, processos de *Due Diligence*, elaboração de Atos Societários, despesas com honorários advocatícios e sua relação com as demandas de cada área da empresa, produtividade dos escritórios de advocacia, dentre tantas outras atividades.

"Medir tudo o que interessa para sua empresa" pressupõe identificar as reais prioridades da companhia, como também já ressaltamos aqui. Portanto, a cautela que devemos ter sempre em mente é não desperdiçarmos nosso limitado tempo e energia monitorando tarefas de pouca relevância, ou mesmo meras curiosidades que talvez apenas o advogado enxergue valia.

Em termos práticos, um bom guia para essa identificação e priorização é consideramos o impacto das atividades ou projetos específicos no balanço contábil da empresa. Ou seja, se determinada atividade do Jurídico é refletida diretamente no balanço da empresa, claramente temos aqui uma real prioridade, surgindo a necessidade da mesma ser monitorada constantemente (*"Key Performance Indicator – KPI"*). Caso ainda haja espaço e recursos, um segundo grupo de tarefas a ser acompanhado é aquele que também impacta o balanço contábil, porém de forma indireta. Por fim, temos aquele terceiro grupo de atividades que em nada impacta os números da empresa e que, portanto, não deveriam tomar muito da nossa energia e atenção.

Ressalta-se ainda que, dependendo do porte da empresa, o estabelecimento de efetivos indicadores de desempenho do Departamento Jurídico só é possível, ou ao menos, só se torna realmente efetivo a partir da utilização de uma ferramenta / software de gestão, conforme comentamos no item 04 deste artigo.

7. Representação externa da empresa: assuntos corporativos e relações governamentais

Outra função relevante e muitas vezes sob a responsabilidade do Jurídico é atuar junto aos agentes públicos que diretamente interferem na atividade empresarial.

Sabemos que em muitos países da América Latina um diálogo aberto entre os setores público e privado infelizmente ainda não é pratica comum. Tratando-se especialmente de empresas multinacionais, com orçamentos e projetos concorrentes entre si, decisões de investimento neste ou naquele país muitas vezes dependem das condições e alterações da normatização vigente. E, dependendo do foco de negócios da corporação, sustentado em atividades bastante reguladas, tais como telecomunicações, energia elétrica, transporte aéreo, farmacêutico, dentre outras, a atuação junto aos agentes públicos muitas vezes surge como a mais relevante atividade do Departamento Jurídico.

O profissional deve estar devidamente habilitado para atuar de forma ética e objetiva, buscando alcançar a maior segurança jurídica possível para a manutenção e expansão dos negócios da empresa, advogando sempre por um ambiente normativo equilibrado e justo. Observa-se que a relevância desta função vale tanto em situações de necessidade de reforma de determinada norma (ou de sua interpretação), possibilitando o crescimento do volume de negócios da empresa, mas também naquelas que representam riscos iminentes como, por exemplo, a eventual cassação de determinada licença de operação.

Ademais, quando a peculiaridade da matéria assim permitir, é comum que a interação com os agentes públicos seja feita através das entidades de classe ou associações empresariais setoriais. Em um cenário onde os membros sejam unidos e a postura conjunta seja proativa, vislumbramos facilmente duas principais vantagens em atuar através das associações. A primeira é que, ao agregar integrantes de prestígio e importância em determinado mercado, a representatividade dos pleitos perante os órgãos reguladores ou anuentes é igualmente expandida, encurtando assim caminhos que, se percorridos individualmente, seriam ainda mais tortuosos. O segundo aspecto é que a atuação através das associações por muitas vezes preserva a imagem da empresa junto às autoridades regulamentadoras e, dependendo do caso, também perante seu mercado consumidor.

Neste contexto, cresce a importância do advogado já que a grande maioria das questões comuns ao setor em que a empresa atua possui contornos de natureza jurídica. É cada vez mais frequente verificarmos gestores jurídicos dedicando valiosa parte de seu tempo para atuação junto às associações que representam os interesses corporativos, não raro em posições de comando ou, ao menos, liderando determinada comissão temática especializada.

Por mais que as discussões versem sobre interesses comuns, conciliar na mesma mesa concorrentes ferrenhos em mercados cada vez mais competitivos não é tarefa fácil. Exige-se extrema cautela com aspectos estratégicos e concorrenciais e, ao mesmo tempo, capacidade para entendimentos e união. Além de aprofundar-se em questões práticas e, portanto, aprimorar o conhecimento do *business*, a atuação do advogado em associações setoriais pode representar uma excelente oportunidade de exposição interna e externa, na medida em que os bons resultados vão sendo obtidos ao longo do tempo. Propicia ainda a troca de conhecimento e experiências, parâmetros de comparação face à determinada cenário (*benchmarking*), bem como contatos úteis hoje e também no futuro (geração de *networking*).

8. Conclusão

Ao mesmo tempo em que devemos aprender com os diversos casos de sucesso, inexiste "fórmula pronta" para a eficaz gestão do Departamento Jurídico. Por mais que os conceitos e as experiências aqui apresentados tenham uma abrangência ampla e evidente aplicação prática, a metodologia aplicada deve ser aquela que melhor se adeque à realidade particular de cada organização.

Estamos convencidos que alçar o Departamento Jurídico à condição de área de fato estratégica pressupõe necessariamente transformá-lo (ou mantê--lo) como valiosa fonte geradora de "informação crítica de negócio" para a empresa.

Nesse sentido, é fundamental repensar o modelo de gestão constantemente, assegurando-se que o Jurídico desempenhe um papel compatível com as exigências atuais do mercado e que reúna as condições necessárias para atuar de maneira proativa, independente e inovadora, com foco constante em resultados e sempre alinhado com os valores da empresa.

E que seus integrantes tenham plena consciência das suas responsabilidades e potencialidades, das competências exigidas para o progresso profissional, estejam motivados e capacitados para o desafio de prover um serviço de qualidade diferenciada, superando as expectativas próprias e de toda a corporação.

A Relação Jurídico-Administrativa Pactual Pública

Roberto Correia da Silva Gomes Caldas

1. Contexto e desenvolvimento da análise pretendida

No presente estudo o que se busca é uma exposição concisa, porém transparente e precisa, das mais recentes tendências doutrinárias, pátrias e internacionais, de se encarar o contrato administrativo como imerso nas acepções da dita "relação jurídico-administrativa" ou "relação jurídica de Administração Pública", atualizando-o para as necessidades hodiernas de um Estado Social cada vez mais prestador de novos serviços.

Nessa visão, o contrato administrativo passa a ser observado como um instrumento de viabilização do próprio Estado, enquanto concretizador de suas políticas públicas, mediante um enfatizar cada vez mais crescente do seu cunho consensual, cooperador, dialógico, concertado, enfim, de colaboração entre os quatro pólos atuantes em suas relações-componentes de clara **parceria** e em evidente trilateralidade funcional.

Essa tendência de se reforçar esse cunho de cooperação do contrato administrativo se dá por intermédio, por auxílio de alguns institutos jurídicos que são a si correlacionados para viabilização da ideia de parceria, com imperiosas adaptações para o ordenamento jurídico pátrio, como o processo administrativo e as competências político-administrativas, além das teorias dos "atos destacáveis", da incorporação, da causa e da boa-fé objetiva administrativa, de sorte a se ter uma criteriosa distinção das fases pactuais e os acontecimentos a elas próprios.

DIREITO DOS NEGÓCIOS APLICADO

É ao estudo dessa tendência e dos institutos que lhe dão corpo que a seguir se ocupa a perspectiva da crítica a ser por aqui ora desenvolvida.

2. Noções gerais

O contexto e desenvolvimento da análise cá pretendida passa a identificar o conceito de **contrato administrativo**, com suas **concomitantes** acepções de **relação jurídica complexa** (inclusive à luz da **teoria da relação jurídico- -administrativa**) e de **norma jurídica individual e concreta** (ante a **teoria do ato administrativo**, aqui *lato sensu*), vinculado ao de **processo**, inclusive **de invalidação**, mediante a identificação das respectivas realidades procedimentais (e processuais) em que se verifica inserido[1], a fim de permitir um eficiente e eficaz controle de seus planejamento, confecção e execução[2].

[1] A respeito da aplicação da **teoria da relação jurídica de Administração Pública**, também dita **relação jurídico-administrativa**, em contrapartida conexa e instrumental à **teoria do ato administrativo**, Alexandre Mazza tece importante observação, haurida de sua Tese de Doutorado em Direito Administrativo defendida na PUC/SP – Pontifícia Universidade Católica de São Paulo, sobre as vantagens auferíveis com esse emprego, inclusive à luz da noção de processo administrativo. Com efeito, ensina que *Tradicionalmente, o Direito Administrativo sempre foi estudado a partir da noção fundamental de ato administrativo. A teoria do ato administrativo, no entanto, é útil para compreender as manifestações unilaterais e impositivas do Poder Público, mas não se mostra suficiente para explicar grande parte das diversificadas atuações da Administração Pública moderna, tais como atividades de fomento, contratos multilaterais, acordos de cooperação e outros instrumentos da gestão consensual do interesse público. Assim, a construção de uma teoria da relação jurídica de Administração Pública oferece **diversas vantagens** ao estudioso, entre as quais merecem destaque: (...) e) compreender a importância da instauração de uma relação jurídica (processo administrativo) como condição de validade da tomada de decisões pela Administração Pública, assim como entender o papel de parte imparcial cumprido pelo ente público nos referidos processos* (*Manual de Direito Administrativo*. São Paulo : Saraiva, 2ª ed., 2012, p. 517-518). Calha lembrar que é nessa relação jurídica de cunho processual administrativa, vista como condição de validade para a tomada de decisão administrativa, que se inserem a **participação popular** e o **controle social**, importantes e poderosos instrumentos de **eficiência** e **eficácia**, inclusive **regulamentadora** e **regulatória**, do atuar da Administração Pública, da atividade administrativa ou, simplesmente, da administração pública.

[2] *A vontade da Administração é a vontade da lei concretizada. Mas ocorre que, entre a lei e o ato administrativo existe um longo percurso. Aquela não se transforma automaticamente neste: um trâmite lógico e real se interpõe. É justamente este concretizar-se que precisamos conhecer, regular e controlar. Para essa missão, o estudo do ato administrativo parece impotente, porque este é uma categoria estática, pouco ampla para captar uma realidade dinâmica, feita puro movimento* (SUNDFELD, Carlos Ari. "A importância do procedimento administrativo". *Revista de direito público*. São Paulo : Editora Revista dos Tribunais, nº 84, out./dez. de 1987, p. 65). No mesmo diapasão, tem-se a antiga lição de Marco Aurélio Greco ao estipular que *Em tema de controle o procedimento exerce grande importância, pois na medida em que são fixadas sequências comportamentais obrigatórias, o interessado poderá constatar a exatidão das inúmeras etapas e diagnosticar*

A tese central que com isso se adota é a da plena utilização do conceito de processo administrativo para se estabelecer a correta acepção da relação jurídico-administrativa pactual pública, com a respectiva sistematização das suas várias definições sendo aplicada aos contratos administrativos, enquanto um verdadeiro instrumental de análise que incrementa a visão das suas invalidades (inclusive circunscritas às omissões do Estado-contratante), permitindo com maior facilidade também a identificação de seus efeitos jurídicos, inclusive quanto às possibilidades de sua superação.

3. A relação de conexidade processual.

É preciso, antes de ir-se além, entender-se com clareza meridiana qual o elo entre a **relação jurídico-administrativa pactual pública**, entendida como de cunho substantivo, e a **relação processual administrativa**.

Genericamente, a relação de cunho processual, malgrado se revele abstrata e autônoma, de forma alguma prescinde do seu contexto de conexidade instrumental à relação de cunho substantivo, a qual pode ou não lhe dar supedâneo conteudístico[3].

---

o momento e o alcance de qualquer desvio (Dinâmica da tributação e procedimento. São Paulo : Editora Revista dos Tribunais, 1979, p. 98).

[3] Isso significa que, como ensina Lourival Vilanova, *Realmente, ainda que a teoria processual moderna tenha a segunda relação, a relação processual, como autônoma, abstrata, não é ela desligada da relação substantiva. Tanto que entre as condições da ação requer-se que o sujeito ativo deduza regularmente sua pretensão material, fundamente o pedido de tutela jurisdicional. A relação processual é instrumentalmente conexa com a relação material. Assim, entre as relações R' e R'' há a relação R''' (na teoria das relações, tem-se as relações-de-relações, como uma categoria, que se enche de concreção de acordo com os campos especificados de fatos e objetos)* (Causalidade e relação no direito. São Paulo : Saraiva, 2ª edição, 1989, p. 128). *A norma adjetiva não confere efeitos substantivos. Porém, a relação substantiva é **indiretamente** (explicação de Ugo Rocco) atingida. Tem-se uma eficácia processual por via oblíqua* (Ibidem, p. 139). E termina concluindo que *A relação de conexidade instrumental (Liebman) entre as duas relações – relação jurídica processual triádica e relação jurídica substantiva – não se insere na relação de causalidade jurídica. Tampouco na relação lógica de fundamento: a falta de fundamento na relação substantiva não impede a formação de relação processual: a improcedência do direito material invocado não priva o autor do direito subjetivo público de pedir o exercício da prestação jurisdicional* (Ibidem, p. 139). Daí, a relação substantiva entra compondo o suposto fáctico da relação processual, entre uma das condições (interesse de agir), sem, todavia, sê-lo. Mister salientar que tais ensinamentos de Lourival Vilanova, malgrado voltados para o processo judicial, foram ora transcritos por entender-se terem sua plena aplicação ao caso do processo administrativo e da relação substantiva contratual-administrativa pátrios, como também à conexa e instrumental relação jurídico-administrativa, mais abaixo melhor explicitada.

Com efeito, sob um ponto de vista dinâmico, a relação norma/fato é dialética[4]. Normas jurídicas do sistema estabelecem determinada situação objetiva como fonte de outras normas jurídicas, cujos efeitos são a incidência em novas situações objetivas (fatos e atos ou condutas), as quais trazem como seus efeitos jurídicos também a constituição de mais normas jurídicas.

As normas postas vão do conceptual e abstrato para a concrescência das relações sociais, reingressando por onde provieram. Dentre o plexo jurídico-eficacial, Lourival Vilanova nos oferece a seguinte classificação que adotamos: *...fatos jurídicos que trazem a formação de **status pessoais** (ser cidadão, ser estrangeiro); fatos jurídicos que importam na constituição, modificação de desconstituição de **normas jurídicas**; fatos jurídicos que têm como efeitos a constituição, a modificação e a desconstituição de **relações jurídicas**, em sentido técnico restrito; e, finalmente, **fatos jurídicos de efetivação do direito vigente** (observância espontânea, autotutela e aplicação judicial...*[5]

No âmbito tributário, *exempli gratia*, há norma primária que é dita, na terminologia de Paulo de Barros Carvalho, regra-matriz de incidência. É ela que define a incidência fiscal. É composta por hipótese tributária e consequente tributário. Neste, o fato jurídico tributário tem como efeito a constituição de uma relação jurídica obrigacional, cujo objeto é o pagamento do tributo. Todavia, advertimos que a regra-matriz de incidência não é a única a compor a norma jurídica primária.

A norma primária reguladora de direitos substantivos pode ser classificada como norma primária dispositiva e norma primária sancionadora. A norma primária dispositiva tipifica em sua hipótese a descrição de ato ou fato lícito, sendo a ela que corresponde a regra-matriz de incidência. Por seu turno, a norma primária sancionadora tem por hipótese a descrição de ato ou fato ilícito, caracterizado pelo descumprimento de um dever jurídico. E, como consequência, uma sanção de direito material[6]. Assim, abstraindo por enquanto desta análise a estrutura da norma secundária, tem-se a seguinte dimensão sintática das normas primárias dispositiva e sancionadora:

$$D\{[H \circledR R'(Sa, Sp)] v [-R'(Sa, Sp) \circledR R''(Sa, Sp)]\}$$
norma primária dispositiva   norma primária sancionadora

---

[4] SANTI, Eurico Marcos Diniz de. *Lançamento tributário*. São Paulo : Max Limonad, 1996, p. 52-55.

[5] *Causalidade e relação no direito*. São Paulo : Saraiva, 2ª edição, 1989, p. 89.

[6] SANTI, Eurico Marcos Diniz de. *Lançamento tributário*. São Paulo : Max Limonad, 1996, p. 111.

A RELAÇÃO JURÍDICO-ADMINISTRATIVA PACTUAL PÚBLICA

Sobre essa bimembridade da norma primária, Lourival Vilanova, emprestando-se dos ensinamentos de Pontes de Miranda[7], assevera que *Há sanções integrantes da relação jurídico-material que são integrantes da pretensão. A pretensão, como direito público subjetivo, é direito pré-processual, advindo de regra de direito que se tenha posto como regra constitucional*[8].

O que se pode aperceber dessa realidade é que um mesmo fato jurídico pode implicar, como consequência, mais de uma norma primária sancionadora, além, é claro, da própria norma secundária. No plano normativo, o não-cumprimento de dever de pagar é pressuposto que tem mais de uma consequência sancionatória[9]. Lourival Vilanova, quanto a este aspecto, utilizando-se do expediente metodológico da abstração lógica, diverge da postura doutrinária kelseniana para, com supedâneo na doutrina de H. Nawiaski, defender a teoria da composição dúplice da norma, entrevendo uma relação **de fundamento a consequência** ou **de principalidade a conexidade** entre as relações jurídicas primárias e secundárias, de sorte a não se verificarem soltas, autonomamente[10].

Sob essa óptica, estabelece, com precisão, que o caráter jurídico, e não meramente social, da norma primária depende da norma secundária. Não diverge da postura kelseniana de que norma jurídica é a que prescreve uma sanção, sem o que torna-se mero preceito moral, norma de cunho social, mas apenas ressalta que as relações jurídicas estabelecidas pelas normas primárias e secundárias estão relacionadas entre si, não se verificando de forma

---

[7] *Comentários ao Código de Processo Civil* (1939). Rio de Janeiro : Revista Forense, t. 1, 2. ed., 1958, p. 78-83.

[8] *Causalidade e relação no direito*. São Paulo : Saraiva, 2ª edição, 1989, p. 125, nota de rodapé nº 1. E arremata advertindo *...que sanção pode haver na norma primária. O pagamento de um percentual de juros pela tardia adimplência da prestação do locatário, como a rescisão contratual independente de qualquer medida judicial, são geralmente cláusulas acessórias adjetas às cláusulas principais. As prestações subsequentes às prestações principais são apenas acréscimos em ônus, ou a desvantagem, para o locatário, da rescisão contratual. Mas, essa sanção, cujo pressuposto é o descumprimento de obrigações negociais é parte integrante da* **norma primária***. As medidas que o locador toma para fazer exequível ou a exigibilidade que exerce para efetivar seu direito subjetivo, as diligências que emprega, tudo isso passa-se em nível da pretensão e da ação* **antes do processo** *como observa Pontes de Miranda (Ibidem,* p.126).

[9] Aliás, não escapou à percuciente doutrina do Lourival Vilanova que, *Com efeito, no direito positivo nem sempre se dão norma primária e norma secundária em conexão. Nem sempre se distribui uma só hipótese para uma só consequência. Várias hipóteses* **H, H", H"'***... têm uma mesma consequência* **C***, ou inversamente, várias consequências* **C, C", C"'***, ... correspondem a uma só hipótese* **H***. As possíveis relações* **R** *entre* **H** *e* **C** *obedecem às possibilidades combinatórias de uma relação de* **n** *termos referentes, e* **n** *termos relatos* (*Causalidade e relação no direito*. São Paulo : Saraiva, 2ª edição, 1989, p. 38).

[10] *Causalidade e relação no direito*. São Paulo : Revista dos Tribunais, 4ª edição, 2000, p. 176.

DIREITO DOS NEGÓCIOS APLICADO

autônoma, mas como normas-partes do arquétipo da norma jurídica quando havida em sua completude, em sua integralidade[11].

Na norma jurídica, tanto a norma primária quanto a norma secundária são estruturas condicionais. Em reescritura metodológica daquilo visto exemplificativamente em matéria tributária, o suporte fático (fato jurídico) da norma secundária tributária terá como suposto o não-cumprimento da obrigação prescrita pelo consequente tributário (consequência da regra-matriz de incidência) – não-pagamento do tributo – como também, se o caso, o não-cumprimento da prestação estipulada e preceituada no consequente da norma primária sancionadora ¾ v. g., o não-pagamento da multa de mora, dos juros moratórios, etc.

Assim, a norma secundária, sancionadora por excelência, terá como consequência a pretensão de exigir coativamente, por intermédio do órgão estatal, a efetivação do dever constituído nas normas primárias (dispositiva e sancionadoras), ainda que sua satisfação se dê de forma oblíqua. A relação jurídica processual, como já dito anteriormente, será angular, vez que, de um lado, o credor, o Fisco, irá perante o Estado-juiz para, exercendo o seu direito subjetivo de ação, pleitear uma sentença (prestação jurisdicional) que coaja o contribuinte, o devedor, a pagar seu tributo, além das multas e juros moratórios, observando-se, para tanto e em contrapartida, os direitos de ampla defesa e contraditório deferidos ao sujeito passivo, ao contribuinte, igualmente perante o Estado-juiz. É a concreção das duas relações lineares, confluentes no órgão jurisdicional, que perfaz a **angularidade da relação jurídico-processual**[12].

No presente átimo, se afigura interessante, sob o prisma da teoria geral da relação jurídica[13], enfatizar-se a importância do ingresso da relação de direito

---

[11] *Ibidem*, p. 176.

[12] *Ibidem*, p. 124-125. É claro que esta angularidade não é necessária, pois a pretensão correspondente ao direito de ação do credor é a prestação jurisdicional e não o pagamento do tributo, podendo acontecer a não-triangulização da relação processual, vez que, *Antes de ser sujeito-de-direito em relação processual, é-se sujeito de direito. Não coincidem necessariamente as duas **posições** de sujeito. É o sistema que diz que dada a subjetividade de direito material deva ser a possibilidade de pretensão à tutela jurisdicional (Ibidem, p. 132).* Decorre, então, a possibilidade de sentença reconhecendo, *e. g.*, a prescrição e sem sequer ter havido a citação do réu. A relação jurídica material não interfere diretamente na processual.

[13] Lourival Vilanova, estabelecendo que a relação jurídica é um conceito fundamental e, de conseguinte, o que se faz diante dele é apenas a sua descrição, ensina que *Descreve-se a relação jurídica indicando seus termos – os sujeitos-de-direito ativo e passivo – e o fator relacionante (relator "ter a pretensão de" e o seu simétrico, "ter o dever de"). Demais, a relação jurídica contém um dado-de-fato, sobre o qual tem incidência norma de direito. E, ainda, aqueles **relatores** (termos com função de relacionar), reciprocamente*

A RELAÇÃO JURÍDICO-ADMINISTRATIVA PACTUAL PÚBLICA

substantivo no interior da relação adjetiva e do seu papel jurídico-dogmático, bem como da relação propriamente **lógico-formal** entre ambas (relação **de conexidade instrumental**).

Sintaticamente, a **relação de conexidade** entre as relações jurídicas das normas primárias, sancionadora e dispositiva, com as respectivas das normas secundárias correspondentes é idêntica tanto para a regra-matriz de incidência como para a regra-matriz de dever instrumental (como para qualquer outra norma jurídica **inclusive no âmbito processual/procedimental administrativo**). A única diferença será semântica, fator que permitirá diferençar suas regras-matrizes entre si e suas normas primárias sancionadoras.

Chiovenda, em lição voltada ao processo judicial mas com aplicabilidade no aspecto enfocado ao processo administrativo, nos traz com precisão a exata dimensão da relação das relações jurídicas primárias (dispositiva e sancionadora) com as correspondentes secundárias, a qual Liebman anotou como de **conexidade instrumental**, e que legitima o interesse de agir[14]. Esse tipo de relação é dita relação-de-relações[15]. Especificamente quanto à relação jurídica advinda da **norma primária sancionadora**, é importante observar que, **concomitantemente**, mantém uma **relação de conexidade instrumental** com

---

simétricos, que correlatam condutas e fatos relevantes para a conduta: enchem-se de **objeto***. Seria* **restringir** *o conceito de relação jurídica só tomar as posições dos sujeitos-de-direito como titulares de direitos subjetivos e de deveres jurídicos. O que não falta numa relação jurídica em sentido amplo, ou em sentido estrito, é de um lado um portador de* **pretensão** **(substantiva/processual)***; no outro pólo da relação, o portador do dever de prestar.* **Pretensão** *e* **prestação***, em sentido amplo, são termos* **correlatos** *(correlatos: em recíproca relação): faculdade de exigir, dever genérico ou específico de atender (Ibidem, p. 159).*

[14] CHIOVENDA, Giuseppe. Instituições de direito processual civil. Campinas : Bookseller, 1ª ed., 1998, p. 37-48.

[15] Isso significa que, como ensina Lourival Vilanova, *Realmente, ainda que a teoria processual moderna tenha a segunda relação, a relação processual, como autônoma, abstrata, não é ela desligada da relação substantiva. Tanto que entre as condições da ação requer-se que o sujeito ativo deduza regularmente sua pretensão material, fundamente o pedido de tutela jurisdicional. A relação processual é instrumentalmente conexa com a relação material. Assim, entre as relações R' e R'' há a relação R''' (na teoria das relações, tem-se as relações-de-relações, como uma categoria, que se enche de concreção de acordo com os campos especificados de fatos e objetos) (Causalidade e relação no direito. São Paulo : Saraiva, 2ª edição, 1989, p. 128). A norma adjetiva não confere efeitos substantivos. Porém, a relação substantiva* **é** **indiretamente** *(explicação de Ugo Rocco) atingida. Tem-se uma eficácia processual por via oblíqua (Ibidem, p. 139). E termina concluindo que A relação de conexidade instrumental (Liebman) entre as duas relações – relação jurídica processual triádica e relação jurídica substantiva – não se insere na relação de causalidade jurídica. Tampouco na relação lógica de fundamento: a falta de fundamento na relação substantiva não impede a formação de relação processual: a improcedência do direito material invocado não priva o autor do direito subjetivo público de pedir o exercício da prestação jurisdicional (Ibidem, p. 139). A relação substantiva entra compondo o suposto fáctico da relação processual, entre uma das condições (interesse de agir), sem, todavia, sê-lo.*

a relação jurídica da sua **norma primária dispositiva** e uma **outra relação de conexidade instrumental** com a relação jurídica da **norma secundária** a si correspondente.

Esse nexo instrumental que une as relações jurídicas dessas normas-partes (primárias dispositiva e sancionadora entre si, e às correspondentes secundárias) não é, cumpre salientar, nexo lógico de fundamento, o que significa dizer que a falta de fundamento na relação jurídica substantiva que se visa a instrumentalizar não impede a formação de relação jurídica sancionadora (primária ou processual). A pretensão (direito ou dever-poder) de acionamento judicial não visa à obtenção da própria prestação inadimplida, mas, sim, sua satisfação ainda que de forma diversa.

Tornando ao exemplo haurido do Direito Tributário, fora do âmbito da regra-matriz de incidência, o não-pagamento do tributo na data aprazada, em si, implica um dever-poder autônomo de ação por parte do Fisco, não obstante também implicar, como consequência, a necessidade de seu pagamento acrescido de multa e juros moratórios. A instrumentalidade que permeia esses deveres-poderes substantivos sancionatórios (multa e juros moratórios) em relação ao que os funda (pretensão de recebimento do tributo) é verificada, outrossim, em relação à respectiva possibilidade de demandar judicialmente. Desta forma, se advier a extinção da relação jurídica tributária inadimplida, quer por anulação, quer por decurso de prazo, ainda será viável que se possa cobrar em juízo, *e. g.*, apenas a multa e os juros moratórios[16].

Todavia, igualmente não se pode negar existir também dentre as normas primárias instituidoras dos deveres instrumentais um caráter instrumental em suas relações jurídicas quanto às existentes nas respectivas normas primárias dispositivas. Essa circunstância não escapou ao percuciente raciocínio de Paulo de Barros Carvalho que, reconhecendo a conexidade instrumental ao tratar dos deveres instrumentais, lhes nega a acessoriedade, pois podem existir independentemente da obrigação tributária, inclusive[17].

Deflui do que se expôs acima, a conclusão parcial de que as relações jurídicas processuais e as relações jurídicas de direito material sancionatórias e dispositivas de obrigações e de deveres instrumentais ou formais, bem como

---

[16] Tem-se notícia que o Estado de São Paulo em 2005, após a prescrição da pretensão tributária relativa ao IPVA – Imposto sobre a Propriedade de Veículo Automotor, ajuizou as respectivas execuções fiscais para percebimento da multa moratória de 100% (cem por cento) do valor deste tributo, de sorte que venha a obter a satisfação dessa sanção pecuniária, independentemente da obrigação de que decorrente.

[17] *Curso de direito tributário.* São Paulo : Saraiva, 6ª ed., 1993, p. 195-196.

A RELAÇÃO JURÍDICO-ADMINISTRATIVA PACTUAL PÚBLICA

estas entre si, têm conexão instrumental relacionando-as, sendo umas afetadas pelas outras obliquamente; as normas-partes que compõem a norma jurídica se inter-relacionam conectas instrumentalmente.

3. Processo administrativo: suas acepções e requisitos

Postas tais considerações gerais, é mister observar que uma das melhores sistematizações sobre processo administrativo aplicado ao Direito pátrio, mais precisamente em consonância ao art. 5º, LV, da Constituição Federal de 1988, por ocasião da controvérsia que grassa em torno das expressões "processo" e "procedimento", provém de Lúcia Valle Figueiredo[18], inspirada na doutrina italiana capitaneada por Massimo Severo Giannini[19].

Essa classificação, a qual ora se adota para a ulterior aplicação às concomitantes acepções supra-referidas dos contratos administrativos (como relação jurídica complexa e como ato administrativo *lato sensu*), quando da verificação de suas invalidades (aqui, repita-se, circunscritas às omissões do Estado-contratante) e formas de respectiva superação, utiliza-se da expressão "processo" em **sentido lato, amplo**, enquanto gênero que abarca as espécies **procedimento** (em suas definições de **forma**, de **rito de atuação da Administração Pública**, e de **sequência de atos encadeados**) e **processo em sentido estrito**, considerado em suas modalidades **revisiva, disciplinar** e **sancionatória**[20]. Assim, tanto procedimento como processo em sentido estrito, comportam uma visão mais minudenciosa quanto às suas definições, consoante passa-se a demonstrar.

A primeira definição de procedimento diz com a específica forma de extroversão da atuação, da manifestação da função administrativa (que pode implicar, dentre outras formas, a do ato administrativo), ou seja, nos dizeres de Lúcia Valle Figueiredo, corresponde ao ...*requisito essencial da atividade*

---

[18] *Curso de direito administrativo*. São Paulo : Malheiros Editores, 9ª ed., 2008, p. 434-440.

[19] *Diritto Amministrativo*. Milano : Giuffrè, Vol. II, 3ª ed., 1993, p. 91 e seguintes; *Corso di diritto Amministrativo*. Milano : Giuffrè, vol. IV – "I Procedimenti Amministrativi", 1969, p. 1-23.

[20] Lúcia Valle Figueiredo ensina que *Temos, pois, processo (gênero): 1) procedimento, como forma de atuação normal da Administração Pública; 2) procedimento, sequência de atos ordenada para a emanação de um ato final, dependendo a validade do ato posterior sempre de seu antecedente, subdividindo- se em: a) procedimentos nominados: b) procedimentos inominados; 3) processo, em sentido estrito, em que a litigiosidade ou as "acusações" encontram-se presentes, obrigando-se o contraditório e a ampla defesa: a) processos revisivos; b) processos disciplinares; c) processos sancionatórios* (Curso de direito administrativo. São Paulo : Malheiros Editores, 9ª ed., 2008, p. 436).

DIREITO DOS NEGÓCIOS APLICADO

administrativa, normal da explicitação da competência,..." (sic)[21]. Trata-se, pois, do conjunto de **aspectos**, de **formalidades**, de **requisitos legais** para a correta e específica expressão da administração pública, do exercício da função administrativa, da atividade administrativa[22], conjunto o qual, na doutrina de Celso Antônio Bandeira de Mello sobre os atos administrativos, corresponde ao pressuposto de validade formalístico (**formalização**), distinto do elemento de forma[23]. O mesmo se passa nas preleções de Hely Lopes Meirelles sobre

---

[21] *Ibidem*, p. 436. Em trechos seguintes, a autora explica que *O procedimento é, pois, forma específica de se desenvolver função administrativa, judicial ou legislativa. Assim, no processo judicial de conhecimento teremos procedimento ordinário ou sumário, por exemplo. ...Ora refere-se ao conjunto de formalidades necessárias para a emanação de atos administrativos,...* (*Ibidem*, p. 437). E, mais à frente, assevera que, *Averbando que o procedimento administrativo constitui a "forma da função administrativa", Giannini justifica a afirmação dizendo que, às vezes, o ato se apresenta como solitário, porém isso seria apenas aparência, porque, se existisse, seria exceção* (*Ibidem*, p. 438). Continua, em outra passagem, reiterando que **Procedimento** *é, como já afirmamos, a **forma de explicitação da atividade administrativa, da função administrativa**. E é, sem dúvida, um dos meios mais eficazes de controle da Administração Pública, da obrigatoriedade de transparência. Da participação do cidadão na formação dos atos administrativos* (*Ibidem*, p. 440). É preciso ressaltar que Lúcia Valle Figueiredo, ao externar esse seu entendimento sobre a atividade administrativa se desenvolvendo sob procedimento, acertadamente também não olvida da sua relevância enquanto via eficaz e eficiente de **controle social** e **participação popular**.

[22] Em outra oportunidade, observou-se que *O Estado, quando no exercício de função administrativa, recebe a nomenclatura genérica de Administração Pública (sentido estrito-subjetivo da expressão), cuja conformação é dada, em regra, de forma hierarquizada, subdividida em órgãos qualificados como unidades dotadas de competências públicas, atribuições públicas, ou seja, uma rede, um plexo de funções, de deveres de satisfazer os interesses públicos (interesses da coletividade juridicizados), com poderes instrumentais, para tanto estipulados legalmente. O exercício desses deveres instrumentalizados por meio de correlatos poderes para a satisfação das necessidades públicas em promoção do bem-comum (função administrativa) é o que se tem por atividade administrativa (Administração Pública em seu sentido estrito-objetivo, ou simplesmente "administração pública" – expressão grafada em letras minúsculas), a qual envolve as atividades de fomento, de polícia administrativa (limitativa do exercício da liberdade e propriedade privadas), intervenção e serviço público, precedido ou não por obra pública* (CALDAS, Roberto Correia da Silva Gomes. "Direito Administrativo e Administração Pública: conceituação, princípios, estruturação administrativa pública e atividade regulatória". *Boletim Direito Público Notadez*, v. 2, 2010, p. 5-35). E em nota de rodapé completou-se asseverando que *...Nesse contexto, vem a pêlo a lição de Lúcia Valle Figueiredo, fundada nos ensinamentos de Bartolomé Fiorini, de que, enquanto os interesses públicos correspondem ao conteúdo e objeto da atividade administrativa, em seus diferentes graus de extensão, especificidade e regimes jurídicos, os fins públicos, vistos como metas a serem perseguidas pelo Estado de maneira especial, ou seja, sob regime jurídico-administrativo, correspondem ao seu conceito teleológico... Entende-se, nesse contexto, os fins públicos em maior grau de abstração, correspondendo, em última análise, às políticas públicas de determinado setor ou setores da vida em sociedade* (*Ibidem*, nota de rodapé nº 15).

[23] Segundo esse autor, **Forma** *é o revestimento exterior do ato; portanto, o modo pelo qual este aparece e revela sua existência. A forma pode, eventualmente, não ser obrigatória, isto é, ocorrerá, por vezes, ausência de prescrição legal sobre uma **forma determinada**, exigida para a prática do ato. Contudo, não pode haver ato sem forma, porquanto o Direito não se ocupa de pensamentos ou intenções enquanto não traduzidos exteriormente.*

os contratos administrativos[24], bem como nos ensinamentos de Maria Sylvia Zanella Di Pietro, para quem diz respeito ao **rito**, à **forma solenizada** de proceder da Administração[25].

A segunda definição, a seu turno, refere-se à sequência de atos concatenados, em sucessão itinerária na qual um pressupõe o outro para sua validade e validade da consecução do ato-fim colimado[26]. Nessa concepção de procedimento, que poderá ser nominado ou inominado, cada ato da sequência é impugnável em sua respectiva fase, pois possui uma identidade funcional autônoma (dita "autonomia relativa"), ou seja, cumpre uma função própria,

---

Ora, como a forma é o meio de exteriorização do ato, sem forma não pode haver ato. Não se deve confundir forma, na acepção enunciada, com formalização, que é um modo específico de apresentação da forma, ou seja, uma dada solenização requerida para o ato. Esta última é um pressuposto formalístico. (...) Formalização é a específica maneira pela qual o ato deve ser externado. Com efeito: ademais de exteriorizado, cumpre que o seja de um dado modo, isto é, segundo uma certa aparência externa. Enquanto a forma significa exteriorização, formalização significa o modo específico, o modo próprio, desta exteriorização (Curso..., 28ª ed., 2011, itens "28" e "53", p. 394 e 411).

[24] *Licitação e contrato administrativo.* São Paulo : Malheiros Editores, 15ª ed., 2010, Capítulo VII, p. 279-294. Com efeito, o autor é categórico ao afirmar que *O* **contrato administrativo** *formaliza-se, em regra, por* **termo** *em livro próprio da repartição contratante, ou por escritura pública, nos casos exigidos em lei. O contrato verbal constitui exceção, pelo evidente motivo de que os negócios administrativos dependem de comprovação documental e de registro nos órgãos de controle interno (Ibidem, p. 279).*

[25] *O procedimento é o conjunto de formalidades que devem ser observadas para a prática de certos atos administrativos; equivale ao rito, a forma de proceder; o procedimento se desenvolve dentro de um processo administrativo (Direito administrativo.* São Paulo : Atlas, 23ª ed., 2010, p. 623).

[26] **Procedimento administrativo,** *consoante Giannini,* "queria significar uma série sequencial de atos, endereçados em direção a um resultado. Até hoje, esta acepção permanece no uso comum, com valor atécnico" *(traduzimos). Diz, ainda, o autor ter sido o conceito precisado no sentido de que os atos preparatórios do procedimento não produzem efeitos jurídicos, que possam consistir na perda ou diminuição de direitos, interesses protegidos ou outras situações de vantagens. Procedimento, consoante se nos afigura, é o caminho a ser percorrido pela Administração a fim de cumprir determinadas formalidades sequenciais para chegar ao ato final. Exemplifiquemos com o procedimento de licitação, procedimento de concurso, procedimento de lançamento, de inscrição da dívida ativa etc. Enfim, para a emanação de ato administrativo sempre haverá procedimento. Embora, é bem verdade, haja atos em que essas formalidades são extremamente singelas. ...o termo "procedimento" emprega-se... ora como a sequência de atos administrativos, cada qual* **per se** *desencadeando efeitos típicos (como, no exemplo citado, procedimentos concorrenciais, concurso, licitação), porém todos tendentes ao ato final, servindo-lhe de suporte de validade* (FIGUEIREDO, Lúcia Valle. *Curso...,* 9ª ed., 2008, p. 437). Mais adiante, continua ensinando que *...mesmo os atos administrativos relativamente simples trazem em seu bojo sequência de atos tendentes a um único ato final, ato típico, a que se preordena a Administração (***procedimento***). Deveras, necessidade há, para expedição de licenças, por exemplo, de que haja pedido (fase deflagratória), estudo e necessidade da documentação suficiente (fase instrutória) e, ainda, decisão consubstanciada no deferimento da licença (fase decisória), tal seja, no ato administrativo de licença. Nesta hipótese, não haverá a fase integrativa, obrigatória apenas para alguns procedimentos, geralmente nominados. Assim: "O procedimento formalizado transformou-se no modo geral de desenvolvimento da atividade pública" (Ibidem, p. 438).*

DIREITO DOS NEGÓCIOS APLICADO

com objetivo particular e efeito típico, tendente ao ato-fim (objetivo geral de todos os atos procedimentais), viabilizando, assim, a prossecução do *iter* de sua formação. Nesse contexto, o ato obtido difere do dito ato administrativo complexo, pois na formação deste, não obstante possa-se exigir procedimento administrativo anterior, cada ato-componente cumpre uma mesma função (homogênea, consorciada e sem diferenciação), sem prejuízo de sua manifestação advir de órgãos distintos[27].

E, ao tratar dessas duas concepções em que empregue o termo "procedimento", Lúcia Valle Figueiredo salienta, com propriedade, existir na primeira definição supra-referida uma série de atos, inclusive de terceiros, e fatos administrativos necessários à sua formação válida, bem como, malgrado inexistir no Brasil obrigatoriamente leis sobre o tema, ser certo que a atividade administrativa desenvolver-se-á por procedimento[28].

É de se ver, à luz dessa classificação processual que acima se trouxe, que os principais **requisitos do processo administrativo**, assim genericamente considerado, são **extrínsecos** e **intrínsecos**.

Quanto aos **extrínsecos**, enquanto expressão do primado do **devido processo legal** em sua faceta do *due procedural process of law* (dito "procedimento do devido processo legal"), há a necessidade de previsão legal do *modus procedendi*: a) sobre a específica forma (*v. g.*, escrita e reduzida a *termo* ou por escritura pública, oral, etc.) para a exteriorização do ato-fim almejado (formalização, portanto), com a identificação do tipo de sequência de atos, dentre várias, a ser empregue para sua obtenção válida (determinando-se, *exempli gratia*, um dentre os vários tipos de licitação – concorrência, tomada de preços, convite,

---

[27] Nesse sentido, vide: MIRANDA, Sandra Julien. *Do ato administrativo complexo*. São Paulo : Malheiros Editores, 1998, p. 54 e 132.; GIANNINI, Massimo Severo. *Corso di diritto Amministrativo*. Milano : Giuffrè, vol. IV – "I Procedimenti Amministrativi", 1969, p. 21; e MELLO, Celso Antônio Bandeira de. *Curso de direito administrativo*. São Paulo : Malheiros Editores, 28ª ed., 2011, item "10", p. 496-497.

[28] Segundo suas específicas palavras, *Vemos, portanto, que o termo "procedimento" emprega-se em duas acepções bastante diferenciadas. Ora refere-se ao conjunto de formalidades necessárias para emanação de atos administrativos, ora como a sequência de atos administrativos, cada qual **per se** desencadeando efeitos típicos (como, no exemplo citado, procedimentos concorrenciais, concurso, licitação), porém todos tendentes ao ato final, servindo-lhe de suporte de validade. No primeiro caso – conjunto de formalidades – há uma série de atos, inclusive de terceiros, e fatos administrativos necessários à formação válida do procedimento. Portanto, procedimento é palavra polissêmica. É mister assinalar que, embora não existentes, obrigatoriamente, leis específicas de procedimento administrativo no Brasil, a atividade administrativa desenvolver-se-á mediante procedimento* (Curso..., 9ª ed., 2008, p. 437-438). E nesse sentido é a lição de Carlos Ari Sundfeld, ao afirmar com propriedade que *O processo é... o modo normal de agir do Estado, sendo consequência direta da ideia de função* ("A importância do procedimento administrativo". *Revista de direito público*. São Paulo : Editora Revista dos Tribunais, nº 84, out./dez. de 1987, p. 67).

A RELAÇÃO JURÍDICO-ADMINISTRATIVA PACTUAL PÚBLICA

leilão, concurso e pregão – ou de seleção para acessibilidade aos cargos e empregos públicos – concursos públicos e "processo seletivo público", na hipótese de agentes comunitários de saúde e agentes de combate a endemias), quando não for o caso de sua dispensa ou inexigibilidade (a exemplo do que ocorre nas licitações, com suas hipóteses legais de exclusão)[29], o que também deve ser expressamente previsto; e b) sobre a própria sequência de atos a compor cada um dos distintos tipos, mediante a descrição de todos os atos-componentes minimamente exigidos para a respectiva configuração. Tratam-se, pois, de **requisitos** ora denominados **procedimentais**.

Já quanto aos **intrínsecos**, tem-se a necessidade de: a) "autonomia relativa" dos atos havidos na sequência procedimental (**requisito funcional**); b) que os atos-componentes estejam tendentes ao ato-fim, ou seja, que se verifiquem conectados em torno da obtenção da unidade de efeito jurídico advinda do ato-fim, enquanto uma finalidade comum a ser por todos perseguida (**requisito finalístico**); e c) que os atos-componentes apresentem uma relação de causalidade entre si, com um pressupondo o outro da sequência, culminando no ato-fim a todos pressupondo (**requisito causal**)[30].

---

[29] Celso Antônio Bandeira de Mello, com propriedade, estabelece que *É no **modus procedendi**, é, em suma, na escrupulosa adscrição ao **due process of law**, que residem as garantias dos indivíduos e grupos sociais. Não fora assim, ficariam todos e cada um inermes perante o agigantamento dos poderes de que o Estado se viu investido como consectário inevitável das necessidades próprias da sociedade hodierna. Em face do Estado contemporâneo – que ampliou seus objetivos e muniu-se de poderes colossais –, a garantia dos cidadãos não mais reside sobretudo na prévia delimitação das finalidades por ele perseguíveis, **mas descansa especialmente na prefixação dos meios, condições e formas a que se tem de cingir para alcançá-los. É dizer: a contrapartida do progressivo condicionamento da liberdade individual é o progressivo condicionamento do "modus procedendi" da Administração.** Assim, também, a cada finalidade administrativa correspondem medidas próprias, previamente admitidas pela lei e a serem alcançadas por uma via também estabelecida de antemão* (Curso..., 28ª ed., 2011, p. 494-495).

[30] Sobre tais requisitos por aqui tratados como **intrínsecos**, Celso Antônio Bandeira de Mello com toda a autoridade que lhe é própria, adotando a doutrina de Jesús Gonzáles Perez, os descreve da seguinte forma: *...são os seguintes os requisitos para que exista um procedimento: a) em primeiro lugar é necessário que cada um dos atos componentes da cadeia sequencial possua uma autonomia, uma individualidade jurídica, de sorte a conservar sua identidade própria, embora tal autonomia seja qualificada – como o é, por muitos autores – de "relativa", uma vez que, ainda que possuindo finalidades próprias, todos se encartam no plexo orientado para um resultado final, de maneira a integrar a **fattispecie**, conforme diz Pietro Virga; b) em segundo lugar, estes vários atos têm que estar conectados em vista da unidade de efeito jurídico que se expressa no ato final; c) o terceiro requisito é o de que haja entre os vários atos uma relação de causalidade de tal modo que um "dado ato suponha o anterior e o ato final suponha a todos eles"* (Ibidem, p. 497).

4. Contrato administrativo, relação jurídico-administrativa e processo administrativo

Como dito alhures, os contratos administrativos comportam duas concepções concomitantes, circundadas pela sobranceira **teoria da relação jurídica de Administração Pública**, a qual, devidamente "climatizada" para o Direito pátrio, não apenas alberga o conceito de Administração Pública concertada[31], como também traduz as várias possibilidades, os diferentes contextos e acepções do **Poder** e seu exercício mais atual[32], havido ora em sua óptica **subjetiva**,

---

[31] Hans J. Wolff, Otto Bachof e Rolf Stober, esclarecem que, em lição aplicável ao Brasil, *Nos nossos dias, a **relação jurídico-administrativa** constitui certamente uma categoria consolidada do direito administrativo... No entanto, está apenas rudimentarmente positivada,... Uma regulação geral verifica-se apenas nas **relações de direito tributário**... Também a figura jurídica do contrato de direito administrativo constitui uma manifestação que se reconduz, complementarmente, às normas do BGB... Em suma, existe no direito comunitário... e na Lei Fundamental um défice que não satisfaz as exigências da Administração. O modo tradicional de observação unidimensional toma demasiado pouco em consideração o facto de o direito administrativo estar orientado para a colaboração e a co-responsabilidade (o chamado **direito administrativo cooperativo**...) e de, a par da administração de ingerência em sentido amplo, ter surgido uma administração de prestação determinada pelo Estado social e ecológico... Neste sentido, a **relação jurídico-administrativa** constitui o conceito genérico de todas as relações bilaterais e plurilaterais, externas e internas, entre a Administração e as pessoas civis, as quais dizem respeito aos direitos e deveres opostos resultantes de uma relação jurídica, visando servir à concretização das funções especiais do direito administrativo e aos direitos fundamentais dos antigos. Por outro lado, também nas relações jurídicas entre entes da Administração se trata de relações jurídico-administrativas... Esta descrição limita a relação jurídico-administrativa à actividade de direito público. Por isso, não cabem nesta categoria as relações jurídicas de direito privado em que se envolve a Administração Pública (relações de concorrência, relações de mandato)...* (*Direito administrativo*. Tradução de António Francisco de Sousa. Lisboa : Fundação Calouste Gulbenkian, Vol. 1, 2006, p. 496 e 498). No diapasão dessas ideias e como já dito alhures (CALDAS, Roberto Correia da Silva Gomes. "O contexto sinérgico das atividades de regulação administrativa concertada à luz dos denominados contratos administrativos". *Interesse Público*. Belo Horizonte : Editora Fórum, ano 12, nº 61, maio/junho de 2010, p. 69-82), nosso País ainda carece de uma Lei Geral de Regulação Pública, a qual, se implantada, traria um tratamento jurídico mais aperfeiçoado à relação jurídico-administrativa. Tal legislação, todavia, já vem sendo pensada e discutida nos meios acadêmicos e no Congresso Nacional, sob a alcunha de *governança regulatória*.

[32] Como bem observa Sergio de Andréa Ferreira, *O termo **poder**, em **Direito do Estado**, admite uma acepção **orgânica, organizacional, subjetiva, estrutural**; e dois sentidos objetivos: um, **estático, conteudístico**, como conjunto de **atribuições e deveres**: é o **poder-dever**; o outro, **instrumental, adjetivo, dinâmico, ativo**, a abraçar os **instrumentos** do **poder-organização**, para concretizar suas **atribuições; tudo, ligado a fins, públicos e sociais específicos**... Com o primeiro significado, vamos encontrar a designação **Poder Público lato sensu**, ou **Governo** em **sentido largo**; um dos **elementos constitutivos** da **instituição estatal** (União, Estados federados) e **Intraestatais** (Distrito Federal, Municípios, Territórios)* ("A repartição competencial na Administração Pública. Os princípios da especificidade e da especialidade em sede de organização administrativa". *Interesse Público*. Belo Horizonte : Editora Fórum, ano 14, nº 71, jan./fev, 2012, p. 29).

A RELAÇÃO JURÍDICO-ADMINISTRATIVA PACTUAL PÚBLICA

enquanto a própria pessoa jurídica de Direito Público interno (Administração Pública), ora em suas visões **objetivas**, de cunhos **conteudístico** (no sentido de competência administrativa) e **instrumental** (como os institutos jurídicos, os instrumentos de implementação das competências administrativas[33]).

Uma dessas concepções é a na qual os contratos administrativos são vistos como **relação jurídica complexa**, composta por mais de um ato administrativo (atos-união justapostos – um do Estado contratante e outro do particular contratado –, ato regulamentar, ato regulador autônomo, além do contrato propriamente dito) ou norma individual e concreta equivalente (veiculadora de conduta de silêncio administrativo), enquanto a outra implica óptica segundo a qual são havidos como um **ato administrativo em sentido lato** (embora metodologicamente decomponível na referida relação jurídica complexa)[34], de sorte a, em ambas as hipóteses, consubstanciarem, respectivamente, o **procedimento**, enquanto **rito, emanação da Administração Pública dotada de um conjunto de específicas formalidades necessárias à sua validade**, e o seu **produto**, a **corporificação** da **atividade administrativa**, da **administração pública** (a forma exteriorizada)[35].

---

[33] E a respeito dos institutos jurídicos, dos instrumentos de implementação concertada das competências administrativas, vide: CALDAS, Roberto Correia da Silva Gomes. *Parcerias público-privadas e suas garantias inovadoras nos contratos administrativos e concessões de serviços públicos*. Belo Horizonte : Ed. Fórum, 2011, p. 68-87.

[34] Celso Antônio Bandeira de Mello, ao oferecer um primeiro conceito de ato administrativo, fá-lo informando que *...corresponde a uma noção... em **sentido amplo**. Abrange, pois,... atos convencionais, como os chamados **contratos administrativos** (Curso..., 25ª ed., 2008, item "17", p. 379). Da mesma maneira, é o entender de Edmir Netto de Araújo ao asseverar que, ...se mencionarmos ato administrativo em sentido amplo, **lato sensu**, nessa noção incluiremos os contratos (atos administrativos bilaterais)...; ...como consideramos a existência do sentido amplo do ato administrativo,..., também entendemos inarredável a inclusão, na categoria negocial, dos contratos administrativos,...* (Do negócio jurídico administrativo. São Paulo : Editora Revista dos Tribunais, 1992, p. 69 e 154). Sobre o tema, André Luiz Freire explica que *Como se pode perceber, o conceito de ato administrativo apresentado é amplo. Ele engloba tanto os atos unilaterais gerais (ex.: o regulamento) como os atos bilaterais concretos (ex.: o contrato). Essa concepção ampla de ato administrativo, embora não seja a mais adotada pela doutrina, é bastante útil para os fins deste estudo, já que revela um regime jurídico comum a esses atos* (Manutenção e retirada dos contratos administrativos inválidos. São Paulo : Malheiros Editores, 2008, p. 47). E assim o é porque, como explicita Hartmut Maurer, *O contrato administrativo é – como o ato administrativo – uma regulação jurídico-administrativa de um caso particular com efeito externo. Ambos são, por isso, consequentemente também no § 9 da lei do procedimento administrativo mencionados como atos definitivos de procedimento. A única diferença, todavia, também de graves consequências, está no tipo de realização. O ato administrativo é promulgado **unilateralmente** pela autoridade, o contrato administrativo **consensualmente** por autoridade e cidadão* (Direito administrativo geral. Tradução de Luís Afonso Heck. Barueri : Manole, 2006, p. 419).

[35] Evidenciada a nomenclatura corrente, retomemos o problema do conceito e amplitude da **relação obrigacional**. Esta, como qualquer outra relação jurídica, tanto pode ser **una** ou **simples** como **múltipla** ou **complexa**...

Importante salientar que, em ambas as concepções, os pactos públicos podem também ser identificados com o **procedimento** na modalidade de **trâmite, sequência itinerária e encadeada de atos administrativos**, sendo, na visão de **relação jurídica complexa** (na qual se privilegiam os vínculos negociais em torno do objeto), com cada ato-componente restando autonomamente impugnável e portador de função própria, desencadeando efeitos jurídicos típicos e específicos tendentes à **norma individual e concreta**, ao **ato-fim administrativo** *lato sensu* (à sua celebração e seus respectivos desenvolvimento e exaurimento), qual um suporte de validade, iniciando-se pela fase interna de planejamento e passando à externa com a licitação, constituição e desenvolvimento, até a etapa conclusiva de sua execução, de extinção (ou pós-negocial, com deveres instrumentais ulteriores de auxílio, sigilo, etc.), dando a este **ato-fim** sentido próprio e distinto do que assumiria se se tratasse da mera soma dos seus atos-componentes, de suas partes, sentido este hodiernamente visto como o **produto**, a **corporificação** da **atividade administrativa**[36], necessariamente direcionado à cooperação, ao consenso,

*Corresponde à orientação clássica, de fundo romanístico, a perspectiva da obrigação que se esgota no dever de prestar e no correlato direito de exigir ou pretender a prestação. Todavia, a doutrina moderna, sobretudo por mérito de autores alemães, evidenciou a estreiteza de tal ponto de vista e a necessidade de superá-lo. Deste modo, numa compreensão globalizante da situação jurídica creditícia, apontam-se, ao lado dos **deveres de prestação** – tanto **deveres principais de prestação**, como **deveres secundários** –, os **deveres laterais** ("Nebenpflichten"), além de **direito potestativos, sujeições, ónus jurídicos, expectativas jurídicas**, etc. Todos os referidos elementos se coligam em atenção a uma identidade de fim e constituem o conteúdo de uma relação de carácter unitário e funcional: a **relação obrigacional complexa**, ainda designada **relação obrigacional em sentido amplo** ou, nos contratos, relação contratual. Parece seguro que a óptica complexiva e dinâmica, que encara a obrigação ou relação obrigacional como um **sistema, organismo** ou **processo**, encadeado e desdobrado em direcção ao adimplemento, à satisfação do interesse do credor, possibilita mais rigorosamente compreensão anátomo-fisiológica do instituto e de certos dados da fenomenologia jurídica. Observe-se que existem aqui dois tópicos conexionados, mas cindíveis analiticamente: a integração de múltiplas faculdades e situações num direito ou relação, isto é, o seu entendimento como um **organiusmo** ou **mecanismo** ("Gefuge") que permite a consecução de fins determinados; e a conformação das relações jurídicas à evolução das circunstâncias, quer dizer, a sua compreensão como **processos** ou sequências teleologicamente estruturadas. Ambas as ideias se complementam (COSTA, Mário Júlio de Almeida. Direito das obrigações. Coimbra : Almedina, 12ª ed., 2009, p. 73/76).*

[36] Paulo de Barros Carvalho, de forma acertada, assevera que *Sabemos que a compreensão de qualquer figura jurídica fica mais nítida quando refletimos sobre a convergência das palavras "norma", "procedimento" e "ato", tomadas como aspectos semânticos do mesmo objeto. E dessa linha não destoam as teorias que observam o direito como um grande procedimento ou, dito de outro modo, como um sistema constituído por unidades normativas que dispõem, uma a uma, sobre os diversos procedimentos que os utentes da ordem jurídica devem percorrer para fins de fazer valer seus direitos e cumprir os respectivos deveres. Nesse pensar, direitos e deveres nada mais são que procedimentos ou o resultado destes. Logo, em referida óptica, de acepção mais ampla, o procedimento é o ordenamento como um todo, visto da inteireza de sua organização global ou na individualidade de*

A RELAÇÃO JURÍDICO-ADMINISTRATIVA PACTUAL PÚBLICA

à **concertação**, como dito pelos portugueses, ante a influência altaneira da **relação jurídico-administrativa**[37].

É também imperioso exaltar o fato de que tais formas procedimentais e, portanto, segundo uma visão tanto estática quanto dinâmica de constatação das avenças públicas, recebem claros reflexos da atual estrutura pactual pública participativa[38], a exigir, inclusive, novos arranjos organizacionais da Administração Pública, e. g., com novos órgãos reguladores e regulamentadores.

---

suas estruturas normativas. Ora, nessa toada, importa dizer que **norma, procedimento e ato são momentos significativos de uma e somente uma realidade. O ato é, sempre, o resultado de um procedimento** *e que tanto* **ato** *quanto* **procedimento** *hão de estar, invariavelmente, previstos em normas de direito posto* ("Regras técnicas ou procedimentais no direito tributário". *Revista de direito tributário*. São Paulo : Malheiros Editores, nº 112, 2011, p. 8-9).

[37] Consoante ensina Luís S. Cabral de Moncada, *A perspectiva «relacional» do contacto entre a Administração e os cidadãos compreende diversos fenómenos permanentes que se manifestam de diferentes maneiras mas que se enquadram numa estrutura geral. A estrutura do contacto actual entre a Administração e os cidadãos é decisivamente marcada pela ideia da* **participação** *com reflexos no âmbito procedimental e processual e exigindo até uma nova orgânica apta a dar-lhe vazão, de que se tratará posteriormente. Como é sabido, no Estado Social intervencionista generalizaram-se formas de* **participação** *na formação da decisão administrativa e de colaboração variada entre os cidadãos e o poder que ficaram conhecidas por* **concertação** *e que modificaram necessariamente a orgânica adrninistrativa... Certamente que a* **participação** *e a* **concertação** *facilitam em muito o contacto bilateral entre a Administração e a cidadãos, embora desta realidade não devam ser retiradas consequências apressadas... Pelo que toca à* **concertação**, *dita* **económica e social**, *as coisas não são diferentes. Trata-se de um fenómeno muito amplo, cujas manifestações não podem ser aqui completamente esclarecidas. A* **concertação** *ou consensualidade é uma alternativa à tradicional unilateralidade da decisão e actuação administrativas. Nesta medida, manifesta também o fenómeno da* **participação** *administrativa e a presença do interesse privado na formação da mesma decisão, repudiando as concepções, tão apreciadas no nosso país, para as quais o interesse público se opõe necessariamente ao privado e é exclusivo da Administração, o que tem consequências dogmáticas vastíssimas no direito administrativo, mas que não podem ser agora e aqui tratadas... Releva de uma metodologia democrática de obtenção da decisão administrativa muito embora por seu intermédio também não se verifique uma autêntica repartição do poder de decidir pois que o nível respectivo se fica sempre pela fase preparatória da mesma decisão, sem retirar à Administração os seus poderes unilaterais de decisão* (*A relação jurídica administrativa: para um novo paradigma de compreensão da actividade, da organização e do contencioso administrativos*. Coimbra : Coimbra Editora, 2009, p. 143-145).

[38] Nesse aspecto, mais uma vez socorre-se das precisas lições de Luís S. Cabral de Moncada, para quem, *De especial, relativamente à* **participação**, *é a sua natureza institucional, desenvolvendo-se no seio de órgãos específicos que rodeiam as entidades decisórias e onde estão representadas entidades colectivas representativas da Sociedade Civil e não os indivíduos singulares. Seja como for, a* **participação** *e a* **concertação**, *sua consequência, relevam de uma visão mais paritária das relações entre a Administração e a Sociedade Civil para a qual dispõe. Ao integrar no mecanismo decisório as entidades representativas da Sociedade Civil, muito embora a um nível apenas consultivo, dão testemunho de uma legitimidade directa da decisão, para além da que decorre da regra da maioria, e procuram um contacto permanente com os destinatários da acção administrativa, que muito contribui para a estabilidade das normas e actos produzidos e para sua óptima repercussão social. Mas só em sentido lato poderemos falar a seu propósito de relação jurídica administrativa* (*Ibidem*, p. 145).

DIREITO DOS NEGÓCIOS APLICADO

A primeira forma, como acima encetada a explanação ora aprofundada, é de se frisar, realça a necessidade de verificação, **em um dado instante**, da existência e da **utilização** do **rito próprio** e **adequado**, ou seja, da **ocorrência** de seus **requisitos**, de suas **formalidades**, de suas **exigências legais específicas** de válida **formação, composição** e **conformação**, no exato **momento** em que procedida sua análise, quer na dita fase **pré-contratual**, também chamada **pré-negocial**, quer na de **desenvolvimento**, acoimada ainda de **executória**, quer na de **exaurimento**, denominada **pós-negocial**, vez que seus atos-componentes facilmente destacáveis não acontecem ao mesmo tempo, havidos que são na **relação jurídica complexa** que se configura e reconfigura ao longo do tempo[39]; igualmente, enfatiza o **produto da emanação**, da exteriorização da função administrativa, qual seja, o **contrato administrativo**, havido enquanto um todo, único e inseparável, um corpo estanque que se apresenta com sentido diverso do de suas partes, tal um **ato administrativo em sentido amplo** (composto por suas cláusulas) – analisado a partir da **existência** dos seus **elementos** e **pressupostos** –, uma **norma individual e concreta** em uma **perspectiva unidimensional, estagnada, fotográfica, estática**[40], **imersa na dita relação jurídico-administrativa**, de sentido claramente mais amplo e consagrador do ideal de uma Administração Pública que dialoga com os particulares na tomada de suas decisões (consensualismo).

A segunda, a seu turno, vai privilegiar o contrato administrativo em todo seu **movimento dialético**, ou seja, em todo o seu **trâmite**, seu *iter* de encadeamento dos atos que o compõem e que a ele se relacionam desde sua fase **pré-negocial** até a sua fase **executória** (de desenvolvimento e exaurimento)[41],

---

[39] Luiz Olavo Baptista ensina que *Ao contrário do que, esquematicamente, se ensina em manuais para uso estudantil, os contratos não se formam em um só instante, num **coup de foudre**. Não nascem, armados, do crânio de Júpiter, como a divina Palas Atena. Ao contrário, são o fruto de um processo em que geração e gestação têm seus tempos, segundo a espécie e as circunstâncias* (Contratos internacionais. São Paulo : Lex Editora, 2010, p. 129).

[40] Aliás, a respeito do ato administrativo como resultado de um processo, o que é plenamente aplicável ao caso dos contratos administrativos, vale repisar que, utilizando-se da doutrina de Carlos Ari Sundfeld, Celso Antônio Bandeira de Mello assenta que *...não surge como um passe de mágica. Ele é o produto de um processo ou procedimento através do qual a possibilidade ou a exigência supostas na lei em abstrato passam para o plano de concreção. No procedimento ou processo se estrutura, se compõe, se canaliza e a final se estampa a "vontade" administrativa. Evidentemente, existe sempre um **modus operandi** para chegar-se a um ato administrativo final* (Curso..., 25ª ed., 2008, item "3", p. 492).

[41] Alexandra Leitão, fundando-se nas preleções de Andrea Rallo aplicáveis integralmente ao caso dos contratos administrativos, esclarece que *...o procedimento não se exaure na emanação do acto final, continuando aberto à dinâmica dos interesses públicos e privados envolvidos e às eventuais alterações da relação jurídica administrativista* (A proteção judicial dos terceiros nos contratos da Administração Pública. Coimbra

mediante uma **perspectiva pluridimensional, global, cinematográfica, dinâmica**, que permite a observância dos elementos e pressupostos de cada um deles ao longo da sequência em que surpreendidos, cuja multilateralidade igualmente consubstancia a supra-referida **relação jurídico-administrativa**, de cunho geral que se abate sobre o todo processual administrativo, conferindo-lhe o tônus da colaboração entre os envolvidos enquanto **unidade** de sentido.

Nessa visão **procedimental dinâmica** e **globalizada**, vai-se verificar a validade dos atos-componentes – e, por reflexo, do próprio contrato administrativo –, inclusive quanto ao correto encadeamento sequencial destes e ao acertado desempenho das funções a que vocacionados em sua "autonomia relativa", permitindo-se conferir, assim, seus efeitos jurídicos típicos e específicos ao longo de todo o tempo de duração da avença pública.

Assim, à luz dessas facetas procedimentais de que os contratos administrativos se revestem, é possível se conferir e controlar não apenas a existência das suas formalidades, mas também se existentes de modo correto e adequado, sem preterição de fases ou distorções passíveis de causarem vícios de invalidade, quer num dado momento ou ao longo de toda a sua constituição e duração[42].

É de se ter presente, com isso, que a percepção que se extrai do contrato administrativo, sob a óptica de uma **relação jurídica complexa** permeada pela **teoria da relação jurídico-administrativa**, em si, é a via de análise mais minudenciosa da sua compostura jurídica (**microscópica**), permitindo perscrutarem-se suas eventuais invalidades não apenas nos seus próprios **atos administrativos** e **equiparáveis**, como também nos dos **particulares** que lhe conformam em **colaboração** (embora estes não sejam o objetivo e objeto do presente estudo) – quer em um dado momento, quer ao longo de toda sua criação e desenvolvimento –, ou seja, nos seus elementos, pressupostos de

---

: Almedina, 2002, p. 251). Nesse mesmo sentido, Clóvis V. do Couto e Silva há muito já explicou que *Importa, no entanto, contrastar que, mesmo adimplido o dever principal, ainda assim pode a relação jurídica perdurar como fundamento da aquisição (dever de garantia), ou em razão de outro dever secundário independente (A obrigação como processo.* Rio de Janeiro : Editora FGV, 1ª ed., 2006, 5ª reimpr., 2011, p. 20).

[42] Almiro do Couto e Silva ensina que *A compreensão da relação obrigacional como totalidade ou como sistema de processos permite uma melhor e mais adequada intelecção dos elementos que a compõem, unindo-os todos por um laço de racionalidade...* (Prefácio. In: SILVA, Clóvis V. do Couto e. *A obrigação como processo.* Rio de Janeiro : Editora FGV, 1ª ed., 2006, 5ª reimpr., 2011, p. 10).

existência e validade, na adequação das relações lógicas de cunho teleológico e causais que estabelecem e, ainda, na extroversão da vontade que os precede[43].

Sob o segundo prisma de sua concepção, ou seja, enquanto expressão do exercício da função administrativa – **administração pública** –, a análise passa para um nível de **maior abstração, macroscópica, unidimensional**, tomando o contrato administrativo como um único e específico ato administrativo (pactual concertado), que introduz normas jurídicas individuais e concretas para o Estado e o particular, cuja relação regulam de forma absolutamente cogente ao longo do tempo a que predisposta, isto é, por intermédio de suas cláusulas essenciais e exorbitantes, explícitas e implícitas.

Conclusões

A relação jurídico-administrativa pactual pública faz com que o contrato administrativo seja atualizado para um contexto de concertação, em que as partes deixam de ser vistas como atores tradicionalmente contrapostos para verificarem-se enquanto colaboradores em um espírito de cooperação mútua, segundo o objetivo de uma parceria regida pelo diálogo antes e durante a tomada de quaisquer decisões no âmbito do desenvolver do ajuste público, de sorte que ressaiam mais legitimadas.

E isso somente é possível ao se agregar a ideia de processo administrativo (e sua imanente relação de conexidade instrumental com a relação substantiva entre o Estado contratante e o particular contratado), visto como consequência do exercício da função administrativa e via natural para o exercício da participação popular e controle social das avenças públicas, possibilitando-se, assim, instaurar-se mais concretamente as políticas públicas enquanto fruto de um planejamento participativo efetivo e eficiente.

Tal relação jurídica de Administração Público imiscuída com o processo administrativo, de outro lado, tem o condão de estabelecer uma dimensão interpretativa concomitantemente dinâmica (ou seja, de relação jurídica complexa) e estática (isto é, de ato administrativo *lato sensu*) dos ajustes públicos,

---

[43] *Podemos assim falar de uma relação jurídica administrativa em sentido lato, compatível com formas de mera **participação** dos cidadãos na decisão e gestão dos assuntos administrativos e de uma relação jurídica administrativa em sentido mais estrito que tem por paradigma o contrato, muito embora se aceite, como se verá, que a disciplina paritária do contrato de direito privado não pode ser, sem mais, transposta para o âmbito da actividade administrativa, tendo em conta a ontologia do interesse público que à Administração compete tratar (MONCADA, Luís S. Cabral de. A relação jurídica administrativa: para um novo paradigma de compreensão da actividade, da organização e do contencioso administrativos. Coimbra : Coimbra Editora, 2009, p. 144).*

devidamente instrumentalizada pela aplicação adaptada ao ordenamento jurídico pátrio das teorias dos atos separáveis e da incorporação, o que lhe traz significativas melhora e celeridade na identificação de eventuais invalidades e suas respectivas vias de supressão ou superação.

Daí, com essa parceria fundada no diálogo contínuo, a relação jurídico-administrativa pactual pública torna o contrato administrativo menos sujeito a discussões ou conflitos, o que melhora consideravelmente a prestação dos serviços públicos alvo da avença ante os mecanismos de controle assim proporcionados, vale repetir, não apenas para a verificação da existência das suas formalidades, mas também se existentes de modo correto e adequado, sem preterição de fases ou distorções passíveis de causarem vícios de invalidade, quer num dado momento ou ao longo de toda a sua constituição e duração.

Referências

ARAÚJO, Edmir Netto de. *Do negócio jurídico administrativo*. São Paulo : Editora Revista dos Tribunais, 1992.

BAPTISTA, Luiz Olavo. *Contratos internacionais*. São Paulo : Lex Editora, 2010.

CALDAS, Roberto Correia da Silva Gomes. "Direito Administrativo e Administração Pública: conceituação, princípios, estruturação administrativa pública e atividade regulatória". *Boletim Direito Público Notadez*, v. 2, 2010, p. 5-35.

_____. "O contexto sinérgico das atividades de regulação administrativa concertada à luz dos denominados contratos administrativos". *Interesse Público*. Belo Horizonte : Editora Fórum, ano 12, nº 61, maio/junho de 2010, p. 69-82.

_____. *Parcerias público-privadas e suas garantias inovadoras nos contratos administrativos e concessões de serviços públicos*. Belo Horizonte : Ed. Fórum, 2011.

CARVALHO, Paulo de Barros. *Curso de direito tributário*. São Paulo : Saraiva, 6ª ed., 1993.

_____. "Regras técnicas ou procedimentais no direito tributário". *Revista de direito tributário*. São Paulo : Malheiros Editores, nº 112, 2011, p. 7-13.

CHIOVENDA, Giuseppe. Instituições de direito processual civil. Campinas : Bookseller, 1ª ed., 1998.

COSTA, Mário Júlio de Almeida. *Direito das obrigações*. Coimbra : Almedina, 12ª ed., 2009.

DI PIETRO, Maria Sylvia Zanella. *Direito administrativo*. São Paulo : Atlas, 23ª ed., 2010.

GIANNINI, Massimo Severo. *Diritto Amministrativo*. Milão : Dott. A. Giuffrè Editore, vol. II, 3ª ed., 1993.

_____. *Corso di diritto Amministrativo*. Milano : Giuffrè, vol. IV – "I Procedimenti Amministrativi", 1969.

GRECO, Marco Aurélio. *Dinâmica da tributação e procedimento*. São Paulo : Editora Revista dos Tribunais, 1979.

FERREIRA, Sergio de Andréa. "A repartição competencial na Administração Pública. Os princípios da especificidade e da especialidade em sede de organização administrativa".

Interesse Público. Belo Horizonte : Editora Fórum, ano 14, nº 71, jan./fev. 2012, p. 29-42.

FIGUEIREDO, Lúcia Valle. *Curso de direito administrativo*. São Paulo : Malheiros Editores, 9ª ed., 2008.

FREIRE, André Luiz. *Manutenção e retirada dos contratos administrativos inválidos*. São Paulo : Malheiros Editores, 2008.

LEITÃO, Alexandra. *A proteção judicial dos terceiros nos contratos da Administração Pública*. Coimbra : Almedina, 2002.

MAURER, Hartmut. *Direito administrativo geral*. Tradução de Luís Afonso Heck. Barueri : Manole, 2006.

MAZZA, Alexandre. *Manual de Direito Administrativo*. São Paulo : Saraiva, 2ª ed., 2012.

MEIRELLES, Hely Lopes. *Licitação e contrato administrativo*. São Paulo : Malheiros Editores, 15ª ed., 2010.

MELLO, Celso Antônio Bandeira de. *Curso de direito administrativo*. São Paulo : Malheiros Editores, 25ª ed., 2008.

_____. _____. São Paulo : Malheiros Editores, 28ª ed., 2011.

MIRANDA, Francisco Cavalcanti Pontes de. *Comentários ao Código de Processo Civil* (1939). Rio de Janeiro : Revista Forense, t. 1, 2. ed., 1958.

MIRANDA, Sandra Julien. *Do ato administrativo complexo*. São Paulo : Malheiros Editores, 1998.

MONCADA, Luís S. Cabral de. *A relação jurídica administrativa: para um novo paradigma de compreensão da actividade, da organização e do contencioso administrativos*. Coimbra : Coimbra Editora, 2009.

SANTI, Eurico Marcos Diniz de. *Lançamento tributário*. São Paulo : Max Limonad, 1996.

SILVA, Almiro do Couto e. Prefácio. In: SILVA, Clóvis V. do Couto e. *A obrigação como processo*. Rio de Janeiro : Editora FGV, 1ª ed., 2006, 5ª reimpr., 2011.

SILVA, Clóvis V. do Couto e. *A obrigação como processo*. Rio de Janeiro : Editora FGV, 1ª ed., 2006, 5ª reimpressão, 2011.

SUNDFELD, Carlos Ari. "A importância do procedimento administrativo". *Revista de direito público*. São Paulo : Editora Revista dos Tribunais, nº 84, out./dez. de 1987, p. 64-74.

VILANOVA, Lourival. *Causalidade e relação no direito*. São Paulo : Saraiva, 2ª edição, 1989.

_____. _____. São Paulo : Revista dos Tribunais, 4ª edição, 2000.

WOLFF, Hans J.; BACHOF, Otto; STOBER, Rolf. *Direito administrativo*. Tradução de António Francisco de Sousa. Lisboa : Fundação Calouste Gulbenkian, Vol. 1, 2006.

A Guerra Fiscal no Âmbito do ICMS
e a Insegurança no Plano Empresarial

Carlos Marcelo Gouveia

1. Introdução

O tema "Guerra Fiscal" suscita grande interesse do público em geral, notadamente em razão do caráter negativo que a sua denominação apresenta, o que pode proporcionar dúvidas aos menos informados acerca da real e efetiva convivência pacífica que impera atualmente no País. A denominação dada ao tema pode atrair no imaginário popular o pensamento de que existe um conflito bélico entre o Estado e os contribuintes, possivelmente motivado pela elevada carga tributária que onera os bens e serviços consumidos em território nacional.

Verifica-se, portanto, que se trata de questão problemática desde a sua titulação, pois, a bem da verdade, não se trata de "guerra", na medida em que as atitudes implementadas pelos entes federativos, enquadradas nessa acepção, são legítimas quando examinadas sob a óptica da autonomia político-administrativa que a eles foi atribuída pelo ordenamento constitucional. Afinal, integrando a competência impositiva dos Estados e do Distrito Federal, não se pode reputar como inválida a adoção de medidas voltadas a regular a instituição e a arrecadação do ICMS.

O ingrediente que tempera essa relação e que de fato gera um conflito é representado pela necessidade de se contrapor a autonomia tributária ao princípio federativo, que impõe a restrição à adoção de medidas que restrinjam o desenvolvimento igualitário de todos os entes federativos, interligados para compor a Nação.

A despeito da efetiva existência de questões controvertidas inerentes à conjugação dos mencionados fatores, o ponto é que o conflito está longe de se mostrar insolúvel a ponto de poder ser qualificado como "guerra fiscal". O ordenamento jurídico dispõe de mecanismos aptos a evitar e a resolver as controvérsias instauradas com a utilização do ICMS, limitando, de forma válida, o exercício da competência tributária de cada ente federativo.

Resta, apenas, sejam dirimidas as dúvidas existentes em torno da regulamentação normativa dada ao tema, para que possa ser aplicada com clareza e precisão, inclusive evitando a insegurança jurídica no âmbito das empresas, terceiros nessa relação que é travada entre os entes federados, mas que na maioria das vezes são os mais prejudicados.

2. Delimitação do Conceito de "Guerra Fiscal"

Os Estados federados brasileiros, de forma a exercer plenamente as competências que lhes foram outorgadas, começaram a depender cada vez mais de recursos, no que se passou a denominar de "federalismo fiscal". A ideia um tanto quanto lógica reside no fato de que, para implementarem todas as atribuições que o texto constitucional lhes assegura, os entes federativos demandam o incremento das suas receitas. Sem disponibilidade financeira, evidentemente, os Estados não poderão exercer a competência político-administrativa, deixando de lado a autonomia que é característica em uma federação.

Nesse contexto é que o Imposto sobre Circulação de Mercadorias e Serviços (ICMS), outorgado pelo artigo 155, II, da Constituição Federal de 1988, à competência tributária dos Estados e do Distrito Federal, que configura uma das mais importantes fontes de arrecadação desses entes políticos, a partir do advento do novo ordenamento constitucional, começou a ser utilizado como instrumento de disputa por investimentos, ocasionando, então, desarmonia federativa.[1]

A definição do tema foi assentada com clareza e precisão por Nelson Jobim, no sentido de que:

---

[1] Deve-se salientar a existência de guerra fiscal anteriormente ao novo regime constitucional; porém, não nas proporções em que verificadas a partir de 1988, notadamente com a utilização do ICMS.

a guerra fiscal é a concessão de incentivos com o objetivo de atrair empreendimentos para o território do Estado Federado. A atração das empresas pode não gerar, como no mais das vezes não gera, diretamente, receita ao Estado. Cria, no entanto, empregos. Alavanca a economia regional. Gera '... renda adicional para os residentes no Estado, o que, do ponto de vista econômico, é ... bom ... para a unidade ...' federada. Em certas condições, pode gerar receita para as Fazendas Estaduais, tendo em conta o 'impacto indireto do empreendimento'. (...) O que sublinho é a característica fundamental da guerra fiscal: atração de investimento. Fora disso, não estaremos perante uma guerra fiscal.

A doutrina corrobora esse pensamento, conforme sintetiza Hugo de Brito Machado[2], em lições que asseveram que "a expressão guerra fiscal tem sido utilizada para designar as práticas adotadas pelos Estados, em matéria tributária, para atrair empresas para os seus territórios."

Conforme se depreende do exposto, percebe-se que os entes federados, mediante o manejo do ICMS, buscam incrementar as suas receitas. A sistemática utilizada consiste em reduzir o ônus fiscal nos limites territoriais do Estado interessado, seja com a instituição de isenções, seja com a redução da base de cálculo, seja, por fim, com a utilização de outros meios tendentes a reduzir o montante devido a título do gravame estadual, atraindo investimentos do setor empresarial.

Ainda que na prática se trate de medida questionável, tendo em vista que muitas vezes não aumenta de fato as receitas do ente federado,[3] pretende-se com essa estratégia fomentar o desenvolvimento da região, produzindo empregos, aquecendo a economia e, via indireta, aumentando a arrecadação tributária.

De forma a evitar a propagação da guerra fiscal do ICMS entre os entes federados o constituinte originário fez constar, na Carta Política de 1988, precisamente em seu artigo 155, II, § 2º, XII, 'g', que compete à lei complementar

---

[2] MACHADO, Hugo de Brito. Proibição da Guerra Fiscal e a Redução das Desigualdades Regionais. *Grandes Questões Atuais do Direito Tributário*, 15º Volume. ROCHA, Valdir de Oliveira (coord.) São Paulo: Dialética, 2011. p. 126.

[3] A análise crítica à intenção de incremento das receitas com o manejo do ICMS é tecida com propriedade por Alex Macedo de Araújo, em Dissertação de Mestrado apresentado no Programa de Pós-Graduação da Faculdade de Filosofia, Letras e Ciências Humanas da Universidade de São Paulo, sob o título "Dinâmica do Federalismo Brasileiro e Guerra Fiscal". Em razão da abordagem vincular-se mais aos aspectos econômicos da questão a sua análise não é invocada no presente artigo, sendo ressalvada, no entanto, a indicação de leitura. Disponível em http://www.teses.usp.br/teses/disponiveis/8/8136/tde-19022010-170528/pt-br.php, acesso em 24.05.2014.

DIREITO DOS NEGÓCIOS APLICADO

"regular a forma como, mediante deliberação dos Estados e do Distrito Federal, isenções, incentivos e benefícios fiscais serão concedidos e revogados."

Ou seja, ao mesmo tempo em que outorgou o ICMS à competência tributária dos Estados e do Distrito Federal, o legislador constituinte, devido ao seu caráter nacional,[4] o qual apresenta efeitos concretos de interferir na necessária harmonia entre os entes federados, prescreveu que a regulamentação sobre a forma como isenções, incentivos e benefícios fiscais serão concedidos ou revogados será delimitada por lei complementar, editada pelo órgão central, no caso a União.

Esse aspecto foi ressaltado em julgamento do Supremo Tribunal Federal por Celso de Mello[5], no sentido de que:

> o legislador constituinte republicano com o propósito de impedir a "guerra tributária" entre os Estados-membros, enunciou postulados e prescreveu diretrizes gerais de caráter subordinante destinados a compor o estatuto constitucional do ICMS. Os princípios fundamentais consagrados pela Constituição Federal, em tema de ICMS, (a) realçam o perfil nacional de que se reveste esse tributo, (b) legitimam a instituição, pelo poder central, de regramento normativo unitário destinado a disciplinar, de modo uniforme, essa espécie tributária, notadamente em face de seu caráter não-cumulativo e (c) justificam a edição de lei complementar nacional vocacionada a regular o modo e a forma como os Estados-membros e o Distrito Federal, sempre após deliberação conjunta, poderão por ato próprio, conceder e/ou revogar isenções, incentivos e benefícios fiscais.

A concepção idealizada pelo legislador constitucional originário, portanto, consistiu em retirar parte da autonomia fiscal dos Estados e do Distrito

---

[4] Merece menção a crítica feita por Sacha Calmon Navarro Coelho (*Revista Jurídica Mineira*, n.º 96/69, Belo Horizonte: Interlivros Jurídica, Jul-Ago/1992) à inserção do ICMS na competência dos Estados e do Distrito Federal, haja vista se tratar de gravame marcado fortemente pelo seu caráter nacional e que, nos ordenamentos jurídicos alienígenas, encontra-se inserido na competência do ente central. Nesse sentido assinala que: "O ICMS, por ser um imposto nacional que difunde os seus efeitos pelo território inteiro do país, em razão, principalmente, do seu caráter não cumulativo, viu-se – imposto deveria ser da União – na contingência impositiva entre os diversos Estados-Membros da Federação, o que antecipou sérias dificuldades no manejo do gravame que deveria ter 'perfil nacional' uniforme. A consequência foi o massacre da competência estadual, já que o imposto teve que se submeter a um regramento unitário pela União através de leis complementares e resoluções do Senado. E, para evitar políticas regionais autônomas e objetivos extrafiscais paraninfados pelos Estados de 'per se', foram idealizados os convênios de Estados-Membros, espécie de convívio forçado em que um só podia fazer o que os demais permitissem ou tolerassem."

[5] STF, ADIN 1.247 – 9 / Pará – Medida Cautelar, Relator Ministro Celso de Mello, Tribunal Pleno, julgado em 17.08.1995, DJU de 08.09.1995, p. 28.354.

Federal, mitigando a regra no sentido de que quem detém competência para tributar tem competência para isentar, em benefício da harmonia que deve reger a convivência entre os entes federados. A ausência da instituição de um regramento unificado em torno da concessão de isenções e benefícios fiscais contemplando o ICMS por certo que perpetuaria a guerra fiscal, em claro detrimento do princípio federativo. A manutenção desse regime de constituição do estado ficaria, portanto, seriamente ameaçada.

Dessa concepção é que decorre a observação assinalada com propriedade por Celso de Mello[6], em julgamento já mencionado do Supremo Tribunal Federal:

> o pacto federativo, sustentando-se na harmonia que deve presidir as relações institucionais entre as comunidades políticas que compõem o Estado Federal, legitima as restrições de ordem constitucional que afetam o exercício, pelos Estados-membros e Distrito Federal, de sua competência normativa em tema de exoneração tributária pertinente ao ICMS.

3. A Lei Complementar n.º 24, de 7 de janeiro de 1975

Impregnado pela ideologia mencionada no tópico anterior o constituinte originário consignou a recepção, no artigo 34, parágrafo 8º, do Ato das Disposições Constitucionais Transitórias, da Lei Complementar n.º 24/75, que "dispõe sobre os convênios para a concessão de isenções do imposto sobre operações relativas à circulação de mercadorias", o que perdura atualmente em razão da omissão do legislador complementar durante o regime jurídico vigente.[7]

A essência do regramento veiculado pela Lei Complementar n.º 24/75 consiste em estabelecer que a concessão ou revogação de benefícios fiscais – a abrangência desse termo será objeto de análise em item próprio – sempre dependerá da aprovação unânime de todos os entes federativos.

---

[6] STF, ADIN 1.247 – 9 / Pará – Medida Cautelar, Relator Ministro Celso de Mello, Tribunal Pleno, julgado em 17.08.1995, DJU de 08.09.1995, p. 28.354.

[7] Quando da edição da Lei Complementar 87/96, que regulamentou os aspectos gerais do ICMS, foram inseridos dispositivos disciplinando a questão da concessão de isenção ou benefícios em relação a esse gravame estadual. De uma forma geral a orientação normativa que seria dada ao tema era bem similar aquela prescrita pela Lei Complementar n.º 24/75. Contudo, por vício no processo legislativo, notadamente em torno da competência originária para legislar sobre o tema, esses preceitos foram vetados quando sujeitos à sanção presidencial.

A despeito de orientação no sentido de que essa diretriz seria inconstitucional, haja vista ofender o princípio da supremacia da vontade da maioria, corolário do princípio democrático, ao consignar a necessidade da aprovação por todos os entes federados estaduais,[8] o fato é que se trata da regra que atualmente regula o tema, sendo válida até a palavra final do Poder Judiciário; portanto, deve ser observada quando da concessão de benefícios fiscais no âmbito do ICMS.

Aprofundando essa análise, depreende-se dos artigos 2º e 4º da Lei Complementar n.º 24/75 que o procedimento a ser observado consiste nas seguintes etapas: (i) em reuniões com convocação de representantes de todos os Estados, realizadas com a presença da maioria e a presidência de representante do Governo Federal, a concessão de benefícios fiscais é aprovada com a unanimidade dos Estados representados; (ii) o convênio é publicado no Diário Oficial da União; (iii) dentro de 15 dias o Poder Executivo de cada Estado ratifica ou não o convênio, sendo que o transcurso do prazo sem manifestação implica na ratificação tácita; e **(iv)** o convênio que não for ratificado por todos os Estados considerar-se-á rejeitado.

As deliberações em torno da concessão dos benefícios fiscais do ICMS ocorrem no âmbito do Conselho Nacional de Política Fazendária (CONFAZ), que foi formalmente instituído apenas em 1998, quando da edição do Convênio 133/1997, que aprova o seu regimento interno. Na forma estipulada por esse ato normativo, o CONFAZ:

> tem por finalidade promover ações necessárias à elaboração de políticas e harmonização de procedimentos e normas inerentes ao exercício da competência tributária dos Estados e do Distrito Federal, bem como colaborar com o Conselho Monetário Nacional – CMN na fixação da política de Dívida Pública Interna e Externa dos Estados e do Distrito Federal e na orientação às instituições financeiras públicas estaduais.

Esse conselho é formado por um representante do Governo Federal, sendo em regra o Ministro de Estado da Fazenda, e por representantes dos Estados e do Distrito Federal, usualmente os Secretários de Fazenda, Finanças e Tributação.

---

[8] Encontra-se pendente de julgamento, pelo Supremo Tribunal Federal, sob a relatoria do Ministro Dias Toffoli, a análise da Arguição de Descumprimento de Preceito Fundamental n.º 198, proposta pelo Governador do Distrito Federal, na qual se ventila exatamente a inconstitucionalidade da exigência da aprovação por todos os entes federados estaduais para a concessão de benefícios fiscais no âmbito do ICMS.

Deve-se salientar que, da conjugação do arcabouço normativo de regência do tema, a aprovação dos convênios concedendo benefícios em torno do ICMS depende de ato dos executivos dos entes federados estaduais. A aprovação no âmbito do CONFAZ passa por reunião na qual os Estados e o Distrito Federal são representados pelos seus Secretários de Fazenda, sendo que, ato contínuo, a ratificação dos convênios depende de decretos do Poder Executivo de cada qual dos entes estaduais.

A doutrina apresenta interessante discussão acerca da constitucionalidade da sistemática de aprovação dos convênios em matéria de benefícios fiscais do ICMS. De um lado situam-se aqueles que defendem a ofensa ao princípio da legalidade, fazendo inclusive analogia com o procedimento de aprovação dos acordos internacionais, na medida em que norma jurídica válida no ordenamento jurídico depende de lei, editada pelas Casas Legislativas. Nesse sentido é a orientação de Roque Antônio Carrazza[9], conforme se depreende a seguir:

> Os Estados e o Distrito Federal podem conceder (ou revogar) isenções, em matéria de ICMS, por meio de decreto legislativo, que ratifica Convênio (deliberação) entre eles firmado. Só após aprovados legislativamente, os Convênios que concedem isenções de ICMS passam a ter eficácia. Tal aprovação deve ser feita por meio de decreto legislativo.
>
> Portanto, os Estados e o Distrito Federal, querendo conceder isenções, de ICMS, devem, previamente, firmar entre si Convênios (acordos, ajustes, programas a serem desenvolvidos pelas unidades federativas).
>
> Tais Convênios são celebrados no Conselho Nacional de Política Fazendária – CONFAZ. Nele têm assento representantes de cada Estado e do Distrito Federal, indicados pelo respectivo Chefe do Executivo. Normalmente, tal indicação recai sobre o Secretário da Fazenda, que, longe de ser o representante do povo de sua unidade federativa não passa de um preposto do Governador.
>
> Assentadas estas premissas, fica fácil proclamar que Convênio não é lei, nem o CONFAZ é órgão legislativo. Assim, os funcionários do Poder Executivo que o integram não podem, a pretexto de dispor sobre isenções de ICMS, "legislar" a respeito. É o Poder Legislativo de cada Estado e do Distrito Federal – onde têm assento os representantes do povo local – que, ratificando o Convênio, as concederá.

A oposição encontrada na doutrina sustenta, por sua vez, que os Executivos estaduais podem perfeitamente deliberar e implementar os convênios aprovados no âmbito do CONFAZ, na medida em que se trata de procedimento

---

[9] CARRAZZA, Roque Antonio. *ICMS*. 9. ed. São Paulo: Malheiros, 2003. p. 372 / 373.

DIREITO DOS NEGÓCIOS APLICADO

autorizado de forma expressa pela Lei Complementar n.º 24/75. É o que assevera Heleno Taveira Tôrres[10]:

> Entabula-se, desse modo, como perfeitamente legítima a forma de instituição de isenções adotada pela LC n.º 24/75, mediante Convênios, como expressão de exercício de competência dos Estados, em face da unanimidade requerida pelo respectivo procedimento. A crítica de muitos autores, precisamente, em face do princípio da legalidade, dirige-se à forma indicada para a recepção interna, em cada Estado, do conteúdo do Convênio votado e aprovado, como previsto na LC n.º 24/75. Não vejo razão em quem busca no modo de recepção de tratados internacionais o modelo que deveria ser acompanhado para os Convênios, exigindo a autorização dos legisladores estaduais, por meio de decretos legislativos. Por uma, porque a Constituição Federal não o prevê; e por duas, porque esta ao indicar que Lei Complementar disporia quanto à matéria, já esgotou, em si, a exigência de legalidade, em um tributo com características essencialmente "nacional", em face do papel que eles exercem, de instrumento regulador e uniformizador das relações entre Estados da Federação.

A despeito de relevante, haja vista envolver importantes valores jurídicos, como são os princípios da legalidade e democrático, essa problemática ainda não foi concretamente examinada pelo Poder Judiciário, ocasião em que teríamos uma posição definitiva a respeito da possibilidade, ou não, da aprovação de convênio aprovado no âmbito do CONFAZ por decreto do Poder Executivo.

Conforme anota Osvaldo Santos de Carvalho[11], ao menos em um ente da federação essa celeuma foi resolvida, o Estado do Rio Grande do Sul, no qual há previsão expressa em sua Constituição Federal[12] prescrevendo a necessidade

---

[10] TÔRRES, Heleno Taveira. Isenções no ICMS – limites formais e materiais. Aplicação da LC n.º 24/75. Constitucionalidade dos chamados "convênios autorizativos", *Revista Dialética de Direito Tributário* n.º 72, 2001. p. 90.

[11] CARVALHO, Osvaldo Santos de. Guerra Fiscal no âmbito do ICMS. *ICMS: Aspectos Jurídicos no Âmbito do ICMS*. CAMPILONGO, Paulo Antônio Fernandes (coord.). São Paulo: Quartier Latin: 2008. p. 266.

[12] Constituição do Estado do Rio Grande do Sul
"Art. 141. A concessão de anistia, remissão, isenção, benefícios e incentivos fiscais, bem como de dilatação de prazos de pagamento de tributo só será feita mediante autorização legislativa.
Parágrafo único. As isenções, os benefícios e incentivos fiscais objeto de Convênios celebrados entre o Estado e as demais unidades da Federação serão estabelecidos por prazo certo e sob condições determinadas e somente terão eficácia após a ratificação pela Assembleia Legislativa."
– Disponível em http://www.al.rs.gov.br/prop/legislacao/constituicao/constituicao.htm, acesso na data de 25.05.2014.

de aprovação do convênio pela Assembleia Legislativa, única forma de ratificar o benefício concedido.

Ultrapassado esse ponto, salienta-se que a compreensão da Lei Complementar n.º 24/75 passa ainda pela análise de dois relevantes temas: **(i)** quais os benefícios fiscais são submetidos à aprovação por todos os entes federativos estaduais para serem validados; e **(ii)** quais são as sanções aplicadas quando descumprida a regra geral que disciplina juridicamente o tema.

Por fins didáticos esses temas serão abordados em tópicos distintos.

4. Amplitude do Termo Benefício Fiscal

A Lei Complementar n.º 24/75 arrolou de forma taxativa os benefícios que são contemplados pela regra de submissão à unanimidade no CONFAZ, quais sejam, isenção, redução da base de cálculo, devolução total ou parcial, direta ou indireta, condicionada ou não, do tributo, ao contribuinte, a responsável ou a terceiros e concessão de créditos presumidos.

Essas conhecidas figuras tributárias são facilmente identificadas, haja vista encontrarem definição pacífica na doutrina e na jurisprudência, evitando assim maiores delongas a esse respeito.

Contudo, escapando à literalidade normativa, consignou o aludido Diploma Normativo que também é considerado benefício fiscal para os fins de aplicações dos seus ditames "quaisquer outros incentivos ou favores fiscais ou financeiro--fiscais, concedidos com base no Imposto de Circulação de Mercadorias, dos quais resulte redução ou eliminação, direta ou indireta, do respectivo ônus".

Trata-se, conforme se depreende sem esforços exegéticos, de regra cuja abrangência é ampla e que depende, para a sua correta aplicação, de um exame mais aprofundado. Entendomos que essa análise interpretativa passa, basicamente, pelo enfrentamento de duas questões: o benefício deve ensejar a redução do ônus fiscal? Qual a definição dos benefícios financeiro-fiscais?

A primeira indagação pode ser respondida afirmativamente, na medida em que a própria regulamentação normativa do tema assevera, conforme adiantado, que deverá haver redução ou eliminação do ônus fiscal para seja considerado benefício no campo do ICMS, sujeito à aprovação pelo CONFAZ.

Argos Campos Ribeiro Simões[13], em excelente estudo acerca da Guerra Fiscal no ICMS, corrobora a assertiva acima exposta ao defender que

---

[13] SIMÕES, Argos Campos Ribeiro. Guerra Fiscal no ICMS: benefícios fiscais e benefícios não fiscais. *Revista de Direito Tributário* n.º 102. São Paulo: Malheiros, 2008. p. 57

o requisito essencial para que um incentivo seja considerado benefício fiscal [ou financeiro-fiscal] é o fato de tal benesse apresentar o efeito jurídico redutor ou supressor de ônus tributário devido; senão, estaremos diante de um benefício não fiscal, livre de quaisquer injunções prescritivas da LC 24/75.

Com base nessa premissa desenvolve interessante raciocínio de forma a sustentar que o parcelamento de débitos do gravame estadual não caracteriza um benefício fiscal sujeito aos ditames da Lei Complementar n.º 24/75, haja vista inexistir a redução do ônus fiscal, mas apenas a moratória no pagamento do tributo devido.

De nossa parte concordamos com as lições acima invocadas e acreditamos que idêntico posicionamento possa ser adotado no que se refere ao diferimento do pagamento do ICMS, como, por exemplo, quando há possibilidade do adimplemento da obrigação tributária, referente à entrada da mercadoria, no momento da sua saída do estabelecimento do contribuinte.

Fica o alerta, no entanto, de que o Supremo Tribunal Federal, muito embora não tenha esmiuçado a questão, já manifestou opinião contrária acerca do assunto, entendendo que o parcelamento de débitos do ICMS também deve se submeter ao regramento pertinente à vedação da Guerra Fiscal, como se estivesse contemplado na definição dada ao termo benefício fiscal pela Lei Complementar n.º 24/75.[14]

O interessante, contudo, é que o próprio Supremo Tribunal Federal deixa a impressão, nas entrelinhas, de que corrobora com a concepção de que um benefício fiscal demanda a redução do ônus correspondente, sem o que não se está diante de um incentivo que dependa de submissão ao CONFAZ. É o que se depreende do seguinte trecho de voto proferido pelo Ministro Celso de Mello[15] em julgamento do Supremo Tribunal Federal, no qual se pode extrair a menção, por duas vezes, à necessidade de "exoneração", conforme segue

> é preciso ter presente, na análise da questão ora submetida à apreciação desta Corte Suprema, que o sistema constitucional brasileiro – ao dispor sobre o tema da exoneração tributária, em matéria de ICMS, qualquer que seja a técnica de exoneração utilizada pelos Estados-membros (concessão de subsídio, de isenção ou de benefício fiscal, redução de base de cálculo ou outorga de crédito presumido,

---

[14] STF, ADIN 1.179 / SP, Relator Ministro Carlos Velloso, Tribunal Pleno, julgado em 13.11.202, DJU de 19.12.2002, p. 00069.
[15] STF, ADIN 2.377-2 / MG, Rel. Ministro Sepúlveda Pertence, Tribunal Pleno, julgado em 22.02.2001, DJU de 07.11.2003, p. 00081.

p. ex.) – tornou imprescindível a prévia celebração de convênio interestadual (...), em ordem a inibir a possibilidade jurídica de tais unidades federadas, agindo unilateralmente, virem a atribuir, sem o necessário consentimento dos demais Estados-membros, benefícios de caráter fiscal referentes ao tributo mencionado.

Portanto, apesar da questão merecer uma melhor análise do Poder Judiciário, é possível fixar a premissa de que o benefício fiscal que depende da aprovação do CONFAZ e que, consequentemente, se submete aos ditames da Lei Complementar n.º 24/75, é apenas aquele no qual há redução do ônus tributário.

Com essa assertiva em mente é possível passar ao segundo ponto, vinculado ao exame da abrangência do termo "financeiro-fiscal".

A definição do termo "financeiro-fiscal", para caracterizar benefícios dessa natureza, pode ser encontrada a partir de uma contraposição com o benefício apenas fiscal. Isso porque são incentivos concedidos em momentos distintos da relação jurídico tributária-financeira que envolve o pagamento da exação fiscal, um atuando até o adimplemento da obrigação tributária e o outro na fase posterior, quando do ingresso dos recursos nos cofres públicos.

Para melhor esclarecer essa questão vale trazer novamente à baila as lições de Osvaldo Santos de Carvalho[16], no sentido de que benefício fiscal "é aquele vinculado ao tributo, de cunho tributário. Na concessão do benefício fiscal este se dá, regra geral, antes do pagamento do tributo, durante a relação obrigacional tributária, que não se aperfeiçoa pela via ordinária ou normal.", enquanto que benefício financeiro "é aquele que se dá após o exaurimento da obrigação tributária, que, de qualquer forma, foi adimplida pelo contribuinte, cessando, desse modo, a relação tributária, passando a receita do Estado a ser tratada por outro campo do Direito, a saber, pelo Direito Financeiro."

Consoante se nota trata-se de distinção que permeia os meandros do direito tributário e do direito financeiro, sendo que o benefício fiscal insere-se no campo do direito tributário, porquanto limitado ao âmbito da relação obrigacional tributária, enquanto que o incentivo financeiro-fiscal encontra-se disposto na destinação dada pelo ente federado aos recursos arrecadados com a incidência do ICMS.

Situam-se fora dessa conjugação os benefícios de natureza estritamente financeira, representados pela concessão do incentivo sem qualquer vinculação com arrecadação tributária. A despeito da origem dos recursos poderem

---

[16] Ibidem, p. 53.

DIREITO DOS NEGÓCIOS APLICADO

decorrer dos tributos de competência do ente federado, não há vinculação com a sua concessão e o ato de adimplemento fiscal. É o caso, por exemplo, da concessão de um terreno público para a instalação de empreendimento fabril, apenas como forma de viabilizar o negócio no território do ente federado, sem contrapartida com a arrecadação do ICMS daquele contribuinte beneficiado (os ônus decorrentes ao erário são compartilhados de uma forma geral no orçamento).

A distinção é importante pois, apesar de existir previsão na Lei Complementar n.º 24/75, no sentido de que os benefícios-fiscais também caracterizam um incentivo que deve se submeter aos seus ditames, com a necessidade de prévia aprovação pelo CONFAZ, o texto constitucional editado em 1988 não contemplou de forma expressa esse tipo de benefício. Depreende-se do preceito constitucional de regência do tema, anteriormente citado, a partir de uma interpretação literal da norma, que compete à lei complementar regular os incentivos e benefícios fiscais, sem mencionar, portanto, os incentivos e benefícios de natureza financeiro-fiscal.

Essa concepção é que motivou Ives Gandra da Silva Martins[17] a pontuar que:

> No incentivo fiscal, a ocorrência do estímulo é anterior ao pagamento do tributo, que deixa de ser feito. Se for isenção, nasce a obrigação tributária, que não se concretiza em crédito tributário, por força do estímulo (art. 175 do CTN).
>
> Já no incentivo financeiro nasce a obrigação tributária, nasce o crédito tributário, extingue-se o crédito tributário pelo pagamento e os recursos ingressam nos cofres estatais, nos termos da legislação e do orçamento, podendo o Estado fazer o que bem entender – pois os recursos lhe pertencem – inclusive financiar as empresas contribuintes do ICMS. Como se percebe, são dois tipos absolutamente distintos de estímulos, um, de natureza tributária – aquele de que cuidou a letra 'g' do inciso XII do artigo 155 da CF – e, outro, de natureza financeira, subordinado às regras dos artigos 165 a 169 da lei maior. À evidência, tal tipo de incentivo não está sujeito às deliberações do CONFAZ, apenas competente para discutir incentivos fiscais.

---

[17] MARTINS, Ives Gandra Martins. O ICMS e o Regime Jurídico de Incentivos Financeiros Outorgados pelos Estados e o Comunicado CAT n.º 36/04 de São Paulo – Distinção entre Incentivos Financeiros e Fiscais. *Revista Dialética de Direito Tributário*, n.º 112. 2005. p. 141.

Entendemos que Celso de Mello[18] corroborou esse raciocínio em julgamento do Supremo Tribunal Federal, pois, apesar de defender uma interpretação ampla do termo incentivo e benefício fiscal, consigna que são aqueles eventos que ocorrem até a extinção da relação obrigacional tributária pelo adimplemento, com o que se pode inferir que os acontecimentos vivenciados no momento posterior, notadamente no plano do direito financeiro, escampam da abrangência da Lei Complementar n.º 24/75.

É o que se verificar a seguir:

> Extensão do termo favor tributário sujeito à deliberação de convênio – "O termo isenção, usado pelo legislador constituinte (na redação do parágrafo 6, do art. 23), numa interpretação sistemática da Constituição, deve ser ampliado de modo a compreender quaisquer benefício tributários, entendidos estes com sendo os concedidos no âmbito da relação jurídica obrigacional entre fisco e contribuinte, antes da sua extinção pelo pagamento do imposto.

Tendemos a concordar com a conclusão exposta, até mesmo porque acreditamos que não seria possível atribuir interpretação tão ampla ao comando do artigo 155, § 2º, II, 'g', da Constituição Federal, a qual possa permitir até mesmo a ingerência do órgão central sobre as finanças dos entes estaduais.

A destinação dada à arrecadação advinda da incidência do ICMS, após o ingresso nos cofres públicos, sai da esfera da competência da Guerra Fiscal, regulada pela Lei Complementar n.º 24/75, para situar-se na autonomia político-administrativa dos Estados e do Distrito Federal.

Conforme premissa inicialmente fixada, a preservação do pacto federativo justifica apenas a usurpação da competência tributária dos entes federados estaduais, notadamente no que se refere ao ICMS. Qualquer extrapolação dessa concepção, objetivando assegurar a harmonia federativa, se transformará exatamente no oposto, com a indevida ingerência na organização interna dos Estados e do Distrito Federal.

A despeito, portanto, de constar na Lei Complementar n.º 24/75 que os benefícios financeiro-fiscais também devam ser submetidos ao CONFAZ, entendemos que a vigente ordem constitucional não encampou essa disposição[19],

---

[18] STF, ADIN 1.247 – 9 / Pará – Medida Cautelar, Relator Ministro Celso de Mello, Tribunal Pleno, julgado em 17.08.1995, DJU de 08.09.1995, p. 28.354.

[19] Raciocínio que se aplica integralmente, dadas as semelhantes, ao comando inserto no artigo 1º, parágrafo único, inciso I, da Lei Complementar n.º 24/75, segundo o qual caracteriza um incentivo

em benefício da autonomia político-administrativa agora prestigiada dos entes federados.

É possível então fixar a conclusão de que (i) os benefícios concedidos sem a redução do ônus fiscal, tal como, por exemplo, o parcelamento e o diferimento do pagamento do ICMS, assim como (ii) os benefícios financeiros-fiscais, como se caracteriza, ilustrativamente, a concessão de financiamento com base no montante do ICMS devido pelo contribuinte[20], não se sujeitam às regras da Lei Complementar n.º 24/75.

5. Sanções ao Descumprimento da Lei Complementar n.º 24/75

O segundo ponto que merece ser devidamente esclarecido consiste na definição das sanções ao descumprimento dos ditames da Lei Complementar n.º 24/75. Ou seja, qual o regramento jurídico aplicável caso um determinado ente federativo resolva instituir um benefício fiscal – com redução do ônus fiscal e no seio da relação jurídico-tributária –, sem a prévia aprovação pelo CONFAZ e ratificação por todos os Estados e pelo Distrito Federal?

A disciplina normativa dessa questão é encontrada no artigo oitavo do aludido Diploma Legal, sendo resolvida da seguinte forma: qualquer incentivo fiscal concedido sem a submissão à regra de aprovação por todos os entes federados no âmbito do CONFAZ é nulo, ensejando, consequentemente, a ineficácia do crédito fiscal atribuído ao estabelecimento recebedor da mercadoria, conforme prescreve o seu inciso primeiro.

A aparente clareza dada ao tema pela Lei Complementar n.º 24/75 gerou, no entanto, diversos embates entre os Estados e o Distrito Federal, prejudicando seriamente os contribuintes, sendo resolvida apenas no âmbito do Poder Judiciário.

Com a concepção de auto-aplicabilidade da norma sancionatória em comento, os entes estaduais prejudicados pela concessão de benefícios não ratificados no CONFAZ passaram a autuar os contribuintes, cobrando o imposto que não teria sido recolhido na origem pelo uso desse incentivo.

---

sujeito aos ditames dessa norma a *"devolução total ou parcial, direta ou indireta, condicionada ou não, do tributo, ao contribuinte, a responsável ou a terceiros"*.

[20] Caso típico desse exemplo é o benefício financeiro-fiscal concedido pelo Estado de Goiás, denominado Fomento à Industrialização do Estado de Goiás – FOMENTAR, instituído pela Lei n.º 9.489/84 e regulamentado pelo Decreto n.º 3.822/92, no qual o contribuinte pode obter financiamento de até 70% do montante equivalente ao ICMS devido pelo contribuinte, destinados ao fomento de atividades industriais.

Exemplificando: o Estado X concedia crédito presumido do ICMS no percentual de 2%. A operação, tributada à alíquota de 12%, apresentava então um ônus fiscal de 10%. Contudo, constava na nota fiscal que a operação havia sido efetivamente tributada à alíquota de 12%, ensejando o crédito nesse mesmo percentual ao adquirente no Estado W. Como, no entanto, o benefício do crédito presumido não havia sido concedido mediante norma válida, à luz do regramento da Lei Complementar n.º 24/75, o Estado W autuava o contribuinte adquirente da mercadoria para impor o estorno do creditamento correspondente ao percentual de 2%, com a cobrança do tributo decorrente.

O maior prejudicado nessa relação, a despeito de travada entes os entes estaduais, era portanto o contribuinte adquirente que, a despeito de legislação existente no sentido de concessão do crédito presumido no estado do vendedor, sofria imposição fiscal pelo seu Estado. A Guerra Fiscal passava então do plano do pacto entre os entes da federação para a esfera da relação desenvolvida entre o estado e o contribuinte, obviamente a parte mais frágil.

Essa celeuma, quando levada à apreciação do Poder Judiciário, foi resolvida de forma adequada, mediante o entendimento, sedimentado pelo Supremo Tribunal Federal e pelo Superior Tribunal de Justiça, no sentido de que o estado prejudicado por benefício fiscal concedido à revelia do CONFAZ deve propor ação declaratória de inconstitucionalidade da norma concessiva do incentivo.

A justificativa da conclusão adotada passa por duas premissas, quais sejam, primeiro a que uma norma validamente editada no ordenamento jurídico, como pode ser considerada a lei que concede o incentivo fiscal, mesmo que em desacordo com a Lei Complementar n.º 24/75, haja vista ter enfrentando os trâmites legislativos pertinentes, apenas pode ser expurgada do sistema quando revogada por norma de mesma hierarquia ou quando declarada inconstitucional pelo Poder Supremo Tribunal Federal, em controle difuso ou concentrado; e, segundo, que a Carta Política de 1988 apenas restringe o creditamento, na sistemática da não-cumulatividade, nas hipóteses de isenção e não incidência, inexistindo qualquer previsão nesse sentido no que tange aos crédito concedidos sem a adoção dos procedimentos pertinentes.

Conjugando ambos os fatores acima expostos o Supremo Tribunal Federal concluiu que os entes federados prejudicados pela concessão de benefício fiscal na seara do ICMS sem a adoção do ritual de aprovação unânime por todos os Estados e pelo Distrito Federal deveriam buscar o afastamento da norma então reputada como inconstitucional por meio do controle difuso de constitucionalidade.[21]

Essa conclusão foi defendida pela Ministra Ellen Gracie[22] em decisão liminar proferida em julgamento do Supremo Tribunal Federal:

> Não é dado ao Estado de destino, mediante glosa à apropriação de créditos nas operações interestaduais, negar efeitos aos créditos apropriados pelos contribuintes.
>
> Conforme já destacado na decisão recorrida, o Estado de Minas Gerais pode arguir a inconstitucionalidade do benefício fiscal concedido pelo Estado de Goiás em sede de Ação Direta de Inconstitucionalidade, sendo certo que este Supremo Tribunal tem conhecido e julgado diversas ações envolvendo tais conflitos entre Estados, do que é exemplo a ADI 2.548, rel. Min. Gilmar Mendes, DJ 15.6.2007.
>
> Mas a pura e simples glosa dos créditos apropriados é descabida, porquanto não se compensam as inconstitucionalidades, nos termos do que decidiu este tribunal quando apreciou a ADI 2.377-MC, DJ 7.11.2003, cujo relator foi o Min. Sepúlveda Pertence.

No precedente invocado pelo trecho decisório acima exposto, formado no âmbito do Supremo Tribunal Federal e relatado pelo Ministro Sepúlveda Pertence[23], colhe-se interessante passagem na qual são contrapostos os interesses dos entes estaduais que ora são prejudicados com a concessão de incentivos indevidos e ora concedem benefícios seguindo a mesma sistemática, ou seja, descumprindo a regra de aprovação unânime pelo CONFAZ, conforme se depreende a seguir:

---

[21] Pedro Guilherme Lunardelli, em interessante estudo sobre o tema, acrescenta ainda outro importante argumento que impede a adoção de condutas adotadas diretamente pelos entes federados estaduais como forma de vedar o aproveitamento de créditos concedidos fora do âmbito do CONFAZ. Trata-se do fato de que a mera existência de norma concedendo o benefício fiscal não implica, necessariamente, na sua utilização pelo contribuinte que comercializa a mercadoria, sendo que o contribuinte adquirente não detém ingerência sobre esse fato. Nessa perspectiva, a própria fiscalização, observando os ditames do artigo 199 do Código Tributário Nacional, que deverá apurar se houve o aproveitamento do benefício na origem, de forma a restringir o crédito correspondente pelo contribuinte adquirente. – Disponível em http://www.advocacialunardelli. com.br/material/arquivos/artigos/ICMS.Guerra%20Fiscal.Glosa%20de%20Creditos.Reflexoes. Djalma%20Campos.pgl.08.2007.pdf, acesso em 25.05.2014.

[22] STF, AC 2.611 / MG, Relatora Ministra Ellen Gracie, publicada em 28.06.2010.

[23] STF, ADIN 2.377-2 / MG, Relator Ministro Sepúlveda Pertence, Tribunal Pleno, julgado em 22.02.2001, DJ 07.11.2003, p. 00081.

O caso mostra que, na "guerra fiscal" em que se empenham os governos esta-duais, ninguém parece poder jogar a primeira pedra. Ou, cuidando-se de guerra, que todos se pretendam no direito de jogá-la..." "Na 'guerra fiscal', portanto, a solitária força da paz aquartela-se neste salão: é o Supremo Tribunal Federal, que tem feito recolher-se ao bom comportamento constitucional todos beligerantes que, um dia, denunciam, mas, no outro, são denunciados.

O Superior Tribunal de Justiça, seguindo a mesma trilha de entendimen-to, também rechaça as iniciativas individuais adotadas pelos entes estaduais contra os contribuintes, orientando que essas condutas devem ser voltadas contra a própria norma em si, conforme posicionamento adotado pelo Mi-nistro Castro Meira[24]:

> "O benefício de crédito presumido não impede o creditamento pela entrada nem impõe o estorno do crédito já escriturado quando da saída da mercadoria, pois tanto a CF/88 (art. 155, § 2º, II) quanto a LC 87/96 (art. 20, § 1º) somente res-tringem o direito de crédito quando há isenção ou não-tributação na entrada ou na saída, o que deve ser interpretado restritivamente. Dessa feita, o creditamento do ICMS em regime de não-cumulatividade prescinde do efetivo recolhimento na etapa anterior, bastando que haja a incidência tributária. Se outro Estado da Federação concede benefícios fiscais de ICMS sem a observância das regras da LC 24/75 e sem autorização do CONFAZ, cabe ao Estado lesado obter junto ao Supremo, por meio de ADIN, a declaração de inconstitucionalidade da lei ou ato normativo de outro Estado.

Pode-se considerar, portanto, fixada a premissa de que a aplicação da regra contida no artigo oitavo, inciso primeiro, da Lei Complementar n.º 24/75, não é auto-aplicável, pois depende da decretação de inconstitucionalidade da norma que indevidamente concede o benefício fiscal.[25]

---

[24] STJ, RMS 31.714 / MT, Segunda Turma, Relator Ministro Castro Meira, julgado em 03.05.2011, DJe 19.09.2011.

[25] Vale salientar, no entanto, que o Estado de São Paulo, amparado no artigo 36, parágrafo 2º, da Lei n.º 6.374/89, assim como no Comunicado CAT 36/2004, mantém orientação no sentido de autuar os contribuintes que se creditam em operações envolvendo a concessão de benefícios não aprovados no âmbito do CONFAZ. Ainda, deve-se destacar que o Tribunal de Justiça do Estado de São Paulo, em decisão recente, proferida em julgado de outubro de 2012, valida esse procedimento ao argumento de que o artigo 8º da Lei Complementar n.º 24/75 é auto-aplicável, bem como que não há ofensa ao princípio da não-cumulatividade, pois o crédito indevido não corresponde a imposto "cobrado" na operação anterior, conforme ementa que segue:
"Apelação Cível Tributário Mandado de segurança impetrado por empresa que foi autuada pelo fisco por ter se creditado de ICMS supostamente indevido. Pretensão de que seja declarada a ilegalidade

Assim é possível passar à análise do inciso segundo do aludido preceito legal, o qual veicula norma voltada a regular as situações nas quais houve a decretação de nulidade do benefício fiscal indevidamente concedido. Segundo esse preceito, deverá haver a "exigibilidade do imposto não pago ou devolvido e a ineficácia da lei ou ato que conceda remissão do débito correspondente".

Nesse particular abre-se importante discussão, ainda não solucionada, acerca da efetiva implementação da cobrança dos tributos não recolhidos por força da concessão de incentivo fiscal inconstitucional. O cerne da questão reside novamente na seara dos contribuintes, notadamente na situação em que se situa o beneficiário de incentivo dessa natureza.

Isso porque, de um lado estará a proteção à segurança jurídica do contribuinte que acreditou na legislação editada pelo ente estadual, e de outro o prestígio ao regramento disposto na Lei Complementar, que impõe, como dito, o recolhimento do imposto indevidamente afastado.

A segunda vertente acima exposta é incrementada ainda com a exigência fixada pelo artigo 11 da Lei de Responsabilidade Fiscal, o qual veicula diretriz no sentido de que "constituem requisitos essenciais da responsabilidade na gestão fiscal a instituição, previsão e efetiva arrecadação de todos os tributos da competência constitucional do ente da Federação". Consoante se nota, a Lei de Responsabilidade Fiscal, aplicada ao cenário ora examinado, impõe ao ente federativo a cobrança dos tributos que não foram recolhidos com base na norma decretada inconstitucional.

Pode-se considerar que o posicionamento jurisprudencial a respeito do exposto ainda está em formação, haja vista inexistir um entendimento sólido e seguro que tenha analisado todas as vertentes pertinentes.

Até o momento o que se destaca das decisões formadas no âmbito do Supremo Tribunal Federal a respeito da Guerra Fiscal é um precedente de

---

do ato administrativo Sentença de improcedência Recuso do impetrante Desprovimento de rigor. Autuação fiscal proveniente de operações interestaduais em que o Estado de Goiás concedeu benefício fiscal à impetrante, todavia sem a aprovação do convênio do CONFAZ Lei Complementar nº 24/75 O Estado de São Paulo detém o direito de exigir o pagamento do ICMS nos termos do Comunicado CAT 36/04 e da Lei Estadual nº 6.376/89. Multa adequadamente arbitrada nos termos do art. 527, inciso II, alínea "j", do RICMS Ato administrativo que objetiva desestimular comportamentos semelhantes. AIIM revestido de legalidade, ainda que tal comportamento não seja doloso, nos termos do que dispõe o art. 136 do CTN. Sentença mantida – Apelação improvida." – TJ/SP, Apelação 0047668-36.2009.8.26.0071, Relator Desembargador Sidney Romano dos Reis, 6ª. Câmara de Direito Público, julgado em 01.10.2012.

2006[26], na qual foi submetida à apreciação da Corte Suprema a modulação dos efeitos da decretação de inconstitucionalidade da norma concessiva do benefício fiscal, invocada pelo próprio Estado que concedeu o incentivo, de forma a evitar exatamente a aplicação da regra veiculada pelo artigo oitavo, inciso segundo, da Lei Complementar n.º 24/75.

Nessa ocasião a Corte Suprema afastou a modulação dos efeitos da decretação de inconstitucionalidade da norma ao argumento de que tal medida não se justifica por se tratar de matéria pacificada no Tribunal há tempos, bem como que, conforme se extrai principalmente do voto do Ministro Ricardo Lewandoski, "trata-se de renúncia de receitas públicas de forma inconstitucional. Isso não pode ser referendado por esta Corte, porque, conforme já dito, abriria um precedente muito perigoso".

Não obstante a inexistência de posicionamento sedimentado sobre o tema, percebe-se que a cada julgamento de hipótese atinente à Guerra Fiscal a posição externada no aludido julgamento começa a ficar mais marcada pelo Supremo Tribunal Federal.

Uma importante decisão nesse sentido foi materializada de forma a manter a análise de norma concessiva de incentivo fiscal, sem a observância do regramento próprio, ainda que revogada pelo estado concedente.[27] A jurisprudência do Supremo Tribunal Federal deixou de utilizar o antigo posicionamento de que a ação declaratória de inconstitucionalidade perde o seu objeto quando a norma atacada é revogada, exatamente para coibir a prática de determinados estados que, antes da análise da sua regra interna pela Corte Suprema, a substituíam por outra. A partir dessa nova concepção o Supremo passou a analisar a inconstitucionalidade da norma, ainda que revogada, para o fim de atribuir os efeitos pretéritos pertinentes, oriundos do período de tempo em que esteve vigente.

Outro precedente relevante sobre o tema, que deve ser atentamente considerado, consiste na decisão que vedou a concessão de remissão ou pagamento com desconto de débito decorrente da utilização de benefício declarado inconstitucional pelo próprio Supremo Tribunal Federal[28]. No caso concreto examinado o ente estadual, após o afastamento da norma que concedeu be-

---

[26] STF, ADIN 3.246 / PA, Relator Ministro Carlos Britto, Tribunal Pleno, julgado em 19.04.2006, DJ de 01.09.2006, p. 00016.

[27] STF, ADI 3.306 / DF, Relator Ministro Gilmar Mendes, Tribunal Pleno, julgado em 17.03.2011, DJe de 06.06.2011.

[28] STF, ADIN 2.906 / RJ, Relator Ministro Marco Aurélio, Tribunal Pleno, julgado em 01.06.2011, DJe de 28.06.2011.

nefício fiscal em seus limites territoriais, editou nova regra desobrigando os contribuintes de recolherem o crédito tributário que deixou de ser adimplido.

Demonstrando rigidez no trato do assunto, o Supremo Tribunal Federal também reputou como inconstitucional a lei que instituiu a remissão, ocasião em que o relator, Ministro Marco Aurélio, consignou que:

> A toda evidência, está-se diante de diploma a merecer censura não só em razão do conflito com a Carta da República, considerada a denominada guerra fiscal, mas também do fato de haver implicado o drible a decisão liminar do Supremo. Em outras palavras, a lei ora impugnada e o decreto que a ela se seguiu mostram-se viciados a mais não poder, porquanto revelam desprezo à instituição maior que é o Supremo.

Contudo, ainda não é possível precisar que esse entendimento prevalecerá, sendo consolidado na jurisprudência, na medida em que os argumentos dos contribuintes – na ocasião em que o Supremo Tribunal Federal analisou a modulação dos seus efeitos a questão foi invocada pelo próprio ente que concedeu o benefício fiscal –, defendendo a segurança jurídica, ainda não foram minuciosamente examinados.

Essa corrente, fortemente defendida pela doutrina, é ilustrada pelas seguintes lições de Fernando Facury Scaff[29]:

> Afinal, o indivíduo (terceiro) que apenas cumpriu o que a lei ordenava, não pode ser penalizado por ter cumprido o que a lei ordenava, uma vez que ela estava em pleno vigor e projetando seus efeitos sobre a sociedade. Caso os órgãos de controle (os legitimados para arguir sua inconstitucionalidade e o Poder Judiciário) tivessem entendido que a norma era inconstitucional, deveriam tê-la arguido de imediato, não permitindo que vigesse por tanto tempo, produzindo situações plenamente consolidadas, que se tornaram irreversíveis.

O ilustre professor[30] contrapõe a sua conclusão aos efeitos da decretação de inconstitucionalidade da norma, que é extirpada do ordenamento desde o seu início (ex tunc), aduzindo que:

> Não se está aqui a advogar a existência de direitos adquiridos contra a Constituição. Não. A tese é outra. É da limitação da retroação às situações jurídicas

---

[29] SCAFF, Fernando Facury. A Responsabilidade Tributária e a Inconstitucionalidade da Guerra Fiscal. *Grandes Questões Atuais do Direito Tributário*, 15º Volume. São Paulo: Dialética, 2011. p. 54

[30] Ibidem, p. 56

consolidadas, em que deve haver respeito à segurança jurídica em prol da estabilidades das relações sociais.

Trata-se da imposição de um ônus à sociedade para tolerar situações individuais consolidadas, que podem levar à quebra de relações socioeconômicas duradouras. Não se trata de advogar a irretroatividade geral, em todos os casos; mas de advogar a irretroatividade em situações pontuais, cujos efeitos consolidados das situações concretas possam levar à uma injustiça maior do que a singela e genérica retroação.

Em complemento ensina Betina Treiger Grupnmacher[31]:

> A se admitir efeitos retroativos às referidas decisões do Supremo Tribunal Federal, empresas que, valendo-se de norma em pleno vigor, aproveitou-se de mecanismo por ela instituído de redução de carga tributária, estarão sob concreto risco de insolvência, o que não é desejável em um Estado que se pretenda Democrático e de Direito, sobretudo em um Estado em que o desenvolvimento nacional, enquanto objetivo da República, tem status de norma constitucional.
>
> A irretroatividade, enquanto garantia constitucional, aplica-se a priori à lei, dada a redação do artigo 5º, XXXVI, da Constituição Federal, que prevê que a lei não prejudicará o direito adquirido, o ato jurídico perfeito e a coisa julgada. O termo "lei", no entanto, não há de se restringir ao texto normativo enquanto exteriorização da atividade do Poder Legislativo, a interpretação sistemática da referida norma constitucional, assim como as demais que veiculam direitos e garantias fundamentais permite-nos concluir que a garantia é, por igual, aplicável às decisões judiciais que alcançam situações jurídicas já consolidadas pelo tempo, geradoras de direitos já consumados em decorrência da observância dos princípios de proteção da confiança e boa-fé.

Conjugando os cânones da segurança jurídica com a boa-fé, irretroatividade (instituição do tributo a partir da decisão do Supremo Tribunal Federal) e artigo 146 do Código Tributário Nacional, a doutrina conclui que a decretação de inconstitucionalidade do incentivo fiscal indevidamente concedido não pode retroagir, atingindo a esfera patrimonial do contribuinte beneficiado, de forma a impor-lhe a cobrança dos tributos não recolhidos.

Ambas as posições são pertinentes e encontram embasamento jurídico, razão pela qual a controvérsia não pode ser considerada como solucionada, a despeito do consistente posicionamento encontrado no âmbito do Supremo

---

[31] GRUPENMACHER, Betina Treiger. A Guerra Fiscal. As Decisões do STF e seus Efeitos. *Grandes Questões Atuais do Direito Tributário*, 15º Volume. São Paulo: Dialética, 2011. p. 20

DIREITO DOS NEGÓCIOS APLICADO

Tribunal Federal em julgado do ano de 2006, complementando pelas manifestações posteriormente firmadas sobre temas indiretamente vinculados. Revela-se viável entender que esse entendimento jurisprudencial pode ser revisto quando efetivamente analisados os argumentos ventilados pela doutrina, especialmente em determinado caso concreto no qual o contribuinte se deparar com a cobrança daqueles montantes que deixaram de ser adimplidos em razão da aplicação de benefício fiscal (indevido).

Tanto é assim que recentemente o Supremo Tribunal Federal examinou a pertinência da consolidação do seu entendimento sobre o assunto em uma súmula vinculante.

A proposta de posicionamento sumular recebeu o número 69 e tem a redação no sentido de que: "Qualquer isenção, incentivo, redução de alíquota ou de base de cálculo, crédito presumido, dispensa de pagamento ou outro benefício fiscal relativo ao ICMS, concedido sem prévia aprovação em convênio celebrado no âmbito do Confaz, é inconstitucional".

A edição de súmula nesses termos por certo pacificaria de plano a inconstitucionalidade que cerca os benefícios fiscais fixados sem submissão ao CONFAZ, impondo uma forma mais rápida e eficaz de afastamento dessas normas do ordenamento jurídico, além de sedimentar a invalidade pretérita dos incentivos indevidamente concedidos.

Contudo, diante da necessidade de equacionamento de questões correlatas, sobressaindo, nesse cenário, o momento de incidência dos efeitos da decretação de inconstitucionalidade, é que o Supremo Tribunal Federal optou por aguardar por mais um tempo, possibilitando o aprofundamento no estudo do tema de forma a contemplar todas as suas variáveis.

6. Conclusão

A Constituição Federal de 1988 tratou de introduzir na prática o federalismo, com medidas que objetivam garantir a autonomia político-financeira dos Estados e assegurar a pulverização do poder. Pode-se então considerar que apenas a partir do advento da atual ordem constitucional é que os entes estaduais passaram a efetivamente participar da federação, gozando de autonomia político-administrativa.

O problema que surgiu, no entanto, foi a necessidade cada vez maior de incrementar a arrecadação, fazendo frente assim ao aumento de gastos com as competências que foram outorgadas aos Estados e ao Distrito Federal (federalismo fiscal). A saída encontrada foi o manejo do ICMS, mais importante fonte de arrecadação estadual, como forma de obtenção de investimento, desenvolvimento regional e, consequentemente, elevação da arrecadação tributária.

Antevendo a problemática que poderia surgir (na verdade já existia, mas em proporções bem menores do que as vivenciadas atualmente), o legislador constitucional originário prescreveu uma forma de regulamentação central para o tema, ainda que em prejuízo da competência impositiva tributária de cada ente da federação. Nesse cenário é que foi editada a Lei Complementar n.º 24/1975, recepcionada pela ordem constitucional instaurada a partir de 1988, com a pretensão de sedimentar os conflitos em torno do ICMS e, dessa forma, assegurar a manutenção do pacto federativo.

Não foi o que se verificou na prática, com a efetivação de medidas denominadas de "Guerra Fiscal" pelos entes estaduais, todas voltadas a assegurar o direito básico ao desenvolvimento regional. A relevância do tema fez surgir diversas controvérsias, algumas sedimentadas especialmente pela jurisprudência de nossas Cortes Superiores, e outras cujo embate ainda permanece.

O pacto federativo, na questão dos incentivos fiscais do ICMS, ainda precisará de mais um tempo para ser completamente absorvido, de modo a que os Estados e o Distrito Federal possam chegar efetivamente a um acordo que prestigie não apenas essa diretriz constitucional, mas também os demais preceitos nos quais se assenta a Nação, tal como a necessária segurança jurídica nas relações empresariais.

Da Não Incidência do IRPJ, CSLL, Contribuição ao PIS e COFINS sobre Verbas Indenizatórias

Mayra Pino Bonato

Introdução

O Estado, em sua atividade financeira, necessita arrecadar recursos materiais para manter sua estrutura e satisfazer as necessidades coletivas. Para tanto, o vínculo entre o ente público estatal e o contribuinte é a norma jurídica, que perfaz o liame obrigacional afeto à invasão patrimonial, que dela só poderá se furtar se o tributo se apresentar ilegítimo.

Em detrimento do interesse arrecadatório, todavia, o Direito enquanto instrumento de regulação da relação tributária, torna cada vez mais casuístico, de modo que algumas questões de simples solução acabam se tornando intermináveis discussões entre o contribuinte e o Fisco, como acontece, por exemplo, com a questão de determinados valores recebidos pela Pessoa Jurídica serem considerados tributáveis ou não tributáveis pelo IRPJ, CSLL, PIS e COFINS.

No tema relativo aos valores qualificados como indenização, aliás, a dificuldade é presente em algumas de suas modalidades, como se verá da legislação específica e do posicionamento da Secretaria da Receita Federal do Brasil.

Na abordagem desta questão, torna-se necessário avaliar se o montante percebido pela Pessoa Jurídica pode se qualificar como incremento patrimonial apto a atrair a incidência dos gravames sobre a renda, o lucro e o faturamento.

Neste estudo, portanto, examinaremos a incidência ou não do IRPJ, CSLL, PIS e COFINS sobre a indenização obtida pela Pessoa Jurídica com o propósito de ressarcir dano passado e prejuízos sofridos, recebidos para recompor seu patrimônio decorrente de ilícito suportado. Iniciaremos com a análise da estrutura constitucional tributária dos tributos em questão; em seguida examinaremos a natureza indenizatória, em suas principais modalidades, dos valores obtidos pela Pessoa Jurídica para recompor seu patrimônio anteriormente desfalcado, examinando os dispositivos da legislação que trata do assunto, o posicionamento da Secretaria da Receita Federal do Brasil e a interpretação doutrinária. Destacaremos o posicionamento dos nossos Tribunais para, a final, firmarmos nossas conclusões.

1. Estrutura constitucional tributária

1.1. Imposto sobre a Renda das Pessoas Jurídicas – IRPJ e Contribuição Social sobre o Lucro Líquido – CSLL

Dispõe a Constituição Federal em seu artigo 153, inciso III, que compete à União instituir imposto sobre *renda e proventos de qualquer natureza*. O Código Tributário Nacional, consoante dicção do artigo 146, III, da Constituição Federal, define, em seu artigo 43, que o fato gerador do referido imposto é a *aquisição da disponibilidade econômica ou jurídica*: inciso I – *de renda, assim entendido o produto do capital, do trabalho ou da combinação de ambos*; inciso II – *de proventos de qualquer natureza, assim entendidos os acréscimos patrimoniais não compreendidos no inciso anterior.*

Estabelece também a Constituição Federal que entre as fontes de financiamento da seguridade social estão as contribuições, entre as quais, a incidente sobre o lucro – artigo 195, inciso I, alínea "c".

Relevante, portanto, é a análise dos conceitos "renda" e "lucro" para que se possa saber se os critérios para a apuração do IRPJ e da CSLL, são compatíveis ou não com a delimitação constitucional tributária. E, em se tratando de CSLL, os critérios de determinação do lucro são, em regra, os mesmos destinados à apuração da base de cálculo do IRPJ[1].

---

[1] No julgamento do RE nº 146.733-9/SP, em 29.06.92, o Tribunal Pleno do Supremo Tribunal Federal entendeu que o conceito de *lucro* está implícito no artigo 195, da Constituição Federal e na definição do artigo 43, do Código Tributário Nacional.

A esse respeito, cabe lembrar que a CSLL foi criada *à imagem e semelhança do imposto sobre a renda das pessoas jurídicas*[2] Tanto o é que o legislador expressamente previu que se aplica à CSLL as mesmas normas de apuração e de pagamento estabelecidas para o IRPJ (artigo 57, da Lei nº 7.689/88).

Assim, Roque Antonio Carrazza[3] ensina que, para fins de tributação, a renda ou lucro devem estar necessariamente vinculadas a acréscimo patrimonial no tempo:

> Retomando a idéia, e reduzindo-a à dimensão mais simples, quando as receitas (entradas) do contribuinte, numa fração de tempo, superarem as despesas (saídas), termos saldo positivo – ou seja, acréscimo patrimonial –, sobre o qual, pelo menos em princípio, incidirá o imposto. O importante é termos sempre em mente que este tributo só pode alcançar o enriquecimento real econômico, advindo do fato obter renda.
>
> Anote-se que "patrimônio", na esteira do art. 91 do CC, é a universalidade jurídica (universitas iuris) de direitos e obrigações da pessoa, com valor econômico. Pois bem, o imposto sobre a renda não nasce in concreto do fato "possuir patrimônio", mas da circunstância de haver em favor do contribuinte, dentro do período de apuração, acréscimo patrimonial, isto é, mais direitos que obrigações.
>
> (...)
>
> Em suma, renda tributável é sempre renda líquida ou lucro, isto é, o resultado positivo, apurado num determinado espaço de tempo, de uma série de deduções e abatimentos feitos sobre os rendimentos brutos.

Ricardo Mariz de Oliveira[4] afirma o conceito "patrimônio" como quase-princípio, informador das definições do fato gerador e da base de cálculo do imposto de renda, porquanto se apresenta como parte integrante e essencial da hipótese de incidência tributária, eis que a partir dele se pode determinar a ocorrência ou não do acréscimo visado pela tributação.

Em outras palavras, Hugo de Brito Machado[5] reforça: *O que não se admite é a tributação de algo que na verdade em momento algum ingressou no patrimônio, implicando incremento no valor líquido deste.*

---

[2] Tribunal Regional Federal da 3ª Região. Apelação nº 0019647-39.1993.4.03.6100, de 25.02.00.

[3] CARRAZZA, Roque Antonio. *Imposto sobre a renda (perfil constitucional e temas específicos)*. 3ª ed. São Paulo: Malheiros, 2009, p. 41-42.

[4] OLIVEIRA, Ricardo Mariz de. *Fundamentos do Imposto de Renda*. São Paulo: Quartier Latin, 2008, p. 39-41.

[5] MACHADO, Hugo de Brito. *Curso de direito tributário*. 29ª ed., São Paulo: Malheiros, 2008, p. 317.

Outrossim, a jurisprudência há muito tempo corrobora a necessidade de acréscimo patrimonial pela Pessoa Jurídica a ensejar a tributação sobre a renda ou lucro[6].

Logo, analisar a natureza de cada ingresso para verificar se realmente trata de renda ou proventos novos que configurem efetivamente acréscimo patrimonial torna-se imprescindível, posto que, *nem todo dinheiro que ingressa no universo da disponibilidade financeira do contribuinte integra a base de cálculo do IR, mas única e exclusivamente os aportes de recursos que vão ingressar, com uma conotação de permanência, o patrimônio de quem os recebe*[7.]

1.2. Contribuição para o Programa de Integração Social – PIS e Contribuição para o Financiamento da Seguridade Social – COFINS

O custeio da seguridade social é composto de receitas advindas de recursos dos entes públicos – impostos, e de receitas decorrentes das *contribuições específicas*, estas instituídas por lei, com respaldo constitucional.

Dentre as contribuições sociais estão a Contribuição ao PIS e a COFINS, que até o advento das Leis nº 10.637/02 e 10.833/03 tinham como base de cálculo o faturamento. Posteriormente, passaram a representar a receita das Pessoas Jurídicas, no que se inclui, também, o faturamento. Adequou-se à tributação dessas exações ao texto constitucional alterado pela Emenda Constitucional nº 20/98, mais precisamente o artigo 195, inciso I, alínea "b".

A divergência conceitual entre cada qual das materialidades passíveis de atrair a incidência da Contribuição ao PIS e da COFINS foi pacificada pelo C. Supremo Tribunal Federal no julgamento que considerou inconstitucional o artigo 3º, § 1º, da Lei nº 9.718/98[8], ocasião em que restou consignado acerca desse tema pelo I. Relator Mininistro Ilmar Galvão, que:

> Não precisa recorrer às noções elementares da Lógica Formal sobre as distinções entre gênero e espécie, para reavivar que, nesta, sempre há um excesso de conotação e um déficit de denotação em relação àquele.

---

[6] A exemplo: Supremo Tribunal Federal: RE nº 71.758-GB, de 14.06.72; RE nº 89.791-7/RJ, de 03.10.78; RE nº 117.887-6/SP, de 11.02.93; RE nº 201.465/MG, de 02.05.02. Superior Tribunal de Justiça: REsp nº 320.455/RJ, de 07.06.01; REsp nº 571.886/RS, de 23.08.06. Câmara Superior de Recursos Fiscais: CSRF/01-0186, de 26.11.81; CSRF/01-04046, de 19.08.02.

[7] CARRAZZA, Roque Antonio. *Imposto sobre a renda (perfil constitucional e temas específicos)*. 3ª ed., p. 190.

[8] RE 346.084/PR, de 01.09.06.

Nem para atinar logo em que, como já visto, faturamento também significa percepção de valores e, como tal, pertence ao gênero ou classe receita, mas com a diferença específica de que compreende apenas os valores oriundos do exercício da 'atividade econômica organizada para a produção ou a circulação de bens ou serviços' (venda de mercadorias e de serviços). De modo que o conceito legal de faturamento coincide com a modalidade de receita discriminada no inc. I do art. 187 da Lei das Sociedades por Ações, ou seja, é 'receita bruta de vendas e de serviços'.

Donde, a conclusão imediata de que, no juízo da lei contemporânea ao início da vigência da atual Constituição da República, embora todo faturamento seja receita, nem toda receita é faturamento.

Em decorrência do julgamento, os Ministros que votaram pela inconstitucionalidade entenderam que o faturamento corresponde à quantia positiva auferida pela Pessoa Jurídica em decorrência da venda de mercadorias e/ou da prestação de serviços de qualquer natureza (o produto estritamente ligado à atividade-fim do contribuinte), enquanto que receita equivale a outros aumentos de ativos decorrentes de operações empresariais, porém não usuais por ela desenvolvidas.

Em ambos os casos, porém, independentemente da origem dos recursos, a tributação sobre o "faturamento" ou a "receita" pressupõe a incorporação de valores no patrimônio da Pessoa Jurídica derivados da prática de sua atividade empresarial, seja ela em caráter específico ou geral[9]. Esse é, portanto, o elemento básico que qualifica essas contribuições: a oneração sobre as atividades da Pessoa Jurídica, sejam elas operacionais (faturamento) ou não-operacionais (receita).

2. Verbas de natureza indenizatória e os tributos: IRPJ, CSLL, PIS E COFINS

Como visto no tópico precedente, ao interpretar tais disposições legais atinentes ao IRPJ, CSLL, PIS e COFINS (artigos 153, III e 195, I, "b" e "c", da Constituição Federal, c/c artigo 43, do Código Tributário Nacional), nossa doutrina e jurisprudência inclinam-se, de longa data, a considerar como âmbito de abrangência dessas exações a materialidade composta pelos acréscimos

---

[9] HIGUCHI, Hiromi; HIGUCHI, Fábio Hiroshi; HIGUCHI, Celso Hiroyuki. *Imposto de renda das empresas. Intepretação e prática*. 36ª ed. São Paulo: IR Publicações, 2011, p. 838.

patrimoniais identificados pela Pessoa Jurídica a partir de uma dada base patrimonial pré-existente.

Mas, afinal, existe acréscimo patrimonial nas indenizações?

Sobre a temática da responsabilidade civil, Maria Helena Diniz[10] ensina:

> Se se caracterizar a responsabilidade, o agente deverá ressarcir o prejuízo experimentado pela vítima. Desse modo, fácil é perceber que o primordial efeito da responsabilidade civil é a reparação do dano, que o ordenamento jurídico impõe ao agente. A responsabilidade civil tem, essencialmente, uma função reparadora ou indenizatória. Indenizar é ressarcir o dano causado, cobrindo todo o prejuízo experimentado pelo lesado. Todavia, assume, acessoriamente, caráter punitivo. Já na responsabilidade criminal sua função é, primordialmente, punitiva e preventiva. Logo, a responsabilidade civil, sob o prisma do devedor, reveste-se de caráter ressarcitivo e punitivo e, no que concerne ao credor, apresenta-se como uma compensação pela lesão sofrida.

Ratificando o conceito civilista, o excerto decisório extraído de voto proferido pelo Ministro José Delgado, do Superior Tribunal de Justiça, no julgamento do REsp nº 140.257 que, citando as palavras de De Plácido e Silva, define indenização como:

> Derivados do latim indemnis (indene), de que se formou no vernáculo o verbo indenizar (reparar, recompensar, retribuir), em sentido genérico quer exprimir toda a compensação ou retribuição monetária feita por uma pessoa a outrem, para reembolsar as despesas feitas ou para ressarcir de perdas tidas.
>
> E neste sentido, indenização tanto se refere ao reembolso de quantias que alguém despendeu por conta de outrem, ao pagamento feito para a recompensa do que se fez ou para a reparação de prejuízo ou dano que se tenha causado a outrem.
>
> É, portanto, em sentido amplo, toda reparação ou contribuição pecuniária, que se efetiva para satisfazer um pagamento, a que se está obrigado ou que se apresenta como um dever jurídico.
>
> Traz a finalidade de integrar o patrimônio da pessoa daquilo que se desfalcou pelos desembolsos, de recompô-lo pelas perdas ou prejuízos sofridos (danos), ou ainda de acrescê-lo dos proventos, a que faz jus a pessoa, pelo seu trabalho.
>
> Em qualquer aspecto em que se apresente, constituindo um direito, que deve ser atendido por quem, correlatamente, se colocou na posição de cumpri-lo, corresponde sempre a uma compensação de caráter monetário, a ser atribuída ao patrimônio da pessoa.

---

[10] DINIZ, Maria Helena. *Curso de direito civil brasileiro, volume 7: responsabilidade civil.* 24ª ed. São Paulo: Saraiva, 2010, p. 133.

De fato, tem-se, de acordo com os artigos 5º, V, X e XXV[11] e 182, §§ 3º e 4º, III[12], da Constituição Federal, que a indenização visa coibir os prejuízos causados, restabelecendo o *status quo ante* do patrimônio do credor lesado.

Partindo dessa premissa, Hugo de Brito Machado, sobre o tema, afirma[13]:

> Indenizar é tornar inteiro. Indene o que não sofreu dano. Vem do latim, indenis. Derivou de in+damnum, sem dano. Indenização é a ação de tornar inteiro, vale dizer, de tornar sem dano. Da linguagem comum à linguagem técnica, jurídica, o sentido é pacífico. Indenização é 'ressarcimento, reparação, compensação'. É 'a reparação de um prejuízo de uma pessoa em razão da inexecução ou da deficiente execução de uma obrigação ou da violação de um direito absoluto'.
>
> A indenização, em última análise, 'consiste em o ofensor colocar materialmente o patrimônio do ofendido no estado em que se encontrava se não fora a lesão.
>
> (...)
>
> Na verdade sobre a indenização não incidem os tributos em referência porque o recebimento da indenização não configura fato gerador de nenhum deles. Com efeito, a indenização não é renda ou provento de qualquer natureza, e por isso

---

[11] Art. 5º – *Todos são iguais perante a lei, sem distinção de qualquer natureza, garantindo-se aos brasileiros e aos estrangeiros residentes no país a inviolabilidade do direito à vida, à liberdade, à igualdade, à segurança e à propriedade, nos termos seguintes:*

(...)

V – é assegurado o direito de resposta, proporcional ao agravo, além da indenização por dano material, mora ou à imagem;

(...)

X – são invioláveis a intimidade, a vida provada, a honra e a imagem das pessoas, assegurado o direito a indenização pelo dano material ou moral decorrente de sua violação;

(...)

XXV – no caso de iminente perigo público, a autoridade competente poderá usar de propriedade particular, assegurada ao proprietário indenização ulterior, se houver dano.

[12] Art. 182 – *A política de desenvolvimento urbano, executada pelo Poder Público municipal, conforme diretrizes gerais fixadas em lei, tem por objetivo ordenar o pleno desenvolvimento das funções sociais da cidade e garantir o bem-estar de seus habitantes.*

(...)

§ 3º. As desapropriações de imóveis urbanos serão feitas com prévia e justa indenização em dinheiro.

§ 4º. É facultado ao Poder Público Municipal, mediante lei específica para área incluída no plano diretor, exigir, nos termos da lei federal, do proprietário do solo urbano não-edificado, subutilizado ou não-utilizado, que promova seu adequado aproveitamento, sob pena sucessivamente, de:

(...)

III – desapropriação com pagamento mediante títulos da dívida pública de emissão previamente aprovada pelo Senado Federal, com prazo de resgate de até dez anos, em parcelas anuais, iguais e sucessivas, assegurados o valor real da indenização e os juros legais.

[13] MACHADO, Hugo de Brito *in* PAULSEN, Leandro. *Direito tributário: constituição e código tributário à luz da doutrina e da jurisprudência*. 15º ed. Porto Alegre: Livraria do Advogado Editora, 2013, p. 763.

não configura o fato gerador do imposto de renda. Não é lucro, e por isto não configura o fato gerador do dever de pagar a contribuição social sobre o lucro. Nem é faturamento, e por isto não configura o fato gerador do dever jurídico de pagar a Cofins.

Na mesma direção segue Roque Antonio Carrazza[14], que assevera:

> A indenização não traz à sirga aumento da riqueza econômica do contemplado. É substituição da perda sofrida por seu correspondente valor econômico. Nela há compensação; jamais elevação patrimonial.
>
> Portanto, as indenizações não são fontes de enriquecimento, já que não proporcionam, a quem as recebe, vantagens pecuniárias. Nelas não há geração de acréscimos patrimoniais, de riquezas novas disponíveis. Há, de revés, reparações pecuniárias pelas lesões de direitos causadas, por isso que não podem integrar a base de cálculo do IR.

A própria legislação tributária alinha-se com os posicionamentos destacados, ao dispor, no artigo 70, § 5º, da Lei nº 9.430/96[15], que a indenização que visa a reparar o dano patrimonial está isenta do Imposto sobre a Renda[16].

A extensão da exclusão das indenizações do campo de incidência do IRPJ, CSLL, Contribuição ao PIS e COFINS, todavia, é discutível.

A doutrina, em sua maioria, posiciona-se quanto a tributação da indenização obtida a título de lucro cessante, pelo que somente a indenização oriunda de dano emergente estaria fora da regra-matriz constitucional dos tributos em comento.

Segundo o artigo 402, do Código Civil: *as perdas e danos devidos ao credor abrangem, além do que ele efetivamente perdeu, o que razoavelmente deixou de lucrar.* O dispositivo prevê as duas espécies de pagamentos a título de indenização: o dano emergente e o lucro cessante.

---

[14] CARRAZZA, Roque Antonio. *Imposto sobre a renda (perfil constitucional e temas específicos).* 3ª ed., p. 192.

[15] Art. 70. *A multa ou qualquer outra vantagem paga ou creditada por pessoa jurídica, ainda que a título de indenização, a beneficiária pessoa física ou jurídica, inclusive isenta, em virtude de rescisão de contrato, sujeitam-se à incidência do imposto de renda na fonte à alíquota de quinze por cento.*

(...)

§ 5º O disposto neste artigo não se aplica às indenizações pagas ou creditadas em conformidade com a legislação trabalhista e àquelas destinadas a reparar danos patrimoniais.

[16] No caso não seria isenção, mas sim pura e simplesmente não incidência, dado o já invocado arquétipo constitucional dos tributos que gravam a renda e o lucro.

Citando uma vez mais os ensinamentos da Professora Maria Helena Diniz, temos que são características do dano emergente[17]: (a) prejuízo sofrido diretamente em consequência do evento, razão pela qual; (b) sua indenização recompõe perda ocorrida no passado; (c) consistente em concreta diminuição no patrimônio, verificável quando há depreciação do ativo ou aumento do passivo. Já o lucro cessante[18] caracteriza-se como (a) perda da chance, de oportunidade ou de expectativa que se prolongam no tempo; (b) pago pela privação do credor ao ganho que experimentaria mediante a utilização daquilo que receberia do devedor, motivo pelo qual; (c) compreende o ganho equivalente àquela oportunidade, variando o valor conforme maior ou menor probabilidade de a chance perdida se concretizar.

As colocações da doutrina[19] por primeiro referida, acerca da tributabilidade da indenização por lucro cessante, são relativas ao acréscimo patrimonial acarretado, ou seja, de que se não houvesse o fato causador da indenização, teria produzido lucro. Sustenta-se que admitir a não-incidência dos tributos em tal circunstância seria atentar ao princípio da isonomia tributária, uma vez que a situação econômica do contribuinte que aufere receita futura e recolhe os tributos devidos não difere do que recebe o mesmo incremento patrimonial a título de lucro cessante.

Em oposição frontal coloca-se Roque Antonio Carrazza[20], para quem o lucro cessante não acrescenta ao patrimônio, mas simplesmente compensa, em pecúnia, a injusta frustação da expectativa de ganho: *daí estes montantes estarem resguardados do IR, por força de uma série de princípios constitucionais, nomeadamente o da certeza e o da segurança jurídica da tributação, já que não se sabe quanto exatamente receberia o lesado, caso ausente o dano.*

---

[17] DINIZ, Maria Helena. *Curso de direito civil brasileiro, volume 7: responsabilidade civil.* 24ª ed., p. 69.

[18] *Idem*, p. 70-71.

[19] Ricardo Mariz de Oliveira (*Fundamentos do imposto de renda.* São Paulo: 2008, p. 211); Solon Sehn (*Não incidência do PIS/Pasep e da Cofins sobre reembolsos e indenizações.* Revista Dialética de Direito Tributário n. 162. Março/2009, p. 66); Marcelo e Michel Gulin Melhem (*Tributação de indenizações – IRPJ, CSLL, PIS, COFINS, ISS, ICMS.* RET n. 85. Maio-junho/2012, p. 118-127); Eduardo Gomes Philippsen (*A incidência do imposto de renda sobre indenizações.* Revista AJUFERGS n. 2. Porto Alegre: 2006, p. 137); Maurício Pereira Faro e Bernardo Motta Moreira (*PIS e COFINS à luz da jurisprudência do Conselho Administrativo de Recurso Fiscais*: volume 2 / Gilberto de Castro Moreira Junior, Marcelo Magalhães Peixoto (coordenadores). São Paulo: MP Ed., 2013, p. 388.

[20] CARRAZZA, Roque Antonio. *Imposto sobre a renda (perfil constitucional e temas específicos).* 3ª ed., p. 200.

O Regulamento do Imposto de Renda – RIR/99, em seu artigo 680[21], não afasta a tributação da indenização por lucro cessante decorrente de sentença judicial, mas a ela confere desconto do imposto na fonte, à alíquota de cinco por cento.

Sobre os valores recebidos pela Pessoa Jurídica a título de lucro cessante, já manifestou a Secretaria da Receita Federal do Brasil em 28.08.13, por meio da Solução de Consulta nº 65, no sentido de que:

> Os valores recebidos judicialmente a título de indenização, relacionados à recuperação de despesas e/ou custos, não se sujeitam à tributação do IRPJ, salvo se as despesas e/ou custos objeto dessa indenização tiverem sido computados no Lucro Real do próprio período ou de períodos anteriores ao do recebimento. As importâncias recebidas que excederem àquelas auferidas a título de recuperação de despesas e/ou custos são consideradas receitas novas, sujeitando-se à incidência desse imposto. No caso de recebimento de valores a título de lucros cessantes, a totalidade dessas importâncias deve ser tributada pelo IRPJ.

Já especificamente sobre a indenização por dano moral sofrida pela Pessoa Jurídica,[22] ainda que economicamente dimensionada, preleciona Hugo de Brito Machado[23]:

> Não há patrimônio moral, para fins tributários, nem o imposto de renda incide sobre algo que tenha apenas valor moral. O tributo é prestação pecuniária e incide sobre riqueza expressa em moeda.
> (...)
> Não integram o patrimônio, para fins tributários, os elementos de valor exclusivamente moral, ainda que eventualmente possam ser convertidos em elementos de valor econômico.

Roque Antonio Carrazza[24] exemplifica e afirma não haver espaço jurídico à tributação sobre a indenização decorrente de dano moral recebida pela Pessoa Jurídica:

---

[21] Art. 680. Estão sujeitas ao desconto de imposto na fonte, à alíquota de cinco por cento, as importâncias pagas às pessoas jurídicas a título de juros e de indenizações por lucros cessantes, decorrentes de sentença judicial.

[22] Cabe destacar que o direito da Pessoa Jurídica à indenização por dano moral restou sumulado pelo STJ em 08.09.99: *A pessoa jurídica pode sofrer dano moral* (Súmula 227).

[23] MACHADO, Hugo de Brito *in* PAULSEN, Leandro. *Direito tributário: constituição e código tributário à luz da doutrina e da jurisprudência*. 15º ed. Porto Alegre: Livraria do Advogado Editora, 2013, p. 765.

[24] CARRAZZA, Roque Antonio. *Imposto sobre a renda (perfil constitucional e temas específicos)*. 3ª ed., p. 199.

Admitimos, em exemplário armado ao propósito, que se divulgue mentirosamente que uma determinada empresa faz discriminação racial com seus empregados. Decerto que esta informação mendaz repercutirá de modo negativo não só em seu com conceito, como em seu faturamento (já que os consumidores poderão boicotar seus produtos) – o que configura dano moral com repercussões econômicas, tudo suscetível de indenização.

Portanto, é perfeitamente possível que uma pessoa jurídica sofra dano moral e, com ele repercussões econômicas negativas, perfeitamente indenizáveis.

É certo que este dano não pode ser imediatamente qualificado. Há meios, no entanto, de presumi-lo, transformando-o em pecúnia. Noutras palavras, o que se compensa é a perda potencial do patrimônio, estimada de acordo com as circunstâncias objetivas que cercam a ocorrência do evento lesivo.

Também esta indenização juridicamente não pode cair nas malhas do IR.

A par disso, impende mencionar, ainda neste tópico, que em 2012 o Superior Tribunal de Justiça aprovou o enunciado da Súmula 498, pelo qual: *Não incide imposto de renda sobre a indenização por danos morais.*

Relativamente à desapropriação, prevê a Constituição Federal em seu artigo 5º, XXIV que: *a lei estabelecerá o procedimento para a desapropriação por necessidade ou utilidade pública, ou por interesse social, mediante justa e prévia indenização em dinheiro, ressalvados os casos previstos nesta Constituição.*

Não obstante tratar-se de garantia constitucional, dispõe o Regulamento do Imposto de Renda – RIR/99[25] que no caso de indenização advinda de desapropriação, o valor da diferença entre o valor contábil do bem e aquele pago pelo expropriante será considerado como ganho de capital e computado na determinação do lucro real.

A respeito desta norma, Edmar Oliveira de Andrade Filho[26] destaca que o Supremo Tribunal Federal declarou inconstitucional a expressão desapropria-

---

[25] Art. 418. *Serão classificados como ganhos ou perdas de capital, e computados na determinação do lucro real, os resultados na alienação, na desapropriação, na baixa por perecimento, extinção, desgaste, obsolescência ou exaustão, ou na liquidação de bens do ativo permanente* (Decreto-lei nº 1.598/77, art. 31).
Art. 422. *O contribuinte poderá diferir a tributação do ganho de capital obtido na desapropriação de bens, desde que* (Decreto-lei nº 1.598, de 1977, art. 31, § 4º):
I – *transfira o ganho de capital para reserva especial de lucros;*
II – *aplique, no prazo máximo de dois anos do recebimento da indenização, na aquisição de outros bens do ativo permanente, importância igual ao do ganho de capital;*
III – *discrimine, na reserva de lucros, os bens objeto da aplicação de que trata o inciso anterior, em condições que permitam a determinação do valor realizado em cada período de apuração.*
[26] ANDRADE FILHO, Edmar Oliveira. *Imposto de renda das empresas.* 8ª ed. São Paulo: Atlas, 2011, p. 126

ção, contida no inciso II, do §2º, do art. 1º, do Decreto-lei nº 1.641/78, regra dirigida às pessoas físicas. E, considerando que o §4º, do art. 31, do Decreto-lei nº 1.598/77, que é a regra matriz do art. 422, do RIR/99, tem a mesma consistência semântica do preceito legal declarado inconstitucional, conclui:

> No caso sob análise, ambas as regras permitiam a cobrança do Imposto de Renda sobre ganhos em desapropriação, uma para pessoa física e outra para pessoas jurídicas, e, se uma foi declarada inconstitucional pela nossa mais alta Corte, não há como admitir que a outra, que contém a mesma hipótese e a mesma consequência, permaneça incólume.

Anote-se, por outro lado, que o RIR/99, em seu artigo 423, isenta[27] do imposto o ganho obtido nas operações de transferência de imóveis desapropriados apenas para fins de reforma agrária.

A respeito da questão, oportunamente manifestou a Secretaria da Receita Federal do Brasil em Solução de Consulta nº 97, de 29.08.08:

> A imunidade tributária conferida, pela Constituição Federal, aos valores recebidos por desapropriação refere-se apenas aos casos oriundos de reforma agrária; assim, os valores auferidos a título de indenização por desapropriação por necessidade ou utilidade pública não são isentos do Imposto de Renda.

> Ainda, ratificou a Secretaria da Receita Federal do Brasil em Solução de Consulta nº 08, de 19.01.12 o quanto afirmado anteriormente: *O ganho de capital auferido em razão de desapropriação por necessidade ou utilidade pública não é isento da Contribuição Social sobre o Lucro Líquido.*

Contudo, com base em decisão do Superior Tribunal de Justiça no REsp nº 1.116.460, em sede de recurso repetitivo, a Receita Federal reformou seu entendimento e reconheceu, por meio da Solução de Consulta nº 105, de 07.04.14, a não incidência do IRPF no caso de indenização decorrente de desapropriação por utilidade pública ou interesse social, cujo entendimento deve ser aplicado, por analogia, ao IRPJ:

---

[27] Destaca-se, uma vez mais, que a palavra *isenta* fora novamente empregada pelo RIR/99 de forma equivocada, porquanto tendo analisada a estrutura constitucional tributária, trata-se de pura e simplesmente não incidência do imposto.

IMPOSTO SOBRE A RENDA DE PESSOA FÍSICA – IRPF DESAPROPRIA-ÇÃO. INTERESSE PÚBLICO. GANHO DE CAPITAL. NÃO INCIDÊCIA. RE-CURSO ESPECIAL Nº 1.116.460/SP. REFORMA A SOLUÇÃO DE CONSULTA Nº 54 – COSIT, DE 30 DE DEZEMBRO DE 2013. O Superior Tribunal de Justiça (STJ), ao julgar o Recurso Especial nº 1.116.460/SP, no âmbito da sistemática do art. 543-C do Código de Processo Civil (CPC), entendeu que a indenização decorrente de desapropriação não encerra ganho de capital, tendo-se em vista que a propriedade é transferida ao Poder Público por valor justo e determinado pela Justiça a título de indenização, não ensejando lucro, mas mera reposição do valor do bem expropriado. Afastou-se, portanto, a incidência do imposto sobre a renda sobre as verbas auferidas a título de indenização advinda de desapropriação, seja por utilidade pública ou por interesse social.

Para Marcello Martins Motta Filho[28] é ilegítima a tributação da indenização derivada da desapropriação. E, acerca os juros compensatórios e de mora que a integra, afirma:

> Quanto aos acréscimos agregados ao valor indenizatório, podemos asseverar que tanto os juros moratórios como os juros compensatórios também são incompatíveis com o conceito de renda (aí incluímos os 'proventos de qualquer natureza'), pois são frutos da coisa (principal) e compõem a parcela que se incorpora à indenização, representando um valor pecuniário pela perda antecipada do uso e gozo do bem desapropriado pela Administração Pública e pela mora no pagamento da indenização. Logo, não há que se falar em aumento de patrimônio ou alteração da capacidade contributiva.

Por igual modo, Edmar Oliveira Andrade Filho[29] acrescenta que não podem ser tributados os valores relativos a recolhimentos anteriores fundados em normas ilegais ou inconstitucionais, tal como não pode ser tributado os juros compensatórios decorrentes do pagamento a maior ou indevidamente, em virtude de ato inválido:

> De fato, nessas circunstâncias, o pagamento de tributo indevido se assemelha em tudo, sob o aspecto teleológico, a uma desapropriação, conforme a construção pretoriana, especialmente nos casos em que o valor considerado indevido foi exigido com base em ato ilícito, a lei ou ato normativo declarado inválido.

[28] MOTTA FILHO, Marcello Martins in PAULSEN, Leandro. *Direito tributário: constituição e código tributário à luz da doutrina e da jurisprudência*. 15º ed. Porto Alegre: Livraria do Advogado Editora, 2013, p. 763.

[29] ANDRADE FILHO, Edmar Oliveira. *Imposto de renda das empresas*. 8ª ed., p. 115 e 76.

DIREITO DOS NEGÓCIOS APLICADO

O mesmo tratamento deve ser dado aos juros recebidos por pagamento a maior de tributo em face de ato ilícito (norma inválida) do Poder Público: também nesses casos há expropriação de bens.

Já a respeito das indenizações decorrentes de contratos de seguro, seja de danos ou de responsabilidade civil recebidas pela Pessoa Jurídica, Solon Sehn[30] argumenta:

> O objeto do contrato de seguro é sempre uma indenização, e não lucro ou proveito do segurado ou de terceiro. Em razão disso, um bem não pode ser segurado por valor superior ao que efetivamente vale (CC, art. 778) nem mais de uma vez pelo seu valor integral (CC, art. 782). A indenização, por outro lado, nos seguros de dano, compreende somente os prejuízos efetivamente sofridos (CC, art. 779), não podendo ultrapassar o valor do interesse segurado (CC, art. 781). No seguro de responsabilidade civil, por sua vez, a obrigação do segurador abrange apenas o pagamento das perdas e danos devidos pelo seguro a terceiro (CC, art. 787).
>
> Parece bastante claro, portanto, que em ambas as modalidades de seguro – de danos e de responsabilidade civil – não há que se falar em incidência do PIS/Pasep e da Cofins. A indenização de seguro em hipótese alguma pode ser qualificada juridicamente como receita da pessoa jurídica, porque não representa acréscimo patrimonial.

Na mesma linha de raciocínio, Hiromi, Fábio e Celso Higuchi[31], a exemplo do roubo ou destruição de bens do ativo permanente ou do ativo circulante da Pessoa Jurídica, afirmam que o valor total recebido da seguradora tem natureza de indenização reparatória de danos patrimoniais, o que o torna intributável pelo IRPJ.

Na Solução de Consulta nº 81, de 19.03.07, todavia, manifestou a Secretaria da Receita Federal do Brasil que: *Integra a receita bruta para efeito de cálculo da Cofins o valor recebido, pela Pessoa Jurídica, a título de indenização de seguro pela perda ou sinistro de seus bens do Ativo Permanente e do Circulante.*

Por outro lado, também já manifestou a Secretaria da Receita Federal em Solução de Consulta nº 213, de 18.10.11, que o valor de indenização recebida em razão de furto, roubo, inutilização, deterioração ou destruição em sinistro de bens não compõe a base de cálculo da Contribuição ao PIS e da COFINS:

---

[30] SEHN, Solon. Não incidência do PIS/Pasep e da Cofins sobre reembolso e indenizações. *Revista dialética de direito tributário*, São Paulo, n. 162. Março/2009, p. 68.

[31] HIGUCHI, Hiromi; HIGUCHI, Fábio Hiroshi; HIGUCHI, Celso Hiroyuki. *Imposto de renda das empresas. Intepretação e prática*. 36ª ed., p. 265.

DA NÃO INCIDÊNCIA DO IRPJ, CSLL, CONTRIBUIÇÃO AO PIS E COFINS...

Deverão ser estornados os créditos relativos a bens adquiridos para revenda ou utilizados como insumos na prestação de serviços e na produção ou fabricação de bens ou produtos destinados à venda, que tenham sido furtados ou roubados, inutilizados ou deteriorados, destruídos em sinistro ou, ainda, empregados em outros produtos que tenham tido a mesma destinação. Contudo, o valor de indenização recebida em razão de furto, roubo, inutilização, deterioração ou destruição em sinistro de bens não compõe a base de cálculo da Contribuição para o PIS/Pasep. Dispositivos Legais: Lei nº 10.637, de 2002, art. 1º, § 3º, inciso V, "b"; Lei nº 10.833, de 2003, art. 3º, § 13, e art. 15, inciso II, com redação dada pela Lei nº 11.051, de 2004.

Deverão ser estornados os créditos relativos a bens adquiridos para revenda ou utilizados como insumos na prestação de serviços e na produção ou fabricação de bens ou produtos destinados à venda, que tenham sido furtados ou roubados, inutilizados ou deteriorados, destruídos em sinistro ou, ainda, empregados em outros produtos que tenham tido a mesma destinação. Contudo, o valor de indenização recebida em razão de furto, roubo, inutilização, deterioração ou destruição em sinistro de bens não compõe a base de cálculo da Cofins. Dispositivos Legais: Lei nº 10.833, de 2003, art. 1º, § 3º, inciso V, "b" e art. 3º, § 13.

Outrossim, os valores recebidos pela Pessoa Jurídica por conta de injusta e injurídica "perda do negócio" são tidos pela doutrina como não tributáveis pelo IRPJ, CSLL, Contribuição ao PIS e COFINS. A propósito, impede destacar uma vez mais os respeitáveis dizeres do tributarista Roque Antonio Carrazza[32]:

Analisemos, para demonstrar a assertiva, o seguinte caso concreto: empresas tinham o direito, contratualmente asseguro, de distribuir, com exclusividade, refrigerantes, cervejas e similares. Perderam-no, não porque tenham conduzido mal seus negócios, mas porque a companhia que lhes fornecia os produtos, fazendo tábua rasa de avenças válidas e que se encontravam em pleno vigor, avocou – isto é, irregularmente chamou para si – a tarefa de levá-los ao mercado varejista.

Diante deste fato consumado, decorrente de ato ilícito praticado pela aludida companhia, que lhes inviabilizou os negócios, as empresas não tiveram outra alternativa senão buscar, pela negociação, o devido ressarcimento, em pecúnia, das perdas injustamente sofridas.

(...)

---

[32] CARRAZZA, Roque Antonio. *Imposto sobre a renda (perfil constitucional e temas específicos)*. 3ª ed., p. 210 e 212.

DIREITO DOS NEGÓCIOS APLICADO

Buscou-se, pela aplicação deste recurso, a conservação do status quo ante. Se preferirmos, procurou-se manter íntegro o valor econômico do fundo de comércio, sem reflexo algum de ganho para as empresas.

A quantidade de moeda por elas recebidas – fruto da transação celebradas – não representou (nem podia representar), em hipótese alguma, ganho, rendimento ou lucro. Daí a inviabilidade de cogitação de incidência do IRPJ no caso em foco.

Para a Secretaria da Receita Federal do Brasil, porém, a multa ou qualquer outra vantagem recebida pela Pessoa Jurídica, *ainda que a título de indenização* é considerada receita, passível, por consequência, de tributação. É o que se extrai do artigo 681, do RIR/99 e Solução de Consulta nº 45, de 26.02.13, abaixo transcrita:

A multa ou qualquer outra vantagem recebida por pessoa jurídica, ainda que a título de indenização, em virtude de rescisão de contrato, deverá ser computada como receita na determinação do lucro real ou acrescida ao lucro presumido ou arbitrado, para determinação da base de cálculo do Imposto de Renda da Pessoa Jurídica – IRPJ.

Posto isto, a dificuldade é presente pelo casuísmo em algumas das modalidades de indenização recebida pela Pessoa Jurídica, como se pôde observar da legislação tributária específica e do posicionamento da Secretaria da Receita Federal do Brasil versus o entendimento doutrinário. Passamos, agora, a análise da jurisprudência.

3. Jurisprudência sobre o tema

A jurisprudência no âmbito do Superior Tribunal de Justiça, em precedente firmado por sua Primeira Seção, sintetiza o pensamento pacificado a respeito da tributação das indenizações, tendo oportunamente expressado que *não é o 'nomen juris', mas a natureza jurídica da verba que definirá a incidência tributária ou não*[33]:

TRIBUTÁRIO. IMPOSTO DE RENDA. PAGAMENTO A EMPREGADO, POR OCASIÃO DA RESCISÃO DO CONTRATO. GRATIFICAÇÃO POR LIBERALIDADE. NATUREZA. REGIME TRIBUTÁRIO DAS INDENIZAÇÕES. DISTINÇÃO ENTRE INDENIZAÇÃO POR DANOS AO PATRIMÔNIO MATERIAL E AO PATRIMÔNIO IMATERIAL. PRECEDENTES (RESP 674.392-SC E RESP 637.623-PR). EXISTÊNCIA DE NORMA DE ISENÇÃO (ART. 6º, V, DA LEI 7.713/88). 1. O imposto sobre renda e proventos de qualquer natureza tem

---

[33] STJ. EREsp nº 976.082/RN, Rel. Min. Mauro Campebell Marques. Primeira Seção. DJe: 09.09. 08.

como fato gerador, nos termos do art. 43 e seus parágrafos do CTN, os "acréscimos patrimoniais", assim entendidos os acréscimos ao patrimônio material do contribuinte. 2. O pagamento de indenização pode ou não acarretar acréscimo patrimonial, dependendo da natureza do bem jurídico a que se refere. Quando se indeniza dano efetivamente verificado no patrimônio material (= dano emergente), o pagamento em dinheiro simplesmente reconstitui a perda patrimonial ocorrida em virtude da lesão, e, portanto, não acarreta qualquer aumento no patrimônio. Todavia, ocorre acréscimo patrimonial quando a indenização (a) ultrapassar o valor do dano material verificado (= dano emergente), ou (b) se destinar a compensar o ganho que deixou de ser auferido (= lucro cessante), ou (c) se referir a dano causado a bem do patrimônio imaterial (= dano que não importou redução do patrimônio material). 3. O pagamento feito por liberalidade do empregador, por ocasião da rescisão de contrato de trabalho, não tem natureza indenizatória. E, mesmo que tivesse, estaria sujeito à tributação do imposto de renda, já que (a) importou acréscimo patrimonial e (b) não está beneficiado por isenção. Com efeito, a isenção prevista na lei restringe-se à "indenização (...) por despedida ou rescisão de contrato de trabalho, até o limite garantido pela lei trabalhista ou por dissídio coletivo e convenções trabalhistas homologados pela Justiça do Trabalho" (art. 39 do RIR, aprovado pelo Decreto 3.000/99). Precedentes da 1ª Seção: EREsp 515148 / RS, Min. Luiz Fux, DJ 20.02.2006 4. Embargos de divergência a que se dá provimento.

(STJ. EREsp nº 770.078/SP. Rel. Min. Teori Albino Zavascki. Primeira Seção. DJe: 11.09.06).

Em síntese, para o Superior Tribunal de Justiça, o Imposto de Renda não incide na indenização que recompõe a lesão efetivamente verificada no patrimônio material, em razão do dano emergente, por não haver acréscimo patrimonial. Por outro lado, contudo, haverá incidência do imposto sobre a indenização destinada a compensar o ganho que deixou de ser auferido – lucro cessante, caso em que, para a Corte Superior, há aumento de riqueza[34].

Sob essa premissa, a Primeira Seção do Superior Tribunal de Justiça, no julgamento do REsp 1.138.695/SC, pelo regime do art. 543-C, do Código de Processo Civil, pacificou o entendimento de que os juros moratórios ostentam a natureza jurídica de lucros cessantes e, portanto, submetem-se, em regra, à tributação pelo IRPJ e CSLL.

---

[34] No mesmo sentido: TRF3. ApelRex 1406377. Rel. Des. Fed. Márcio Moraes. Terceira Turma. DJF3: 14.12.12; TRF4. ApelRex 2007.77.00001835-30. Rel. Des. Fed. Luciane Amaral Corrêa Munch. Segunda Turma. D.E: 18.11.09.

PROCESSUAL CIVIL. TRIBUTÁRIO. RECURSO REPRESENTATIVO DA CONTROVÉRSIA. ART. 543-C, DO CPC. BASE DE CÁLCULO DO IMPOSTO DE RENDA DA PESSOA JURÍDICA – IRPJ E DA CONTRIBUIÇÃO SOCIAL SOBRE O LUCRO LÍQUIDO – CSLL. DISCUSSÃO SOBRE A EXCLUSÃO DOS JUROS SELIC INCIDENTES QUANDO DA DEVOLUÇÃO DE VALORES EM DEPÓSITO JUDICIAL FEITO NA FORMA DA LEI N. 9.703/98 E QUANDO DA REPETIÇÃO DE INDÉBITO TRIBUTÁRIO NA FORMA DO ART. 167, PARÁGRAFO ÚNICO DO CTN. 1. Não viola o art. 535, do CPC, o acórdão que decide de forma suficientemente fundamentada, não estando obrigada a Corte de Origem a emitir juízo de valor expresso a respeito de todas as teses e dispositivos legais invocados pelas partes. 2. Os juros incidentes na devolução dos depósitos judiciais possuem natureza remuneratória e não escapam à tributação pelo IRPJ e pela CSLL, na forma prevista no art. 17, do Decreto-lei n. 1.598/77, em cuja redação se espelhou o art. 373, do Decreto n. 3.000/99 – RIR/99, e na forma do art. 8º, da Lei n. 8.541/92, como receitas financeiras por excelência. Precedentes da Primeira Turma: AgRg no Ag 1359761/SP, Primeira Turma, Rel. Min. Benedito Gonçalves, DJe 6/9/2011; AgRg no REsp 346.703/RJ, Primeira Turma, Rel. Min. Francisco Falcão, DJ de 02.12.02; REsp 194.989/PR, Primeira Turma, Rel. Min. Humberto Gomes de Barros, DJ de 29.11.99. Precedentes da Segunda Turma: REsp. n. 1.086.875 – PR, Segunda Turma, Rel. Min. Eliana Calmon, Rel. p/acórdão Min. Castro Meira, julgado em 18.05.2012; REsp 464.570/SP, Segunda Turma, Rel. Min. Castro Meira, DJ de 29.06.2006; AgRg no REsp 769.483/RJ, Segunda Turma, Rel. Min. Humberto Martins, DJe de 02.06.2008; REsp 514.341/ RJ, Segunda Turma, Rel. Min. João Otávio de Noronha, DJ de 31.05.2007; REsp 142.031/RS, Segunda Turma, Rel. Min. Franciulli Netto, DJ de 12.11.01; REsp. n. 395.569/RS, Segunda Turma, Rel. Min. João Otávio de Noronha, DJ de 29.03.06. 3. Quanto aos juros incidentes na repetição do indébito tributário, inobstante a constatação de se tratarem de juros moratórios, se encontram dentro da base de cálculo do IRPJ e da CSLL, dada a sua natureza de lucros cessantes, compondo o lucro operacional da empresa a teor art. 17, do Decreto-lei n. 1.598/77, em cuja redação se espelhou o art. 373, do Decreto n. 3.000/99 – RIR/99, assim como o art. 9º, §2º, do Decreto-Lei nº 1.381/74 e art. 161, IV do RIR/99, estes últimos explícitos quanto à tributação dos juros de mora em relação às empresas individuais. 4. Por ocasião do julgamento do REsp. n. 1.089.720 – RS (Primeira Seção, Rel. Min. Mauro Campbell Marques, julgado em 10.10.2012) este Superior Tribunal de Justiça definiu, especificamente quanto aos juros de mora pagos em decorrência de sentenças judiciais, que, muito embora se tratem de verbas indenizatórias, possuem a natureza jurídica de lucros cessantes, consubstanciando-se em evidente acréscimo patrimonial previsto no art. 43, II, do CTN (acréscimo patrimonial a título de proventos de qualquer natureza), razão pela qual é legítima sua tributação pelo Imposto de Renda, salvo a existência de norma isentiva específica ou a constatação de que a verba principal a que se referem os juros é verba isenta ou fora do campo de incidência do IR (tese em que o acessório segue o principal). Precedente: EDcl no REsp. nº 1.089.720 – RS, Primeira Seção, Rel. Min. Mauro Campbell Marques, julgado em 27.02.2013. 5. Conhecida a lição doutrinária de que juros de mora são lucros cessantes: "Quando o pagamento consiste em dinheiro, a estimação do dano emergente da inexecução já se acha previamente estabelecida. Não há que fazer a substituição em dinheiro da prestação devida. Falta avaliar os lucros cessantes. O código os determina pelos juros de mora e pelas custas" (BEVILÁQUA, Clóvis. Código Civil dos Estados Unidos do Brasil Comentado, V. 4, Rio de Janeiro: Livraria Francisco Alves, 1917, p. 221). 6. Recurso especial parcialmente provido. Acórdão submetido ao regime do art. 543-C, do CPC, e da Resolução STJ n. 8/2008.

(STJ. REsp nº 1.138.695/SC. Rel. Min. Mauro Campbell Marques. Primeira Seção. DJe: 31.05.13)

No que diz respeito a tributação federal sobre indenização de dano moral sofrida pela Pessoa Jurídica, conforme já adiantado, sumulou o Superior Tribunal de Justiça a não incidência do Imposto de Renda (Súmula 498), e assim tem aplicado:

TRIBUTÁRIO. IMPOSTO DE RENDA. INDENIZAÇÃO POR DANO MORAL. "Não incide imposto de renda sobre a indenização por danos morais" (STJ, Súmula 498). Agravo regimental desprovido.
(AgRg no Ag 1351911/RS, Rel. Min. Ari Pargendler, Primeira Turma. DJe: 11/03/2013)

Igualmente, e como adiantado anteriormente, de acordo com o precedente do Superior Tribunal de Justiça, firmado sob o regime do art. 543-C, do Código de Processo Civil, não incide Imposto de Renda sobre verba recebida a título de indenização decorrente de desapropriação, seja por necessidade ou utilidade pública, seja por interesse social, por não constituirem ganho ou acréscimo patrimonial:

TRIBUTÁRIO. RECURSO ESPECIAL REPRESENTATIVO DE CONTROVÉRSIA. ART. 543-C, DO CPC. IMPOSTO DE RENDA. INDENIZAÇÃO DECORRENTE DE DESAPROPRIAÇÃO. VERBA INDENIZATÓRIA. NÃO-INCIDÊNCIA. VIOLAÇÃO DO ART. 535 DO CPC NÃO CONFIGURADA.
1. A incidência do imposto de renda tem como fato gerador o acréscimo patrimonial (art. 43, do CTN), sendo, por isso, imperioso perscrutar a natureza jurídica da verba percebida, a fim de verificar se há efetivamente a criação de riqueza

DIREITO DOS NEGÓCIOS APLICADO

nova: a) se indenizatória, que, via de regra, não retrata hipótese de incidência da exação; ou b) se remuneratória, ensejando a tributação. Isto porque a tributação ocorre sobre signos presuntivos de capacidade econômica, sendo a obtenção de renda e proventos de qualquer natureza um deles.

2. Com efeito, a Constituição Federal, em seu art. 5º, assim disciplina o instituto da desapropriação: "XXIV – a lei estabelecerá o procedimento para desapropriação por necessidade ou utilidade pública, ou por interesse social, mediante justa e prévia indenização em dinheiro, ressalvados os casos previstos nesta Constituição;" 3. Destarte, a interpretação mais consentânea com o comando emanado da Carta Maior é no sentido de que a indenização decorrente de desapropriação não encerra ganho de capital, porquanto a propriedade é transferida ao poder público por valor justo e determinado pela justiça a título de indenização, não ensejando lucro, mas mera reposição do valor do bem expropriado.

4. "Representação. Arguição de Inconstitucionalidade parcial do inciso ii, do parágrafo 2º, do art. 1º, do Decreto-lei Federal n. 1641, de 7.12.1978, que inclui a desapropriação entre as modalidades de alienação de imóveis, suscetíveis de gerar lucro a pessoa física e, assim, rendimento tributável pelo imposto de renda. Não há, na desapropriação, transferência da propriedade, por qualquer negócio jurídico de direito privado. Não sucede, aí, venda do bem ao poder expropriante. Não se configura, outrossim, a noção de preço, como contraprestação pretendida pelo proprietário, 'modo privado'. O 'quantum' auferido pelo titular da propriedade expropriada é, tão-só, forma de reposição, em seu patrimônio, do justo valor do bem, que perdeu, por necessidade ou utilidade pública ou por interesse social. Tal o sentido da 'justa indenização' prevista na Constituição (art. 153, parágrafo 22). Não pode, assim, ser reduzida a justa indenização pela incidência do imposto de renda.

Representação procedente, para declarar a inconstitucionalidade da expressão 'desapropriação', contida no art. 1º, parágrafo 2º, inciso ii, do decreto-lei n. 1641/78. (Rp 1260, Relator(a): Min. NÉRI DA SILVEIRA, TRIBUNAL PLENO, julgado em 13/08/1987, DJ 18-11-1988) 4. In casu, a ora recorrida percebeu verba decorrente de indenização oriunda de ato expropriatório, o que, manifestamente, consubstancia verba indenizatória, razão pela qual é infensa à incidência do imposto sobre a renda.

5. Deveras, a jurisprudência do Superior Tribunal de Justiça firmou-se no sentido da não-incidência da exação sobre as verbas auferidas a título de indenização advinda de desapropriação, seja por necessidade ou utilidade pública ou por interesse social, porquanto não representam acréscimo patrimonial.

6. Precedentes: AgRg no Ag 934.006/SP, Rel. Ministro CARLOS FERNANDO MATHIAS, DJ 06.03.2008; REsp 799.434/CE, Rel. Ministra DENISE ARRUDA, DJ 31.05.2007; REsp 674.959/PR, Rel. Ministro CASTRO MEIRA, DJ 20/03/2006; REsp 673273/AL, Rel. Ministro LUIZ FUX, DJ 02.05.2005; REsp

DA NÃO INCIDÊNCIA DO IRPJ, CSLL, CONTRIBUIÇÃO AO PIS E COFINS...

156.772/RJ, Rel. Min. Garcia Vieira, DJ 04/05/98; REsp 118.534/RS, Rel. Min. Milton Luiz Pereira, DJ 19/12/1997.

7. Recurso especial desprovido. Acórdão submetido ao regime do art. 543-C do CPC e da Resolução STJ 08/2008.

(STJ. REsp 1116460/SP, Rel. Min. Luiz Fux. Primeira Seção. DJe 01/02/2010)

Da mesma forma, no caso de indenização originária de rescisão contratual, têm decidido os Tribunais Regionais Federais pela não incidência do IRPJ e da CSLL:

> TRIBUTÁRIO. IMPOSTO DE RENDA E CONTRIBUIÇÃO SOCIAL SO-BRE O LUCRO LÍQUIDO – CSLL. VERBAS RECEBIDAS A TÍTULO DE INDENIZAÇÃO POR REDUÇÃO NA MARGEM DE COMERCIALIZAÇÃO DE VENDAS PRETÉRITAS. PERDAS E DANOS. NÃO INCIDÊNCIA. JUROS DE MORA E CORREÇÃO MONETÁRIA NÃO TRIBUTAÇÃO. I. O imposto de renda é um tributo que tem como fato gerador a aquisição de disponibilidade econômica ou jurídica de renda e de proventos de qualquer natureza, e está previsto nos arts. 43 e 44 do CTN, estando regulado por vasta legislação. II. Na hipótese, a recorrente recebeu indenização pela rescisão de contrato de concessão comercial de distribuição de veículos automotores de via terrestre, questionando-se a incidência do IRPJ e da CSLL sobre o valor referente à redução de margem de comercialização nas vendas com faturamento direto da fábrica, nas vendas pretéritas de veículos novos e de peças. Não se trata de rescisão contratual por término de relação trabalhista, mas de valor recebido a título de dano patrimonial. III. Não se dá no caso em apreço disponibilidade de renda ou acréscimo patrimonial, mas indenização por descumprimento de obrigação contratual, visando a recomposição de patrimônio afetado em decorrência de rescisão unilateral do contrato de concessão. A indenização teve como base vendas ocorridas em momento anterior à rescisão contratual, e não pela comercialização futura de veículos, não possuindo natureza de lucros cessantes. IV. Quanto aos juros de mora e correção monetária integrantes da indenização, tem-se que os valores percebidos a esse título também não estão sujeitos à incidência do IRPJ e da CSLL, uma vez que se constituem verbas acessórias que seguem o mesmo entendimento da principal. IV. Apelação provida.
>
> (TRF5. AC 539962. Des. Fed. Margarida Cantarelli. Quarta Turma. DJe 12.07.12).

> DIREITO PROCESSUAL CIVIL E TRIBUTÁRIO. MANDADO DE SEGU-RANÇA. LEGITIMIDADE PASSIVA. AUTORIDADE FISCAL IMPETRADA. IRPJ. CONTRATO DE PRESTAÇÃO DE SERVIÇOS. INEXECUÇÃO CULPO-SA. CLÁUSULA PENAL. NATUREZA INDENIZATÓRIA. NÃO INCIDÊNCIA.

ARTIGO 70, § 5º, DA LEI Nº 9.430/96. 1. Rejeitada a preliminar de ilegitimidade passiva, porque pode figurar como impetrada, no mandado de segurança em que se discute a incidência de imposto de renda sobre verbas rescisórias, a autoridade fiscal que atua tanto no domicílio do contribuinte, como do responsável tributário. 2. A previsão de cláusula penal em contrato de representação comercial, por rescisão sem justa causa e sem prévia comunicação, enseja o pagamento de indenização, e não de renda ou lucro, pois destina-se a reparar o dano patrimonial, verificado pela prestadora de serviço, que tinha o direito de ser comunicada, por escrita, com antecedência de trinta dias, da cessação do vínculo, por interesse unilateral da tomadora. A própria forma de cálculo dos valores revela a sua natureza jurídica de indenização, pois o quantum estipulado equivale à receita ou remuneração de trinta dias (média dos últimos três meses), a que teria direito à prestadora, se fosse cumprido, pela tomadora, o aviso prévio da rescisão. 3. Hipótese de percepção de indenização, prevista em cláusula penal, para reparação de danos patrimoniais, por inexecução culposa de contrato, insusceptível de gerar a incidência fiscal, nos termos do § 5º do artigo 70 da Lei nº 9.430/96. 4. Apelação e remessa oficial desprovidas.

(TRF3. MAS 289950. Des. Fed. Carlos Muta. Terceira Turma. DJF3: 23.09.08).

Por sua vez, no âmbito administrativo, a Terceira Seção de Julgamento do Conselho Administrativo de Recursos Fiscais – CARF entendeu que no caso de indenização de seguros – tratando-se de ingressos eventuais relativos à recuperação de valores que integram o ativo – não é considerada receita para fins de incidência da COFINS[35]:

CONTRIBUIÇÃO PARA O FINANCIAMENTO DA SEGURIDADE SOCIAL – COFINS.

CRÉDITO. INSUMOS EMPREGADOS NA PRODUÇÃO.
Somente geram crédito de Cofins os dispêndios realizados com bens e serviços utilizados como insumo na prestação de serviços e na produção ou fabricação de bens ou produtos destinados à venda, observado as ressalvas legais.

BASE DE CÁLCULO. INDENIZAÇÃO DE SEGUROS.
Tratando-se de ingressos eventuais relativos a recuperação de valores que integram o ativo, não se pode considerar as indenizações de seguro ora discutidas como receitas para fins de incidência da contribuição em comento.

---

[35] O mesmo entendimento já havia sido firmado pelo extinto Conselho de Contribuintes do Ministério da Fazenda: Acórdão nº 201-78014, Recurso nº 225853, Processo nº 10930.005175/2003-17, Primeira Câmara, Relatora Adriana Gomes Rêgo Galvão, Sessão 09.11.04.

RESSARCIMENTO. CORREÇÃO MONETÁRIA. VEDAÇÃO.
Disposição expressa de lei veda a atualização monetária ou incidência de juros, pela taxa Selic ou outro índice qualquer, sobre os valores objeto de ressarcimento em espécie de Cofins não cumulativa.

Recurso Voluntário Provido em Parte.

(CARF. Acórdão nº 3302-000.873. Recurso nº 896266. Processo nº 16366.003273/2007-81, Segunda Turma, Terceira Câmara, Sessão: 1º.03.11)

Ainda sobre a jurisprudência firmada e aqui destacada – que em sua maioria reporta-se apenas ao IRJP, Maurício Pereira Faro e Bernardo Motta Moreira[36] importam deixar claro que:

> Em tempo, ressalve-se que, se o entendimento jurisprudencial que vem prevalecendo no caso do imposto de renda, no sentido da não incidência do imposto federal em qualquer hipótese de indenização (seja por dano material ou moral), por coerência, tal interpretação também deve ser trasladada ao PIS e à COFINS, ensejando a não incidência das contribuições federais sobre tais parcelas.

Nota-se, portanto, estar bastante sedimentada a jurisprudência no sentido de que as indenizações não ensejam a incidência do IRPJ, CSLL, Contribuição ao PIS e COFINS quando não implicarem acréscimo patrimonial, tal como decorrente de dano emergente, dano moral, indenização de desapropriação, de apólice de seguro e rescisão contratual.

Conclusões

A estruturação legal e regulamentar relativamente à incidência do IRPJ, assim como o seu corolário lógico, a CSLL repousa, inegavelmente, sobre bases de estatura constitucional e complementar, as quais são precisas ao prescrever que a oneração pelo citado gravame recai sobre a "renda", assim considerada a efetiva entrada financeira no patrimônio da Pessoa Jurídica. Também oneram a receita as exações tipificadas em nosso ordenamento pela Contribuição ao PIS e pela COFINS.

---

[36] FARO, Maurício Pereira; MOREIRA, Bernardo Motta (*PIS e COFINS à luz da jurisprudência do Conselho Administrativo de Recurso Fiscais*: volume 2 / Gilberto de Castro Moreira Junior, Marcelo Magalhães Peixoto (coordenadores), p. 390.

Estudamos que a indenização substitui o prejuízo causado e a perda sofrida, restabelecendo, por seu correspondente valor econômico, o status quo ante da empresa lesada. Que, em regra, não há acréscimo patrimonial ou fluxo de renda/ lucro tributáveis e, por inexistir riqueza nova, não revelam capacidade contributiva.

É verdade, todavia, que a exclusão desses valores do campo de incidência do IRPJ, CSLL, Contribuição ao PIS e COFINS, merece mediação. De fato, a palavra "indenização" pode designar realidades distintas, sendo imperiosa a identificação da sua natureza jurídica para definir a incidência tributária ou não.

As hipóteses de indenizações, deste modo, devem se diferenciar como (i) dano material em que há diminuição do patrimônio – dano emergente; e (ii) dano material em que inexiste decréscimo patrimonial, mas tão somente a perda da oportunidade de aumenta-lo – lucro cessante.

Com efeito, pela falta de ingresso de receita, a indenização que restitui uma perda patrimonial da Pessoa Jurídica em virtude de lesão, está fora da regra-matriz constitucional do IRPJ, CSLL, Contribuição ao PIS e COFINS. Já por representar reposição de rendimento, a indenização por lucro cessante é passível da incidência tributária.

Como visto, contudo, a legislação específica e o posicionamento da Secretaria da Receita Federal do Brasil por meio das Soluções de Consultas já publicadas, por vezes, afasta a aplicação plena de direito do contribuinte, ao concluir, genericamente (incluindo as indenizações de reposição patrimonial), que qualquer ingresso financeiro a título de indenização é considerado receita, apta a atrair a hipótese de incidência dos tributos em questão.

Evidentemente, há por parte do Poder Público interesse em aumentar a arrecadação. Outrossim, não se pode olvidar da dificuldade ocasionada pelo emprego de um só termo para tratar de eventos diversos. Todavia, é certo que o tributo que sobre a indenização-reposição vier a incidir, longe de ser previsto no comando constitucional tributário, terá natureza de confisco e, portanto, será inconstitucional.

Lado outro, como analisado, a interpretação e aplicação do Direito ganham em certeza e segurança jurídica. Doutrina e jurisprudência caminham alinhadas divergindo do mencionado raciocínio geral traçado pelo Fisco Federal e consolidada a excluir as indenizações recebidas como reposição dos prejuízos patrimoniais do campo de incidência do IRPJ, CSLL, Contribuição ao PIS e COFINS. A exemplo: indenização decorrente de dano emergente; dano moral; desapropriação; apólice de seguro; rescisão contratual; e recolhimento indevido ou a maior, decorrente de norma declarada ilegal.

Referências

ANDRADE FILHO, Edmar Oliveira. Imposto de renda das empresas. 8ª ed. São Paulo: Atlas, 2011.

CARRAZZA, Roque Antonio. Imposto sobre a renda. 3ª ed. São Paulo: Malheiros, 2009.

DINIZ, Maria Helena. Curso de direito civil brasileiro, volume 7: responsabilidade civil. 24ª ed. São Paulo: Saraiva, 2010.

FARO, Maurício Pereira; MOREIRA, Bernardo Motta. Indenizações e o PIS e COFINS. PIS e COFINS à luz da jurisprudência do Conselho Administrativo de Recurso Fiscais: volume 2 / Gilberto de Castro Moreira Junior, Marcelo Magalhães Peixoto (coordenadores). São Paulo: MP Ed., 2013.

HIGUCHI, Hiromi; HIGUCHI, Fábio Hiroshi; HIGUCHI, Celso Hiroyuki. Imposto de renda das empresas. Intepretação e prática. 36ª ed. São Paulo: IR Publicações, 2011.

MACHADO, Hugo de Brito. Curso de direito tributário. 29ª ed. São Paulo: Malheiros, 2008.

OLIVEIRA, Ricardo Mariz de. Fundamentos do Imposto de Renda. São Paulo: Quartier Latin, 2008.

PAULSEN, Leandro. Direito tributário: constituição e código tributário à luz da doutrina e da jurisprudência. 15º ed. Porto Alegre: Livraria do Advogado Editora, 2013.

SEHN, Solon. Não incidência do PIS/Pasep e da Cofins sobre reembolso e indenizações. Revista dialética de direito tributário. São Paulo, n. 162, pp. 58-69, 2009.

O ISS e a Exportação de Serviços

Rogerio Mollica

1. Introdução

Passados mais de dez anos da regulamentação da desoneração do Imposto sobre Serviços (ISS) na Exportação, o tema ainda continua gerando muitas dúvidas nos contribuintes e nos operadores do direito. De fato, a utilização de conceitos vagos e não muito claros para qualificar o que viria a ser uma exportação de serviço acabaram causando muitas autuações por parte dos Fiscos Municipais. Portanto, sendo o tema bastante atual e controverso, parece importante voltar a analisar os requisitos legais exigidos para que se configure a exportação de serviços, bem como apresentar o entendimento da doutrina e o posicionamento extraído de julgados administrativos e judiciais.

O Imposto sobre Serviços (ISS) é o principal imposto municipal em nosso ordenamento. Dada a sua importância, é corriqueiro que mais de um Município tente efetuar a cobrança do referido imposto em razão da prestação de um mesmo serviço. Assim, são muito comuns as cobranças em duplicidade do Imposto sobre Serviços. Esse problema se agrava, pois são mais de 5.500 municípios querendo arrecadar.

Veja-se o caso da incidência do ISS sobre as operações de arrendamento mercantil (leasing), sendo que as arrendadoras sempre recolheram o ISS para os Municípios de suas sedes e passaram também a ser cobradas por todos os municípios em que os carros arrendados eram entregues.

DIREITO DOS NEGÓCIOS APLICADO

Tal cobrança em duplicidade gerou a interposição de milhares de execuções fiscais e outras ações judiciais e recentemente o Superior Tribunal de Justiça julgou o Recurso Especial nº 1.060.210/SC, sob a égide dos recursos repetitivos, dando ganho de causa às empresas de leasing.

A sanha arrecadatória dos Municípios também se encontra presente na determinação de ocorrência de uma exportação de serviço quando o contratante é uma empresa sediada no exterior.

2. Da desoneração do ISS nas Exportações

Verifica-se um esforço do Constituinte derivado em se adotar, na tributação do comércio internacional de bens e serviços, o princípio do destino, isto é, não tributar a origem do comércio internacional, a fim de não se "exportar tributos". Pelo princípio do destino, as exportações não são tributadas, enquanto as importações o são. Já no princípio da origem ocorre o inverso, as exportações são tributadas e as exportações não o são[1]. Com a adoção do princípio do destino para os tributos sobre o consumo, busca-se uma neutralidade no comércio internacional, de forma que não se faça diferença se os bens ou serviços são obtidos no mercado interno ou no exterior, aplicando-se sempre os tributos nacionais sobre o consumo.[2]

---

[1] Marcelo Marques Roncaglia após atestar que com a edição da Lei Complementar nº 116/03 o legislador passou a prestigiar o "princípio do destino", concorda que o regime tributário introduzido pela referida lei se aproximou ao regime aplicável ao Imposto sobre Valor Agregado (IVA) europeu. Entretanto, esclarece que "em um plano ideal, o IVA europeu deveria obedecer ao princípio da origem, pois este eliminaria por completo a necessidade de controles aduaneiros. No entanto, considerando que ao menos inicialmente a adoção desse princípio poderia gerar um desequilíbrio arrecadatório em favor dos Estados com superavit comercial – bem como poderia gerar distorções na determinação do local de instalação das empresas, em face da diversidade das alíquotas do IVA aplicáveis nos diversos países europeus – optou-se por estabelecer um regime transitório do tributo, pelo qual se prestigiaria o princípio do destino. A verdade, entretanto, é que o sistema, que era para ser transitório, ganhou ares de definitividade e não parece que vá ser alterado em um curto espaço de tempo, permanecendo aplicável, em regra, o princípio do destino. Até porque a quantidade de medidas e mecanismos compensatórios, bem como de controle das operações, que precisariam ser instituídos praticamente inviabilizaria essa medida. ("O ISS e a Importação e Exportação de Serviços", in Revista Dialética de Direito Tributário, nº 129, Ed. Dialética, São Paulo, 2006, 100/101).

[2] Cfr. Alberto Macedo em seu texto "ISS e PIS-Cofins-Importação – Critérios Espacial e Pessoal na Prestação Internacional de Serviços", in Revista Dialética de Direito Tributário, nº 187, Ed. Dialética, São Paulo, 2011, p. 10. O Autor ainda lembra que a aplicação da neutralidade internacional se mostra mais difícil na prestação de serviços, já que a intangibilidade dos mesmos dificulta a confirmação de sua exportação ou mesmo importação.

De fato, a exportação de serviços foi excluída da incidência do Imposto sobre Serviços (ISS) pelo artigo 156, § 3º, II, da Constituição Federal, sendo que caberia à Lei Complementar regulamentar a sua não incidência[3].

Assim, previu a Lei Complementar nº 116, de 31.07.2003, que:

> "Art. 2º O imposto não incide sobre:
> I – as exportações de serviços para o exterior do País; [...]
> Parágrafo único. Não se enquadram no disposto no inciso I os serviços desenvolvidos no Brasil, **cujo resultado aqui se verifique**, ainda que o pagamento seja feito por residente no exterior." (g.n.)

Portanto, o fato do pagamento ser realizado por domiciliado no exterior pouco importaria para a determinação da ocorrência da exportação de serviços. De fato, caso a origem do recurso que efetuou o pagamento fosse importante, a burla à referida norma seria muito fácil, pois bastaria que um serviço usufruído em nosso país fosse pago por uma empresa domiciliada no estrangeiro para que não ocorresse a tributação pelo ISS. Logo, não sendo esse o objetivo da lei, previu-se que a exportação do serviço ocorreria quando o resultado do serviço se verificasse no exterior.

Assim, passou a ser primordial a definição do que seria "resultado do serviço"[4] e qual seria o local de sua ocorrência, porque é a definição desse local, no caso concreto, que vai determinar a existência ou não de exportação de serviços.

Local do resultado não se confunde com o local da realização ou mesmo conclusão do serviço. E a Lei Complementar nº 116/2003 deixa isso muito claro quando se utiliza da expressão "serviços desenvolvidos no Brasil, cujo resultado aqui se verifique" para dizer da não exportação de serviço. Uma coisa é o local onde o serviço é desenvolvido / concluído e outra é o local onde ocorre o resultado do serviço.

---

[3] Segundo Marcelo Marques Roncaglia "Não se trata, segundo pensamos, de verdadeira hipótese de não-incidência, mas sim de isenção, já que a regra-matriz de incidência do ISS – no período anterior à LC – previa que a prestação de serviços, mesmo ao exterior, dava causa ao nascimento da obrigação de pagar o ISS. Assim, a despeito da incorreção terminológica incorrida pelo legislador, a LC 116 veicula isenção sobre exportações e como tal deverá ser interpretada." ("O ISS e a Importação e Exportação de Serviços", in Revista Dialética de Direito Tributário, nº 129, Ed. Dialética, São Paulo, p. 108).

[4] A legislação do PIS (Lei nº 10.637/2002) e da Cofins (Lei nº 10.833/2003) também previram que ocorre exportação de serviço, se o mesmo for prestado para residente ou domiciliado no exterior, local onde se dá o resultado do serviço.

DIREITO DOS NEGÓCIOS APLICADO

Resultado equivaleria a aproveitamento, fruição, utilidade[5] do produto originado pela prestação do serviço.[6]

Portanto, não se pode concordar com o entendimento de que só ocorreria exportação de serviços se o serviço fosse realizado no exterior. De fato, se o serviço é prestado fora do Brasil, não se trata de exportação de serviço, mas sim de prestação de serviço no exterior, que não pode ser tributada pelo ISS. A exigência de que o serviço tenha de ser prestado no exterior além de ser totalmente contrária à previsão legal não faz qualquer sentido, já que se o serviço é prestado no exterior não há que se falar em exportação de serviço, já que tal prestação não é alcançada pela incidência do ISS, logo não haveria de se falar que tal operação estaria isenta de ISS pela ocorrência de exportação de serviços.

O conceito de exportação é muito difundido e parece claro para todos que se exporta algo que é produzido em nosso país. Ao se pensar em um bem fica mais fácil a verificação exata do conceito. Pense-se no caso de uma grande empresa Brasileira que produza bens no Brasil e em outros países, por exemplo, a Ambev. Teremos exportação quando a empresa produz a cerveja aqui no Brasil e a envia para outros países, e importação quando a cerveja produzida em outro país é enviada ao Brasil. Não faz qualquer sentido entender que teríamos uma exportação somente se a cerveja fosse produzida pela empresa de origem Brasileira em outro país.

---

[5] Conforme o professor Humberto Ávila estaria " (...) isento o esforço humano praticado com a finalidade de criar utilidade para tomador localizado no exterior (...)" ("Imposto sobre a prestação de serviços de qualquer natureza. Exportação de Serviços. Lei Complementar nº 116/2003. Isenção: Requisitos e alcance. Conceitos de "desenvolvimento" de serviço e "verificação" do seu resultado", in Revista Dialética de Direito Tributário, nº 134, Ed. Dialética, São Paulo, 2006, p. 108).

[6] Outro não é o entendimento do professor Paulo de Barros Carvalho, para quem "Tomado o contexto da Lei Complementar 116/2003, a palavra "resultado" deve ser entendida como consequência final do serviço prestado, consistente no proveito que dele decorre. Portanto, o elemento que enseja a incidência do ISS é a circunstância de o serviço executado em território nacional desencadear efeitos úteis ao tomador dentro do próprio país." ("O conceito de exportação de serviços para fins de não-incidência do imposto sobre serviços de qualquer natureza", in Revista de direito tributário, nº 100, p. 18) "Esse também é o entendimento Mariana Liotti Fuzzo: "(...) resultado deve ser entendido como o efeito, aproveitamento direto da prestação de serviço destinada ao exterior e nunca como a conclusão do serviço. Isso porque se o serviço não for concluído no Brasil não haverá o que ser exportar. Ao contrário do que vem sendo praticado em nosso País, o serviço prestado em território estrangeiro está além da incidência do ISS, contrariando o entendimento da Primeira Turma do Superior Tribunal de Justiça e de algumas Municipalidades a respeito do termo "resultado" exposto no parágrafo único do art. 2º da LC nª 116/2003." ("A mitigação ao direito à isenção na prestação de serviços destinados ao exterior", in Revista Dialética de Direito Tributário, nº 191, Ed. Dialética, São Paulo, 2011, p. 61).

O mesmo acontece na prestação de serviços. Exigir que um técnico de uma prestadora de serviço viaje ao exterior para prestar lá fora o serviço não faz qualquer sentido. Se esse técnico for ao exterior e lá prestar ao serviço, teremos uma prestação de serviço no exterior e não uma exportação de serviços.

Deste modo, não se pode concordar com o entendimento dos professores Ives Gandra da Silva Martins e Marilene Talarico Martins Rodrigues ao preverem que "No tocante à exportações de serviço, a lei complementar prevê a não-incidência do imposto, desde que o serviço não seja desenvolvido aqui no Brasil e que tampouco o resultado aqui se verifique. Portanto, para que se considere o serviço "exportado", é necessário que a prestação ocorra fora do Brasil. Caso contrário, será tributado, ainda que o pagamento seja feito por residente no exterior."[7]

Recentemente os referidos professores escreveram um texto na Revista Dialética de Direito Tributário visando esclarecer o posicionamento deles sobre o ISS e a exportação de serviços e que estaria sendo distorcido pelo Fisco do Município de São Paulo. No referido texto eles defendem que não seria necessário que a prestação ocorresse fora de nosso país para que se tivesse exportação de serviços. De fato, apontam que se a prestação de serviço por empresa brasileira fora do Brasil, pelo princípio da territorialidade, não estaria sujeita a tributação no Brasil, mas sim no país estrangeiro. Entretanto, no final do artigo, os professores concluem que: "Em resumo, para que se repute exportado, o serviço prestado para tomador localizado fora do País há de ser concluído e produzir o seu efeito no exterior. Só assim, pode ser considerado imune e, portanto, desonerado do ISS."[8]

---

[7] "O ISS e o local da prestação de serviços – Lei Complementar 116/03", in ISS Lei Complementar 116/2003, org. Ives Gandra da Silva Martins e Marcelo Magalhães Peixoto, ed. Juruá, Curitiba, 2004, p. 250.

[8] In "O ISS, a Exportação de Serviços e a Imunidade Tributária", in Revista Dialética de Direito Tributário, nº 217, Ed. Dialética, São Paulo, 2013, p. 48. Também não se pode concordar com o entendimento de Miguel Hilú Neto: "Em conclusão, a interpretação dos enunciados prescritivos veiculados pelo art. 1º, § 1º, e pelo art. 2º, I, da LC 116/03 deve ser precedida, necessariamente, da verificação da competência tributária dos municípios para instituir o ISSQN. Sendo tal competência outorgada ao Município onde a prestação-fim da relação jurídica for realizada, questões relativas à sede, estabelecimento, residência ou domicílio devem ser afastadas, como o devem ser questões relativas ao pagamento por tais serviços. Portanto, nenhum dos dispositivos avaliados trouxe qualquer inovação ao sistema jurídico-tributário pátrio, pois ou bem os serviços são prestados no país e, assim, tributáveis pelo Município onde ocorreram, ou bem os serviços prestados no país e, assim, tributáveis pelo Município onde ocorreram, ou bem os serviços são prestados no exterior e excluídos da competência tributária de que se trata. Como a providência e o início da prestação no exterior em nada afetam a competência tributária, o disposto no art. 1º, 1º, da LC 116/03 é letra

Como todo respeito aos mencionados professores, não se pode concordar com o entendimento de que, para que ocorra a exportação de serviços, seria necessário que o serviço fosse concluído no exterior. Isto porque não é o previsto em lei, a qual só exige que o resultado do serviço seja auferido no exterior. Assim, é plenamente possível que um serviço seja realizado e concluído em nosso país e que o resultado só seja aproveitado pela empresa no exterior.

3. Do paradigma do Superior Tribunal de Justiça

Apesar de toda controvérsia a respeito do tema, existem somente poucos julgados de Tribunais Estaduais e somente um único julgado do E. Superior Tribunal de Justiça. Por ser um julgamento único, ele é citado constantemente e é impossível estudar o tema sem analisar tal julgado. De fato, assim previu a ementa na parte em que analisou se existiria ou não exportação de serviço no caso julgado:

> "TRIBUTÁRIO. RECURSO ESPECIAL. ISSQN. MANDADO DE SEGURANÇA PREVENTIVO. SERVIÇO DE RETÍFICA, REPARO E REVISÃO DE MOTORES E DE TURBINAS DE AERONAVES CONTRATADO POR EMPRESA DO EXTERIOR. EXPORTAÇÃO DE SERVIÇOS. NÃO-CARACTERIZAÇÃO. SERVIÇO EXECUTADO DENTRO DO TERRITÓRIO NACIONAL. APLICAÇÃO DO ART. 2º, PARÁGRAFO ÚNICO, DA LEI Nº LC 116/03. OFENSA AO ART. 535 DO CPC REPELIDA. AUSÊNCIA DE PREQUESTIONAMENTO DE DISPOSITIVOS LEGAIS. SÚMULAS 282/STF E 211/STJ.
> (...)
> 4. Nos termos do art. 2º, inciso I, parágrafo único, da LC 116/03, o ISSQN não incide sobre as exportações de serviços, sendo tributáveis aqueles desenvolvidos dentro do território nacional cujo resultado aqui se verifique, ainda que o pagamento seja feito por residente no exterior. In casu, a recorrente é contratada por empresas do exterior e recebe motores e turbinas para reparos, retífica e revisão. Inicia, desenvolve e conclui a prestação do serviço dentro do território nacional,

morta no sistema jurídico-positivo pátrio. Da mesma forma o é o art. 2º, I, em análise conjunta com o seu parágrafo único, pois os serviços prestados no exterior não estão abrangidos pela competência tributária municipal. Assim, como o parágrafo único prevê que os serviços prestados no país serão tributáveis normalmente, independentemente de seu pagamento (o que poderia, sim, ser uma inovação, criando isenção sobre os serviços para estrangeiros que impliquem ingresso de divisas ao Brasil), tal dispositivo não inovou o sistema jurídico-positivo brasileiro." ("Importação e exportação de serviços: uma análise a partir da Constituição" ,in ISS Lei Complementar 116/2003, org. Ives Gandra da Silva Martins e Marcelo Magalhães Peixoto, ed. Juruá, Curitiba, 2004, p. 367,368)

O ISS E A EXPORTAÇÃO DE SERVIÇOS

exatamente em Petrópolis, Estado do Rio de Janeiro, e somente depois de testados, envia-os de volta aos clientes, que procedem à sua instalação nas aeronaves. 5. A Lei Complementar 116/03 estabelece como condição para que haja exportação de serviços desenvolvidos no Brasil que o resultado da atividade contratada não se verifique dentro do nosso País, sendo de suma importância, por conseguinte, a compreensão do termo "resultado" como disposto no parágrafo único do art. 2º. 6. Na acepção semântica, "resultado" é consequência, efeito, seguimento. Assim, para que haja efetiva exportação do serviço desenvolvido no Brasil, ele não poderá aqui ter consequências ou produzir efeitos. A contrário senso, os efeitos decorrentes dos serviços exportados devem-se produzir em qualquer outro País. É necessário, pois, ter-se em mente que os verdadeiros resultados do serviço prestado, os objetivos da contratação e da prestação. 7. O trabalho desenvolvido pela recorrente não configura exportação de serviço, pois o objetivo da contratação, o resultado, que é o efetivo conserto do equipamento, é totalmente concluído no nosso território. É inquestionável a incidência do ISS no presente caso, tendo incidência o disposto no parágrafo único, do art. 2º, da LC 116/03: "Não se enquadram no disposto no inciso I os serviços desenvolvidos no Brasil, cujo resultado aqui se verifique, ainda que o pagamento seja feito por residente no exterior." 8. Recurso especial parcialmente conhecido e não-provido."
(RESP nº 831.124/RJ, Rel. Min. José Delgado, 1ª Turma, in DJ 25/09/2006)

No voto vencedor consta o seguinte trecho do parecer do Ministério Público:

"Segundo informam os autos, a impetrante recebe de clientes do exterior motores e turbinas para reparos revisões e conservação. Inicia, desenvolve e executa esses serviços, todos, aqui no Brasil, mais precisamente em Petrópolis, e, depois de testados, os envia de volta aos clientes, já prontos.

Como parece ser evidente, não há exportação de serviços, até porque tudo é feito e executado no Brasil. Exportação de serviços ocorre, quando, por exemplo, determinada empresa faz prospecção de petróleo em terras ou águas do exterior, ou uma construtora abre e pavimenta estradas ou ergue uma ponte em país estrangeiro. O recondicionamento, a revisão ou conservação de motores, feitos pela impetrante, não podem ser considerados como serviço exportado" ainda que o pagamento seja feito pelo cliente no exterior." (fls. 13)

O voto vencedor concluiu:

"No caso examinado, verifica-se que a recorrente é contratada por empresas do exterior e recebe motores e turbinas para reparos, retífica e revisão. Inicia, desenvolve e conclui a prestação de todo o serviço para o qual é contratada dentro do território nacional, exatamente em Petrópolis, Estado do Rio de Janeiro, e somente depois de testados, envia-os de volta aos clientes, que procedem à instalação nas aeronaves.

Importante observar que a empresa não é contratada para instalar os motores e turbinas após o conserto, hipótese em que o serviço se verificaria no exterior, mas, tão-somente, conforme já posto, é contratada para prestar o serviço de reparos, retífica ou revisão.

Portanto, o trabalho desenvolvido não configura exportação de serviço, pois o objetivo da contratação, ou seja, o seu resultado, que é o efetivo conserto do equipamento, é totalmente concluído no território brasileiro."

Deste modo, o voto vencedor entendeu que por ter sido a prestação do serviço (conserto da turbina) concluída no Brasil, não haveria exportação de serviços e seria devido o Imposto sobre Serviços. Sem entrar no mérito se no caso específico julgado haveria ou não exportação de serviço, o que preocupa é a conclusão de que a finalização do serviço estaria relacionada com o resultado do serviço. De fato, conforme visto anteriormente, o legislador somente previu como hipótese para a existência da exportação de serviço que o resultado se desse no exterior, não sendo condicionado que a finalização do serviço também fosse concluída no exterior. [9]

Entretanto, quer nos parecer que o voto vencido proferido pelo então Ministro do Superior Tribunal de Justiça e hoje Ministro do Supremo Tribunal Federal, Teori Zavascki, melhor se coaduna com os preceitos legais necessários à existência da exportação de serviços:

---

[9] Neste sentido também é o entendimento de Alberto Macedo: "A distinção acima mencionada entre o local da execução do serviço e o local do resultado do serviço deixa bem nítida a adoção, por parte do legislador infraconstitucional, da diretriz pretendida pelo constituinte, qual seja, a de privilegiar a desoneração dos serviços exportados, bem como a de tributar quaisquer serviços importados. Um entendimento em sentido esvaziaria a classe "exportação de serviço" para fins de ISS e de PIS-Cofins, excluindo dessa classe todos aqueles fatos "prestação de serviço", em que o prestador executasse sua ação totalmente no Brasil e o beneficiário estivesse domiciliado somente no exterior. E, por consequência, desprestigiaria a teleologia das normas trazidas pelas Emendas Constitucionais nº 3/1993 e nº 33/2001, congruente com os princípios da ordem econômica , particularmente de tornar o serviço brasileiro mais competitivo no mercado exterior, por conta da desoneração da exportação do serviço." Não há, portanto, espaço para um entendimento em que o legislador, tanto do ISS quanto do PIS-Cofins, tenha adotado o critério do resultado-consumação, em detrimento do resultado-utilidade." (ISS e PIS-Cofins-Importação – Critérios Espacial e Pessoal na Prestação Internacional de Serviços", in Revista Dialética de Direito Tributário, nº 187, Ed. Dialética, São Paulo, 2011, p. 21).

"Peço a máxima vênia para discordar quanto à solução de mérito. Estamos falando de exportação de serviço. Só se pode falar de exportação de serviço nos casos em que ele é prestado no Brasil. Quanto a isso não há dúvida. Não se pode falar em exportação de serviço se for prestado no exterior. Exportação de serviço é serviço prestado no Brasil para alguém que o contrata de fora, pagando-o aqui ou lá. A lei diz que esses serviços são isentos, a não ser quando o resultado se opera aqui. Se o resultado se opera fora, há isenção. Essa é a questão.

Como diz o eminente Ministro Relator, a questão toda é saber o que é o resultado.

Penso que não se pode confundir resultado da prestação de serviço com conclusão do serviço. Não há dúvida nenhuma que o serviço é iniciado e concluído aqui. Não há dúvida nenhuma que o teste na turbina faz parte do serviço. O fato de ser testado aqui foi o fundamento adotado pelo juiz de Primeiro Grau e pelo Tribunal para dizer que o teste é o resultado. Mas essa conclusão não é correta: o teste faz parte do serviço e o serviço é concluído depois do teste. Depois disso, a turbina é enviada ao tomador do serviço, que a instala no avião, quando então, se verificará o resultado do serviço. O resultado, para mim, não pode se confundir com conclusão do serviço. Portanto, o serviço é concluído no País, mas o resultado é verificado no exterior, após a turbina ser instalada no avião."

Com efeito, o voto do Ministro Teori Zavascki foi preciso ao estabelecer que o fato do serviço ser prestado e mesmo concluído em nosso país não descaracteriza a exportação de serviço[10]. Só se pode falar em exportação de serviço se o mesmo for prestado no Brasil. O que vai caracterizar a exportação do serviço é o resultado do serviço ser obtido no exterior. Resultado do serviço não pode ser confundido com conclusão do serviço.

4. Das Soluções de Consulta por parte do Município de São Paulo

Mostra-se também importante analisar o entendimento do maior Município de nosso país sobre a exportação de serviços, já que no Município de São Paulo está localizada uma imensa gama de prestadores de serviço.

---

[10] Neste sentido também é o entendimento do professor Luis Eduardo Schoueri: "Assim, ainda que o serviço se desenvolva no País, não fica descaracterizada a exportação, desde que seu resultado se verifique no exterior." ("ISS sobre a importação de Serviços do Exterior", in "Revista Dialética de Direito Tributário, nº 100, Ed. Dialética, São Paulo, 2004, p. 45).

DIREITO DOS NEGÓCIOS APLICADO

Nada melhor para analisar tal entendimento do que verificar as Soluções de Consulta emitidas pelo Diretor do Departamento de Tributação e Julgamento, as quais são disponibilizadas no *site* da Prefeitura de São Paulo na internet[11].

Até o ano de 2007 as Soluções de Consulta previam que o serviço executado no território nacional não poderia ser objeto de exportação. Neste sentido, se transcreve trecho da Consulta SF/Dejug nº 55/2007:

> "(...) **5.** No que se refere à caracterização de exportação de serviços, verifica-se que no caso sob análise o serviço é integralmente efetuado no Brasil, ainda que o contratante esteja no exterior. Nestas circunstâncias, a ocorrência de resultados da prestação dos serviços no Brasil impede que esta prestação seja considerada exportação em face da restrição imposta no parágrafo único do art. 2º da Lei Complementar nº 116/2003, reproduzido no parágrafo do art. 2º da Lei 13.701/2003. (...)"

Assim, entendiam as autoridades fiscais que por ter o serviço sido prestado em nosso país, o resultado só poderia ser verificado no Brasil e não no exterior. Portanto, não haveria que se falar em exportação de serviço, se o mesmo fosse prestado em nosso país.

Já a partir do ano de 2008 as consultas passaram a diferenciar os conceitos de conclusão do serviço e resultado, conforme se depreende de trecho da Solução de consulta SF/Dejug nº 19, de 08 de abril de 2008:

> "(...) **6.** Em face do disposto no inciso I e parágrafo único do art. 2º da Lei Complementar nº 116/2003, não incide ISS nas exportações de serviços para o exterior do País desde que o serviço desenvolvido no Brasil, e executado por prestador de serviços brasileiro, não produza qualquer tipo de resultado em território nacional.
>
> **7.** No caso em análise o resultado dos serviços de consultoria e assessoria econômica ou financeira é o fornecimento de dados e a interpretação destes acerca de empresas ou mesmo setores da economia brasileira, sendo que estas informações e análises encontram-se consubstanciadas em um relatório.
>
> 7.1. A eventual decisão de investir no Brasil por parte da matriz americana ou de seus clientes estrangeiros não está vinculada à prestação dos serviços de consultoria e assessoria econômica e financeira executados pela consulente.
>
> 7.2. No caso em epígrafe está caracterizada a exportação dos serviços e a não incidência do ISS em relação aos serviços prestados pela consulente para ************* em decorrência do contrato examinado cujo objeto está definido como serviços de fornecimento de informações, estudos, aconselhamentos e

[11] www.prefeitura.sp.gov.br

orientações, sem caráter confidencial, sobre investimentos no Brasil para empresas, grupos industriais, comerciais e financeiros estrangeiros.

7.3. A caracterização da exportação dos serviços e conseqüente não incidência do ISS ocorrerá enquanto permanecerem as condições estabelecidas no contrato apresentado, cujos tomadores dos serviços de assessoria e consultoria são estrangeiros. (...)"

Tal entendimento parece permanecer na atualidade, conforme se depreende de trecho da Consulta SF/DEJUG nº 37/2013:

"(...) **8.** Os serviços prestados pela consulente para xxxxxxxxxx enquadram-se no subitem 7.03 da Lista de Serviços do art. 1º da Lei nº 13.701/2003, código de serviço 01694 do Anexo 1 da Instrução Normativa SF/SUREM nº 08, de 18 de julho de 2011, relativo a elaboração de planos diretores, estudos de viabilidade, estudos organizacionais e outros, relacionados com obras e serviços de engenharia; elaboração de anteprojetos, projetos básicos e projetos executivos para trabalhos de engenharia.

8.1. De acordo com as descrições contidas no contrato, todos os projetos a serem elaborados pela consulente estão vinculados à realização de obras no Uruguai e, por esta razão, não ocorrem resultados destes serviços no Brasil.

8.2. Nestas condições, e somente nas condições constantes do contrato apresentado, ocorre a exportação dos serviços para o exterior do Brasil e não há a incidência do ISS sobre os serviços prestados pela consulente, tendo em vista o disposto no inciso I e parágrafo único do art. 2º da Lei Complementar nº 116/2003, reproduzidos no inciso I e parágrafo único do art. 2º da Lei nº 13.701/2003, que estabelece a não incidência do ISS nas exportações de serviços para o exterior do país, desde que o serviço desenvolvido no Brasil não produza qualquer tipo de resultado em território nacional.(...)

Assim, a Municipalidade parece diferenciar bem o local da realização do serviço (São Paulo) e o local onde o resultado do serviço será verificado (Uruguai). Portanto, mesmo os projetos sendo elaborados integralmente no Município de São Paulo, como o seu resultado se dará no local da realização das obras (Uruguai), as autoridades fiscais acabaram entendendo que ocorreria a exportação de serviço.

Entretanto, é de conhecimento geral que as soluções de consultas só produzem efeitos legais em relação ao Consulente, não alcançando a generalidade dos contribuintes. Assim, em que pese os entendimentos extraídos das consultas supra referidas, muitos Contribuintes continuam sendo autuados, sob a alegação de que os serviços seriam prestados no Município de São Paulo e que o resultado não poderia se dar em outro lugar.

5. Análise de casos julgados pelo Conselho Municipal de Tributos da Prefeitura de São Paulo

Conforme visto anteriormente, apesar de existirem soluções de consultas diferenciando o local da realização do serviço do local do resultado do serviço, tem sido muito frequente a autuação dos contribuintes nos casos em que os serviços são prestados no Município de São Paulo, ainda que os resultados sejam aferidos no exterior. Assim, os contribuintes têm sido obrigados a apresentar impugnações aos referidos lançamentos e muitas vezes Recurso Ordinário ao Conselho Municipal de Tributos (CMT), que seria a segunda e última instância administrativa no Município de São Paulo.

Desta forma, analisaremos alguns recentes julgados sobre o tema para verificar de que forma o CMT vem decidindo os referidos casos.

Processo Administrativo nº 2011-0.327.017-2 – julgado em junho de 2013:

Neste caso julgado tratava-se da realização do serviço de pesquisa sobre novos medicamentos. A empresa alegava que a pesquisa isolada realizada em nosso país não possuiria qualquer valor, pois para a aprovação ou não de um novo medicamento seria necessária a compilação de pesquisas realizada em diversos países. O relator do caso entendeu que ocorreria a exportação de serviço, pois o resultado do serviço ocorreria no exterior. Entretanto, pelo voto qualificado da presidência da 3ª Câmara Julgadora (4X3) se entendeu que não ocorreria a exportação de serviço no caso:

> "No entanto, entendo que a Recorrente foi contratada para determinado serviço (coleta de dados), que, ainda que faça parte de um serviço maior, foi autônomo, tendo recebido os valores a ele relativos.
>
> Ou seja, o objeto foi aqui concluído e a Recorrente foi remunerada. Note-se que houve emissão de nota fiscal como serviço tributável pelo ISS – Série A, até agosto de 2006. (fls. 44 e seguintes – PA 2011-0.052.694-0).
>
> O simples fato de o serviço ter como tomador empresa estrangeira não é suficiente para caracterizar a exportação de serviços.
>
> Assim, uma vez que a Recorrente prestou o serviço contratado aqui, foi corretamente tributada no item 17.01 (código de atividade 03093): serviços de análise, coleta de dados e pesquisas."

Do trecho supra transcrito se percebe que o voto vencedor acabou entendendo que o fato do serviço de coleta de dados ter sido integralmente realizado em nosso país já seria suficiente para manter a tributação pelo ISS, não importando se o resultado do serviço só se desse com a juntada dos dados dos diversos países pesquisados.

Não contente com a decisão administrativa que lhe foi desfavorável, o contribuinte se socorreu do Judiciário (Ação Ordinária nº 1009239-95.2013.8.26.0053), tendo recentemente sido prolatada sentença que julgou improcedente o pedido.

Processo Administrativo nº 2013-0.192.294-0 – julgado em fevereiro de 2014:

O caso julgado trata da gestão de fundos no exterior e que jamais investiram no Brasil. O voto do Relator defendia que a administração e a gestão de fundos no estrangeiro, com movimentação de valores e títulos somente fora de nosso país, não geraria qualquer resultado no Brasil. Assim, teríamos um caso típico de exportação de serviço. Entretanto, pelo voto qualificado da Presidente da 3ª Câmara Julgadora (4X3), o voto vencedor previu que não se trataria de exportação de serviço:

> "Não devem ser confundidos, no entanto, esses dois conceitos distintos: resultado de prestação de serviço e resultado financeiro.
>
> O resultado da prestação de serviço é aquele que se encontra na própria hipótese de incidência, no item da lista de serviços, o próprio verbo do tipo tributário no particípio: fundo gerido.
>
> A variação patrimonial ou resultado financeiro é posterior, medida pelo sucesso ou insucesso financeiro das operações, aumento ou diminuição do valor das cotas dos fundos de investimento, fruição dos resultados e assunção dos prejuízos. Estes rendimentos econômicos podem ser resgatados no exterior; mas o resultado do serviço, a gestão, se iniciou, desenvolveu e concluiu no estabelecimento paulistano do contribuinte. Não houve exportação."

Neste caso mais uma vez prevaleceu o entendimento de que a gestão de fundos ocorria no Brasil, pouco importando se o fundo investia somente em ativos no exterior. Para o voto vencedor, o resultado seria a própria gestão do fundo e essa ocorreria no Município de São Paulo.

DIREITO DOS NEGÓCIOS APLICADO

Processo Administrativo nº 2011-0.125.786-1 – julgado em outubro de 2012: O serviço prestado no caso analisado seria o de consultoria de investimento para fundo sediado no Exterior[12]. Neste caso a Primeira Câmara do Conselho Municipal de Tributos da Prefeitura de São Paulo entendeu, de forma unânime, que ocorreria a exportação de serviço[13], conforme se depreende de trecho do voto do Relator:

> "Nesse sentido, confirma-se que a Recorrente não foi administradora do fundo, mas sim contratada para efetuar consultoria de investimento para o fundo, estabelecido no exterior, bem como para sua administradora, que o representa.
>
> É natural que haja a contratação, por parte do fundo offshore, seja de consultores ou de gestores de carteiras de investimentos nacionais, quando essas carteiras são compostas de ativos brasileiros, dada a expertise apresentada por esses consultores ou gestores em relação ao conhecimento do mercado brasileiro de ativos.
>
> Como expus acima, entendo que o resultado do serviço, sendo a utilidade do mesmo, localiza-se na pessoa do beneficiário imediato dessa utilidade. Caracteriza-se como tal, portanto, aquele que contrata o consultor, ou seja, o fundo offshore ou seu representante, no caso, a AVANT ASSET MANAGEMENT LTD.. Não há que se considerar, como beneficiários do serviço de consultoria ora prestado os investidores do fundo, e, com isso, alegar que eles poderiam ser os beneficiários mediatos dessa consultoria.
>
> E, aliás, ainda que isso fosse possível, não caberia falar em não exportação de serviço, já que há vedação legal de um investidor residente investir num fundo offshore."

---

[12] Esse julgado foi analisado por Marcelo de Azevedo Granato, que propôs uma interpretação alternativa do que seriam resultados dos serviços, que no seu entender seriam "seus produtos / consequências / efeitos primeiros ou imediatos, decorrências da obrigação inerente à prestação ajustada, com a ressalva de que, nos serviços cujos resultados são informações (a destinatários no exterior), tais resultados não têm como verificar-se no Brasil, i.e., condicionam-se ao alcance de seu destinatário que está fora do país." ("O lugar da informação: considerações sobre a interpretação do Termo "Resultado" na Lei Complementar 116/2003", in "Revista Dialética de Direito Tributário, nº 227, Ed. Dialética, São Paulo, 2014, p. 79).

[13] Nesse sentido também é o entendimento de Leonardo Freitas de Moraes e Castro: "Por tal razão, entendemos que tais serviços prestados de assessoria de investimento no mercado financeiros, quando prestados por pessoa residente no Brasil a um fundo sediado no exterior são considerados como exportados, uma vez que o resultado desses serviços é consumido/usufruído exclusivamente pela (e em benefício da) empresa sediada no exterior. ("Exportação de serviços de assessoria de investimentos financeiros e a regra de isenção do imposto sobre serviços: a questão da ausência do resultado verificado no Brasil", in Revista de Direito Tributário da APET, n. 29, São Paulo, Ed. MP, 2011, p. 101).

O Fisco Municipal de São Paulo não concordou com o referido entendimento, interpôs Recurso de Revisão e o assunto deve ser novamente discutido pelas Câmaras Reunidas do Conselho Municipal de Tributos da Prefeitura de São Paulo. O julgamento em Câmaras Reunidas será importante para tentar pacificar o entendimento do CMT sobre tão tormentosa questão.

Por fim, cumpre registrar que a Representação Fiscal, que é responsável pela defesa do Fisco em tais recursos, tem sistematicamente defendido que não ocorreria exportação de serviço se o mesmo fosse finalizado no território nacional, nesse sentido é o seguinte trecho do Recurso de Revisão apresentado no Processo Administrativo nº 2011-0.125.786-1:

> "(...) O critério espacial é o mais importante, pois define em que local o resultado da prestação acontece. Como vimos, a prestação de serviço necessita ser, ao menos iniciada no Brasil e finalizada no exterior, ou, ainda, ser totalmente desenvolvida no exterior. E o resultado, obviamente, nesses dois casos, acontecerá necessariamente no exterior.
>
> Portanto, caso o serviço se desenvolva totalmente no Brasil, é evidente que o resultado ocorre aqui. Isso é provado pelo critério de materialidade demonstrado acima: o resultado está contido no tipo tributário, na hipótese de incidência da lista de serviços, na etapa derradeira da prestação de serviço. Logo, a tributação do ISS é de rigor para serviço realizado e finalizado no Brasil. (...)"

Dessa forma, o entendimento que aparenta prevalecer no Conselho Municipal de Tributos, muitas vezes por maioria qualificada, de que o resultado se confundiria com a própria prestação do serviço e que, sendo o serviço prestado em nosso país, o resultado também se verificaria no Brasil, parece estar relacionado com tal entendimento restritivo do conceito de exportação de serviço defendido pela Representação Fiscal.

6. Conclusão

Conforme visto, não deve prevalecer o entendimento restritivo de que só ocorreria a exportação de serviço se o mesmo fosse realizado ou ao menos finalizado no exterior. Tal restrição não encontra amparo legal, já que o único requisito previsto em lei é que o resultado da prestação do serviço seja verificado no exterior.

E o resultado nada mais seria do que o aproveitamento, a fruição, a utilidade do produto originado pela prestação do serviço. Portanto, a prestação do serviço pode muito bem ocorrer no Brasil e o seu resultado se dar no exterior.

O tema analisado é dos mais controversos, sendo que a Doutrina tende a criticar o único julgamento realizado pelo Superior Tribunal de Justiça sobre o tema. Sendo assim, é de se esperar que passados quase oito anos do julgamento que decidiu pela não exportação de serviço no caso do conserto de turbina de avião, possa o Superior Tribunal de Justiça voltar a apreciar o tema e talvez analisando outra prestação de serviço possa delinear melhor o que a Corte Superior entende por resultado da prestação de serviço.

O Fisco Paulistano também deve reapreciar o tema e decidir o que entende por exportação de serviço. De fato, conforme visto, em soluções de consultas entende que seria possível a prestação do serviço ocorrer no Brasil e o resultado de tal prestação se dar no exterior. Já a fiscalização e a Representação Fiscal da Municipalidade no CMT acabam tendo um entendimento restritivo de que a exportação de serviço só ocorreria no caso da prestação do serviço ser realizada ou ao menos finalizada no exterior. Esses entendimentos conflitantes acabam trazendo muita insegurança jurídica aos Contribuintes e gerando muitos processos administrativos e judiciais para a verificação da ocorrência ou não de exportação de serviços.

7. Referências

ÁVILA, Humberto. "Imposto sobre a prestação de serviços de qualquer natureza. Exportação de Serviços. Lei Complementar nº 116/2003. Isenção: Requisitos e alcance. Conceitos de "desenvolvimento" de serviço e "verificação" do seu resultado", in Revista Dialética de Direito Tributário, nº 134, Ed. Dialética, São Paulo, 2006.

CARVALHO, Paulo de Barros. "O conceito de exportação de serviços para fins de não-incidência do imposto sobre serviços de qualquer natureza", in Revista de direito tributário, nº 100, Ed. Malheiros, São Paulo, 2008.

CASTRO, Leonardo Freitas de Moraes e. "Exportação de serviços de assessoria de investimentos financeiros e a regra de isenção do imposto sobre serviços: a questão da ausência do resultado verificado no Brasil", in Revista de Direito Tributário da APET, n. 29, São Paulo, Ed. MP, 2011.

FUZZO, Mariana Liotti. "A mitigação ao direito à isenção na prestação de serviços destinados ao exterior", in Revista Dialética de Direito Tributário, nº 191, Ed. Dialética, São Paulo, 2011.

GRANATO, Marcelo de Azevedo. "O lugar da informação: considerações sobre a interpretação do Termo "Resultado" na Lei Complementar 116/2003", in "Revista Dialética de Direito Tributário, nº 227, Ed. Dialética, São Paulo, 2014.

HILÚ NETO, Miguel. "Importação e exportação de serviços: uma análise a partir da Constituição",in ISS Lei Complementar 116/2003, org. Ives Gandra da Silva Martins e Marcelo Magalhães Peixoto, ed. Juruá, Curitiba, 2004.

MACEDO, Alberto. "ISS e PIS-Cofins-Importação – Critérios Espacial e Pessoal na Prestação Internacional de Serviços", in Revista Dialética de Direito Tributário, nº 187, Ed. Dialética, São Paulo, 2011.

MARTINS, Ives Gandra da Silva. RODRIGUES, Marilene Talarico Martins. "O ISS, a Exportação de Serviços e a Imunidade Tributária", in Revista Dialética de Direito Tributário, nº 217, Ed. Dialética, São Paulo, 2013.

_____. "O ISS e o local da prestação de serviços – Lei Complementar 116/03", in ISS Lei Complementar 116/2003, org. Ives Gandra da Silva Martins e Marcelo Magalhães Peixoto, ed. Juruá, Curitiba, 2004.

RONCAGLIA, Marcelo Marques. "O ISS e a Importação e Exportação de Serviços", in Revista Dialética de Direito Tributário, nº 129, Ed. Dialética, São Paulo, 2006.

SCHOUERI, Luís Eduardo. "ISS sobre a importação de Serviços do Exterior", in "Revista Dialética de Direito Tributário, nº 100, Ed. Dialética, São Paulo, 2004.

Questões Jurídicas Relativas à Antecipação de Recebíveis Imobiliários – Certificados de Recebíveis Imobiliários

Carlos Eduardo Peres Ferrari
Vinicius Nogueira Franco

1. Introdução

Os mercados financeiro e de capitais são, por definição, dinâmicos e pródigos no desenvolvimento e na introdução de novos instrumentos e estruturas para atender as demandas de seus participantes; notadamente no que diz respeito a inovações para captação de recursos como alternativa de financiamento às atividades das empresas.

O mercado imobiliário, igualmente, possui uma dinâmica muito própria para possibilitar aos que atuam no setor, quer seja no desenvolvimento de empreendimentos, na utilização ou no investimento em imóveis, possibilidades de financiamento.

Neste contexto, foram criadas as operações de securitização de recebíveis imobiliários por meio da emissão estruturada de Certificados de Recebíveis Imobiliários (CRI).

Para isso, abordaremos as diversas questões decorrentes da cadeia de instrumentos e negócios jurídicos envolvida. Por se tratar de um instituto recente, os CRI não possuem, ainda, precedentes jurisprudenciais a seu respeito, o que demonstra a pertinência do tema ora apresentado.

2. Certificados de recebíveis imobiliários (CRI)

Os CRI foram instituídos por meio da Lei nº 9.514, de 20 de novembro de 1997, e tiveram sua oferta ao mercado regulamentada pela Instrução nº 414, de 30 de dezembro de 2004, da Comissão de Valores Mobiliários (CVM).

Nos termos do art. 6º da Lei nº 9.514/97 "O Certificado de Recebíveis Imobiliários – CRI é título de crédito normativo, de livre negociação, lastreado em créditos imobiliários e constitui promessa de pagamento em dinheiro". Nota-se, portanto, que a legislação em questão não o define como valor mobiliário e sim como título de crédito. Nesse contexto, cumpre esclarecer que título de crédito e valor mobiliário são dois sistemas distintos que não se confundem.

De acordo com o art. 887 do Código Civil "o título de crédito, documento necessário ao exercício do direito literal e autônomo nele contido, somente produz efeito quando preencha os requisitos da lei". Deste conceito, surgem os três elementos essenciais de um título de crédito, a autonomia das obrigações, a literalidade e a cartularidade, que devem ser preenchidos para que um documento seja considerado um título de crédito[1].

Analisando as principais características dos títulos de crédito e comparando-as com aquelas típicas dos valores mobiliários, percebe-se que são dois institutos distintos, a começar pela fungibilidade dos valores mobiliários. Enquanto os valores mobiliários caracterizam-se como títulos ou contrato de investimento coletivo com intuito lucrativo, os títulos de crédito consistem, geralmente, em instrumentos de pagamento. Como se não bastasse, o valor mobiliário, dependendo de sua espécie, não assegura ao seu titular apenas direito de crédito em face da emitente, mas também direito de participação e de parceria.

Embora a noção de título de crédito não se confunda com a de valor mobiliário, em alguns casos poderá haver um título que se enquadre em ambas as categorias. É o que se sucede com os CRI.

Os CRI possuem as seguintes características: emissão em forma escritural; possibilidade de pagamento parcelado e estipulação de taxas de juros fixas ou flutuantes; conter previsão de reajuste; registro e negociação feitos por sistemas centralizados de custódia e liquidação financeira de títulos privados; e possibilidade de estipulação de garantia flutuante.

Salvo as exceções previstas na regulamentação aplicável, as ofertas públicas de CRI dependem de prévio registro na CVM, consoante o art. 19 da

---

[1] TOMAZETTE, Marlon. *Direito Societário*. 2ª edição. Editora Juarez de Oliveira, 2004.

Lei nº 6.385, de 07 de dezembro de 1976. Os CRI são negociados, tanto de forma primária como secundária, em mercado de balcão organizado e bolsa de valores, sendo considerados como títulos de renda fixa.

3. Estruturação das emissões de CRI

De maneira geral, as emissões de CRI são estruturadas de modo que o empreendedor ceda seus créditos de natureza imobiliária para uma companhia securitizadora, que emite os CRI, repassando os riscos de crédito para os investidores que os subscrevem, e antecipando os recebíveis. Dessa forma, os CRI possibilitam acesso a capital sem prejudicar o limite de crédito ou aumentar o endividamento. Além disso, os CRI são uma importante fonte de recursos para o custeio de obras – mediante o adiantamento dos recebíveis imobiliários, o empreendedor obtém o capital necessário para concluir as edificações, sem recorrer a financiamentos bancários ou utilizar caixa próprio.

No exercício de suas atividades, as empresas têm necessidades constantes de capital para desenvolver seus empreendimentos. Como fontes possíveis de financiamento podemos apontar, em uma primeira visão, um aporte de capital pelos sócios ou reinvestimento de lucros, não existindo nesses casos captação de recursos de terceiros.

É também possível para as empresas contratar empréstimos bancários, ou ainda, em se tratando das sociedades anônimas, buscar recursos de terceiros por meio da emissão de valores mobiliários no mercado de capitais.

Contudo, não obstante as possibilidades sejam variadas, por vezes os custos de captação de recursos acabam por inviabilizar o sistema produtivo e a possibilidade de produção a preços competitivos; em função dos vários fatores que influenciam nas taxas cobradas pelos empréstimos, seja no mercado bancário ou no mercado de capitais. Dentre tais fatores, podemos destacar a situação da empresa, seu nível de endividamento, sua classificação de risco, a situação econômica nacional e mundial, a perspectiva de pagamento, as garantias prestadas, enfim, diversos aspectos que são levados em conta para a concessão do empréstimo ou para o investimento.

Nesse contexto, surge a securitização como uma opção para levantar recursos sem vincular o risco da empresa tomadora e aumentar seus níveis de endividamento. E os CRI, como instrumento específico para a securitização de créditos imobiliários, com suas peculiaridades e vantagens para o tomador dos recursos e para o investidor.

Em síntese, os CRI podem ser definidos como títulos de crédito nominativos, emitidos exclusivamente pelas companhias securitizadoras – sociedades anônimas de capital aberto registradas na CVM, que têm por objeto a aquisição de créditos imobiliários e a emissão dos CRI com lastro nos créditos imobiliários adquiridos.[2]

A securitização por meio da emissão de CRI estrutura-se, de maneira geral, da seguinte forma: uma empresa, chamada de originadora, transfere, por meio de cessão onerosa ou outras formas de transmissão previstas no Código Civil e na legislação aplicável, recebíveis de sua titularidade para uma outra empresa, a companhia securitizadora, constituída especificamente para tanto. A securitizadora adquirirá os recebíveis da originadora com determinado deságio e, tendo-os por lastro, emitirá os CRI que serão ofertados publicamente no mercado de capitais. Com os recursos obtidos por meio dessa oferta pública de CRI, a securitizadora pagará a originadora pelos créditos a ela cedidos. O diagrama a seguir exibe, de forma simplificada, a operação[3]:

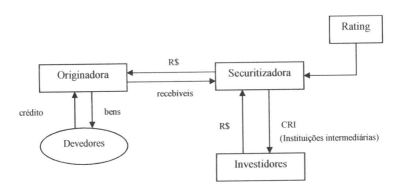

Utilizando-se da estrutura da securitização por meio dos CRI, a sociedade originadora conseguirá receber uma antecipação de seus créditos vincendos e, por consequência, terá acesso ao capital, por um custo inferior ao que obteria no mercado bancário ou mesmo por uma emissão de seus próprios valores mobiliários – uma vez que, na securitização, o risco de liquidez vem dos próprios créditos que dão lastro aos CRI, e o custo da operação, consubstanciado no

---

[2] RIZZARDO, Arnaldo. *Contratos de Crédito Bancário*. 7ª edição. Editora RT, 2007.
[3] GAGGINI, Fernando Schwarz. *Securitização de Recebíveis*. Livraria e Editora Universitária de Direito, 2003.

deságio[4] aplicado na aquisição dos créditos pela securitizadora, será calculado considerando este risco. Desta feita, uma empresa originadora que tenha créditos de devedores com bons indicadores financeiros e adimplentes poderá, por meio da securitização destes, obter recursos a taxas mais competitivas do que em operações financeiras nas quais o risco de crédito é o da própria empresa. Em outras palavras, a função econômica da securitização pode ser resumida em três aspectos: mobilizar riquezas, dispersar riscos e desintermediar o processo de financiamento.[5] Além disso, a securitização não impacta, contabilmente, no endividamento da empresa originadora, uma vez que se trata de uma antecipação de recebíveis e não de contração de passivo.

Importante característica das companhias securitizadoras presente na Lei nº 9.514/97[6], que confere maior higidez à estrutura dos CRI, é a permissão de instituição de regime fiduciário sobre os créditos destinados a lastrear determinada emissão de CRI. O regime fiduciário permite a estipulação de um patrimônio em separado, destinado única e exclusivamente ao pagamento dos valores mobiliários dos quais tais créditos serviram de lastro. Por consequência, obtém-se o isolamento da carteira permitindo a uma mesma securitizadora possuir diferentes carteiras de recebíveis, sem que uma venha a influenciar as demais.

3.1. Termo de securitização de créditos imobiliários

O documento que formaliza a emissão dos CRI é o termo de securitização de créditos imobiliários, firmado pela securitizadora e pelo agente fiduciário da emissão (cujo papel será tratado mais adiante, neste trabalho). Nele estão contidos todos os termos e condições dos CRI, bem como os fatores de risco da emissão, entre outras disposições necessárias.

O termo de securitização de créditos deve ser registrado ou averbado, conforme o caso, (i) no cartório de registro de imóveis competente; ou (ii) quando os CRI tiverem como lastro créditos imobiliários representados por Cédulas de Crédito Imobiliário (CCI) emitidas na forma da Lei nº 10.931, de 02 de agosto de 2004, e for instituído o regime fiduciário, na instituição

---

[4] GAGGINI, Fernando Schwarz. *Securitização de Recebíveis*. Livraria e Editora Universitária de Direito, 2003.

[5] CAMINHA, Uinie. *Securitização*. Editora Saraiva, 2005.

[6] Art. 9º da Lei nº 9.514/97.

custodiante das CCI; devendo o comprovante de tal registro ou averbação ser apresentado à CVM como condição para o registro da distribuição dos CRI[7].

3.1. Conceito de crédito imobiliário

Em que pese exista um infindável debate sobre o conceito de recebíveis imobiliários (muito pela ausência de definição na Lei n° 9.514/97 e nos normativos da CVM), o mercado, a CVM e a CETIP[8], na qualidade de mercado de balcão com poderes fiscalizatórios, tem considerado assim os créditos (i) decorrentes de operações imobiliárias, com ou sem garantias reais ou fidejussórias, como, por exemplo, compra e venda de imóveis a prazo; financiamentos imobiliários contratados no âmbito do Sistema Financeiro da Habitação (SFH) ou do Sistema Financeiro Imobiliário (SFI); locação (residencial, comercial ou industrial – inclusive contratos de locação atípicos sob a modalidade *built--to-suit*); entre outras; ou (ii) destinados a financiar operações imobiliárias, como, por exemplo, Cédulas de Crédito Bancário ou Cédulas de Crédito Imobiliário cujos créditos se destinam ao desenvolvimento de empreendimentos imobiliários; debêntures emitidas por sociedades cujo objeto social principal seja relacionado a atividades imobiliárias e que tenham por destinação dos recursos o desenvolvimento de projetos imobiliários; contratos de mútuo com garantia imobiliária; entre outros.

3.1.1. Limite de concentração

Ao compor a carteira de créditos imobiliários que servirá de lastro para uma emissão de CRI, é necessário respeitar o limite máximo de concentração de 20% do volume financeiro dos créditos por devedor ou coobrigado[9], previsto no art. 5º da Instrução CVM nº 414.

---

[7] Nas ofertas de CRI de valor nominal unitário igual ou superior a R$ 300.000,00, vinculados a créditos imobiliários referentes a imóveis com "habite-se" concedido pelo órgão administrativo competente, a certidão da averbação ou do registro do termo de securitização poderá ser apresentada em até 90 dias a contar da data de pedido de registro da oferta dos CRI na CVM, desde que oferecidas as garantias mencionadas nos incisos I e II do art. 7º, § 3º, da Instrução CVM nº 414, as quais visam assegurar que, caso tal certidão de averbação ou registro não seja apresentada nesse prazo, a CVM possa determinar o cancelamento dos CRI e o ressarcimento dos investidores.

[8] Nesse sentido, vide Comunicado CETIP nº 057/12, de 19 de junho de 2012.

[9] Vide item "5.5. Coobrigação" deste artigo.

Tal limite poderá ser excedido quando o devedor ou coobrigado (i) tenha registro de companhia aberta; (ii) seja instituição financeira ou equiparada; ou (iii) seja sociedade empresarial que tenha suas demonstrações financeiras relativas ao exercício social imediatamente anterior à data de emissão dos CRI elaboradas em conformidade com o disposto na Lei nº 6.404, de 15 de dezembro de 1976, e auditadas por auditor independente registrado na CVM[10].

O art. 5º-A da Instrução CVM nº 414 acrescenta, ainda, que as disposições relativas aos limites de concentração em comento se estendem também aos originadores dos créditos imobiliários referentes a imóveis sem "habite-se" concedido pelo órgão administrativo competente.

3.2. Restrições sobre o valor nominal unitário dos CRI

A oferta pública de distribuição de CRI de valor nominal unitário inferior a R\$ 300.000,00 somente será admitida para CRI lastreados em créditos sobre os quais haja sido instituído o regime fiduciário, originados (i) de imóveis com "habite-se" concedido pelo órgão administrativo competente; ou (ii) da aquisição ou da promessa de aquisição de unidades imobiliárias vinculadas a incorporações objeto de financiamento, desde que integrantes de patrimônio de afetação, constituído em conformidade com o disposto nos arts. 31-A e 31-B da Lei nº 4.591, de 16 de dezembro de 1964.

3.3. Registro da oferta pública de distribuição de CRI

A Instrução CVM nº 414, em seu art. 4º, prevê que a oferta pública de distribuição de CRI somente pode ser iniciada após a concessão de registro, pela CVM. Com efeito, tal registro segue as regras previstas na Instrução CVM nº 400, de 29 de dezembro de 2003, em extensão do que trata o art. 19 da Lei nº 6.385/76.

O pedido de registro de oferta pública de distribuição dos CRI será apresentado à CVM pela instituição líder da distribuição (coordenador líder), e observará o rito e as formalidades previstas na Instrução CVM nº 400.

---

[10] Ressalve-se que o art. 5º, §4º, da Instrução CVM nº 414 prevê a dispensa do requisito relativo às demonstrações financeiras auditadas os CRI que (i) tenham como público destinatário exclusivamente sociedades integrantes do mesmo grupo econômico, seus respectivos administradores e acionistas controladores, sendo vedada a negociação dos CRI no mercado secundário; ou (ii) possuam valor nominal unitário igual ou superior a R\$ 1.000.000,00, e sejam objeto de oferta pública destinada à subscrição por não mais que 20 investidores.

Notadamente, o pedido de registro em referência deverá ser instruído pelo prospecto da oferta pública de distribuição dos CRI, elaborado em consonância com os arts. 38 e seguintes da Instrução CVM nº 400 e demais dispositivos aplicáveis. O prospecto é o documento elaborado pela securitizadora, em conjunto com a instituição líder da distribuição, destinado aos potenciais investidores dos CRI, que contém as informações relevantes sobre a oferta, os CRI, a securitizadora e os riscos envolvidos no investimento.

Além do prospecto, entre outros, deverão ser apresentadas à CVM as minutas dos anúncios de início e de encerramento da distribuição, a serem publicados pela securitizadora.

Consoante o art. 8º da Instrução CVM nº 414, poderá ser concedido registro provisório para a distribuição pública de CRI de valor nominal unitário igual ou superior a R$ 300.000,00 mediante apresentação à CVM, por bolsa de valores ou entidade do mercado de balcão organizado, de formulário específico e do prospecto, em versão preliminar. O registro provisório é concedido com maior celeridade pela CVM; dependendo, entretanto, da posterior solicitação do registro definitivo, o qual deverá ser requerido até o trigésimo dia do mês subsequente ao da concessão do provisório.

O art. 9º da Instrução CVM nº 414 prevê que, excepcionalmente, a oferta pública de distribuição de CRI poderá ser feita sem a participação de instituição intermediária (a) para captação de importância não superior a R$ 30.000.000,00 (trinta milhões de reais); (b) caso tenha como público destinatário exclusivamente sociedades integrantes do mesmo grupo econômico, seus respectivos administradores e acionistas controladores, sendo vedada a negociação dos CRI no mercado secundário; ou (c) caso os CRI possuam valor nominal unitário igual ou superior a R$ 1.000.000,00, e sejam objeto de oferta pública destinada à subscrição por não mais que 20 investidores[11]. Sem prejuízo, nestas hipóteses, observar-se-á a Instrução CVM nº 400.

A oferta pública de distribuição dos CRI poderá ser dispensada de registro na CVM caso seja feita sob a modalidade de esforços restritos, nos termos da Instrução CVM nº 476, de 16 de janeiro de 2009. Na distribuição com esforços restritos, é permitida a procura de, no máximo, 50 investidores qualificados[12];

---

[11] Na hipótese deste item "c", há de se observar um *lock-up period* (período em que os valores mobiliários não poderão ser negociados no mercado secundário) de 18 meses para os CRI subscritos nestas condições, a partir da data do encerramento da distribuição (art. 5º, § 5º da Instrução CVM nº 414).

[12] A definição de investidor qualificado, para estes fins, é a dada pelo art. 109 da Instrução CVM nº 409, de 18 de agosto de 2004 – "I. instituições financeiras; II. companhias seguradoras e sociedades de capitalização; III. entidades abertas e fechadas de previdência complementar; IV. pessoas físicas

e os CRI ofertados deverão ser subscritos ou adquiridos por, no máximo, 20 investidores qualificados (art. 3º da Instrução CVM nº 476). Não se aplicam às ofertas realizadas sob o regime da Instrução CVM nº 476 as disposições da Instrução CVM nº 400, de modo que é necessário confeccionar menos documentos para uma oferta pública com esforços restritos (entre outros, o prospecto é dispensado).

Em que pese a menor burocracia e maior agilidade em adotar a oferta pública com esforços restritos, a Instrução CVM nº 476 prevê um *lock-up period* (período em que os valores mobiliários não poderão ser negociados no mercado secundário) de 90 dias a partir da data da subscrição ou aquisição dos CRI pelos investidores.

O prazo máximo de encerramento da oferta pública de distribuição de CRI é de 6 meses contados (i) no caso das ofertas realizadas sob o regime da Instrução CVM nº 400, da data de concessão do registro pela CVM ou, se houver, da data de publicação do anúncio de início da distribuição; ou (ii) no caso das ofertas realizadas sob o regime da Instrução CVM nº 476, da data de início da distribuição (art. 10 da Instrução CVM nº 414 e art. 8º, § 2º, da Instrução CVM nº 476).

4. Participantes da operação

A seguir, temos uma breve análise dos entes envolvidos na estruturação de uma operação de emissão de CRI.

4.1. Companhia securitizadora

A companhia securitizadora é uma sociedade anônima de capital aberto, registrada na CVM nos termos do art. 21 da Lei nº 6.385/76, que não possui

---

ou jurídicas que possuam investimentos financeiros em valor superior a R$ 300.000,00; V. fundos de investimento destinados exclusivamente a investidores qualificados; VI. administradores de carteira e consultores de valores mobiliários autorizados pela CVM, em relação a seus recursos próprios; e VII. regimes próprios de previdência social instituídos pela União, pelos Estados, pelo Distrito Federal ou por Municípios" – observado que (i) todos os fundos de investimento serão considerados investidores qualificados, mesmo que se destinem a investidores não qualificados; e (ii) as pessoas naturais e jurídicas mencionadas no inciso IV do art. 109 da Instrução CVM nº 409 deverão subscrever ou adquirir no âmbito da oferta, valores mobiliários no montante mínimo de R$ 1.000.000,00 (art. 4º da Instrução CVM nº 476).

outros ativos que não os créditos imobiliários, o que garante ao investidor dos CRI o isolamento do risco também com relação à própria securitizadora.

Importante característica das companhias securitizadoras presente na Lei nº 9.514/97[13] é a permissão de instituição de regime fiduciário sobre os créditos destinados a lastrear determinada emissão de CRI. O regime fiduciário permite a estipulação de um patrimônio em separado, destinado única e exclusivamente ao pagamento dos valores mobiliários dos quais tais créditos serviram de lastro. Por consequência, obtém-se o isolamento da carteira permitindo a uma mesma securitizadora possuir diferentes carteiras de recebíveis, sem que uma venha a influenciar as demais.

4.2. Agente fiduciário

Nesse contexto de regime fiduciário, os investidores terão como seu representante um agente fiduciário, necessariamente uma instituição financeira ou companhia autorizada pelo Banco Central do Brasil. A atuação do agente fiduciário nas emissões de CRI obedecerá aos ditames da Instrução CVM nº 28, de 23 de novembro de 1983, e, supletivamente, aos dispositivos aplicáveis ao agente fiduciário das emissões de debêntures previstos na Lei nº 6.404/76.

Os arts. 12 e seguintes da Instrução CVM nº 28 regulam os deveres do agente fiduciário, a fim de proteger os direitos e interesses dos investidores. Dentre eles, destacam-se: "(a) verificar a veracidade das informações prestadas pela emitente, seja no momento da emissão, seja posteriormente, alertando os investidores a respeito de eventuais falhas ou omissões; (b) verificar a regularidade da constituição de garantias e o valor dos bens oferecidos, observando-se sua suficiência e exequibilidade; (c) intimar a emitente a reforçar garantias dadas, na hipótese de deterioração ou depreciação; (d) solicitar auditoria externa, sempre que necessária; (e) checar a existência de ações judiciais e procedimentos administrativos em face da emitente, quando julgar relevante; (f) convocar assembleia ou reunião de investidores sempre que necessário, comparecendo à mesma e prestando os esclarecimentos necessários; (g) elaborar relatório aos investidores, divulgando informações importante; e (h) analisar eventos que possam influir na segurança da securitização"[14.].

No caso de inadimplência da companhia emissora, o agente fiduciário deverá usar toda e qualquer ação para proteger os investidores, podendo executar

---

[13] Art. 9º da Lei nº 9.514/97.

[14] CHAVES, Natália Cristina. *Direito Empresarial – Securitização de Crédito*. Editora Del Rey, 2006.

garantias, requerer falência, liquidar antecipadamente a securitização, e tomar outras medidas necessárias ao cumprimento de suas funções.

O agente fiduciário é obrigatório nas emissões públicas e facultativo nas emissões privadas.

4.3. Agência de classificação de risco (*rating*)

Há, ainda, a possibilidade[15] de se contratar uma agência de classificação de risco (*rating*) para atribuir aos CRI uma nota de risco, em face do perfil da carteira de créditos que os dá lastro.

As agências de *rating* são pessoas físicas ou jurídicas que prestam serviços de análise e avaliação da capacidade de o emissor pagar suas dívidas, da responsabilidade jurídica e da vontade do emissor de títulos e valores mobiliários de cumprir o pactuado.

A atividade de *rating* foi introduzida há mais de 10 anos no Brasil, porém, apesar de ser reconhecida formalmente pelo Conselho Monetário Nacional (CMN) e pela CVM ainda não há uma legislação que aborde especificamente a matéria. Tanto é que cada agência tem o seu procedimento de avaliação e classificação. Portanto, o que importa efetivamente é a credibilidade do serviço prestado, seja pelo seu destinatário, seja pelos investidores[16].

Ressalta-se que a nota atribuída por uma agência de *rating* poderá posteriormente ser modificada, tendo em vista o serviço de monitoramento realizo pela emissora.[17]

Além da classificação de risco ser benéfica aos investidores, em alguns casos pode até ser de grande interesse da emissora, tendo em vista que, dependendo da nota recebida esta terá maior facilidade de colocação de seus títulos no mercado.

Apesar da falta de dispositivo legal que regula a sua função, as agências de *rating* respondem civilmente pelos prejuízos causados a terceiros, por culpa ou dolo, no exercício de sua função.

---

[15] Nos termos do art. 7º, § 6º, da Instrução CVM nº 414, nas ofertas públicas de distribuição de CRI de valor nominal unitário inferior a R$ 300.000,00 será obrigatório ao menos um relatório de agência classificadora de risco atribuído ao CRI.

[16] CHAVES, Natália Cristina. *Direito Empresarial – Securitização de Crédito*. Editora Del Rey, 2006.

[17] Conforme o art. 7º, § 7º, da Instrução CVM nº 414, Sempre que for elaborado relatório de classificação de risco, será obrigatória a sua atualização, pelo menos, a cada período de 3 (três) meses, admitindo-se, nas ofertas e na negociação de CRI de valor nominal unitário igual ou superior a R$ 300.000,00 (trezentos mil reais), que o termo de securitização de créditos exclua esta obrigação.

4.4. Auditor independente

O auditor independente é elemento imprescindível para a credibilidade do mercado e instrumento de significativo valor na proteção dos investidores, na medida em que sua função é zelar pela confiabilidade das demonstrações contábeis da emissora.

Dessa forma, nas operações de emissão de CRI, o auditor independente corresponde a um dos principais colaboradores do agente fiduciário, pois, por meio de seus relatórios permite verificar a veracidade das informações prestadas pela emissora, bem como tomar medidas preventivas para evitar ou minimizar os riscos de inadimplência da emissora em face dos investidores[18].

A prestação de serviços de auditoria no âmbito do mercado de capitais requer um prévio registro na CVM, o qual depende do preenchimento de determinado requisitos pelo auditor, conforme previsto na Instrução CVM nº 308, de 14 de maio de 1999.

Conforme estabelece o art. 25 da referida Instrução, o auditor independente desempenhas as seguintes funções: (i) verificar se as demonstrações contábeis e o parecer de auditoria foram divulgados corretamente; (ii) verificar se as informações e análises contábeis e financeiras apresentadas no relatório da administração da entidade estão em consonância com as demonstrações contábeis auditadas; (iii) verificar se as destinações do resultado da entidade estão de acordo com as disposições da lei societária, com o seu estatuto social e com as normas emanadas da CVM; (iv) verificar o eventual descumprimento das disposições legais e regulamentares aplicáveis às atividades da entidade auditada e/ou relativas à sua condição de entidade integrante do mercado de valores mobiliários; (v) elaborar e encaminhar à administração e, quando solicitado, ao Conselho Fiscal, relatório circunstanciado que contenha suas observações a respeito de deficiências ou ineficácia dos controles internos e dos procedimentos contábeis da entidade auditada; (vi) conservar em boa guarda toda a documentação, relacionados com o exercício de suas funções; (vii) indicar com clareza as contas do ativo, passivo, resultado e patrimônio líquido que estão afetados pela adoção de procedimentos contábeis conflitantes com os Princípios Fundamentais de Contabilidade, bem como os efeitos no dividendo obrigatório e no lucro ou prejuízo por ação, conforme o caso, sempre que emitir relatório de revisão especial de demonstrações trimestrais ou parecer adverso ou com ressalva; (viii) dar acesso à fiscalização da CVM; e

---

[18] CHAVES, Natália Cristina. *Direito Empresarial – Securitização de Crédito.* Editora Del Rey, 2006.

(ix) possibilitar, no caso de substituição por outro auditor, resguardados os aspectos de sigilo e mediante prévia concordância da entidade auditada, o acesso do novo auditor contratado aos documentos e informações que serviram de base para a emissão dos relatórios de revisões especiais de demonstrações trimestrais e pareceres de auditoria dos exercícios.

4.5. Advogados

Os escritórios de advocacia especializados em mercado de capitais contribuem com as operações de CRI desde a elaboração dos contratos e demais documentos relacionados à realização da oferta, até a devida e eficiente verificação do crédito imobiliário que servirá de lastro para os CRI (*due diligence*).

4.6. Coordenador

É a instituição financeira, integrante do sistema de distribuição de valores mobiliários, responsável pela colocação destes no mercado de investidores e, quando necessário, pelo registro da oferta pública dos CRI na CVM. "O coordenador líder tem diversas obrigações, dentre elas: (i) avaliar, em conjunto com o ofertante, a viabilidade da distribuição, suas condições e o tipo de contrato de distribuição a ser celebrado; (ii) solicitar, juntamente com o ofertante, o registro de distribuição devidamente instruído, assessorando-o em todas as etapas da distribuição; (iii) se necessário, formar o consórcio de distribuição; (iv) comunicar imediatamente à CVM qualquer eventual alteração no contato de distribuição, ou a sua rescisão; (v) participar ativamente, em conjunto com o ofertante, na elaboração do prospecto e na verificação da consistência, qualidade e suficiência das informações dele constantes, ficando responsável pelas informações prestadas; (vi) suspender a distribuição na ocorrência de qualquer fato ou irregularidade, inclusive após a obtenção do registro, que venha a justificar a suspensão ou o cancelamento do registro; (vii) guardar, por cinco anos, à disposição da CVM, toda a documentação relativa ao processo de registro de distribuição pública e elaboração do prospecto."[19]

A distribuição pública dos CRI pode ser intermediada por uma ou mais instituições intermediárias; sendo que, caso haja mais de uma instituição

---

[19] PORTO, Adriane Cabral da Silva; LOPES, Carlos Augusto; SPRAGINS, Chuck; PINA, Felipe. *Manual Uqbar de securitização: um glossário de termos.* Editora Uqbar, 2006.

DIREITO DOS NEGÓCIOS APLICADO

intermediária, uma delas deverá ser designada como líder perante o mercado e a CVM.

4.7. Investidores

Os investidores são os adquirentes dos CRI que, indiretamente, viabilizam a antecipação do recebimento de créditos pela originadora, pois é com a captação de seus recursos que a securitizadora efetuará o pagamento dos créditos adquiridos à originadora[20].

O investidor deve buscar o máximo de informações sobre a firmeza do crédito representado pelos CRI a serem adquiridos. Deve ler o prospecto de emissão do título e/ou o termo de securitização de créditos atentamente, especialmente as seções que tratam dos fatores de risco e das características dos créditos que dão lastro aos CRI.

O investidor que compra um CRI adquire o compromisso de que a empresa lhe pagará, após um período predeterminado, o dinheiro investido mais juros. Em geral, as emissoras dos títulos pagam juros mais a variação de um índice de inflação. Os CRI não podem ser corrigidos de acordo com a variação da taxa cambial. É permitido, porém, em alguns casos, que o investimento seja reajustado por índices de inflação ou pelo índice de remuneração básica da poupança, se o prazo de vencimento dos títulos for superior a 36 meses[21].

Outra vantagem do CRI é a isenção de Imposto de Renda para pessoas físicas sobre os rendimentos obtidos com esses títulos, a exemplo do que acontece na caderneta de poupança[22].

---

[20] CHAVES, Natália Cristina. Direito Empresarial – Securitização de Crédito. Editora Del Rey, 2006.

[21] Art. 46 da Lei nº 10.931/01: "Nos contratos de comercialização de imóveis, de financiamento imobiliário em geral e nos de arrendamento mercantil de imóveis, bem como nos títulos e valores mobiliários por eles originados, com prazo mínimo de trinta e seis meses, é admitida estipulação de cláusula de reajuste, com periodicidade mensal, por índices de preços setoriais ou gerais ou pelo índice de remuneração básica dos depósitos de poupança."

[22] Tal isenção foi conferida pela Lei nº 11.033, de 21 de dezembro de 2004 (art. 3º, II). Para investidores pessoas jurídicas, aplicam-se as alíquotas progressivas previstas no art. 1º da referida lei, de acordo com o prazo do investidmento, da seguinte forma: (i) 22,5% quando os investimentos forem realizados com prazo de até 180 dias; (ii) 20% quando os investimentos forem realizados com prazo de 181 dias até 360 dias; (iii) 17,5% quando os investimentos forem realizados com prazo de 361 dias até 720 dias; e (iv) 15% quando os investimentos forem realizados com prazo superior a 721 dias.

5. Aspectos relativos à cessão dos créditos imobiliários

5.1. Formalidades legais da cessão de créditos

O negócio jurídico fundamental que sustenta a estrutura da operação de securitização para emissão de CRI acima descrita é a cessão dos créditos imobiliários à securitizadora. Por ser esta matéria amplamente tratada no Código Civil e na legislação, faz-se importante tecer alguns comentários sobre seus mais relevantes aspectos.

Inicialmente, destaca-se que a cessão de créditos é, entre as partes, um negócio não solene e consensual. No entanto, para que tenha validade perante terceiros, a lei estabelece alguns requisitos a serem observados. Nos termos do art. 288 do Código Civil, para que tenha eficácia perante terceiros, a cessão de créditos deve ser celebrada por meio de instrumento público ou particular revestido das solenidades do § 1º do art. 654 – geralmente, nas operações de securitização, tal instrumento é o denominado *contrato de cessão*. Ainda, o contrato de cessão, além da assinatura de duas testemunhas, deve, para valer ante terceiros, ser transcrito no Registro Público (art. 129, n. 9, da Lei nº 6.015, de 31 de dezembro de 1973, conforme alterada)[23].

No caso específico dos créditos imobiliários, ainda, deve-se observar o disposto no art. 167, II, n. 21 da Lei nº 6.015/75, que determina a averbação desta na matrícula do correspondente imóvel, junto ao Registro de Imóveis competente, como condição para validade do negócio.

Os créditos imobiliários representados por Cédulas de Crédito Imobiliário (CCI), que contam com regulamentação específica introduzida pela Lei nº 10.931/04, poderão ser negociados por meio de sistemas de registro e de liquidação financeira de títulos privados autorizados pelo Banco Central do Brasil (art. 22 da Lei nº 10.931/04).

Dado que a cessão de créditos, no contexto das operações de emissão de CRI, é feita a título oneroso, o cedente será responsável pela existência dos créditos, em observância ao disposto no art. 295 do Código Civil.

---

[23] RODRIGUES, Silvio. *Curso de Direito Civil*. Volume 2. Editora Saraiva, 2003.

5.2. Notificação ao devedor

Quando faz-se referência aos terceiros aos quais o contrato de cessão deve ser oponível, é inevitável deixar de atentar à principal figura que interessa ao cessionário do crédito – o devedor, contra quem o crédito será cobrado. Nesse sentido, ilumina-se o art. 290 do Código Civil, o qual determina, em sua primeira parte, que a cessão de crédito não tem eficácia em relação ao devedor, senão quando a este notificada. Tal ato tem por objetivo vincular de forma veemente e indubitável o devedor ao novo credor.

Contudo, a segunda parte do art. 290 do Código Civil prevê que, caso o devedor, em escrito público ou particular, tenha se declarado ciente da cessão efetuada, a notificação, *per se*, é dispensada. Em que pese tal dispensa, na prática, é sempre recomendável que o devedor seja notificado a fim de que fique claro que o negócio, originalmente ligando cedente e cessionário, modificou-se de modo a afetar também o devedor; e que o crédito passou a ter um novo titular.

5.3. Vedações convencionais à cessão do crédito

Superadas as questões da formalização e da notificação ao devedor, faz-se necessário observar as vedações à cessão do crédito imobiliário. Ao celebrar o contrato de cessão, é necessário verificar se o instrumento que consubstancia o crédito imobiliário prevê a possibilidade da cessão do mesmo. O art. 286 do Código Civil preconiza que a cessão de créditos só é possível se o instrumento do crédito não a vedar. Nesse sentido, caso tal instrumento possua qualquer cláusula proibitiva da cessão, a mesma não ocorrerá, salvo se o que se pretende cedente convencionar a exclusão da cláusula junto ao devedor.

5.4. Tratamento dispensado às garantias do crédito imobiliário

Um importante aspecto a ser tratado na securitização de créditos imobiliários diz respeito às garantias dos créditos. É bastante comum que operações de crédito imobiliário envolvam garantias reais como a alienação fiduciária ou a hipoteca do imóvel financiado, ou mesmo a cessão fiduciária de recebíveis originados da venda de imóveis (prevista na Lei nº 9.514/97); ou garantias fidejussórias, como avais ou fianças. Tais garantias melhoram a qualidade do crédito e influenciam diretamente na avaliação do investidor quanto ao lastro de um CRI.

Nesse sentido, ilumina-se o art. 287 do Código Civil: salvo disposição em contrário, na cessão de um crédito abrangem-se todos os seus acessórios – por conseguinte, mediante a cessão, o cessionário se sub-roga na garantia do crédito.

No caso das operações de emissão de CRI, a securitizadora, como cessionária do crédito imobiliário, passará a ser a titular da garantia, vinculando-a ao patrimônio separado sob regime fiduciário correspondente aos CRI lastreados naquele crédito imobiliário, e devendo executá-la ou excuti-la em benefício de tal patrimônio separado, para que o produto de sua liquidação seja destinado a satisfazer os titulares dos CRI.

Outrossim, no caso de garantias reais que recaiam sobre imóveis, a cessão do crédito garantido deverá ser averbada junto ao Registro de Imóveis competente, para que a securitizadora, como cessionária, passe a ser a beneficiária da garantia. Contudo, a cessão de crédito garantido por direito real representado por CCI emitida sob a forma escritural (a qual deverá ser custodiada em instituição financeira e registrada em sistemas de registro e liquidação financeira de títulos privados autorizados pelo Banco Central do Brasil) é dispensada de averbação no Registro de Imóveis, nos termos do art. 22, § 2º, da Lei nº 10.931/04; sem prejuízo da averbação da própria CCI na matrícula do imóvel ao qual se vincula, conforme o art. 18, § 5º, da citada Lei.

5.5. Coobrigação

A fim de reduzir o risco do crédito lastro e, por consequência, o custo da operação, algumas emissões de CRI podem contar com a coobrigação do cedente, assumida no contrato de cessão. Nesta hipótese, o cedente não apenas se responsabiliza pela existência do crédito, mas também pela solvência do credor, de forma solidária, em subsunção à excepcionalidade aposta no art. 296 do Código Civil.

Aplicam-se ao coobrigado as regras de concentração de crédito previstas no art. 5º da Instrução CVM nº 414[24].

5.6. Recompra, substituição e garantias adicionais

Na mesma linha da coobrigação, e também para mitigar o risco do crédito lastro, as operações de CRI podem ser estruturadas de modo a prever, na hipótese de inadimplência dos devedores, a obrigação de recompra dos créditos

---

[24] Sobre o tema, vide item "3.1.1. Limite de concentração" deste artigo.

imobiliários pelo cedente – dando liquidez ao patrimônio separado e, assim, garantindo o pagamento dos valores devidos aos titulares dos CRI – ou de substituição destes por outros créditos imobiliários com características semelhantes, que não estejam inadimplentes.

Ainda nesse sentido, os estruturadores das operações de CRI podem solicitar que o cedente constitua outras garantias reais ou fidejussórias, que não as já inerentes aos créditos imobiliários, em favor do patrimônio separado, para assegurar o pagamento dos CRI.

Outras garantias mais sofisticadas que têm sido utilizadas amplamente nas operações de CRI são a subordinação (em que os CRI, com um mesmo conjunto de créditos lastro, são divididos em duas séries, sendo o pagamento de uma das séries subordinado ao da outra – ficando, muitas vezes, a série subordinada com a empresa originadora, como sinalização de garantia) e o *overcollateral* (que consiste em ceder ao patrimônio separado mais créditos do que o necessário para o fluxo dos CRI, de modo a absorver a inadimplência dos recebíveis).

Sublinhe-se que, conforme a Resolução CMN nº 3.533, de 31 de janeiro de 2008, caso a originadora dos créditos seja uma instituição financeira, esta somente deverá baixar o ativo cedido (crédito) de seu balanço quando houver transferência substancial de riscos e benefícios. Na hipótese de reter substancialmente o risco, a instituição financeira passará a apropriar o ganho ou a perda com a securitização no prazo remanescente da operação. Tal Resolução visa evitar que as instituições financeiras gerenciem seus resultados gerando caixa sobre operações de securitização de créditos que, na prática, são garantidas pela própria instituição.

6. Considerações finais

A emissão de CRI é uma inovação financeira que busca oferecer uma forma alternativa de financiamento para as empresas e um investimento diversificado e de menor risco para o investidor. Para as empreendedoras, tal operação permite a captação de recursos mediante a antecipação do recebimento de créditos vincendos, sem afetar o nível de endividamento de seu balanço, a depender da estrutura de garantias da operação.

Por se tratar de uma operação estruturada, envolvendo um instituto recente e ainda não levado à prestação jurisdicional, os negócios jurídicos envolvidos compreendem uma vasta gama de questões a serem observadas, consistindo em rica matéria para discussão.

Referências

CAMINHA, Uinie. *Securitização*. Editora Saraiva, 2005.

CHAVES, Natália Cristina. *Direito Empresarial – Securitização de Crédito*. Editora Del Rey, 2006.

GAGGINI, Fernando Schwarz. *Securitização de Recebíveis*. Livraria e Editora Universitária de Direito, 2003.

PORTO, Adriane Cabral da Silva; LOPES, Carlos Augusto; SPRAGINS, Chuck; PINA, Felipe. *Manual Uqbar de securitização: um glossário de termos*. Editora Uqbar, 2006.

RIZZARDO, Arnaldo. *Contratos de Crédito Bancário*. 7ª edição. Editora RT, 2007.

RODRIGUES, Silvio. *Curso de Direito Civil*. Volume 2. Editora Saraiva, 2003.

TOMAZETTE, Marlon. *Direito Societário*. 2ª edição. Editora Juarez de Oliveira, 2004.

PIS e COFINS Não Cumulativos

Mário Luiz Oliveira da Costa

1. Introdução

A não cumulatividade do PIS e da COFINS foi pleiteada durante anos pelos contribuintes em geral, mas, em várias situações, sua implementação implicou custos até mesmo superiores àqueles suportados na sistemática cumulativa. O "balão de ensaio" ocorreu com o PIS, quando da edição da Medida Provisória nº 66, de 29 de agosto de 2002 (convertida na Lei nº 10.637/2002), que instituiu a sistemática de forma restrita àquela contribuição e apenas para determinadas hipóteses, majorando, contudo, a alíquota a elas aplicável (de 0,65% para 1,65%).

A própria Exposição de Motivos da MP 66 explicita que não havia qualquer intenção de redução da carga tributária, asseverando que "constitui premissa básica do modelo a manutenção da carga tributária correspondente ao que hoje se arrecada em virtude da cobrança do PIS/Pasep".

Assim, o que se viu com a nova sistemática, salvo raras exceções, foi a subsistência ou mesmo a majoração do ônus decorrente da contribuição ao PIS, quer no que respeita à proporção entre os valores apurados como devidos e as receitas auferidas, quer no que tange aos custos operacionais para a apuração do tributo e aos riscos envolvidos. Afinal, se antes a apuração dos valores devidos era relativamente simples, com a sistemática não cumulativa tal atividade tornou-se muito mais complexa. A não cumulatividade não apenas obrigou as empresas a adotarem diversos novos controles e registros, inclusive quanto à necessária distinção entre as operações que geravam ou não direito ao crédito, como implicou sensível agravamento dos riscos fiscais decorrentes do exercício da atividade empresarial, dada a possibilidade de questionamento, pela fiscalização, acerca de determinados créditos ou critérios adotados.

Os ajustes necessários não foram feitos à época e a mesma sistemática foi introduzida para a COFINS em 30 de outubro de 2003, com a edição da Medida Provisória nº 135 (convertida na Lei nº 10.833/2003), aumentando ainda mais os custos e riscos envolvidos (nesta, a alíquota foi majorada de 3% para 7,6%).

Desde as edições das MPs ns. 66 e 135 e respectivas Leis de Conversão ns. 10.637/2002 e 10.833/2003, foram introduzidas diversas alterações na legislação e nos atos regulamentares atinentes a ambas as contribuições, em verdadeira colcha de retalhos, com diretrizes cada vez mais complexas e onerosas, incidências monofásicas e plurifásicas, cumulativas e não cumulativas, repletas de exceções das mais diversas. A racionalidade do sistema e a redução da carga, imaginadas quando dos pleitos de "modernização" de tais contribuições, infelizmente, não se concretizaram. Como registram, dentre outros, Luís Eduardo Schoueri e Matheus Cherulli Alcântara Viana, "o sonho se transfigurou em pesadelo", tendo sido implementada sistemática "ainda mais danosa que o 'efeito cascata' que se pretendeu mitigar na origem das discussões", fazendo com que as contribuições de que se cuida "se tornassem um verdadeiro 'frankenstein tributário'"[1].

A perplexidade, como não poderia deixar de ser, deu origem a diversos questionamentos. Discute-se, em especial, se as Leis ns. 10.637/2002 e 10.833/2003 são legítimas e constitucionais, bem como a abrangência da sistemática não cumulativa nelas prevista. Há, de fato, vários aspectos a serem considerados. Abordaremos, nesta oportunidade, aqueles que nos parecem mais relevantes.

---

[1] *O termo "insumos" na legislação das contribuições sociais ao PIS/PASEP e à COFINS: a discussão e os novos contornos jurisprudenciais sobre o tema*, em "PIS e Cofins à luz da jurisprudência do Conselho Administrativo de Recursos Fiscais", Coord. Marcelo Magalhães Peixoto e Gilberto de Castro Moreira Junior. São Paulo: Ed. MP, 2011, pág. 409.

2. Inconstitucionalidade das Leis ns. 10.637/2002 e 10.833/2003 por violação aos arts. 245 e 195, §§ 9º e 12 da Constituição Federal

2.1. Violação ao art. 245 da Constituição Federal

As Leis ns. 10.637/2002 e 10.833/2003 são inconstitucionais por incorrerem em vício formal (serem resultantes de Medidas Provisórias editadas com violação ao art. 246 da CF), bem como por implicarem regime diferenciado de recolhimento sem observância do disposto nos §§ 9º e 12 do artigo 195 da Constituição Federal.

Em se tratando de projeto de lei de iniciativa do Presidente da República, prevê o art. 64 da Constituição a possibilidade de ser solicitada urgência na sua apreciação pelo Congresso Nacional (§1º), fixando-se prazo para manifestação, sob pena de emperramento da pauta de deliberações até que se ultime a votação (§§ 2º a 4º).

Há certas ocasiões, todavia, em que a necessidade de pronta regulação de determinado tema torna inviável aguardar a apreciação de projeto de lei pelo Congresso Nacional. Nesses casos, de relevância e urgência, o art. 62 da Constituição Federal[2] outorga competência ao Chefe do Poder Executivo para adotar, desde logo, as medidas provisórias cabíveis, emprestando-lhes força de lei. O ato assim editado deve ser imediatamente submetido, contudo, ao crivo do Congresso Nacional, que, após exame prévio quanto ao atendimento dos pressupostos constitucionais (§§ 5º e 6º), decidirá acerca de sua conversão em lei, no prazo de até 120 dias (§§ 3º e 7º), sob pena de perda da eficácia da medida provisória, salvo nas hipóteses de não ser editado decreto legislativo para regular as situações jurídicas constituídas e decorrentes de atos praticados na sua vigência, ou de aprovação de projeto de lei alterando seu texto original (§§11 e 12). Diante dessas peculiaridades, a doutrina entende que a medida provisória pode ser definida como um projeto de lei com eficácia antecipada e resolúvel[3].

Por se tratar de um ato que inicia o processo legislativo, mas que não se confunde com a própria lei, houve por bem o constituinte derivado disciplinar a figura com maiores detalhes, por meio da Emenda Constitucional nº 32, de

---

[2] Na redação da Emenda Constitucional nº 32/01.

[3] Conforme Manoel Gonçalves Ferreira Filho, em *"Do Processo Legislativo"*. Ed. Saraiva, 4ª ed., pág. 239. No mesmo sentido, dentre outros, Sérgio Sérvulo da Cunha, em *"Anamnese da Medida Provisória"*. RTDP 26/99, pág. 78.

11 de setembro de 2001, estabelecendo inclusive normas delimitadoras do campo de atuação material possível do Presidente da República na instauração do processo legislativo pelo uso da medida provisória, como forma de evitar o abuso na sua utilização, com o consequente esvaziamento do princípio da legalidade, em prejuízo de direitos fundamentais. Nesse sentido, dentre outras limitações, foi vedada "a adoção de medida provisória na regulamentação de artigo da Constituição cuja redação tenha sido alterada por meio de emenda promulgada entre 1º de janeiro de 1995 até a promulgação desta emenda, inclusive" (art. 246 da Constituição Federal).

O Supremo Tribunal Federal examinou, por diversas oportunidades, o artigo 246 da Constituição Federal, concluindo que, "independentemente de precisões terminológicas, o que se quis, tendo a Constituição sofrido alterações profundas em sua ordem econômica, é que o desenvolvimento normativo infraconstitucional dessas alterações se submetessem ao processo formal de elaboração legislativa, e não sofressem o impacto de medidas unilaterais, decretadas pelo Executivo, com vigência imediata"[4]. Comporta esse dispositivo "o sentido e finalidade lógica de excluir, do campo de atuação das medidas provisórias, a regulamentação destinada a dar eficácia às inovações constitucionais porventura introduzidas, não a estratificar a disciplina anteriormente existente para determinada instituição, impedindo a sua atualização e aprimoramento nos limites que já autorizava, originariamente, a Constituição."[5].

Em síntese, a vedação imposta à "regulamentação" de emendas constitucionais por Medida Provisória alcança qualquer ato dessa natureza que pretenda dar aplicação concreta a tema objeto de Emenda Constitucional editada entre 1º de janeiro de 1995 e 11 de setembro de 2001.

Todavia, foram editadas as Medidas Provisórias ns. 66/02 e 135/03, que estabeleceram um novo regime de apuração do PIS e da COFINS, elegendo como fato gerador e base de cálculo "o faturamento mensal, assim entendido o total das receitas auferidas pela pessoa jurídica, independentemente de sua denominação ou classificação contábil", sobre o qual deverão ser aplicadas, respectivamente, "a alíquota de 1,65%" e "a alíquota de 7,6%" e descontado o valor correspondente a créditos calculados em relação a bens e serviços adquiridos pelo sujeito passivo, ficando excepcionadas do regime, contudo,

---

[4] Transcrição parcial do voto do Min. Sepúlveda Pertence nos autos da ADIMC 1.597-4, DJ: 19/12/2002.
[5] Transcrição parcial do voto do Min. Octavio Gallotti, relator nos autos da ADIn nº 1.518-4, DJ: 25/04/1997.

PIS E COFINS NÃO CUMULATIVOS

determinadas receitas e pessoas jurídicas, que permanecem sujeitas às normas da legislação do PIS e da COFINS, vigentes anteriormente a estas Medidas Provisórias (não se lhes aplicando as disposições relativas ao regime não cumulativo).

Verifica-se, nitidamente, que, ao assim dispor, pretendeu-se regular, por medida provisória, dispositivos do art. 195 da Constituição Federal cuja redação foi alterada pela Emenda Constitucional nº 20/98, de 15 de dezembro de 1998.

De fato, a comparação dos textos legal e constitucional demonstra, claramente, que as Medidas Provisórias dispuseram sobre fato gerador (auferir receita), base de cálculo (receita auferida) e alíquotas (1,65% e 7,6%) do PIS e da COFINS, estabelecendo carga tributária diferenciada para os contribuintes na tentativa de regulamentar a matéria constante do inciso I (fato gerador) e alínea b (base de cálculo), assim como do § 9º (carga tributária diferenciada), todos do art. 195 da Constituição Federal, na redação que lhes foi conferida pela Emenda Constitucional nº 20/98.

Por tais razões, revela-se inconstitucional a exigência do PIS e da COFINS na forma das Leis ns. 10.637/2002 e 10.833/2003, originadas da conversão em lei das Medidas Provisórias ns. 66/02 e 135/03, vez que adotadas para dispor sobre matéria que lhes era vedada, nos termos do art. 246 da Constituição Federal.

Nem se diga que a conversão em lei teria suprido o referido vício formal, pois o processo legislativo iniciou-se com mácula insanável (por medida provisória ao invés de projeto de lei, com os ritos e requisitos próprios) e, como tal, fica inarredavelmente contaminada a lei de conversão. Não fosse assim, seria inócua a vedação constitucional e sempre se justificaria a edição de medida provisória de forma a burlá-la.

Afinal, sendo rejeitada a medida provisória, fica prejudicado, de qualquer modo (ou, ao menos, limitado ao curto tempo de sua existência), o exame de sua validade. Sendo ela aprovada, a prevalecer o entendimento no sentido da convalidação, restaria igualmente prejudicada a análise quanto a ter sido ou não observado o disposto no art. 246 da CF, de modo que, em ambas as hipóteses, seria irrelevante sua observância.

O tema foi examinado pelo Plenário do Supremo Tribunal Federal quando do julgamento da ADIMC 3090[6], ocasião em que se entendeu que "A lei de conversão não convalida os vícios formais porventura existentes na medida

---

[6] Relator Ministro Gilmar Mendes, julgada em 11/10/2006.

provisória, que poderão ser objeto de análise do Tribunal, no âmbito do controle de constitucionalidade", tendo ficado "Vencida a tese de que a promulgação da lei de conversão prejudica a análise dos eventuais vícios formais da medida provisória". Como então esclareceram os Ministros Cezar Peluso e Ellen Gracie, respectivamente, "uma medida constitucional da envergadura de proibir a edição de medida provisória sobre determinados assuntos não tem o alcance diminuto de emprestar invalidez apenas enquanto medida provisória", mesmo porque, "se o vício da medida provisória se transfere à lei resultante da sua conversão, é sinal de que o processo legislativo ordinário é o único que cabe e que deverá ser percorrido para se trazer ao mundo jurídico os conteúdos inicialmente enfrentados por essa medida provisória".

2.2. Violação ao art. 195, §§ 9º e 12 da Constituição Federal

Entendeu o constituinte derivado que se justificaria a exigência das contribuições sociais previstas no art. 195, I da Constituição Federal com carga tributária distinta para os contribuintes que fazem parte do seu universo de incidência, estabelecendo os critérios de discriminação aplicáveis para essa finalidade. Nesse sentido, acrescentou os §§ 9º (EC 20/98) e 12 (EC 42/03) ao art. 195 da Constituição Federal, assim redigidos:

> "§ 9º – *As contribuições sociais previstas no inciso I deste artigo poderão ter alíquotas ou bases de cálculo diferenciadas, 'em razão da **atividade econômica ou da utilização intensiva de mão-de-obra**.*[7]
>
> *(...)*
>
> *§12º – A lei definirá os setores de atividade econômica para os quais as contribuições incidentes na forma dos incisos I, b; e IV do caput, serão não-cumulativas."* (grifos não originais)

A leitura conjugada dos dispositivos transcritos demonstra que a lei pode definir alíquotas ou bases de cálculo diferenciadas para a exigência de quaisquer contribuições sociais previstas no inciso I do art. 195 da Constituição, em função da atividade econômica do sujeito passivo ou da utilização intensiva de mão de obra. Especificamente em relação à contribuição incidente sobre a

---

[7] Redação posteriormente alterada pela EC nº 47, de 05/07/2005, para: *"As contribuições sociais previstas no inciso I do caput deste artigo poderão ter alíquotas ou bases de cálculo diferenciadas, em razão da atividade econômica, da utilização intensiva de mão de obra, do porte da empresa ou da condição estrutural do mercado de trabalho".*

receita ou o faturamento[8], compete ao legislador indicar os setores da atividade econômica sujeitos à sua exigência de forma não cumulativa. Obviamente, nada impede que o legislador crie um regime especial de apuração prevendo a apuração da COFINS de forma não cumulativa e mediante a aplicação de alíquotas ou bases de cálculo diferenciadas (desde que de forma razoável e sem incorrer em desvio de finalidade[9], nem contrariar os demais dispositivos constitucionais aplicáveis). Neste caso, todavia, deve ser observado o critério comum indicado na Constituição para a definição dos contribuintes sujeitos ao novo regime, qual seja, a atividade econômica desenvolvida, que pode ser definida como "toda função voltada à produção de bens e serviços, que possam ser vendidos no mercado."[10].

As Leis ns 10.637/02 e 10.833/03 pretenderam submeter determinadas pessoas jurídicas à denominada "cobrança não cumulativa" do PIS e da COFINS. Entretanto, o critério utilizado pelo legislador para diferenciar os contribuintes sujeitos ao novo sistema dos demais não foi unicamente a atividade econômica, como se verifica dos arts. 8º da Lei nº 10.637/2002 e 10º da Lei nº 10.833/2003, nos quais foram listadas as hipóteses que subsistiriam sujeitas à sistemática cumulativa.

Nada obstante seja possível identificar, com certo esforço interpretativo, a exclusão de contribuintes e receitas do regime não cumulativo em decorrência da prática de certa atividade econômica homogênea, da necessidade de assegurar tratamento tributário diferenciado a determinadas pessoas jurídicas protegidas por disposições constitucionais, ou, ainda, pela necessidade de preservação do equilíbrio financeiro de contratos anteriores à lei, não há como admitir a adoção do regime de apuração do lucro para fins de imposto de renda como critério de diferenciação para os fins dos §§ 9º e 12 do art. 195 da Constituição Federal.

É certo que determinadas empresas não podem optar pela apuração do imposto de renda pelo regime de lucro presumido, em razão da atividade econômica desenvolvida. Isso não significa, todavia, que o legislador esteja, ainda que por via indireta, excluindo aqueles que exercem uma atividade econômica específica da nova sistemática de recolhimento de PIS e COFINS, pois duas empresas que estejam no mesmo ramo de atividade econômica podem

---

[8] E à contribuição do importador incluída no inciso IV do art. 195 pela Emenda Constitucional nº 42/03.

[9] Como se verá no item seguinte.

[10] Transcrição parcial do voto do Min. Maurício Corrêa, relator nos autos do RE nº 220.906-9, DJ: 14/11/02.

DIREITO DOS NEGÓCIOS APLICADO

ou não estar enquadradas no regime de "lucro presumido" dependendo de seu porte econômico[11]. Por outro lado, a apuração do imposto de renda pelo lucro arbitrado pode ser imposta a qualquer pessoa jurídica, desde que se encontre em determinadas situações previstas em lei (como descumprimento de obrigações acessórias, opção indevida pelo lucro presumido e outras)[12].

Portanto, à exceção das pessoas jurídicas indicadas nos incisos I a V e X do art. 8º da Lei nº 10.637/02 e nos incisos I a VI do art. 10º da Lei nº 10.833/03, todas as demais[13] podem, em tese, ficar ou não sujeitas à sistemática não cumulativa a depender do regime de apuração adotado para fins de imposto de renda, o que não guarda correlação lógica e necessária com o critério de atividade econômica previsto no art. 195, §§ 9º e 12 da Constituição Federal.

Em conclusão, a sistemática não cumulativa instituída pelas Leis ns. 10.637/2002 e 10.833/2003 não pode subsistir por serem tais leis resultantes de Medidas Provisórias editadas com violação ao art. 246 da Constituição Federal e, ainda, por implicar regime diferenciado de recolhimento sem observar o disposto nos §§ 9º e 12 do artigo 195, da mesma Constituição.

3. Desvio de finalidade do ato legislativo ao fixar sistemática não cumulativa com alíquotas majoradas

Não bastassem os vícios retro demonstrados, há evidente desvio de finalidade do ato legislativo a macular, igualmente, a sistemática não cumulativa tal como instituída pelas Medidas Provisórias ns. 66 e 135 e respectivas Leis ns. 10.637/2002 e 10.833/2003.

Realmente, muito se tem debatido sobre a sistemática não cumulativa do PIS e da COFINS, mas poucos enfrentam o tema atinente ao desvio de finalidade do ato legislativo, também verificado na hipótese presente. Afinal, é inconcebível que a sistemática de apuração não cumulativa possa implicar carga igual – ou, pior ainda, superior – àquela decorrente da sistemática cumulativa. Assegurar apuração não cumulativa, mas sujeita a alíquotas praticamente triplicadas[14], implica "dar com uma mão e tirar com outra", além de agravar ainda mais a situação do contribuinte (face aos custos operacionais

---

[11] Arts. 13 e 14 da Lei nº 9.718/98.

[12] Art. 47 da Lei nº 8.981/95.

[13] Ao menos em relação às receitas que não estejam expressamente excluídas do regime.

[14] De 3% para 7,6% quanto à COFINS e de 0,65% para 1,65% quanto ao PIS.

envolvidos, já referidos), em manifesto distanciamento do quanto determinado na Constituição Federal.

Sempre que o Estado pretender utilizar meio não adequado para a finalidade envolvida, ou mesmo valer-se de determinado instrumento, método ou procedimento para, contornando vedação legal ou constitucional, atingir indiretamente a mesma finalidade que, por qualquer razão, não lhe seria possível atingir de forma direta, configurar-se-á desvio de finalidade. Da mesma forma, quando o Estado, a pretexto de atingir determinado objetivo constitucional, adota mecanismo que, na prática, implica efeito contrário e acaba por neutralizá-lo, tem-se, igualmente, desvio de finalidade. Disto resultará, por consequência, a nulidade do ato praticado, seja ele de natureza executiva ou legal.

Canotilho qualifica o desvio de finalidade do ato legislativo como "excesso de poder legislativo", demonstrando ser também aplicável aos atos legislativos a figura do desvio de poder dos atos administrativos e ressaltando que "sempre que a norma atribui a uma autoridade ou órgão de administração um poder com vista a determinado fim (condicionante do exercício da sua competência) e essa autoridade ou órgão prossegue fins distintos dos fixados pela norma, a decisão ou deliberação (acto administrativo) que adopte deve considerar-se viciada de nulidade"[15].

Como alerta Miguel Reale, "alegar-se-á que a lei pode tudo, até mesmo converter o vermelho em verde, para eliminar proibições e permitir a passagem de benesses, mas há erro grave nesse raciocínio. As vedações constitucionais, quando ladeadas em virtude de processos oblíquos, caracterizam desvio de poder e, como tais, são nulas de pleno direito. Não se creia que só haja desvio de poder por parte do Executivo", pois o ato legislativo "não escapa da mesma increpação se a lei configurar o emprego malicioso de processos tendentes a camuflar a realidade, usando-se dos poderes inerentes ao 'processo legislativo' para atingir objetivos que não se compadecem com a ordem constitucional"[16].

As lições de Canotilho e Miguel Reale aplicam-se como luva ao caso concreto.

Ao prever que a lei definiria quais setores de atividade econômica apurariam o PIS e a COFINS conforme a sistemática não cumulativa (art. 195, § 12, que será mais profundamente analisado no item seguinte), em momento

---

[15] José Joaquim Gomes Canotilho, *Direito Constitucional*, 6ª ed., Almedina, Coimbra, 1995, pág. 1.015).

[16] *Abuso do poder de legislar* – RDP 39/40, julho/dezembro de 1976, RT, ps. 76/77.

algum a Constituição Federal autorizou ao legislador ordinário que assim o fizesse instituindo alíquotas diferenciadas em relação à sistemática cumulativa[17], menos ainda de forma a manter a mesma carga (quando não superior) verificada na apuração cumulativa.

O objetivo da apuração não cumulativa é, indubitavelmente, afastar o efeito cascata e possibilitar que cada elo do processo seja onerado apenas nos limites da riqueza por ele acrescida. A convivência entre a sistemática cumulativa e a não cumulativa, sendo esta submetida a alíquotas majoradas, implica penalidade, punição e, de modo algum, foi dado ao legislador escolher os setores de atividade econômica que pretenda punir ou prejudicar com a determinação da necessária adoção da sistemática não cumulativa. Muito ao contrário!

Afinal, a eliminação do "efeito cascata", por óbvio, há de necessariamente implicar redução da carga tributária, mesmo porque o único efeito danoso da sistemática cumulativa é, justamente, a sobreposição de incidências com majoração da carga.

Sistemática não cumulativa com alíquota majorada, como se vê, é um total contrassenso. Prejudica, a rigor, tanto o contribuinte quanto o próprio Estado, pois, se é para não alterar o valor final a pagar, muito mais simples e menos custoso seria apurar o tributo e fiscalizar tal procedimento na sistemática cumulativa. Assim, o objetivo de não reduzir a carga[18] é manifestamente contraditório e não compatível com a adoção da sistemática não cumulativa.

Introduzir uma (sistemática não cumulativa) utilizando manobras e subterfúgios para evitar a outra (redução da carga) implica, portanto, claro desvio de finalidade. Ao invés de observar o efetivo fim condicionante do exercício da competência legal outorgada na Constituição (o que seria indispensável, conforme Canotilho), foi maliciosamente adotado critério com o objetivo de neutralizar os efeitos próprios da apuração não cumulativa, camuflando a realidade (ao dispor que a sistemática não cumulativa tenha o mesmo efeito da cumulativa) e, assim, perquirindo finalidade que não se compadece com a ordem constitucional (conforme Miguel Reale).

---

[17] A autorização para a fixação de alíquotas diferenciadas, constante do § 9º do art. 195 da CF, não pode ser utilizada para, na prática, neutralizar os efeitos da sistemática não cumulativa autorizada no § 12 do mesmo dispositivo. Tais disposições devem conviver harmonicamente, em interpretação sistemática e integrativa, e não como se uma pudesse legitimar a burla à outra.

[18] Inequívoco, como comprova a própria Exposição de Motivos da MP 66 que, conforme inicialmente referido, deixa claro ser "premissa básica do modelo a manutenção da carga tributária correspondente ao que hoje se arrecada em virtude da cobrança do PIS/Pasep".

Não houve, em absoluto, a indispensável "observância da finalidade contida na norma constitucional que fundamenta o poder de legislar", mas sim claro "divórcio entre o endereço real da norma atributiva da competência e o uso ilícito que a coloca a serviço de interesse incompatível com a sua legítima destinação"[19].

Há, em suma, vício autônomo e suficiente nas Leis ns. 10.637/2002 e 10.833/2003, verdadeira "burla aos fins que constitucionalmente deveriam prover"[20], que somente se corrige com o afastamento integral da sistemática não cumulativa tal como instituída ou, ao menos, das alíquotas ilegitimamente majoradas (nesta última hipótese, de modo a ser a sistemática não cumulativa observada conforme as mesmas alíquotas aplicáveis na apuração cumulativa).

4. Não cumulatividade necessariamente plena e integral

Como visto nos tópicos anteriores, há vícios insuperáveis que impedem a adoção da sistemática não cumulativa de apuração do PIS e da COFINS tal como fixada nas Leis ns. 10.637/2002 e 10.833/2003. Ocorre que, ainda que assim não fosse, quando menos a não cumulatividade de que se cuida deve ser plena e integral.

À época das Medidas Provisórias ns. 66 e 135 e respectivas Leis de Conversão (ns. 10.637/2002 e 10.833/2003), dúvidas surgiram acerca da possibilidade de se tratar distintamente setores equivalentes ou receitas de origens diversas, mas auferidas pela mesma empresa, bem como quanto a quais seriam os limites e garantias de um sistema não cumulativo então previsto apenas em lei ordinária. Afinal, autorizava o já referido § 9º do artigo 195 da Constituição Federal, na redação da Emenda Constitucional nº 20 que "As contribuições sociais previstas no inciso I deste artigo poderão ter alíquotas ou bases de cálculo diferenciadas, em razão da atividade econômica ou da utilização intensiva de mão de obra"[21]. Tal possibilitaria a aplicação diferenciada da sistemática não cumulativa?

De outro lado, estariam as Leis ns. 10.637/2002 e 10.833/2003 obrigadas a fixar sistemática efetivamente não cumulativa, ou, inexistente tal determinação

---

[19] Caio Tácito, *Desvio de Poder Legislativo* – Revista Trimestral de Direito Público n. 1/1993, Malheiros Editores, pág. 68.

[20] A caracterizar desvio de poder, conforme lição de Celso Antônio Bandeira de Mello (*Discricionariedade e controle jurisdicional*, 2ª edição, 5ª tiragem, Malheiros Editores, 2001, pág. 76).

[21] Redação posteriormente alterada, conforme antes referido, pela EC 47/2005.

na Constituição Federal, a denominada "cobrança não cumulativa" poderia se limitar a meros créditos, ficando o legislador ordinário liberado para concedê-los a quem bem entendesse e nas hipóteses que bem quisesse?

A fim de sanar tais indefinições, dando a um só tempo segurança ao legislador (para estabelecer o tratamento diferenciado) e aos contribuintes (para que não ficassem sujeitos a uma não cumulatividade "capenga" ou apenas aparente e parcial), foi editada a Emenda Constitucional nº 42, de 19 de dezembro de 2003, pela qual foi introduzido o § 12 ao artigo 195 da Constituição Federal. A partir de então, passou a haver expressa determinação constitucional no sentido de que "A lei definirá os setores de atividade econômica para os quais as contribuições incidentes na forma dos incisos I, b; e IV do caput[22], serão não cumulativas" (grifamos).

Se na ausência da Emenda Constitucional nº 42 poder-se-ia, eventualmente, entender que a não cumulatividade do PIS e da COFINS se daria nos limites da lei ou, ainda, que não se trataria propriamente um sistema não cumulativo, mas de meros créditos em determinadas situações, para o que teria o legislador total autonomia enquanto mero benefício fiscal (raciocínio este, de qualquer modo, improcedente, mas ora admitido como hipótese argumentativa), com o advento da EC 42 não há dúvida quanto a estar o legislador autorizado a obrigar a adoção de tal sistemática de apuração pelos agentes dos "setores de atividade econômica" que houver por bem definir. Mas, uma vez definidos os setores, o PIS e a COFINS "**serão**" necessária e integralmente não cumulativos, sob pena de contrariedade ao preceito constitucional de que se cuida.

De fato, a EC 42, a exemplo da EC 20, admite certa margem de discricionariedade do legislador ordinário na definição dos setores sujeitos ao regime não cumulativo de apuração de determinadas contribuições, entre as quais as incidentes sobre a receita ou o faturamento, como é o caso do PIS e da COFINS. Ocorre que, uma vez determinado o setor que deva adotá-la, a não cumulatividade há de ser **plena e integral**, sem qualquer restrição, sendo indispensável a observância dos preceitos que caracterizam a figura e devendo existir adequação entre meios e fins, em decorrência do princípio da proporcionalidade (art. 5º, LIV da Constituição Federal).

A não cumulatividade implica, necessariamente, a não sobreposição de incidências (isto é, a não "tributação em cascata"). Assim, o sistema não

---

[22] Quais sejam, as contribuições sociais do empregador, da empresa e da entidade a ela equiparada na forma da lei, incidentes sobre a receita ou o faturamento (inciso I,b) e do importador de bens ou serviços do exterior, ou quem a lei a ele equiparar (inciso IV).

PIS E COFINS NÃO CUMULATIVOS

cumulativo de apuração das contribuições deve ser estruturado de forma a proporcionar aos contribuintes a completa eliminação do ônus decorrente de sua incidência nas etapas anteriores de circulação de bens e/ou prestação de serviços. Caso contrário, haverá sobreposição, "tributação em cascata", efeito cumulativo (em suma, cumulatividade).

Diferentemente do IPI e do ICMS, em que a não cumulatividade dá-se sob a sistemática "imposto sobre imposto" (com apuração periódica) por imperativo constitucional (artigos 153, § 3º, II e 155, § 2º, I), no que tange ao PIS e à COFINS a Constituição Federal não explicita qual técnica deva ser adotada. O legislador ordinário, de seu turno, adotou o "método indireto subtrativo"[23], equivalente à sistemática "base sobre base" ou de incidência sobre o valor agregado[24]. Embora não se deduza, do total das receitas, o valor total das despesas, aplicando-se a alíquota cabível sobre o resultado (técnica "base sobre base" pura), admite-se que, do valor apurado conforme alíquota e base de cálculo legalmente fixadas, sejam descontados "créditos calculados em relação" aos custos legalmente elencados[25].

Não possui o legislador, contudo e como antes referido, liberdade absoluta para fixar quais operações ensejarão ou não direito a crédito. Considerando o amplo espectro de incidência do PIS e da COFINS não cumulativos (todas as receitas da pessoa jurídica, independentemente da origem ou denominação), a aquisição de qualquer bem, direito ou serviço (ou seja, quaisquer custos ou despesas incorridos), desde que condizente com o objeto social da empresa e cujo valor esteja sujeito à incidência das mesmas contribuições, deve ensejar o crédito do montante equivalente para que a pessoa jurídica possa deduzi-lo dos débitos gerados pelas receitas que vier a auferir. Afinal, se o PIS e a CO-FINS não cumulativos incidem sobre quaisquer receitas (salvo determinadas exceções), obviamente os créditos devem ser considerados sobre quaisquer despesas (observadas as mesmas exceções)!

Dessa maneira, evita-se a agregação em duplicidade dos tributos, como custo, ao preço dos bens e serviços a serem comercializados, encarecendo-os em prejuízo do consumidor.

Portanto, toda e qualquer despesa, desde que condizente com a atividade da pessoa jurídica (e, assim, incorrida conforme critérios de necessidade e adequação, objetivando gerar a receita tributável) e sujeita ao PIS e à COFINS

---

[23] Conforme Exposição de Motivos da MP 135 (item 7).
[24] Expressão constante da Exposição de Motivos da MP 66 (item 2).
[25] Conforme artigos 3º das Leis ns. 10.637/2002 e 10.833/2003.

DIREITO DOS NEGÓCIOS APLICADO

enquanto receita de quem receba tais recursos, deve ser necessariamente considerada na apuração não cumulativa de tais contribuições. Em outras palavras, são legítimos todos os créditos atinentes ao PIS e à COFINS incidentes sobre bens e serviços adquiridos para ou no regular desenvolvimento, ainda que indiretamente, das atividades do contribuinte[26]. Caso contrário, haverá sobreposição, isto é, dupla incidência ou efeito cumulativo.

Facultando a Constituição Federal, ao legislador ordinário, apenas a escolha dos setores de atividade econômica para os quais as contribuições de que se cuida "serão não cumulativas"[27], trata-se de conteúdo preceptivo mínimo a ser observado, sob pena de tornar vazia de conteúdo e, consequentemente, ineficaz a própria norma constitucional[28]. Disto resulta que, uma vez escolhido o setor, a sistemática não pode ser híbrida. Se o legislador opta por estabelecer a apuração não cumulativa para determinado setor, deve necessariamente fazê-lo às inteiras, não podendo restringir créditos de sorte a tornar o regime parcialmente cumulativo (e, pior, sujeitando-o a alíquotas muito superiores àquelas fixadas para a sistemática cumulativa).

Alertava Carlos Maximiliano que a lei não contém palavras inúteis[29]. Menos ainda o faz a Constituição Federal!

Cumpre ressaltar, outrossim, que o fato de as Leis ns. 10.637/2002 e 10.833/2003 terem sido publicadas antes da EC 42 não afasta o necessário atendimento ao quanto determina referida Emenda. Por primeiro, independentemente do disposto na EC 42, a vedação aos créditos relativos ao PIS e à COFINS incidentes sobre bens e serviços adquiridos para utilização no regular desenvolvimento das atividades do contribuinte configura medida inadequada e excessiva (desproporcional)[30] por inviabilizar, na prática, o alcance dos fins visados pelas próprias Leis ns. 10.637/2002 e 10.833/2002, acarretando aumento velado da carga tributária aplicada às empresas incluídas na sistemática não cumulativa.

---

[26] Desde que, obviamente, trate-se de setor de atividade econômica sujeito à apuração não cumulativa de tais contribuições e cujas respectivas receitas serão oneradas pelo PIS e pela COFINS.

[27] Conforme o antes referido § 12 do art. 195 da Constituição Federal, na redação da EC 42.

[28] Como advertido pelo Ministro Luiz Gallotti, nos autos do RE 71.758/GB: "(..) *se a lei pudesse chamar de compra o que não é compra, de exportação o que não é exportação, de renda o que não é renda, ruiria todo o sistema tributário inscrito na Constituição*" (STF – Pleno, DJ: 31/08/1973).

[29] "*Verba cum effectu, sunt accipienda: 'Não se presumem, na lei, palavras inúteis.' Literalmente: 'Devem-se compreender as palavras como tendo alguma eficácia.' As expressões do Direito interpretam-se de modo que não resultem frases sem significação real, vocábulos supérfluos, ociosos, inúteis.*" (*Hermenêutica e aplicação do direito*. Rio de Janeiro: Forense, 18ª ed. – 1999, p. 250)

[30] Além de caracterizar evidente desvio de finalidade, conforme demonstrado no item anterior.

PIS E COFINS NÃO CUMULATIVOS

Como bem demonstra Humberto Ávila, o legislador tem o dever de ser coerente na regulação do sistema não cumulativo que criou.[31] Admitir que possa criar e suprimir créditos, ao seu alvedrio e sob a justificativa inverídica de que estaria implementando a sistemática não cumulativa implicaria perda de coerência e racionalidade na tributação, caracterizando abuso de poder legislativo, na esteira da jurisprudência do Supremo Tribunal Federal.[32]

Se tanto não bastasse, a superveniência de norma de hierarquia constitucional determinando a apuração não cumulativa das contribuições para os setores que venham a ser indicados pelo legislador implica a recepção

---

[31] *"Aqui entra em cena o 'postulado do legislador coerente': tendo tomado a decisão fundamental de instituir o regime não cumulativo, deve desenvolvê-la de modo conseqüente e isento de contradições, sob pena de violar a norma fundamental da igualdade, pouco importando – reitere-se, uma vez mais – se o regime não cumulativo é ou não uma imposição constitucional. A igualdade é, e das maiores. O legislador, no entanto, não desenvolveu de modo conseqüente e isento de contradições o regime não cumulativo. Isso porque, embora o tenha adotado, deixou de honrar o critério de distinção eleito (capacidade compensatória de créditos anteriores) e a finalidade que o justifica (afastar o efeito econômico perverso do acúmulo da carga tributária durante o ciclo econômico)."* Como aponta o autor, uma das desigualdades criadas pelo legislador decorre da criação de *"uma legislação casuística, definindo os contribuintes que têm e os que não têm direito a crédito, ou delimitando as operações que geram e as que não geram crédito. Ora bem, se há créditos referentes a contribuições sociais embutidos no valor dos bens comprados e no valor dos serviços tomados para o exercício das atividades dos contribuintes, deve haver o direito à sua dedução, sob pena de o regime não cumulativo ser descaracterizado e a finalidade legal justificadora da própria diferenciação entre os contribuintes ser negada. Nesse sentido, havendo créditos inseridos no valor das operações praticadas pelos contribuintes, deve haver o direito de o contribuinte compensá-los no momento de pagar as suas contribuições sociais. Não sendo assim, o legislador contradiz o sistema regulativo criado por ele próprio, violando, com isso, a norma fundamental da igualdade. A desigualdade interna está no fato de que contribuintes que se assemelham naquilo que é relevante para o sistema legal adotado (ter créditos embutidos no valor dos bens comprados e no valor dos serviços tomados) são submetidos a regras diferentes, sem qualquer motivo justificador."* (O *"postulado do legislador coerente" e não-cumulatividade das contribuições,* em Grandes questões de direito tributário, 11ª edição. São Paulo: Dialética, 2007, p.180-181, Coord. Valdir de Oliveira Rocha).

[32] Como já decidiu o Supremo Tribunal Federal: "*O Estado não pode legislar abusivamente. A atividade legislativa está necessariamente sujeita à rígida observância de diretriz fundamental, que, encontrando suporte teórico no princípio da proporcionalidade, veda os excessos normativos e as prescrições irrazoáveis do Poder Público. O princípio da proporcionalidade – que extrai a sua justificação dogmática de diversas cláusulas constitucionais, notadamente daquela que veicula a garantia do substantive due process of law – acha-se vocacionado a inibir e a neutralizar os abusos do Poder Público no exercício de suas funções, qualificando-se como parâmetro de aferição da própria constitucionalidade material dos atos estatais. A norma estatal, que não veicula qualquer conteúdo de irrazoabilidade, presta obséquio ao postulado da proporcionalidade, ajustando-se à cláusula que consagra, em sua dimensão material, o princípio do substantive due process of law (CF, art. 5º, LIV). Essa cláusula tutelar, ao inibir os efeitos prejudiciais decorrentes do abuso de poder legislativo, enfatiza a noção de que a prerrogativa de legislar outorgada ao Estado constitui atribuição jurídica essencialmente limitada, ainda que o momento de abstrata instauração normativa possa repousar em juízo meramente político ou discricionário do legislador."* (ADI-MC 1407/DF, Rel. Min. Celso de Mello – DJ: 24/11/2000).

DIREITO DOS NEGÓCIOS APLICADO

da legislação ordinária preexistente tão somente no que coerente com tal comando, de eficácia plena, ficando revogadas as normas legais com ele incompatíveis.[33]

Certamente em razão do quanto exposto, **o legislador não olvidou de fixar sistemática não cumulativa de forma plena e eficaz**, nas Leis ns. 10.637/2002 e 10.833/2003[34]. Ao menos **em interpretação conforme** à **Constituição**, é o que decorre do disposto em seus artigos 3°, II e § 3°, ao determinarem, peremptoriamente, o direito à apuração de créditos atinentes a "bens e serviços, utilizados como insumo na prestação de serviços e na produção ou fabricação de bens ou produtos destinados à venda" (inciso II), créditos estes aplicados, "exclusivamente, em relação: I – aos **bens e serviços adquiridos** de pessoa jurídica domiciliada no País; II – aos **custos e despesas incorridos**, pagos ou creditados a pessoa jurídica domiciliada no País; III – aos bens e serviços adquiridos e aos custos e despesas incorridos a partir do mês em que se iniciar a aplicação do disposto nesta Lei" (§ 3°, grifo não original).

---

[33] Aplica-se, *mutatis mutandi*, o mesmo raciocínio que permeou a decisão do Supremo Tribunal Federal, ao apreciar questão análoga, atinente à recepção parcial das normas que disciplinavam o salário-educação quando do advento da Constituição de 1988: "*EMENTA: TRIBUTÁRIO. SALÁRIO-EDUCAÇÃO. PERÍODO ANTERIOR À LEI N.º 9.424/96. ALEGADA INCONSTITUCIONALIDADE, EM FACE DA EC 01/69, VIGENTE QUANDO DA EDIÇÃO DO DECRETO-LEI N.º 1.422/75, POR OFENSA AO PRINCÍPIO DA ESTRITA LEGALIDADE TRIBUTÁRIA, CONSAGRADO NOS ARTS. 153, § 2.º, E 178, E AO PRINCÍPIO DA VEDAÇÃO DA DELEGAÇÃO DE PODERES, PREVISTO NO ART. 6.º, PARÁGRAFO ÚNICO. ALEGADA CONTRARIEDADE, AINDA, AO ART. 195, I, DA CF/88. CONTRIBUIÇÃO QUE, DE RESTO, FORA REVOGADA PELO ART. 25 DO ADCT/88. Contribuição que, na vigência da EC 01/69, foi considerada pela jurisprudência do STF como de natureza não tributária, circunstância que a subtraiu da incidência do princípio da legalidade estrita, não se encontrando, então, na competência do Poder Legislativo a atribuição de fixar as alíquotas de contribuições extratributárias. O art. 178 da Carta pretérita, por outro lado, nada mais fez do que conferir natureza constitucional à contribuição, tal qual se achava instituída pela Lei n.º 4.440/64, cuja estipulação do respectivo quantum debeatur por meio do sistema de compensação do custo atuarial não poderia ser cumprida senão por meio de levantamentos feitos por agentes da Administração, donde a fixação da alíquota haver ficado a cargo do Chefe do Poder Executivo. Critério que, todavia, não se revelava arbitrário, porque sujeito à observância de condições e limites previstos em lei. A CF/88 acolheu o salário-educação, havendo mantido de forma expressa – e, portanto, constitucionalizado –, a contribuição, então vigente, a exemplo do que fez com o PIS-PASEP (art. 239) e com o FINSOCIAL (art. 56 do ADCT), valendo dizer que a recepcionou nos termos em que a encontrou, em outubro/88. Conferiu-lhe, entretanto, caráter tributário, por sujeitá-la, como as demais contribuições sociais, à norma do seu art. 149, sem prejuízo de havê-la mantido com a mesma estrutura normativa do Decreto-Lei n.º 1.422/75 (mesma hipótese de incidência, base de cálculo e alíquota), só não tendo subsistido à nova Carta a delegação contida no § 2.º do seu art. 1.º, em face de sua incompatibilidade com o princípio da legalidade a que, de pronto, ficou circunscrita. Recurso não conhecido.*" (Pleno – RE 290.079/SC, Rel. Min. Ilmar Galvão, DJ: 04/04/2003 – destaque não original).

[34] Ressalvando-se, apenas, os vícios específicos de que padecem, como visto nos itens 2 e 3.

Portanto, a não cumulatividade do PIS e da COFINS em si, tal como explicitada pelas Leis nº 10.637/2002 e 10.833/2003, com as respectivas alterações posteriores, pode ser considerada como tendo atendido aos ditames constitucionais em interpretação conforme à Constituição[35], entendendo-se o disposto em seus artigos 3º, II e § 3º como garantidor do direito ao crédito em relação a todos os bens, serviços, custos ou despesas onerados por referidas contribuições, adquiridos ou incorridos para ou no regular desenvolvimento, ainda que indiretamente, das atividades que gerarão receitas igualmente oneradas pelas mesmas contribuições. Qualquer entendimento distinto, de que resulte efeito minimamente cumulativo, implicará contrariedade ao disposto nas próprias Leis ns. 10.637/2002 e 10.833/2003 e no § 12 do artigo 195 da Constituição Federal.

É com este pano de fundo que deve ser examinado o conceito de "insumo" para fins da incidência não cumulativa de tais contribuições. As Leis ns. 10.637/2002 e 10.833/2003, como de resto a legislação federal em geral, não definem o conceito de insumo para fins da apuração não cumulativa de PIS e COFINS, determinando em seus artigos 3º, II, como antes referido, que as pessoas jurídicas possam descontar, do valor decorrente da aplicação das alíquotas sobre as respectivas bases de cálculo, "créditos calculados em relação a bens e serviços, utilizados como insumo na prestação de serviços e na produção ou fabricação de bens ou produtos destinados à venda, inclusive combustíveis e lubrificantes, exceto em relação ao pagamento de que trata o art. 2o da Lei no 10.485, de 3 de julho de 2002[36], devido pelo fabricante ou importador, ao concessionário, pela intermediação ou entrega dos veículos classificados nas posições 87.03 e 87.04 da TIPI" (grifo não original).

---

[35] Ressalvados os vícios específicos de inconstitucionalidade de que padecem tais leis, a prejudicar a própria subsistência da sistemática não cumulativa, como visto nos itens 2 e 3.

[36] "Art. 2º Poderão ser excluídos da base de cálculo das contribuições para o PIS/Pasep, da Cofins e do IPI os valores recebidos pelo fabricante ou importador nas vendas diretas ao consumidor final dos veículos classificados nas posições 87.03 e 87.04 da TIPI, por conta e ordem dos concessionários de que trata a Lei no 6.729, de 28 de novembro de 1979, a estes devidos pela intermediação ou entrega dos veículos, e o Imposto sobre Operações Relativas à Circulação de Mercadorias e sobre Prestações de Serviços de Transporte Interestadual e Intermunicipal e de Comunicações – ICMS incidente sobre esses valores, nos termos estabelecidos nos respectivos contratos de concessão.
§ 1º Não serão objeto da exclusão prevista no *caput* os valores referidos nos incisos I e II do § 2º do art. 1º.
§ 2º Os valores referidos no *caput*:
I – não poderão exceder a 9% (nove por cento) do valor total da operação;
II – serão tributados, para fins de incidência das contribuições para o PIS/Pasep e da Cofins, à alíquota de 0% (zero por cento) pelos referidos concessionários."

Também como retro mencionado, em seus §§ 3º os mesmos artigos 3º explicitam que os créditos ali assegurados devam ser calculados e apropriados exclusivamente em relação a "bens e serviços adquiridos de pessoa jurídica domiciliada no País" e a "custos e despesas incorridos, pagos ou creditados a pessoa jurídica domiciliada no País".

As Leis ns. 10.637/2002 e 10.833/2003, assim, não obstante não tenham conceituado expressamente o termo "insumo" ou o que se deva entender como bens e serviços "utilizados como insumo", asseguram o direito ao crédito de forma ampla, em relação a todo e qualquer bem, serviço, custo ou despesa envolvidos na prestação de serviços e na produção ou fabricação de bens ou produtos destinados à venda.

Tanto assim é que as únicas vedações expressas dizem respeito aos gastos com mão de obra paga a pessoa física e com a "aquisição de bens ou serviços não sujeitos ao pagamento da contribuição[37], inclusive no caso de isenção, esse último quando revendidos ou utilizados como insumo em produtos ou serviços sujeitos à alíquota 0 (zero), isentos ou não alcançados pela contribuição[38]" (art. 3º, § 2º das Leis ns. 10.637/2002 e 10.833/2003).

Não determina a lei, em momento algum, que o bem, serviço, custo ou despesa devam ser diretamente vinculados à fabricação do bem posto à venda ou à prestação do serviço envolvido. Também não determina que neles se incorpore ou seja consumido, quer parcial ou integralmente.

Caso tais restrições constassem de lei, haveria inconstitucionalidade em razão do efeito cumulativo daí decorrente. Sequer constando de lei, mostram-se ainda mais ilegítimas, pois, implicam restringir onde a lei não restringiu, ferindo princípio elementar de hermenêutica[39], como ensina Carlos Maximiliano: "Quando o texto dispõe de modo amplo, sem limitações evidentes, é dever do intérprete aplicá-lo a todos os casos particulares que se possam enquadrar na hipótese geral prevista explicitamente; não tente distinguir entre as circunstâncias da questão e as outras; cumpra a norma tal qual é, sem acrescentar condições novas, nem dispensar nenhuma das expressas"[40].

Ao regulamentar as contribuições em análise, contudo, a Administração Fiscal definiu que os gastos classificáveis como insumos estariam limitados

---

[37] Hipóteses em que não há cumulatividade a ser neutralizada.

[38] Assegurando o crédito, assim, a *contrario sensu*, nos casos em que os bens ou serviços isentos forem utilizados para fins de produção de bens ou prestação de serviços tributados, de modo a não frustrar a própria isenção.

[39] *Ubi lex non distinguit nec nos distinguere debemus.*

[40] Ob. cit., págs. 246/247.

PIS E COFINS NÃO CUMULATIVOS

aos próprios serviços utilizados na produção e às matérias-primas, aos produtos intermediários e aos materiais de embalagem aplicados no processo produtivo (IN 247/02, art. 66, § 5º[41], e IN 404/04, art. 8º, § 4º). Na Solução de Consulta nº 199, de 27/05/2010 (DISIT 08), dentre outras, indicou-se que "O termo 'insumo' não pode ser interpretado como todo e qualquer bem ou serviço que gera despesa necessária para a atividade da empresa, mas, sim, tão somente, como aqueles, adquiridos de pessoa jurídica, que efetivamente sejam aplicados ou consumidos na produção de bens destinados à venda ou na prestação do serviço da atividade-fim. Dessa forma, somente os gastos efetuados com a aquisição de bens e serviços aplicados ou consumidos diretamente na prestação de serviços geram direito a créditos a serem descontados da Cofins devida", com o que "Excluem-se do conceito de insumo as despesas que se reflitam indiretamente na prestação de serviços, tais como, as despesas relativas aos serviços de transporte (motofrete), viagens e telecomunicações".

Não há, como demonstrado, fundamento jurídico ou sequer previsão legal que possa amparar interpretação tão restritiva.

A não cumulatividade e, por consequência, o conceito de insumo, não podem se dissociar da natureza do tributo envolvido. Enquanto, por exemplo, o IPI e o ICMS oneram, respectivamente, a industrialização e a circulação de mercadorias, o PIS e a COFINS oneram receitas em geral, realidade muito mais ampla e abrangente. Ora, se assim é, não se pode deixar de considerar como insumo, para fins de PIS e COFINS que se pretende sejam apurados de forma não cumulativa, quaisquer bens ou serviços adquiridos, custos ou despesas incorridos, desde que sujeitos à incidência daquelas contribuições e guardem relação de pertinência com o desenvolvimento da atividade da pessoa jurídica geradora de receita. Portanto, o direito ao crédito deve ser visto do ponto de vista finalístico. Aquilo que é adquirido para auferir receita ou, em

---

[41] *"§ 5º Para os efeitos da alínea 'b' do inciso I do caput, entende-se como insumos:*

I – utilizados na fabricação ou produção de bens destinados à venda:

a) as matérias primas, os produtos intermediários, o material de embalagem e quaisquer outros bens que sofram alterações, tais como o desgaste, o dano ou a perda de propriedades físicas ou químicas, em função da ação diretamente exercida sobre o produto em fabricação, desde que não estejam incluídas no ativo imobilizado;

b) os serviços prestados por pessoa jurídica domiciliada no País, aplicados ou consumidos na produção ou fabricação do produto;

II – utilizados na prestação de serviços:

a) os bens aplicados ou consumidos na prestação de serviços, desde que não estejam incluídos no ativo imobilizado; e

b) os serviços prestados por pessoa jurídica domiciliada no País, aplicados ou consumidos na prestação do serviço".

outras palavras, em razão da venda bens e serviços. O insumo representa um meio para atingir o fim, que é a receita.

Nos dizeres de Marco Aurélio Greco, deve-se "considerar 'utilizados como insumo' para fins de não-cumulatividade de PIS/COFINS todos os elementos físicos ou funcionais – o que abrange bens, serviços e utilidades deles decorrentes, ligados aos fatores de produção (capital e trabalho), adquiridos ou obtidos pelo contribuinte e onerados pelas contribuições – que sejam relevantes para o processo de produção ou fabricação, ou para o produto, em função dos quais resultará a receita ou o faturamento onerados pelas contribuições". Tal avaliação deve ser feita "no específico contexto da atividade econômica desenvolvida pelo contribuinte", uma vez que o insumo "limita-se a assegurar que o processo exista ou se desenvolva com as qualidades pertinentes"[42].

Conclui-se, assim, que "insumo", para fins da não cumulatividade do PIS e da COFINS, deve ser entendido como todo e qualquer bem ou serviço, custo ou despesa, desde que onerado por referidas contribuições e adquirido ou incorrido para ou no regular desenvolvimento, ainda que indiretamente, das atividades que gerarão receitas igualmente oneradas pelas mesmas contribuições. Este conceito de insumo está em conformidade com o limite imposto pela racionalidade no exercício da competência tributária do PIS e da COINS não cumulativos, devendo ser assim interpretados os dispositivos legais em comento.

5. Conclusões

À vista do exposto, tem-se que:

1) As Medidas Provisórias ns. 66 (de 2002) e 135 (de 2003) dispuseram sobre fato gerador (auferir receita), base de cálculo (receita auferida) e alíquotas (1,65% e 7,6%) do PIS e da COFINS, estabelecendo carga tributária diferenciada para os contribuintes por elas alcançados, na tentativa de regulamentar a matéria constante do inciso I (fato gerador) e alínea b (base de cálculo), assim como do § 9º (carga tributária diferenciada), todos do art. 195 da Constituição Federal, na redação que lhes foi conferida pela Emenda Constitucional nº 20, de 15 de dezembro de 1998.

---

[42] "Conceito de insumo à luz da legislação de PIS/COFINS", Revista Fórum de Direito Tributário, nº 34, págs. 09/30, jul-ago/2008.

PIS E COFINS NÃO CUMULATIVOS

2) Contrariaram, assim, o disposto no art. 246 da Constituição Federal, que veda "a adoção de medida provisória na regulamentação de artigo da Constituição cuja redação tenha sido alterada por meio de emenda promulgada entre 1º de janeiro de 1995 até a promulgação desta emenda, inclusive" (isto é, até 11 de setembro de 2001, data da publicação da Emenda Constitucional nº 32).

3) O fato de terem sido as referidas medidas provisórias convertidas nas Leis ns. 10.637/2002 e 10.833/2003 não convalida o vício formal insanável decorrente da violação ao art. 246 da CF, como já decidiu o Plenário do Supremo Tribunal Federal em hipótese análoga (ADIMC 3090).

4) A sistemática não cumulativa instituída pelas Leis ns. 10.637/2002 e 10.833/2003 (e Medidas Provisórias que as antecederam) é também inconstitucional por implicar regime diferenciado de recolhimento sem observar o disposto nos §§ 9º e 12 do artigo 195 da Constituição Federal, em especial ao determinar que contribuintes que desenvolvam a mesma atividade econômica fiquem sujeitos a sistemáticas distintas, a depender do regime de apuração do lucro para fins de imposto de renda.

5) Há evidente desvio de finalidade do ato legislativo que, a pretexto de instituir sistemática não cumulativa de apuração do PIS e da COFINS, adota manobra para assegurar o mesmo (quando não superior) efeito da apuração cumulativa, dificultando e gerando maiores custos tanto aos contribuintes quanto ao próprio Estado e frustrando o objetivo constitucional envolvido.

6) O desvio de finalidade implica inconstitucionalidade integral da sistemática não cumulativa tal como regulada nas Leis ns. 10.637/2002 e 10.833/2003, ou, quando menos, das alíquotas ilegitimamente majoradas (impondo-se, se acaso mantida a apuração não cumulativa nas hipóteses previstas nas referidas leis, a adoção das mesmas alíquotas incidentes na sistemática cumulativa).

7) Se superados os vícios antes referidos, devem ser as Leis ns. 10.637/2002 e 10.833/2003, em interpretação conforme à Constituição Federal, entendidas como suficientes a assegurar a não cumulatividade plena e integral, considerando-se o disposto em seus artigos 3º, II e § 3º como garantidor do direito ao crédito em relação a todos os bens, serviços, custos ou despesas onerados por referidas contribuições, adquiridos ou incorridos para ou no regular desenvolvimento, ainda

que indiretamente, das atividades que gerarão receitas igualmente oneradas pelas mesmas contribuições.

8) A vedação ao crédito em hipótese assim configurada implica inaceitável sobreposição de incidências, contrariando tanto o artigo 195, § 12 da Constituição Federal, quanto as próprias Leis ns. 10.637/2002 e 10.833/2003. Escolhido o setor, a sistemática não pode ser híbrida. Se o legislador opta por estabelecer a apuração não cumulativa para determinado setor, deve necessariamente fazê-lo às inteiras; não pode restringir créditos de sorte a tornar o regime parcialmente cumulativo (e, pior, sujeitando-o a alíquotas muito superiores àquelas fixadas para a sistemática cumulativa).

9) Pelas mesmas razões, devem ser entendidos como insumos, para fins da não cumulatividade do PIS e da COFINS, todos os bens, serviços, custos ou despesas, desde que onerados por referidas contribuições e adquiridos ou incorridos para ou no regular desenvolvimento, ainda que indiretamente, das atividades que gerarão receitas igualmente oneradas pelas mesmas contribuições.

Criminal Compliance no Direito Brasileiro: Apontamentos e Perspectivas

Cristiano Avila Maronna
Priscila Akemi Beltrame

1. Introdução

Na última edição da importante publicação *The Economist*[1], a matéria de capa trata da criminalização da atividade empresarial e da complexa tarefa de se manter longe dos inúmeros riscos inerentes à atividade econômica. Em um país que reconhece a responsabilidade criminal da pessoa jurídica há mais de um século, algumas fórmulas parecem levar a um esgotamento da prática como lá consagrada, ao mesmo tempo em que, numa realidade nem tão distante, como a brasileira, indica alguns ajustes a serem pensados na regulamentação de leis como a lei anticorrupção (Lei n. 12.846/2013) e a lei de lavagem de dinheiro (Lei n. 9.613/1998). Questiona o artigo que o problema não é apenas o de que as empresas são cada vez mais tratadas como criminosas, mas o de que os crimes de que elas são acusadas são em geral obscuros e a motivação por trás das punições é opaca, sendo difícil dizer que está sendo feita justiça e que o interesse público está sendo protegido.

Pretende-se no presente trabalho tratar do *criminal compliance* identificando algumas questões teóricas por trás de sua concepção, tendo como pano

---

[1] Edição de 30 de agosto a 5 de setembro, pp. 21-24.

de fundo os reflexos da globalização sobre o direito penal, passando pela transformação consentânea do próprio direito penal cada vez mais apegado à prevenção, para, ao final, abordar o tema no direito comparado e dentro do direito brasileiro, notadamente no que diz respeito à lei de lavagem de dinheiro, seu regramento por órgãos reguladores, e também à lei anticorrupção.

Sob a perspectiva da necessidade de proteção da funcionalidade econômica, o tema representa uma aproximação do direito penal ao direito empresarial, a partir da reação aos escândalos relacionados à criminalidade econômica ocorridos em anos recentes, como por exemplo os casos da *WorldCom*, *Enron*, *Parmalat*, os quais abalaram os instrumentos de controle do mercado e causaram danos à sociedade como um todo[2].

Legislações que estimulam comportamentos voltados ao controle de riscos empresariais espalham-se pelo globo, inspiradas no *Sarbanes-Oxley Act* dos Estados Unidos, de 2002, que normatizou os deveres gerais e especiais na organização das empresas, prevendo, por meio do *Federal Sentencing Guidelines Manual*, entre outras medidas, a redução de penas caso as empresas possuam programas de *compliance* bem estruturados e que sejam aplicados de forma eficiente. Essa tendência foi seguida também pelo direito penal empresarial italiano, com reflexos semelhantes na reforma do direito penal empresarial japonês, e também na Alemanha, por meio dos deveres legais de organização como forma de controle da criminalidade econômica, que atingiu grande repercussão a partir da comunicação do caso de corrupção da *Siemens*[3] em 2007[4].

Buscando dar concreção às práticas empresariais relacionadas ao "risk management", "corporate governance", "business ethics", "integrity or conduct code", uma nova forma de gestão foi concebida, sob o conceito do *corporate compliance*, a requerer o devido tratamento jurídico ainda bastante inicial e que guarda em comum o fato de definir finalidades e valores que orientam o comportamento das empresas. Essas finalidades visam impedir o cometimento de delitos, em especial, a corrupção, lavagem de dinheiro, financiamento ao terrorismo, delitos de concorrência (cartéis, em sua maioria), delitos contábeis, sonegação de impostos, *insider trading*, delitos ambientais e traição

---

[2] Conforme Sieber, Ulrich, "Programas de *Compliance* no direito penal empresarial: um novo conceito para o controle da criminalidade econômica", in *Direito Penal Econômico: Estudos em homenagem aos 75 anos do Professor Klaus Tiedemann*, LiberArs: São Paulo, 2013, p. 291-318.

[3] Para um entendimento mais amplo do caso, referimos ao compêndio da Trace International, https://www.traceinternational2.org/compendium/view.asp?id=124 (Acesso 10.8.2014).

[4] Referido por Sieber, Ulrich, op. cit., p. 292.

aos segredos industriais[5], mas também comportamentos que de forma geral possuem o potencial de comprometer a qualidade e a lisura dos processos de compras públicas ou privadas, a isonomia no tratamento de concorrentes, e evitar tráfico de influência, nepotismo ou advocacia administrativa.

Essa tendência finalmente chegou às terras nacionais, que já sentia as repercussões do tema em função da cultura empresarial das empresas multinacionais que já vinham se adaptando às práticas relacionadas ao *compliance*, conforme abordaremos adiante, não antes de uma breve análise do contexto e situação do direito penal atual.

2. *Criminal compliance* e globalização

Importantes fatores vêm atuando na transformação da sociedade e, naturalmente, do direito. O aumento dos fluxos internacionais de pessoas, bens e informação faz com que as barreiras que antes as fronteiras desempenhavam praticamente se desfaçam sob o império de uma nova realidade marcada pela interdependência e desregulação. Num ambiente no qual encontramos "fronteiras em completa desordem[6]", assistimos à construção de espaços virtuais sem territórios, alterando a percepção espaço-temporal, mas também as formas jurídicas que dão o contorno dessas novas relações.

2.1. A proteção de valores que interessam à comunidade internacional

Relevante notar que o aspecto territorial é dos que mais chama a atenção na confrontação do direito penal com as novidades trazidas pela globalização, chegando-se inclusive a afirmar que o "direito penal parece ser irremediavelmente incompatível com a ideia de globalização (...), tradicionalmente considerado como manifestação genuína da soberania estatal, este ramo do ordenamento não se adapta com facilidade à tendência expansiva, e portanto, superadora de fronteiras, que parece constituir o ponto crucial da dinâmica econômica que se encontra na base do processo de mundialização"[7].

---

[5] Op. cit., p. 295.

[6] A.J. Arnaud, *Critique de la raison juridique, vol. 2, Gouvernants sans fronteires, entre mondialisation et post-mondialisation*, LGDJ, 2003, p. 31.

[7] Terradillos Basoco, J. M., "El derecho penal de la globalización: luces y sombras", in *Transformaciones del derecho en la mundialización*, Capella Hernández, J. R., Consejo General del Poder Judicial: Madri, 1999, p. 185.

Numa abordagem crítica sobre os efeitos da globalização para o direito penal, Ferrajoli sustenta que a globalização seria um vazio de direito público à altura dos novos poderes e dos novos problemas, como a ausência de esfera pública internacional, ou seja, de um direito e um sistema de garantias e instituições idôneas para disciplinar os novos poderes desregulados e selvagens tanto do mercado como da política[8]. O direito penal direciona-se ao tratamento dos crimes que interessam à comunidade internacional, não apenas aqueles crimes de incidência mais gravosa de sobrevivência de comunidades e manutenção da paz, mas especificamente buscando articular políticas criminais adequadas, adotando-se como fundamentais os bens jurídicos que interessam à expansão do mercado[9]. Nesse sentido, a criminalidade econômica internacional, como aquela ligada à lavagem de dinheiro e corrupção internacional, representa essa nova criminalidade que encontra facilidade na transposição de fronteiras ao mesmo tempo que fazem o dinheiro circular[10].

A funcionalização do direito penal em direção à proteção a valores e mecanismos econômicos, na opinião de Terradillos Basoco, desnatura o próprio princípio da lesividade, e a função garantista do bem jurídico penal, pois ao criar novos bens, com características multiformes e contornos difusos, não poderia erigir-se como critério definidor nem limitador do poder punitivo[11], no qual, ao se prescindir das garantias, estriba-se no que convenientemente passou-se a chamar de "legislação excepcional[12]".

Outra faceta da globalização para o direito penal é sua tendência expansionista, com a crescente aplicação extraterritorial do direito penal nacional, movimentando diversas instâncias do controle social punitivo, inclusive possibilitando o *fórum shopping[13]* também na área penal.

---

[8] Ferrajoli, Luigi. "Criminalidad y globalización", op. cit., p. 18.

[9] Terradilos Basoco, op. cit., p. 187.

[10] Delmas-Marty afirma que "*desde la corruupción fuera de las fronteras hasta los tráficos transfronterizos, passando por el terrorismo sin fronteras, se borraría poco a poco la idea misma de frontera*", in "Lo relativo y lo universal" (trad. Marta M. Morales Romero), Estudios Jurídicos comparativos e internacionalización del derecho, 2004, p. 4.

[11] Terradilos Basoco, op. cit., p. 189.

[12] Silva Sánchez, J.M., *A expansão do direito penal: aspectos das políticas criminais nas sociedades pós industriais*. (Trad. Luiz tavio de Oliveira Rocha). São Paulo: Ed. Revista dos Tribunais, 2002, pp. 66 e 86-88.

[13] Conforme referido por Bechara, Ana Elisa. "La evolución político-criminal brasileña en el control de la corrupción pública", in *RGDP* 17, 2012, p. 6.

2.2. Novas perspectivas para o direito penal

O *criminal compliance* situa-se nesse compartilhamento complexo de funções entre o Estado e os interesses particulares, por sua atividade e relevância econômica, convocando o Estado a atuar para proteger o mercado nacional e a concorrência sadia, inclusive com a punição de atos ocorridos no exterior. Para Delmas-Marty, o exemplo da corrupção transfronteiriça autoriza a formular a hipótese de que o Estado não seja um limite intransponível para as tecnologias de poder[14] e que, ainda que ausentes formas de controle hierárquicas, possibilita a internacionalização do controle dos atos de corrupção por via multilateral (avaliação pelos pares, como o mecanismo da OCDE), mais horizontais e menos vinculantes, mas também transnacional, referindo-se à colaboração público-privada ensejado pelos mecanismos de *compliance*. Assim já se falou que a ideia de um direito penal global não seria novidade, derivando do próprio fenômeno da globalização[15], inclusive como reflexo da internacionalização das normas norte-americanas sobre o assunto (e.g., a *Sarbanes-Oxley Act, SOX*, de 2002), com a pretensão de que os atores econômicos joguem o mesmo jogo, como forma de *level the playing field* (nivelar as regras do jogo).

Faz parte dessa postura empresarial o compartilhamento de uma ética mundial em torno dos valores comuns da humanidade, condensados na proteção universal dos direitos humanos, conforme citado por Ulrich Sieber, presentes em iniciativas como o *global compact*[16] das Nações Unidas, para empresas multinacionais, ou os valores inscritos nas "Manual das empresas multinacionais"[17], da OCDE, e na declaração da Organização Internacional do Trabalho, OIT, sobre os "princípios das empresas multinacionais e a política social"[18], como o combate ao trabalho infantil, ao trabalho forçado e a discriminação, no sentido da construção de uma ética empresarial inspirada na ética social.

O pano de fundo, portanto, dessa nova temática que passou a fazer parte do vocabulário jurídico da última década é fruto das práticas econômicas

---

[14] Delmas-Marty, M. "Lo relativo y lo universal", op. cit., p. 5.

[15] Silveira, Renato de Mello Jorge; Saad-Diniz, Eduardo. *"Criminal compliance*: os limites da cooperação normativa quanto à lavagem de dinheiro", *Revista de Direito Bancário e do Mercado de Capitais*, Ed. Revista dos Tribunais, abr-jun/2012, pp. 297 e ss.

[16] Disponível em http://www.unglobalcompact.org/ (Acesso 10.08.2014)

[17] Disponível em http://www.oecd.org/investment/mne/1922428.pdf (Acesso 10.08.2014).

[18] Disponível em http://www.ilo.org/wcmsp5/groups/public/---ed_emp/---emp_ent/---multi/docu ments/publication/wcms_211136.pdf (Acesso 10.08.2014), 4ª versão.

consagradas pelo neoliberalismo dos anos 80, em que se praticava a desregulação dos mercados e, consequentemente o destravamento da economia, ampliando as sintonias entre as diversas zonas comerciais mundiais. A isso, soma-se a aceleração das privatizações de setores estratégicos do Estado, para um Estado mínimo, mas que busca reafirmar seu controle pelo fortalecimento de um direito penal máximo. A partir dos anos 90, como forma de reação às radicais políticas neoliberais praticadas inclusive pelas empresas, passou-se a falar de mecanismos compensatórios dessa realidade, baseada na autorregulação, o *compliance*, "com seus códigos internos de prevenção, organização e controle concebidos para evitar fatos delitivos"[19].

Ao se verificar a incapacidade do Estado de fiscalizar operações financeiras que pudessem estar associadas a atividades criminosas, aos poucos foi-se também montando uma estrutura na qual o Estado passa a exigir a cooperação das empresas. Se, por um lado, a intervenção estatal nessas questões ocorre de maneira disruptiva, forçada e violenta, por meio da autorregulação a empresa constrói seu sistema à sua imagem, conforme a descrição geral teórico-sistêmica da autopoiese (que se regula a si mesma) dos sistemas sociais[20]. Assim, as vantagens dos programas de compliance, assim como de outras ferramentas de governança, são especialmente evidentes e valiosos numa sociedade de risco global e complexa, especialmente porque não há ninguém melhor do que os próprios quadros empresariais para avaliar os riscos que ela corre, baseado na complexidade de suas atuações (segmentação industrial, especialização de áreas de conhecimento, regulamentações específicas), sendo o principal agente na construção inclusive dos elementos técnicos (não jurídicos) de sua eventual defesa, inclusive a possibilidade de ação que ultrapassa os limites de um Estado e cuja estratégia passa finalmente pela integração de uma atuação global. Some-se a isso o fato de que o próprio avanço da globalização propiciou o desenvolvimento das relações econômicas, comerciais e financeiras numa escala inimaginável, motivando a construção de organizações extremamente complexas a requerer formas compatíveis de tomada de decisões, gerenciamento de informações, responsabilidade, mas também por demandas de transparência, sendo certo que a "ocultação da imputação de responsabilidade em redes dificulta a individualização de condutas"[21].

[19] Shecaira, Sérgio Salomão; Andrade, Pedro Luiz Bueno. "Compliance e o direito penal", *Boletim IBCCRIM*, ano 18, n. 222, maio, 2011, p. 2.
[20] Sieber, Ulrich. Op. cit., p. 311.
[21] Wessig, Jürgen. Compliance – oder wie sich der Staat aus der Kriminalprävention stiehlt. *In*: Hassemer, Windried; Kempt, Eberhard; Moccia, Sergio (Hrg.). *In dubio pro libertarete. Festschrift für*

CRIMINAL COMPLIANCE NO DIREITO BRASILEIRO: APONTAMENTOS E PERSPECTIVAS

Partindo de pesquisa criminológica da criminalidade econômica, verifica-se uma relação direta entre o comportamento da empresa e de seus empregados, ao se identificar que a manutenção de valores éticos na empresa, assim como na cultura organizacional e práticas relacionadas a *compliance*, ao comunicar os valores da corporação, favorecem um ambiente de respeito à norma. E no que a empresa representa um muro para o conhecimento do processo de levantamento de risco, apuração de ocorrências e tomada de decisões, evoluiu-se, a partir dessa mentalidade, para a empresa como "garante do cumprimento da legalidade ou da adequação da organização ao Direito"[22].

Para além da busca de defesa de interesses revestidos sobre a ética universal, trata-se de "converter em operacionais os novos conceitos de lavagem de dinheiro e de criminalidade organizada, nascidos com a globalização financeira, ou ativados por ela"[23], como bem sintetiza Delmas-Marty. E essa operacionalização, engendrada pelo *criminal compliance*, aposta numa técnica nova, útil e aparentemente sem vítimas, calcada na *prevenção* do crime. Os programas de *compliance*, assim, oferecem uma proteção suplementar à multiplicidade valores em torno dos quais organizam-se as empresas em relação àquela prevista pelas leis penais[24].

3. *Criminal Compliance* e a prevenção do crime

O criminal compliance parte da premissa de que quanto maior o esforço para prevenir o crime, menor o estrago a se remediar, com nítido cariz preventivo-pragmático[25]. Ainda que não se consiga eliminar o crime, a criação de mecanismos de prevenção e detecção de atos ilegais busca reduzir as cha-nces de sua ocorrência ao mesmo tempo que indica o engajamento das sociedades empresariais no seu combate. O *compliance* deve ser compreendido, portanto, como uma estratégia preventiva.

A expressão *compliance*, vinda do inglês, significa simplesmente cumprimento, obediência, observância, execução. Do ponto de vista de seu significado jurídico, *compliance* refere-se a "uma série de condutas (condução de

---

Klaus Volk zum. 65. Geburtstg. München; Verlag C. H. Beck, 2009, pp. 869, *apud* Silveira e Saad-Diniz, "*Criminal Compliance...*", op. cit., p. 609.

[22] Nieto Martín, Adan. *La responsabilidade penal de las personas jurídicas: un modelo legislativo*. Madri: Iustel, 2008.

[23] Delmas-Marty, M. Op. cit., p. 12.

[24] Nesse sentido, Sieber, Ulrich, op. cit., p. 295.

[25] Silveira, Renato de Mello Jorge; Saad-Diniz, Eduardo. "*Criminal compliance:...*", pp. 296-7.

cumprimento) que estimulam a diminuição dos riscos da atividade. Sua estrutura é pensada para incrementar a capacidade comunicativa da pena nas relações econômicas ao combinar estratégia de defesa da concorrência leal e justa com as estratégias de prevenção de perigos futuros"[26], nas palavras de Renato de Mello Jorge da Silveira e Eduardo Saad-Diniz. Entretanto, para além de planificar as condutas esperadas, incentivadas e proibidas, o *compliance* visa fortalecer a capacidade de controle das empresas, por meio da autorregulação, ao mesmo tempo em que pode ser utilizada como critério de atribuição de responsabilidade em caso de ocorrências de delitos relacionadas ao programa.

Ao privilegiar a atuação *ex ante*, com foco na prevenção, enseja-se uma nova forma de atuação dos advogados de prática criminal, fundamentalmente habituados à ação *ex post*. Mas não é apenas o momento de atuação do profissional da área jurídica que foi alterado, é a própria antecipação do fato criminoso quando a empresa especializa-se na prevenção do risco, é a forma de atuação do direito penal (por meio da responsabilidade individual ou da pessoa jurídica, para os sistemas que a preveem) voltada à prevenção, mas substancialmente da forma da empresa gerir os riscos a que está submetida: não os riscos normais de produção, ou os riscos econômicos e comerciais, mas os riscos de, em nome da empresa, alguém delinquir. A premissa adotada, nas palavras de Silveira e Saad-Diniz, é a confiabilidade no mercado, passando-se a se instrumentalizar o sistema repressor-penal, a fim de manter entre os agentes econômicos a "expectativa da veracidade acerca das notícias contábeis veiculadas pelas diversas empresas"[27].

Não por acaso, verifica-se uma ruptura com o direito penal clássico, diante de uma norma que buscava prevenir e punir com prisão crimes capazes de atingir bens jurídicos individuais (núcleo duro do direito penal), ao visar a proteção dos valores fundamentais da convivência social. Ao contrário, vê-se um processo avassalador de criminalização, quando a lei penal é utilizada como forma mais de organizar do que de proteger a convivência, servindo, nas palavras de Miguel Reale Jr., a norma penal como regulamento, sancionando a inobservância a regras de conveniência da Administração Pública com a forma mais gravosa de interferência do Estado[28].

---

[26] Op. cit., p. 302.
[27] Op. cit., p. 296.
[28] Reale Júnior, Miguel. *Instituições de Direito Penal*, vol 1, Ed. Forense, 2002, p. 21.

CRIMINAL COMPLIANCE NO DIREITO BRASILEIRO: APONTAMENTOS E PERSPECTIVAS

É nesta esteira que se verifica o surgimento do direito penal supraindividual[29] como resposta a demandas de tutela de valores coletivos como ordem econômica e meio ambiente, exercendo novas formas de controle, entre elas, o direito administrativo de viés sancionador, responsabilidade penal da pessoa jurídica, sanções alternativas à prisão, relativização das garantias penais e processuais penais.

Um direito que buscava que suas regras fossem obedecidas pelo poder dissuasório das penas passa a punir condutas que não representam crime, numa clara distorção de seus atributos e contribuindo para outra coisa que não o direito penal de *ultima ratio*.

O direito penal volta-se à gestão do risco e a validação das ferramentas de prevenção, por meio dos programas de *compliance*, a serem desenvolvidos e implantados de forma proporcional à exposição ao risco de uma dada empresa ou indústria.

3.1. Programas de *Compliance*

Os programas de compliance devem ser estruturados de modo a informar os valores e normas da empresa, detectar eventuais desvios e sancionar as condutas indevidas praticadas por colaboradores internos ou externos da empresa. Para isso, eles precisam ser construídos de acordo com o risco a que cada área industrial está sujeita, mas também aquela empresa em especial está exposta. Portanto, não há uma solução que seja boa para todo o mundo, inclusive podendo ser muito mais custosa a manutenção de uma estrutura de *compliance* desenhada para riscos mais expressivos se a empresa faz parte de uma indústria menos regulada.

Os programas são estruturados por políticas, processos e atividades, endereçando os principais elementos de riscos na relação com o poder público. São exemplos de políticas, por exemplo, aquelas relativas à oferta e aceite de brindes, proibição de oferta ou recebimento de presentes, atividades promocionais, doações a entidades beneficentes, um código de conduta, a condução de verificação de reputação de fornecedores e contratados em geral para atuar em nome da empresa por meio de *due diligence* de terceiros, entre outros. Em termos de atividades, desempenhadas em sua maioria pela área interna de *compliance*, podemos citar treinamentos de políticas específicas, como política

---

[29] Silveira, Renato de Mello Jorge. *Direito penal supra-individual. Interesses difusos.* São Paulo: Revista dos Tribunais, 2003.

DIREITO DOS NEGÓCIOS APLICADO

anticorrupção, ou de prevenção de condutas anticoncorrenciais, ou de prevenção à lavagem de dinheiro, as atividades para operação de um canal confidencial anônimo (*hotline*), para comunicação de ocorrências relacionadas à área de compliance, auditoria das próprias atividades do programa, entre outras. Os processos, por exemplo, seriam os relacionados à constituição de um Comitê de *Compliance*, de investigação de condutas indevidas, de criação de *investigation teams* (interno, misto ou externo).

Os elementos que integram um programa de *compliance* conforme o entendimento do Departamento de Justiça dos EUA podem ser encontrados no *Resouce Guide to the U.S. Foreing Corrupt Practices Act*[30], que pode inclusive auxiliar autoridades daquele país a identificar as boas práticas aceitas em sua execução.

Sistemas de controle adequados à prevenção já se encontram previstos em relação à lavagem de dinheiro, contando o poder público com a cooperação das entidades financeiras e demais empresas e profissionais elencados nas normas do COAF que possibilite o rastreamento das operações suspeitas. Trata-se do mesmo procedimento previsto no direito alemão quando os deveres de organização da empresa são complementados pelos deveres de comunicação de negócios suspeitos à autoridade estatal que fiscaliza a prestação de serviços financeiros.

O imposição do dever de cooperação representa, assim, um elemento de confusão entre os interesses privados e os deveres públicos, no que se chamou de "regulação autorregulada", uma perspectiva que comunica à entidade intermediária que a ela também interessa essa multifiscalização praticada, incentivada e devida no âmbito dos fluxos financeiros, mas cujo escopo vai cada vez mais se alargando, no que se identifica uma regulação privada com efeito vinculante ao sistema jurídico estatal (*enforced self-regulation*). Nas palavras de Sieber, isso confirma que as leis aplicáveis e em vigor para os programas de *compliance* estão, no âmbito ora delimitado, vinculantes e não raro sancionáveis e isso vale não apenas para as sanções penais, mas também no que diz respeito às regras procedimentais das autoridades administrativas[31], igualmente aplicáveis no caso brasileiro.

Pela primeira vez previu-se diretamente vantagens às empresas que possuíssem programas de *compliance* bem estruturados e aplicados de boa-fé, sendo uma das principais novidades trazidas pela Lei n. 12.846/2013 (chamada

---

[30] Disponível em http://www.justice.gov/criminal/fraud/fcpa/guide.pdf (Acesso 15.08.2014)

[31] Sieber, Urich, op. cit., p. 300.

CRIMINAL COMPLIANCE NO DIREITO BRASILEIRO: APONTAMENTOS E PERSPECTIVAS

Lei Anticorrupção). Nos termos do art. 7º, inciso VIII, de referido diploma, para a aplicação da sanção, *"a existência de mecanismos e procedimentos internos de integridade, auditoria e incentivo à denúncia de irregularidades e a aplicação efetiva de códigos de ética e de conduta no âmbito da pessoa jurídica"*, numa referencia textual aos programas de compliance, conforme já estruturados em diversas empresas multinacionais. A regulamentação dos critérios para redução das sanções será feita pelo Poder Executivo federal, conforme prevê o parágrafo único do art. 7º.

A possibilidade de as empresas que tiverem um programa de *compliance* creditarem-se em caso de violações a determinadas leis é uma estratégia, como forma de incentivo, a que a iniciativa privada oriente-se pelos benefícios públicos e privados que as atividades desenvolvidas no âmbito do programa podem representar. O famoso caso do Banco Morgan Stanley representa a aplicação máxima dos benefícios que podem ser atribuídos a um programa de *compliance* bem estruturado e aplicado (muito embora outros fatores relacionados à autoria e imputação não pudessem ser atribuídos aos representantes do banco). O caso refere-se a um diretor do banco que atuava à frente de um fundo chinês na área de assessoria e investimentos imobiliários, responsável por negociar, avaliar, gerir e vender investimentos em bens imobiliários dos fundos do banco. Secretamente, esse diretor (Peterson) possuía uma amizade e um relacionamento comercial com um antigo dirigente de uma empresa estatal chinesa, Yongye Enterprise, que assessorava o fundo em Shangai. Entre os anos de 2004 e 2007, Peterson escondeu dos controles internos que ele teria ganho US$ 1,8 milhão de dólares pagos a ele e ao seu parceiro por comissões por negócios evidentemente em conflito de interesse. O oficial chinês também favoreceu Peterson e o banco em troca de negócios fechados por Peterson.

O Advogado-Geral Assistente para o caso, nos Estados Unidos, Lanny Breuer, afirmou que: "o Sr. Peterson admitiu (...) que ele ativamente procurou fugir dos controles internos do Morgan Stanley em um esforço de enriquecimento privado dele e do funcionário público chinês. Como Diretor-Gerente do Morgan Stanley, ele tinha a obrigação de aderir aos controles internos da empresa; ao contrário, ele mentiu e enganou o quanto pode para seu benefício pessoal. Por causa de sua conduta corrupta, ele enfrenta uma prisão iminente". No comunicado à imprensa, o Departamento de Justiça Norte-Americano mais uma vez ressaltou a importância dos controles internos afirmando que: considerando diversos fatos, entre os quais o de que "Morgan Stanley construiu e manteve um sistema de controle interno que fornece razoável garantia de que seus empregados não corrompem funcionários públicos, o Departamento de Justiça desistiu de apresentar qualquer acusação contra o banco relacionado à conduta de Peterson"[32]. No mesmo sentido, a *Security and Exchange Comission* ressaltou diversas atividades do programa de *compliance*, como treinamentos, lembretes de que os funcionários da Youngye seriam considerados funcionários públicos para efeitos do FCPA, etc.

Finalmente, a decisão pela não acusação criminal descreveu pormenorizadamente os controles internos do banco, afirmando o Departamento de Justiça em seu comunicado à imprensa que essa decisão baseou-se no comunicação voluntária do caso, na sua cooperação ao longo das investigações e na pré-existencia de seu programa de *compliance*.

Resta-nos refletir, com base na estrutura de *compliance* empresarial e no quadro legal que se encontra, se existem condições de se exonerar a empresa e seus colaboradores das condutas detectadas e reportadas, ou, o mais provável, identificar como essa ferramenta contribui na forma de atribuição de responsabilidade.

3.2. Responsabilidade penal individual e da empresa

Embora o *compliance* tenha por objetivo prevenir a ocorrência das condutas ilícitas de repercussão na vida empresarial, do mesmo *compliance* podem defluir condições para a reponsabilidade penal, civil e administrativa, mas também para sua atenuação[33]. Para avaliar essa questão, Helena Regina Lobo da Costa e Marina Pinhão Coelho Araújo, em seu artigo sobre o *"Compliance* e o Julgamento da APn 470[34], entendendo que os programas de *compliance*, pensados para atuarem na prevenção de condutas ilícitas, repercutem tanto na esfera da pessoa jurídica quando da pessoa física, discutem no artigo a responsabilidade penal do *compliance officer*, tal qual aventado no referido julgamento.

O *compliance officer* exerce o papel de zelar pela construção de um sistema de controle interno capaz de detectar os riscos principais a que a empresa possa estar sujeita de violar as normas internas e públicas, prevenir sua ocorrência e

---

[32] Conforme a publicação que pode ser encontrada em http://ethisphere.com/wp-content/uploads/2014/05/Effective-Compliance-Program-Helps-Investment-Bank-Avoid-FCPA-Criminal-Charges.pdf (Acesso 05.08.2014)

[33] Conforme expõe Daniel Moskowitz, *"because a corporation can be stuck with criminal liability for the activities of its employees only if the employees were not merely feathering their own nests but meant their action to make things better for the company, a Strong corporate stance against lawbreaking may be convincing evidence that the wrongdoing executive could not have had the company's interests in mind"*, in "Compliance Programs Could Help Companies Avoid Criminal Prosecution", *The Washington Post*, 23.04.1990.

[34] *RIBCCRIM*, Ano 22, vol. 106, jan-fev/2014, pp. 215-230.

indicar os "remédios" corporativos para tanto, colocando em prática o programa de *compliance* desenvolvido para a empresa. É, portanto, uma peça chave, mas ao final ele não é o responsável por tudo de indevido que a empresa possa fazer, do contrário essa pessoa seria "o executivo principal da empresa e não apenas uma área de assessoria na administração. Na maioria das estruturas administrativas, o *compliance officer* não tem sequer conhecimento das decisões tomadas pelo alto comando, e não tem poder de veto no que se refere a estas decisões"[35]. Como, então, poderia ser responsabilizado penalmente, já que esta deflui de condutas concretas e não de presunções automáticas de responsabilidade?

Na APn 470 o diretor de *compliance* foi denunciado e condenado por gestão fraudulenta e lavagem de dinheiro ao passo que a superintendente de *compliance* não foi denunciada, colaborando como testemunha, pois entendeu o relator que a responsabilidade do superior hierárquico, por sua própria posição, era mais relevante para a conduta apurada. De toda forma, a análise do caso sempre deverá passar muito mais pelo que poderia ou não fazer o *compliance officer* naquela dada estrutura e não pelo que ele deveria, em termos teóricos. Não seria possível criar um método de atribuição de responsabilidade penal sem verificar as características específicas de sua função e da capacidade e dever de agir, em termos concretos, mas também se o próprio programa de *compliance* possui uma estrutura que permita que as ocorrências mais sérias sejam deliberadas pelas pessoas que poderiam evitar sua ocorrência, demonstrando boa-fé da empresa na gestão de seus problemas. Um programa de *compliance* será tanto melhor elaborado quanto mais difícil for causar um resultado pela infração do dever de cuidado ou de contrariar os deveres, no caso dos delitos culposos, conforme Sieber.

Por outro lado, a responsabilidade individual em relação aos programas de *compliance* não é apenas marcada pela ação, mas também pela omissão, "especialmente na medida em que o direito e os deveres de cuidado correspondentes podem ser observados pela elaboração de programas de *compliance*"[36]. Funcionariam os profissionais dedicados ao *compliance* de uma empresa na mesma posição de garante previsto pela norma penal, em vista da "responsabilidade pelo domínio do negócio", ou a "omissão no dever de cuidado"? Para Siber, os programas de *compliance* apenas teriam um papel a cumprir em relação à responsabilidade individual no caso de delitos contra as empre-

---

[35] Op. cit., p. 223.
[36] Sieber, Ulrich. Op. cit., p. 302.

sas no âmbito dos crimes dolosos (inclusive permitindo a assunção de riscos permitidos – p.ex., negócios especulativos). No caso de crimes culposos, por meio da infração do dever de cuidado, pela inobservância pelo autor frente ao dever de cuidado exigido.

Para a punição da empresa, não com base na legislação penal, mas na norma civil, identifica-se a falta da empresa com base no não cumprimento de um dever de cuidado. Tiedeman foi um dos precursores a analisar a forma de culpabilidade das organizações a justificar as sanções a elas imposta[37]. Assim, a fundamentação material para a pena de multa (ou outra sanção) à empresa e a reprovação baseada na sua "responsabilidade" não se situa, conforme Tiedeman, na infração do empregado, mas sim na indiferença em relação à necessária precaução da empresa para com o comportamento conforme a norma[38].

Finalmente encontra-se o modelo da responsabilidade penal da pessoa jurídica prevista na legislação espanhola, seguida de diversas manifestações que vêem nesse movimento um caminho sem volta. A alteração do Código Penal espanhol por meio da Lei Orgânica 5/2010 de 22 de julho introduziu a responsabilidade penal da pessoa jurídica, retirando a exclusividade dos seres humanos como sujeitos do sistema jurídico-penal espanhol, aproximando o sistema continental europeu da família do *Common Law*[39]. Assim, prevê a lei espanhola:

> "Artículo 31 bis
> 1. En los supuestos previstos en este Código, las personas jurídicas serán penalmente responsables de los delitos cometidos en nombre o por cuenta de las mismas, y en su provecho, por sus representantes legales y administradores de hecho o de derecho.
> (...)
> 4. Sólo podrán considerarse circunstancias atenuantes de la responsabilidad penal de las personas jurídicas haber realizado, con posterioridad a la comisión del delito y a través de sus representantes legales, las siguientes actividades:
> a) Haber procedido, antes de conocer que el procedimiento judicial se dirige contra ella, a confesar la infracción a las autoridades.

---

[37] Eser; Thormundsson (org.), *Old ways and new needs in criminal legislation*, Eigenverlag Max-Planck-Insitut für ausländisches und internationales Strafrecht: Freiburg,1989, p. 157.

[38] Sieber, Ulrich. Op. cit., p. 304.

[39] Furtado, Regina Helena F. F., "A importância do compliance no novo direito penal espanhol", *BIBCCRIM*, ano 20, n. 235, junho/2012, p. 11.

CRIMINAL COMPLIANCE NO DIREITO BRASILEIRO: APONTAMENTOS E PERSPECTIVAS

b) Haber colaborado en la investigación del hecho aportando pruebas, en cualquier momento del proceso, que fueran nuevas y decisivas para esclarecer las responsabilidades penales dimanantes de los hechos.

c) *Haber procedido en cualquier momento del procedimiento y con anterioridad al juicio oral a reparar o disminuir el daño causado por el delito.*

d) *Haber establecido, antes del comienzo del juicio oral, **medidas eficaces para prevenir y descubrir los delitos que en el futuro pudieran cometerse con los medios o bajo la cobertura de la persona jurídica.***"(grifo nosso)

A normativa penal espanhola, assim, passa a prever a responsabilidade penal da pessoa jurídica por delitos cometidos por estas, em seu nome ou em seu proveito, por seus representantes, considerando como atenuantes, entre outras ações, a manutenção de programas eficazes à maneira de programas de *compliance.*

Trata-se de uma tendência inexorável, que cedo ou tarde chegará ao ordenamento brasileiro. A despeito das críticas que parte da doutrina penal tem apresentado a respeito desse novo instituto, o ponto de não retorno foi ultrapassado e não se pode conceber o direito penal do futuro sem a introdução da possibilidade de atribuir responsabilidade penal a pessoas jurídicas.

No Brasil, a referida Lei Anticorrupção, inovou ao instituir responsabilidade civil e administrativa de pessoas jurídicas pela prática de atos contra a administração pública, nacional ou estrangeira, mas não foi além disso.

4. *Criminal compliance* nas leis nacionais

Uma nova forma de atuação do profissional da área criminal impõe-se diante dessa nova realidade: não mais a atuação contenciosa, de defesa dos direitos dos réus, *a posteriori*, mas uma nova interação entre as áreas de controle da atividade empresarial: econômica, tributária e financeira com a área penal, que atue na avaliação dos riscos, com foco na prevenção, ou seja, *ex ante*. Em parte por conta do que abordamos no início deste trabalho, influenciado por um movimento do direito penal, de caráter expansivo e que tende a ostentar uma ética mundial, seja a dos negócios, seja a dos direitos humanos universais, em parte pela regulamentação acentuada dos negócios e seus reflexos penais, mas que finalmente levará a construção de novas bases para o direito penal, para a aceitação da responsabilidade criminal para as empresas no campo econômico-financeiro. Nas palavras de Silveira e Saad-Diniz, com o *compliance*, "a decisão jurídica leva em consideração a expectativa negocial, tornando-se instrumento de controle penal"[40], num alargamento do campo penal que integrará em definitivo o setor empresarial.

4.1 Aspectos gerais

Conforme bem sintetizado por Silveira e Saad-Diniz, a integração das perspectivas trazidas pelo *compliance* ao direito penal traz de forma clara duas inovações, ou melhor, a indicação de dois processos em curso: a ampliação da responsabilidade da pessoa jurídica e novas formas de responsabilidade penal do agente infrator, alertando para o fato de que um regramento que pode ser apenas preventivo de início acabe por se tornar essencialmente repressivo, sem que isso cause maiores questionamentos.

Atualmente a responsabilidade penal da pessoa jurídica em nosso ordenamento limita-se aos crimes ambientais, embora a Constituição Federal de 1988 tenha expressamente previsto, no art. 173, § 5º, que a lei, sem prejuízo da responsabilidade individual dos dirigentes da pessoa jurídica, estabelecerá a responsabilidade desta, sujeitando-a às punições compatíveis com sua natureza, nos atos praticados contra a ordem econômica e financeira e contra a economia popular. O legislador infraconstitucional, no entanto, limitou-se a regular a responsabilidade penal da pessoa jurídica apenas em relação aos crimes ambientais. Com efeito, a Lei n. 9.605/1998 (Lei dos Crimes Ambientais) permitiu que a pessoa jurídica fosse ré de processo para apuração de crime ambiental em conjunto com a pessoa física que tivesse participado do delito[41].

Conquanto seja uma realidade que bate à porta, a missão do penalista ainda será a de realizar uma política de contenção de danos, não permitindo que o direito penal seja posto em ação para um uso abusivo, de modo a permitir a punição para além do necessário[42], mas igualmente, que a complexidade das estruturas empresariais torne imperscrutável todas as ações criminosas que sejam tomadas em seu nome.

Nesse sentido, no plano dos chamados crimes empresariais, há grande dificuldade de identificar a responsabilidade individual, tendo em vista que organizações corporativas são instituições fechadas, complexas e opacas. Além

---

[40] Op. cit., pp. 305 e ss.

[41] Para Shecaira e Andrade, o legislador perdeu a oportunidade de criar hipóteses minorantes e excludentes de responsabilidade corporativa no caso de medidas internas de prevenção terem sido adotadas a partir de programas internos eficientes de ética preventiva – programas de *compliance*. Op. cit., p. 2.

[42] Silveira e Saad-Diniz, "*Criminal compliance...*", op. cit., p. 323.

disso, em razão da crise do Estado Social, a capacidade de regular, supervisionar e sancionar âmbitos tão complexos se tornou insuficiente, impraticável e sujeita a enormes equívocos.

Há, no âmbito corporativo, uma espécie de irresponsabilidade organizada, em razão da divisão do trabalho, da delegação das funções em cadeia, da descentralização e da compartimentação de tarefas. Bem por isso, Renato Silveira e Eduardo Saad Diniz afirmam que "os casos de uma criminalidade praticada na empresa, são, pela própria estrutura empresarial, horizontal e verticalmente estruturada, os mais complexos em termos de atribuição de responsabilidades"[43].

Para combater essa irresponsabilidade organizada, surgiu o conceito de Governança Corporativa, que se lastreia na ideia de um mínimo ético na atividade empresarial, de modo a assegurar a confiabilidade no mercado pela afirmação de boas práticas de cidadania corporativa. A Governança Corporativa possui quatro eixos principais

- *Fairness* (integridade)
- *Disclosure* (transparência)
- *Accountability* (prestação de contas)
- *Compliance* (respeito às normas)

Daí porque o alastramento das políticas de *compliance* trazem em seu rastro o modelo que consagra a responsabilidade penal da pessoa jurídica – trata-se de uma tendênca mundial irreversível, como dito acima. Não se deve mais questionar se essa nova forma de responsabilidade será ou não implementada, mas de saber quando isso acontecerá. Cedo ou tarde, essa será a inescapável realidade de um mundo em que a fonte normativa do direito penal deixa de ser o direito interno, respaldada cada vez mais pelo direito internacional[44].

Mas a opacidade de que se reveste a estrutura decisória empresarial não é menos opaca do que as próprias formas de resolver os problemas criminais,

---

[43] Op. cit., pp.322 e ss.

[44] Relevante recordar que no Congresso ainda tramita o Projeto de Lei 1.142/2007 que tipifica o crime de corrupção das pessoas jurídicas em face da Administração Pública (art. 1º), considerando "atos de corrupção das pessoas jurídicas, oferecer ou prometer, por decisão de representante legal ou contratual ou de seu órgão colegiado, diretor, gerente, procurador ou interposta pessoa vantagem indevida a funcionário público ou agente político de quaisquer dos três Poderes da República, para determiná-lo a praticar, omitir, retardar ou condicionar a prática de ato de ofício, em seu nome, interesse ou benefício de sua entidade".

DIREITO DOS NEGÓCIOS APLICADO

como reconhecido no caso do sistema norte-americano. Diante dos enormes prejuízos que podem advir de uma condenação criminal, incluindo perda de licenças operacionais, contratos governamentais e danos à reputação, a única opção realística é a de firmar acordo com os órgãos acusadores, "mesmo se houver boas chances de serem absolvidos. Há quem entenda que isso dá aos procuradores excessivo poder, e que os acordos parecem mais uma forma de chantagem", chegando-se a afirmar que a mera existência de uma acusação força uma negociação que pode levar a toda uma nova construção do direito, na expressão que foi cunhada como *"regulation through prosecution"*[45]. A nosso ver, nada mais avassalador.

4.2 A lei de lavagem de dinheiro e o *criminal compliance*

Na legislação brasileira o tema do *compliance* foi inserido pela Lei n. 9.613/98, com a redação dada pela Lei no 12.683/2012, por meio das previsões de delitos de infração de dever. Diversas empresas, em sua maioria multinacionais, já tinham experiência com *compliance* em função da aplicação extraterritorial de diversas legislações internacionais, como as disposições de anticorrupção e de contabilidade do FCPA norte-americano, regulações de prevenção à lavagem de dinheiro, como o Comitê da Basiléia sobre a supervisão do sistema bancário e seus princípios e recomendações, entre outros. A lei, assim, cria um dever de colaboração com "as investigações de lavagem de dinheiro (deveres de *compliance*) e de criar sistemas de controle interno que previnam práticas de corrupção, de lavagem de dinheiro e de outras condutas que possam colocar em risco a integridade do sistema financeiro"[46].

O *Criminal Compliance* surge com tripla finalidade: prevenção, detecção e comunicação. Trata-se de implementar modelos de organização empresarial de cunho preventivo cujo objetivo é antecipar-se aos riscos produzidos pela atividade da empresa, buscando evitar sua responsabilização. Funciona como uma resposta à "irresponsabilidade organizada" (diluição do domínio individual nos processos corporativos).

Essa interação entre o direito penal de cariz repressivo (*ex post*) e compliance, que possui finalidade preventiva, busca incrementar a capacidade comunicacional da pena nas relações econômicas por meio da delimitação

---

[45] *The Economist*, op. cit., p. 24.
[46] Saavedra, Giovani. "Reflexões iniciais sobre *criminal compliance*", *Boletim IBCCRIM* 218, jan. 2011, pp. 10-12.

do comportamento decisório no âmbito corporativo (critérios gerenciais de relações com riscos).

Surge então a combinação da defesa da concorrência leal e justa com a prevenção de riscos futuros, que caracteriza o *criminal compliance* como uma autorregulação regulada, um modelo intermediário entre a intervenção estatal pura e o modelo liberal absoluto, que permite uma estratégia regulatória diferenciada por meio da interação funcional entre o sistema regulador estatal e os sistemas reguladores privados. Nesse sentido, vale-se da imposição de obrigações legais especiais de adotar medidas de controle, com a criação de estruturas de estímulo à redução de riscos[47].

Um dos pilares centrais do *criminal compliance* é, precisamente, o dever de cooperação privada, que abrange, entre outras, as seguintes obrigações:

- Registro e manutenção de cadastros com informações sobre clientes e operações
- Comunicação às autoridades competentes de atos e transações suspeitas
- Políticas de prevenção
- Ampliação da responsabilidade da pessoa jurídica
- Dever de colaborar com investigações e de criar sistemas de controles internos de prevenção à corrupção, lavagem de dinheiro, financiamento do terrorismo e de outras condutas que possam colocar em risco a integridade do sistema financeiro

Com o advento da Lei 9613/98, foram introduzidas novas formas de ampliação da responsabilidade penal do agente infrator, especialmente por intermédio dos chamados crimes de infração do dever, em que prepondera o conceito de domínio normativo, a saber, a posição jurídica de garantidor em razão do papel institucional. Exige-se uma solidariedade especial ou qualificada, da qual decorrem deveres positivos e negativos. O Estado prepara, assim, um arsenal de normas a atingir intermediários na transferência de ativos, justificando a regulamentação de diversas atividades, em sintonia com o quanto referido a respeito das exigências de controles, seja pelo Conselho

---

[47] Conforme Barbosa, Julianna N.T. "Programas de *compliance* na lei 12.846/2013", *Boletim IBCCRIM 255*, fev. 2014, pp. 9/10.

Monetário Nacional[48], seja pelo Banco Central[49], Comissão de Valores Mobiliários[50], ou pelo Conselho de Controle de Atividades Financeiras[51] do Ministério da Fazenda.

A importante alteração implementada pela Lei n.º 12.682/2012 suprimiu o rol de crimes antecedentes (*numerus clausus*) por meio de uma cláusula demasiadamente aberta, na qual se inserem como passíveis de gerar lavagem de dinheiro quaisquer delitos – inclusive as contravenções penais, chamadas de crime-anão. A preocupação preventiva, que se traduz em tipificações

[48] O Conselho Monetário Nacional, seguindo as recomendações presentes nos 13 Princípios concernentes à Supervisão do Sistema Bancário que tem como fundamento a ênfase na necessidade de Controles Internos efetivos e a promoção da estabilidade do Sistema Financeiro Mundial, publicou a Resolução nº 2554/98, que dispõe justamente sobre a implantação e implementação de sistema de controles internos. Em 2002, após a falência da Enron (2001) e recuperação judicial da WordCom (2002) por falhas nos controles internos e fraudes contábeis, o Congresso Americano publica o *"Sarbanes-Oxley Act"*, que determinou às empresas registradas na SEC (*Securities and Exchange Commission*) a adoção das melhores práticas contábeis, independência da Auditoria e criação do Comitê de Auditoria, mesmo ano em que o Conselho Monetário Nacional publicou a Resolução 3056 que altera a resolução 2554 dispondo sobre a atividade de auditoria sobre Controles Internos. Com a Resolução 3198 de 2003, o Conselho Monetário Nacional regulamenta a auditoria independente e a instituição do Comitê de Auditoria, com funções semelhantes àquelas publicadas pelo *"Sarbanes-Oxley Act"*.

[49] O BACEN, em 2002, emite a Carta-Circular 3098 que dispõe sobre a necessidade de registro e comunicação ao BACEN de operações em espécie de depósito, provisionamentos e saques a partir de R$100.000,00 (cem mil reais), revogada em 2009 pela Carta-Circular 3409. Atualmente encontram-se em vigor que tratam de sistema de inteligência e informação de atividades suspeitas de lavagem de dinheiro, as Cartas-Circular do BACEN n. 3461 de 2009 (com redação dada pela Circular 3654/2013), que consolida as regras sobre os procedimentos a serem adotados na prevenção e combate às atividades relacionadas com os crimes previstos na lei de lavagem de dinheiro, e a 3542 de 2012, que estabelece a relação de operações e situações que podem configurar indícios de ocorrência dos crimes previstos na Lei no 9.613, de 3 de março de 1998. Prevê-se, especificamente, a Carta-Circular BACEN 3461/09, que as "instituições financeiras e demais instituições autorizadas a funcionar pelo Banco "Central do Brasil devem implementar políticas, procedimentos e controles internos, de forma compatível com seu porte e volume de operações, destinados a prevenir sua utilização na prática dos crimes de que trata a Lei no 9.613, de 3 de março de 1998". E que estas, nos termos do art. 6º devem manter registros de todos os serviços financeiros prestados e de todas as operações financeiras realizadas com os clientes ou em seu nome.

[50] A exemplo da Instrução CVM Nº 301, de 16.04.1999, com alterações introduzidas pelas Instruções CVM Nº 463/08, 506/11, 523/12 e 534/13, de 04.06.2013.

[51] A exemplo das Resoluções n. 24, referente a "procedimentos a serem adotados pelas pessoas físicas ou jurídicas não submetidas à regulação de órgão próprio regulador que prestem, mesmo que eventualmente, serviços de assessoria, consultoria, contadoria, auditoria, aconselhamento ou assistência", da Resolução n. 25, para as "pessoas físicas ou jurídicas que comercializem bens de luxo ou de alto valor ou intermedeiem a sua comercialização", e da Resolução n. 26, referente a "pessoas jurídicas que exerçam atividades de promoção imobiliária ou compra e venda de imóveis".

voltadas a antecipar prospectivamente a punibilidade, ganhou ainda mais destaque. A esse propósito, a alteração operada no art. 1º, par 2º, inc. I, da Lei n. 9.613/2012 pela Lei 12.682/12, traduz essa ênfase do legislador na redução preventiva dos riscos.

Isso porque referido dispositivo legal teve sua redação alterada, a fim de abarcar não apenas o dolo direto (já contemplado na redação original, *verbis* "utiliza, na atividade econômica ou financeira, bens, direitos ou valores que sabe serem provenientes de qualquer dos crimes antecedentes referidos neste artigo"), mas também o dolo eventual ("Incorre na mesma pena quem utiliza na atividade econômica ou financeira, bens, direitos ou valores provenientes de infração penal").

A partir dessa alteração legislativa, surge uma interpretação possível capaz de operar a equiparação da responsabilidade administrativa à penal, diretamente relacionada ao descumprimento dos deveres de cuidado, proteção e vigilância que sujeita as pessoas obrigadas pela lei a evitar desvios. A simples infração de dever, de acordo com essa exegese, equivale à assunção de responsabilidade penal, o que representa verdadeira superação do dolo eventual[52].

Essa equiparação normativa entre a responsabilidade pela gestão societária e a responsabilidade penal traduz estratégia normativa com o objetivo de garantir o cumprimento de deveres especiais vinculados ao desempenho de papéis jurídico-econômicos[53], cujo pilar central é o conceito de "ação com déficit de organização ou monitoramento".

Tomando por base a legislação espanhola, Blanco Cordero afirma que "o mero descumprimento de obrigações não dá lugar diretamente a sanções penais", sendo que para a plena equiparação entre ação e omissão, é necessário que no caso concreto exista obrigação legal ou contratual de atuar ou que tenha havido uma ação prévia criadora ou incrementadora de risco (ingerência), para ao final concluir, *verbis*: "da normativa administrativa que impõe determinados deveres aos sujeitos obrigados, entre os quais se destaca a comunicação das operações com indícios ou certeza de que estão vinculados à lavagem de dinheiro, se deriva uma 'posição de garante' penal, segundo o art. 11 CP"[54].

---

[52] Silveira e Saad-Diniz, "*Criminal compliance...*", op. cit., p. 317.
[53] Feijoo Sánchez, Bernardo. *Cuestiones actuales de derecho penal económico*. Montevideo: B de F, 2009, p.231-232, apud Silveira e Saad-Diniz, "*Criminal compliance...*", op. cit., p. 315.
[54] *El delito de blanqueo de capitales*, pp. 831/834.

5. Conclusão e questionamentos

Nos Estados Unidos, com tradição consolidada de processar criminalmente empresas, o Juiz Jed Rakoff, em palestra amplamente divulgada nas mídias sociais, sustenta que o foco das punições deve ser nos indivíduos e não nas empresas, ao mesmo tempo em que estudiosos afirmam que as multas bilionárias aplicadas pelo Departamento de Justiça em acordos com os procuradores, ao invés de trazer à tona a prática indevida e que causou enormes prejuízos, com uma inequívoca condenação criminal após o devido processo legal, representa uma falha moral e fática[55].

Lá o problema é do excesso de normas (estimada, em 1991, em 300 mil leis e regulamentos com punições criminais às empresas), do volume das punições (só do Departamento de Justiça, US$ 5,5 bilhões em 2013), da falta de controle do ganho social com a aplicação das medidas de criminalização dos negócios. Afirma o Vice-Advogado-Geral, Larry Thompson: "não importa quão perfeito sejam seus esforços corporativos de *compliance*, não importa quão íntegra seja sua força de trabalho, não importa o quão duro se tente, grandes empresas hoje são alvos móveis para a responsabilidade penal"[56]. Nossa realidade ainda é bastante diferente, mas não se pode dizer que a tendência não seja a expansão de sistemas repressivos cada vez mais em convergência.

A nova conformação normativa que traz em seu bojo o protagonismo da orientação preventiva, de que o *compliance* é produto direto. Nesse contexto o princípio da confiança passa a ocupar um papel central, uma espécie de regra reitora da atividade empresarial. Na divisão horizontal e vertical do trabalho nas organizações empresariais, definições a respeito da distribuição de papéis, da determinação dos deveres de controle do risco, da delimitação de responsabilidades e da divisão do trabalho tendo em conta a distribuição de deveres de cuidado nos casos de tarefas coletivas, passam à condição de critérios decisivos na aferição da responsabilidade penal, tanto do indivíduo, quanto da empresa.

A pergunta que deve ser feita é: até onde é legítimo confiar?

A resposta deve levar em conta que o nível de confiança permitido no âmbito da empresa depende da posição ocupada e que nos casos de divisão vertical do trabalho, o princípio da confiança tem um alcance muito mais

---

[55] "A mammoth guilt trip", *The Economist*, 30 de Agosto a 5 de setembro de 2014.
[56] Op. cit., tradução livre, p. 22.

limitado para o superior hierárquico do que nos casos de divisão horizontal, nos quais há relação de igualdade.

De todo modo, esse é um campo de estudo muito recente. A despeito dos problemas teóricos e práticos, muitos dos quais já apontados pela doutrina, a tendência é que essa orientação se consolide e cabe aos estudiosos formular aportes críticos visando o aperfeiçoamento dessa nova forma de intervenção. Conquanto as críticas não sejam poucas, fato é que a nova prática criminal empresarial obriga a empresa não só a buscar o cumprimento estrito da legalidade, mas também a desenvolver e comprovar uma cultura empresarial ética.

Estruturação de Investimentos em *Startups* – Aspectos Legais e Negociais

Adriana Piraíno Sansiviero
Lutfe Mohamed Yunes

Resumo

O presente artigo discute o conceito de *startup* e em que sentido a constituição deste tipo de empresa se diferenciaria da constituição de empresas "comuns", ou seja, aquelas que não se enquadram na conceituação de *startups*. Destaca também elementos que são bastante característicos e comuns à maioria das *startups*, sendo o principal deles a frequente necessidade de atração de investidores para a viabilização do empreendimento. Sucede que empreendedores que fundam uma *startup* e investidores dispostos a nela aportar recursos têm, por razões óbvias, interesses distintos que necessitam ser equilibrados para que o negócio seja bem sucedido. Nesse sentido, destaca os principais interesses e preocupações dos empreendedores e investidores e a necessidade de uma união de esforços de ambos os lados e dos seus respectivos assessores legais para que se chegue a um consenso e se produzam documentos detalhados, objetivos e que equilibrem os interesses das partes. Conclui afirmando que havendo equilíbrio tem-se uma situação típica de "ganha-ganha", sem perdedores, em que as partes estarão satisfeitas e dispostas a cooperar para o sucesso do empreendimento, minimizando-se as chances de conflitos e, comumente, o fracasso da *startup*.

DIREITO DOS NEGÓCIOS APLICADO

Qualquer profissional atuante do mundo corporativo, jurídico ou mesmo contábil já ouviu falar da expressão *startup* como, de alguma forma, associada ao conceito de empreendedorismo, mas, de fato, será que conseguimos definir com precisão o que a expressão significa e como diferenciá-la de um processo de abertura de uma empresa "comum"?

Nos países onde o inglês é a língua nativa, *startup* sempre significou, ordinariamente, qualquer empresa recém-constituída e em seu estágio inicial de funcionamento. No entanto, a expressão *startup* tal como concebida hoje, e a ideia por trás dela, surgiu nos Estados Unidos e ganhou força na época da bolha das "ponto.com".

A expressão era utilizada pelas pessoas que trabalhavam em novos empreendimentos com ideias inovadoras, em especial no segmento de tecnologia da informação, buscando gerar maior e mais rápida valorização do capital investido e, consequentemente, maior retorno financeiro para seus sócios e investidores.

Assim é que a expressão *startup* tornou-se globalmente sinônimo da criação e início de funcionamento de novas empresas, mas não de qualquer tipo empresa, posto que os elementos referentes a inovação, risco e ganhos financeiros em escala também fazem parte do conceito de uma *startup*.

Nesse sentido, sob a ótica do ordenamento jurídico brasileiro, em que difere a criação de uma *startup* da criação de uma nova empresa "comum"?

Não se trata de um trabalho de fácil conceituação, até porque no Brasil tendemos a realizar a "tropicalização" das expressões da língua inglesa sem muito critério.

De qualquer forma, objetivamente, com base em nossa prática profissional jurídica, é possível afirmar que uma *startup* tem como pontos diferenciais em relação à constituição de uma empresa "comum": (i) sua maneira de funcionar e seu objeto social calcados em uma ideia inovadora insculpida em um modelo de negócio próprio e diferenciado; (ii) o perfil empreendedor das pessoas envolvidas na concepção da nova empresa e a participação essencial de investidores e outros parceiros estratégicos; e (iii) o tipo de investidor diferenciado pela caracterização do binômio maior risco em relação ao capital investido e expectativa de maior valorização e melhor retorno financeiro.

Com respeito aos três itens listados acima, fica fácil entender, primeiramente, o que não é uma *startup*, como, por exemplo, a abertura de uma nova empresa, cuja atividade consistirá em uma loja de revenda de roupas fabricadas para o dia-a-dia, em um shopping center, com modelo de negócio e mercadológico focado em elementos ordinários básicos de administração e *marketing* e em uma abrangência comercial de varejo voltada ao público da região do shopping, empresa esta constituída por um profissional que não necessariamente seja um especialista da área, com capital próprio e/ou empréstimos bancários e, por fim, com expectativa de uma taxa de retorno do capital investido limitada ao que já é usual naquele segmento.

Vale ressaltar que nem por isso essa nova empresa é menos ou mais importante do que uma *startup* do ponto de vista econômico, posto que o empreendedor da empresa "comum" de nosso exemplo acima, que investiu em um negócio potencialmente com menor risco (e nenhum risco é pequeno o bastante no Brasil para ser desprezado) e menor expectativa de retorno, é também uma fonte produtora, geradora de empregos, tributos e circulação de riquezas.

Entrando agora na conceituação prática de uma *startup*, aproveitando o exemplo acima, se incluíssemos na maneira de funcionar e mesmo no objeto relacionado ao comércio de roupas, outros elementos de cunho operacional, financeiro, tecnológico e jurídico, conseguiríamos ter e visualizar a maior complexidade do negócio em si e a conceituação prática do que seria uma *startup*.

E que elementos seriam esses?

Vamos lá. Se o objeto de comercialização de roupas estivesse atrelado, por exemplo, ao licenciamento de uma marca de renome, e com respeito à metodologia do negócio, incluíssemos premissas de ganho de escala na produção e desenvolvimento do rol de produtos, geradas por meio de contratos de sublicenciamento com fornecedores, motivando-se também a ampliação dos canais de distribuição e com o envolvimento, necessariamente, de um modelo de administração mais organizado, com um sistema de tecnologia de informação próprio e exclusivo, focado no espelhamento e padronização dos eventos comerciais e de produção, tudo isso desenvolvido por profissionais empreendedores, afeitos a riscos maiores, com aportes de recursos adicionais por meio de investidores privados, os quais se alicerçaram em estudos de profissionais capacitados do meio jurídico, financeiros e/ou mercadológico a fim de mitigar o risco envolvido no negócio (já sabidamente maior), em contrapartida à expectativa de maior retorno do investimento, aí, neste caso, poderíamos dizer que estaríamos diante de uma genuína *startup*.

Como se pode observar, existem aspectos extremamente relevantes nas ciências da administração, economia e *marketing* para conceituação da *startup*, sem prejuízo do Direito entrelaçar e costurar tais elementos para a estruturação jurídica das empresas que assim sejam conceituadas.

Nesse sentido, é essencial irmos ponto a ponto pelos diferenciais que caracterizam uma *startup* para, assim, identificarmos os elementos jurídicos

DIREITO DOS NEGÓCIOS APLICADO

mínimos que delimitam a sua conceituação e que levam a uma forma propositalmente diferenciada de estruturação jurídica.

(i) maneira de funcionar e objeto social calcado em uma ideia inovadora insculpida em um modelo de negócio próprio e diferenciado

Preceitua o Código Civil brasileiro, nos incisos II e III do artigo 104, que a validade do negócio jurídico requer objeto lícito, possível, determinado ou determinável, bem como que haja forma prescrita ou não defesa em lei.

Paralelamente a isso, os operadores do direito societário utilizam-se da classificação nacional de atividades econômicas – "CNAE" – desenvolvida sob a coordenação do Instituto Brasileiro de Geografia e Estatísticas, tendo como referência a *International Standard Industrial Classification – ISIC* da Comissão das Nações Unidas, para descreverem os objetos sociais das sociedades a serem constituídas.

Assim é que o objeto social de uma *startup* não terá nada de muito diferente de uma empresa comum, visto que terá que atender às exigências do Código Civil, assim como ter as atividades nele previstas enquadradas nos CNAEs existentes.

Porém, como visto no nosso exemplo acima, para conceituação de uma *startup* aliamos qualquer objeto social e sua maneira de funcionar, dentro das prerrogativas jurídicas do Código Civil, a um modelo de negócio diferenciado.

Aqui surge então a necessidade de se entender o que seria um "modelo de negócio", a fim de se poder visualizar no que poderia consistir um modelo de negócio "diferenciado" de uma *startup*.

Irani Cavagnoli, especialista pela PUC/SP e graduado em Administração de Empresas (USP), CEO do SEBRAE/SP de 1989 a 1996, em seu blog Gestão e Inovação[1] expõe que especialistas e professores universitários concorrem para tentar definir a expressão "modelo de negócio" para ter uma posição dominante, mas até agora não há nenhuma definição genericamente aceita do termo.

Não obstante, em continuação à difícil tarefa de definição do termo, o Irani Cavagnoli conceitua modelo de negócio como a maneira "como a empresa pretende gerar receitas e construir os meios operacionais que lhe permitam alcançar e manter a lucratividade" e, no mesmo sentido, acrescenta que:

---

[1] http://gestaoeinovacao.com/

ESTRUTURAÇÃO DE INVESTIMENTOS EM *STARTUPS* – ASPECTOS LEGAIS E NEGOCIAIS

"Basicamente, um modelo de negócios é uma estrutura de suporte para a criação de um escopo econômico, social, ou outras formas de valor. Isso pode ser entendido em um sentido amplo ou restrito e pode ser expresso, visualizado e explicado de maneiras diferentes. No nível mais abstrato, um modelo de negócio é uma série de elementos, suas inter-relações. Muitas vezes, envolve descrições dos componentes a seguir apresentados. – Capacidades ou competências essenciais (ativos tangíveis e intangíveis, capacidades, processos); – Proposição de valor para o cliente (produtos e serviços e diferenciação); – Cliente-alvo (segmentos, escopo, necessidades); – Modelo de receitas (preços, formas de precificação); – Canal de distribuição (logística, canais, promoção); – Parcerias (fornecedores, parceiros, posição na cadeia de valor); e – Estrutura de custos (custos fixos e variáveis)."

Para Irani, ainda, um modelo de negócio responde às seguintes perguntas: como são os valores criados, capturados e por quem? Como pode ser capturado o valor criado, controlado e por quem? "Para relacionar esses complementos com a lista acima, gostaria de expandir o conceito de proposta de valor, incluindo os valores oferecidos a todos os *stakeholders*. Gostaria de incluir também os mecanismos de controle utilizados para proteger os valores criados e os riscos de otimização do fluxo de lucro, pelo poder de barganha de parceiros, concorrentes ou clientes poderosos."

Fizemos questão de incluir toda a definição de um especialista na área de administração sobre o termo "modelo de negócio" para demonstrar que a contrapartida dessa definição em termos jurídicos passa necessariamente sobre elementos do direito civil, societário e até trabalhista, já que um modelo de negócio é parte integrante do conteúdo do instituto civil de "estabelecimento" e do seu respectivo "fundo de comércio", bem como engloba as relações contratuais da sociedade com os seus fornecedores, prestadores de serviços e empregados e, por fim, a relação entre os sócios empreendedores, sócios investidores e os administradores da nova sociedade.

E sendo a *startup* caracterizada por um modelo de negócio "diferenciado" – ou seja, um modelo de negócio em que um ou mais dos fatores citados acima são diferentes do convencional no segmento de atuação da empresa – certamente a sua estrutura jurídica, muito embora sob o teto do mesmo ordenamento jurídico da empresa "comum", será de certa forma diferenciada, em especial para permitir que o sócio empreendedor consiga atrair o investidor, buscando-se sempre o equilíbrio dos direitos e deveres de um e do outro.

DIREITO DOS NEGÓCIOS APLICADO

(ii) o perfil empreendedor das pessoas envolvidas na concepção da nova empresa e a participação essencial de investidores e outros parceiros estratégicos

Qualquer negócio é formado por pessoas, seres humanos, e obviamente cada um de nós tem uma personalidade e comportamento distinto e único. Não obstante, é correto afirmar que os empreendedores de sucesso têm características similares no que diz respeito à coragem, criatividade, obstinação e, principalmente, disciplina para obtenção de resultados.

Ocorre que apenas isso não é o bastante para o sucesso de um empreendimento: uma boa ideia de um empreendedor, para se tornar realidade, na maior parte dos casos passa pela captação de recursos de investidores e pela concretização de outras parcerias estratégicas para o preenchimento de lacunas que poderiam levar um empreendimento ao fracasso.

Nesse sentido, os parceiros estratégicos nas áreas jurídica, administrativa, financeira, contábil e de *marketing* são em regra essenciais.

As parcerias para *startups* podem começar até mesmo dentro das universidades, por meio das incubadoras universitárias, onde os empreendedores (alunos e ex-alunos) têm, dentro do ambiente universitário, o suporte e a assessoria necessária para chegarem à maturação necessária para enfrentar o mercado brasileiro, sem cair na triste estatística do SEBRAE sobre o grande percentual de fechamento de empresas ao longo de seu primeiro ano de vida.[2]

De qualquer forma, o mercado evoluiu e o conceito das incubadoras, universitárias ou não, transformou-se em mecanismos empresarias com um viés mais moderno e capitalista. Nesse molde temos as aceleradoras, que contam com profissionais sêniores voltados à assessoria e apoio às *startups* nas diversas

---

[2] Fazendo-se uma analogia com o conceito biológico, o processo de incubação é como se fosse um processo de gestação de uma criança, sendo este um processo mais longo do que o das aceleradoras, conceito descrito mais adiante. Os consultores, normalmente, são os professores da universidade e dedicam tempo em um primeiro momento ao alinhamento administrativo, gestão e finanças da nova empresa. Se necessário, o processo de incubação abarca também uma fase mais adiantada, na qual profissionais de outras áreas, como *design* e publicidade, dão o toque final para empresa seguir mais madura, andando com os próprios pés, na selvageria do mercado brasileiro. Além da consultoria, certas incubadoras dão também o espaço físico para obtenção dos cadastros necessários para funcionamento, como o CNPJ junto à Secretaria da Receita Federal, evitando-se assim um custo com locação de espaço. Para ter a empresa incubada, passa-se, como nas empresas que serão "aceleradas", por um processo de seleção, que contempla uma banca examinadora que avaliará o *business plan* da *startup*, o qual deve incluir, como qualquer *business plan*, estratégia de *marketing* e financeira.

áreas técnicas do mercado, com o diferencial, no que tange à (i) participação destes nos resultados dos investimentos realizados; (ii) um diferente tempo de maturação do projeto, que deve ser mais rápido e também deve gerar resultados mais rápidos; e (iii) um processo de seleção aberto ao público em geral, não limitado aos alunos ou ex-alunos de uma faculdade.[3]

Além das incubadoras e aceleradoras, existem também associações, sem fins lucrativos, especializadas para prestar informações e realizar eventos, sem uma consultoria dedicada, dentro de todas as áreas técnicas já listadas aqui neste artigo, para empreendedores dentro ou fora da conceituação de *startups*.

As *startups* podem também contar com outros tipos de parceiros estratégicos, um deles sendo a prestadora de serviços de consultorias relacionadas à área comercial e de recursos humanos, que analisam o perfil do produto pretendido para definir questões relacionadas à mercadologia do seu produto e logística de seu estabelecimento principal e o perfil dos funcionários contratados, por exemplo, com base no orçamento prévio estabelecido por empresas ou investidores no Brasil ou no exterior.

Outra forma de parceria é aquela prestada por empresas especializadas na gestão propriamente dita das *startups*, com o desenvolvimento operacional direto das áreas jurídicas, comerciais, contábil, administrativa, recursos humanos, tecnologia da informação e de logística da empresa, ou seja, todo *back-office e front-office* (podendo eventualmente incluir o aporte de capitais com base em *um business plan* bem definido). Diferentemente das consultorias e das aceleradoras que não administram o negócio propriamente dito, tais parceiros atuam na administração da sociedade, por meio de celebração de contratos que garantam a gestão e os aportes de investimentos. Estas empresas devem contar com profissionais dedicados de todas as áreas específicas de atuação, haja vista a responsabilidade direta no "manuseio" da administração e investimentos da sociedade.

Finalmente, e tão importante quanto os parceiros estratégicos descritos acima, as *startups* em geral necessitam do aporte de recursos de terceiros dispostos a investir no negócio, já que para elas a captação de recursos junto às instituições financeiras em regra não é uma opção acessível e as coloca em um círculo vicioso: porque estão começando e assim não têm histórico

---

[3] Para eleição para o processo de aceleração, a *startup* deve estar cercada de mais colaboradores, sendo que ajuda muito se a empresa já tiver uma sede, algum tempo de mercado e uma carteira de clientes, ainda que pequena. Por fim, uma excelente apresentação de *Power point e Excel* que vislumbrem o *business plan* é fator determinante para brilhar os olhos das empresas aceleradoras.

DIREITO DOS NEGÓCIOS APLICADO

de crédito para conseguir um financiamento de instituições financeiras no montante necessário para proporcionar seu desenvolvimento, e porque não conseguem o financiamento não conseguem se desenvolver.

A figura do investidor surge para quebrar tal círculo vicioso, trazendo consigo, no entanto, a expectativa – e consequente cobrança em relação ao empreendedor – de melhores retornos em razão do maior risco, como exporemos a seguir.

(iii) o tipo de investidor diferenciado pela a caracterização do binômio maior risco em relação ao capital investido e expectativa de maior valorização e melhor retorno financeiro

Como vimos no item anterior, de um lado temos empreendedores sem acesso às fontes convencionais de financiamento (como instituições financeiras) e que necessitam de recursos, via capital ou dívida, para conseguir colocar em prática seus planos de crescimento e desenvolvimento.

E, de outro lado há os investidores, que podem ser "familiares e amigos" ("*family and friends*"), seguidos pelos tipos já mais organizados, denominados "investidores anjo" e fundos de capital de risco (por exemplo, "*venture capital*" e "*private equity*"), que estão dispostos a tomar maior risco na expectativa natural de obterem maior retorno dos seus investimentos em comparação ao investimento mais conservador.

Os investidores anjo são, normalmente, a fonte inicial de financiamento quando o empreendedor rompe as fronteiras do círculo de familiares e amigos. São em geral pessoas físicas ou grupos de pessoas (podem também ser jurídicas) afeitas ao risco, mas ao mesmo tempo visionárias no sentido de olhar diversos tipos de *startups* e saber eleger aquelas mais promissoras para investir seu capital.

Outra característica do anjo é, como regra geral, sua disponibilidade de aportar conhecimento (capital intelectual) juntamente com o capital financeiro, buscando ajudar o empreendedor que, muitas vezes, não tem vivência de gestão. O investidor anjo tem como alvo típico as *startups*, porque seus recursos em geral são limitados e não seriam compatíveis com as necessidades de uma empresa em estágio mais maduro de desenvolvimento.

Os fundos de *venture capital* e *private equity*, por sua vez, possuem maior disponibilidade de recursos do que os anjos (mesmo porque normalmente não são recursos próprios, mas sim recursos captados de terceiros que investem no fundo para que este busque empresas para investir) e podem investir tanto em *startups* quanto em empresas maiores ou mais maduras. A diferença entre um *venture capital* e um *private equity* é basicamente o tamanho do investimento.

Importante frisar que se tais investimentos não tiverem caráter estritamente privado podem caracterizar-se como uma oferta pública, a qual estará sujeita às normas da Comissão de Valores Mobiliários – CVM sobre o assunto.

Questões Legais e Negociais Conexas

Como visto acima, o conceito de *startup* está atrelado a riscos maiores para o investidor com a contrapartida da possibilidade de retornos mais altos sobre os valores investidos.

Nesse sentido, existem diversos investidores que, afeitos ao risco e para a diversificação de seus investimentos, optam por direcionar parte de seus recursos para *startups*.

Para viabilizar o aporte de recursos pelos investidores, algo tão essencial para os empreendedores e suas *startups*, como já pudemos mencionar acima, são os profissionais do direito societário e contratual que contribuem com a celebração de contratos, estatutos, acordos de sócios e demais atos societários customizados para cada caso específico, visando a criar um ambiente de harmonia entre os futuros sócios (empreendedor e investidor) e à mitigação dos riscos envolvidos.

É imprescindível que o assessor legal do empreendedor, assim como o do investidor, entendam tratar-se na essência de algo bastante diverso da constituição de uma empresa comum ou do estabelecimento de uma *joint-venture* entre duas empresas já estabelecidas em um ramo de negócio convencional.

Como já afirmado acima, é um modelo de negócio diferenciado, onde os interesses em jogo são diversos e os riscos são mais altos, em um cenário de incerteza, ainda que de certa maneira planejada.

Assim, as cláusulas existentes nos contratos societários mais convencionais devem sofrer alguma adaptação, sempre na tentativa de refletir este cenário diferente e buscar o equilíbrio entre as forças do empreendedor e do investidor, permitindo que eles convivam em harmonia e o negócio tenha, assim, a estrutura jurídica mais apropriada para florescer.

De forma alguma é nossa pretensão dizer que a estrutura jurídica seja em si a causa do sucesso ou insucesso de um negócio, mas é com muita frequência que se veem certos negócios não serem bem sucedidos em razão do

DIREITO DOS NEGÓCIOS APLICADO

desalinhamento entre empreendedor e investidor simultaneamente à inexistência de regras claras de convivência entre eles e à inexistência de valores e condições pré-acordados que permitam a saída de uma das partes antes que o negócio fracasse.

A situação mais usual com a qual nos deparamos é que o empreendedor necessita dos recursos do investidor e, nesse sentido, os operadores direito, quando atuam como assessores legais do empreendedor, devem procurar deixá-lo ciente de que o ingresso do investidor na sociedade terá um "preço" que irá muito além do valor monetário em si dos recursos aportados, pois o empreendedor seguramente terá sua liberdade limitada a certas regras, compreensíveis sob o ponto de vista de quem investe sob risco, a serem impostas pelo investidor como condição para investir. Ao mesmo tempo, o operador de direito deve sempre assegurar que o empreendedor não seja tolhido naquilo que compõe seu talento e criatividade e que, provavelmente, será o diferencial entre um empreendimento bem sucedido ou não.

O investidor, por outro lado, necessita das regras mencionadas acima por uma questão de segurança, limitação de risco, transparência, *compliance* e/ou governança corporativa, visando, portanto, a proteger seu investimento, mitigar sua responsabilidade pessoal em relação à gestão do empreendedor, estabelecer uma estrutura clara e organizada de governança corporativa e garantir que o empreendedor não consuma desordenadamente todos os recursos, sem nenhum limite ou obrigação de contrapartida pelo empreendedor. Nesse sentido, ao assessorar o investidor, o operador de direito deve garantir o conforto do investidor nesses aspectos já mencionados acima, sem prejuízo das cláusulas "padrão" de acordo de sócios relacionadas a voto, compra e venda de ações/quotas e outros.

Tem início, assim, uma negociação entre os interesses mencionados acima de uma e da outra parte na operação, e o mérito dos assessores legais nessas situações é conseguir uma situação de equilíbrio e razoável conforto e satisfação para os dois lados.

Para tanto, com base na tecnicidade do direito societário e contratual, é essencial que o assessor legal de cada parte discuta com seu cliente, antes que a negociação com a outra parte tenha início, até onde o cliente está disposto a ceder e fazer concessões em cada questão e em troca de que benefício da outra parte tal concessão seria aceita, bem como quais seriam os pontos em relação aos quais não haveria espaço para nenhuma concessão (ao que normalmente nos referimos como *deal breakers*).

A experiência nos mostra que na negociação é frequente surgirem questões não imaginadas e que demandam uma pausa para discussão privada entre o advogado e seu cliente. De qualquer forma, certamente uma boa parte das questões, recorrentes nesse tipo de transação, já podem ser pensadas e discutidas de antemão, o que tornará a negociação mais ágil e menos desgastante.

Podemos listar algumas preocupações do empreendedor pessoa física, na posição de sócio de uma *startup,* quando inicia a negociação para a admissão de um sócio investidor (pessoa física ou jurídica, investidor anjo, fundo de *private equity* ou *venture capital*), que devem ser levadas em conta pelos seus assessores legais (e que, como dito acima, dependendo do caso podem ser objeto de negociação com maior ou menor amplitude, desde a possibilidade de concessões totais ou parciais até configurar-se um verdadeiro *deal breaker*):

- Alguns empreendedores fazem questão de manter o controle político (voto) da sociedade, o que de alguma forma limita a busca de investidores, já que alguns deles não adquirem participação a não ser que tenham controle, de forma isolada ou em conjunto. A Lei nº 6.404, de 15 de dezembro de 1976, com alterações (Lei das S/As), é ferramenta fundamental para a criação de estruturas legais de participações com capital com ou sem controle, isolado ou conjunto.
- Mesmo que não tenha o controle, em geral o empreendedor deseja manter preservado seu direito de condução estratégica e operacional do negócio (definição e desenvolvimento do objeto social, definição da linha de produtos ou serviços etc.) – e este costuma ser um dos principais *deal breakers* desta parte – deixando sob o controle do investidor as decisões de natureza financeira (contratação de um endividamento, prestação de uma garantia etc.). Conforme mencionado acima, com base na Lei das S/As, o estabelecimento de ações ordinárias e preferenciais pode ser um dos meios para se preservar o empreendedor no comando das decisões estratégicas, porém com o simultâneo estabelecimento de direitos de veto por parte do investidor em relação a determinados assuntos e/ou com a instalação de um Conselho de Administração para, dentro de sua competência, definir e aprovar a linha mestra, ou seja, a estratégia administrativa da sociedade, no sentido amplo da expressão, a ser seguida pelo empreendedor na qualidade de diretor da sociedade, ficando, assim, ao mesmo tempo preservada a liberdade deste na área operacional, mas sujeita a certos limites pré--acordados e pré-definidos, que servirão como norte à sociedade e

ao mesmo tempo conferirão um mínimo de segurança ao investidor. Certamente alguns assuntos poderão cair em uma zona cinzenta entre os dois interesses (voto do empreendedor e veto do investidor) e, nesse sentido, quanto mais claro e detalhado forem os documentos societários, mais fácil será a solução.

– O empreendedor busca garantir a obrigatoriedade dos aportes quando acordados em parcelas, procurando, assim, cercar-se das cláusulas contratuais e das garantias para que isso ocorra. Caso o aporte seja inicialmente via mútuo (dívida) e não via contribuição ao capital social, o empreendedor em regra procura assegurar-se de que o investidor converta a dívida em capital ou de alguma maneira se disponha a não exigi-la, devendo ser analisados os respectivos impactos tributários se isso ocorrer.

– Se o empreendedor for também o gestor do negócio (e é na prática a situação mais usual), buscará fixar um pró-labore que justifique sua dedicação profissional, atuação e risco na qualidade de diretor ou administrador da sociedade, sendo que ao mesmo tempo o valor deverá ser compatível com o orçamento presumivelmente limitado de uma *startup*, o que sem dúvida será o contraponto do investidor.

– O empreendedor busca limitar que o investidor faça outros investimentos em atividades diretamente concorrentes com a da *startup* constituída, enquanto o investidor permanecer como sócio da sociedade e por algum período depois de sua eventual saída, de modo a evitar conflitos de interesse nas votações, discussões ou aportes de recursos, e de modo a preservar o sigilo de informações estratégicas da sociedade de cunho comercial, mercadológico ou industrial. Isto é comumente denominado como cláusula de "não competição" ou "não concorrência", acomodada em nosso direito civil e pela jurisprudência pátria.

– O empreendedor busca garantir um equilíbrio entre a parcela do lucro (quando ele existir, já que há um prazo natural de maturação de um negócio novo) a ser distribuída e reinvestida no negócio, para que o apetite do investidor pelo lucro não "sangre" a empresa (o mesmo raciocínio vale pela ótica do investidor, na situação em que o empreendedor com visão apenas de curto prazo deseje retirar todo o resultado da empresa sem reinvestimento ou planejamento a médio e longo prazo). Deve sempre imperar o bom senso para que na negociação se chegue a um percentual mínimo razoável de distribuição de lucros que atenda a todos os interesses.

- O empreendedor dificilmente conseguirá impedir que o investidor venda sua participação e saia da sociedade, mas pode negociar um período mínimo durante o qual o investidor não o fará e, se e quando o fizer, além do direito de preferência do empreendedor, este também poderá vetar o ingresso de determinado sócio, logicamente mediante algum critério objetivo (cláusulas de direito de preferência).
- Como é natural que o investidor em determinado momento deseje desinvestir (seja porque o empreendimento foi bem sucedido e atingiu o estágio de maturação desejado, seja porque não deu certo e o investidor deseja estancar as perdas) e não quer que o empreendedor represente um impedimento à venda caso o comprador condicione o negócio à compra de 100% das participações, o investidor em geral exige do empreendedor uma obrigação de venda conjunta (*drag along*). Por outro lado, o empreendedor normalmente busca fixar um valor mínimo pelo qual seja obrigado a também vender sua participação (i.e., busca limitar sua obrigação de venda conjunta ou *drag along* em relação a uma venda do investidor, com base em parâmetros de preço pré-acordados). Ao mesmo tempo, o empreendedor normalmente negocia como contrapartida ter o direito de vender sua participação quando o investidor o fizer (conhecido como direito de venda conjunta ou *tag along*.
- O empreendedor (assim como o investidor) deve preocupar-se também em estabelecer mecanismos de saída recíprocos (ainda que distintos) em caso de conflito (na tentativa de se evitar que o conflito seja levado a uma corte arbitral ou ao judiciário), o que passará por cláusulas de opção de compra (*call option*), opção de venda (*put option*) e até mesmo cláusulas do tipo *buy-sell/shotgun*, pela qual se pré-estipula um preço pelo qual, em caso de conflito, uma parte x oferta à outra y a compra da participação desta y e, caso esta y não venda, esta y fica obrigada a comprar a participação da primeira x (ou mesmo uma parte x oferta à outra y a venda de sua participação e, caso a outra y não aceite, esta outra y deve vender à primeira).
- O empreendedor que não detiver o controle (o que também vale para o investidor sem controle) não irá querer estar sujeito a ser excluído da sociedade por decisão arbitrária do controlador. A cláusula de exclusão extrajudicial do minoritário está prevista no Código Civil (artigo 1085) para as sociedades constituídas sob a forma de limitada e precisa estar expressa no contrato social para poder ser aplicada, mas na dinâmica

de uma *startup*, em que há um equilíbrio de forças entre a capacidade do empreendedor como idealizador do projeto e do investidor como detentor dos recursos, dificilmente a parte minoritária aceitará a inclusão deste tipo de cláusula no contrato.

– Estando a sociedade estabelecida sob a forma de uma limitada, as cláusulas de sucessão por morte, incapacidade ou ausência são certamente uma preocupação do empreendedor, mas preocupam ainda mais o investidor, uma vez que na maior parte dos casos o investidor faz o investimento não só no negócio como também acreditando na figura do empreendedor como idealizador do projeto, tanto isso é verdade que nossa experiência mostra que na maioria das vezes existe a obrigação do empreendedor permanecer como executivo da *startup* com dedicação exclusiva ao empreendimento. Portanto, nessas cláusulas, quando se prevê a liquidação de quotas, é prudente que se estabeleça com clareza as regras de apuração dos haveres, mediante a utilização de critérios mais precisos do que a simples menção ao "patrimônio líquido contábil", devendo-se prever, por exemplo, a inclusão no cálculo (ou exclusão) dos intangíveis, fundo de comércio etc., ou ainda a utilização de conceitos financeiros como a avaliação por fluxo de caixa descontado. Além disso, é frequente a fixação de cláusulas em que, mesmo tendo ocorrido a liquidação e apuração dos haveres do sócio em questão, fixe-se uma forma de remuneração adicional aos sucessores na hipótese de eventos de liquidez (venda do negócio) que ocorra em um período determinado de tempo após a retirada do sócio.

– Seja no caso de falecimento, ausência ou incapacidade, seja nos casos de retirada espontânea ou forçada de um sócio, a definição de métodos claros de avaliação do negócio para apuração de haveres, reembolso do capital investido ou compartilhamento dos prejuízos, com base em padrões contábeis e/ou financeiros conforme já expostos acima, é essencial para se evitarem conflitos.

– Arbitragem ou foro comum é um dilema tanto do empreendedor quanto do investidor, dadas as vantagens e desvantagens de uma ou outra via. Com efeito, a arbitragem é mais rápida e com julgadores mais técnicos, com maior vivência de mercado, mas muito mais cara e com decisão não passível de recurso pela parte perdedora a instâncias superiores.

Pensando-se agora na mesma transação sob a perspectiva do investidor (pessoa física ou jurídica, investidor anjo, fundo de *private equity* ou *venture capital*), temos os seguintes itens, além dos já expostos acima, que deveriam sempre ser considerados e discutidos com seus assessores legais (e novamente avaliados como sendo pouco ou muito negociáveis ou mesmo *deal breakers*):

– Já está claro que o investidor disposto a colocar seus recursos em uma *startup* está ciente do grau de risco do negócio e da possiblidade de perda do capital investido, como contrapartida natural de sua expectativa de maior retorno em caso de sucesso do empreendimento, conforme já exploramos acima. O que o investidor decididamente não quer de maneira alguma, no entanto, é ter o risco de perder mais do que o valor investido e em algumas circunstâncias ter seu patrimônio pessoal exposto a passivos da sociedade não honrados por esta, o que tem acontecido de maneira bastante recorrente (e não raro arbitrária) no Judiciário brasileiro. Assim é que esse ponto é normalmente levantado como a preocupação primeira de todo investidor, em especial quando pessoa física ou grupo de pessoas físicas (fundos demonstram preocupações semelhantes, porém há sempre um caminho mais longo a ser perseguido por credores para chegar ao patrimônio pessoal de quotistas de um fundo). O risco do investidor pode ser limitado de várias formas, tais como a participação somente com capital sem direito a voto (criação de ações preferenciais), a não participação como administrador da sociedade, na qualidade de diretor de sociedade anônima ou administrador de um sociedade limitada, participação limitada a membro do conselho de administração, exigência da participação direta do empreendedor como diretor/administrador, definição clara de suas atribuições e obrigações, criação de controles de supervisão e/ou autorização prévia para determinados atos de maior materialidade do diretor/administrador e, por fim, a existência de uma estrutura legal que possibilite ao investidor retirar-se facilmente da sociedade (como, por exemplo, mediante a outorga a ele de uma opção de venda de sua participação ao empreendedor).

– Nas situações em que o empreendedor exige manter o controle político (voto) da *startup*, a participação no capital social do investidor com ações sem direito a voto, normalmente, vem vinculada a direitos de veto pelo investidor, em especial no que se refere a questões de endividamento ou aplicação dos recursos da sociedade. Não raro a grande quantidade de direitos de veto implica em um controle indireto da sociedade. De qualquer forma, por meio de condições de veto frequentemente se chega ao equilíbrio entre o desejo do empreendedor desenvolver o negócio da forma como entende apropriada e de o investidor ter certo controle sobre os recursos investidos para que estes não sejam alocados de maneira não apropriada, resultando em perdas para a *startup* e consequentemente para o investidor como sócio desta.

– Outra situação recorrente é aquela em que o empreendedor é portador da ideia e do *know-how*, mas não tem condições ou não quer aportar recursos próprios além de uma quantia simbólica, e busca um investidor para fazer o aporte quase que isoladamente, sem, contudo, desejar entregar-lhe o controle ou a participação percentual correspondente ao valor aportado pelo investidor. Nessas situações lança-se mão da figura do ágio quando do aporte do capital social, hipótese em que o investidor aporta a maior parte recursos para ao final deter uma participação minoritária no capital social. Investidores tendem a ser receptivos a tal tipo de estrutura desde que preservados seus direitos mínimos de vetos/aprovações.

– Ainda no que se refere à mitigação do risco, em muitos casos o aporte do investidor é feito via mútuos (ou também adiantamentos para futuro aumento de capital) e não via investimento direto por subscrição de quotas ou ações, para que o investidor tenha tempo de acompanhar e avaliar mais de perto o empreendimento. Nessas hipóteses, é provável que o investidor exija que conste em contrato que seu crédito seja conversível em participação acionária, e que a decisão pela conversão ou não conversão fique a seu critério (sujeita a regras de conversão previamente acordadas entre as partes). Por outro lado, com frequência o empreendedor toma a cautela de exigir que o investidor, convertendo ou não a dívida em capital, jamais a exija. Por exemplo, por ferramentas contratuais e sempre devendo ser levados em conta os aspectos tributários envolvidos, a conversão em capital pode ser seguida de uma opção de venda outorgada ao investidor e oponível contra o empreendedor por um valor simbólico, o que ao menos permite que o investidor saia do negócio, ainda que perca os recursos.

– Se de um lado temos a situação recorrente de o empreendedor exigir um pró-labore, de outro é muito comum que o investidor exija dedicação exclusiva do empreendedor ao negócio, em tempo integral e com cláusula de não concorrência durante sua gestão e por um período após

sua saída, além de um período mínimo de permanência no cargo e de não comercialização de sua participação acionária (*lock-up*)
-   O investidor sempre buscará a liberdade total para desinvestir aliada à obrigação do empreendedor de desinvestir em conjunto independentemente das condições de venda negociadas, ao mesmo tempo desobrigando-se de dar ao empreendedor o direito da venda conjunta.

As demais cláusulas já discutidas acima sob a ótica da assessoria legal do empreendedor aplicam-se também à assessoria legal para o investidor. A palavra chave, já dita muitas vezes acima, é sempre o equilíbrio, posto que a premissa principal é que o negócio "vingue", os aportes continuem e as *startups* cresçam para o bem de todos, inclusive sociedade e colaboradores.

Conclusão

Deve existir a união de esforços dos assessores legais do empreendedor e do investidor e destes próprios para que se produzam documentos societários (acordo de investimento/compra e venda de ações ou quotas, atos constitutivos ou de alteração do estatuto/contrato social da sociedade, acordo de acionistas/quotistas) detalhados, objetivos e equilibrados, no que se refere aos pontos explorados acima.

Quando há equilíbrio teremos uma situação típica de "ganha-ganha", sem perdedores, em que as partes estarão satisfeitas e dispostas a cooperar para o sucesso do empreendimento, as chances de conflitos ficarão minimizadas e, se existentes, terão um caminho claro para sua solução.

Adicionalmente, é essencial que o profissional de direito goze da capacidade de circular com total confiança e tecnicidade em todas as áreas do direito, não somente na área civil, contratual e societária, referidas de modo mais específico neste texto, como também nas demais áreas do direito, como tributária e trabalhista, por exemplo.

Como ressaltamos acima, a estrutura legal em si não desenha o sucesso ou insucesso de um empreendimento, mas com certeza contribui substancialmente para isso.

Referências:

A Startup Enxuta – Autor: Eric Ries – Ed. Leya Brasil – 2012 – pág. 224

Estratégias Societárias, Planejamento Tributário e Sucessório – Série GVlaw – Roberta Nioac Prado – Daniel Monteiro Peixoto; Eurico Marcos Diniz de Santi.

Fusões, Aquisições, Reorganizações Societárias e *Due Diligence* – Série GVlaw – Coordenadores Dinir Salvador Rio da Rocha – Larissa Teixeira Quattrini

Reorganizações Empresariais: Aspectos Societários e Tributários – Série GVlaw – Roberta Nioac Prado – Daniel Monteiro Peixoto;

Criminal Compliance: Breves Considerações

Santiago Andre Schunck

Compliance: Conceito, origem e evolução histórica:

O termo *compliance*[1] é oriundo do verbo inglês *to comply*, e significa obedecer, cumprir, observar, executar, estar em conformidade. Aplicado ao mundo corporativo corresponde à ideia de correto cumprimento de todas as normas e regulamentos, internos e externos, aplicáveis a determinada atividade empresarial. Sua missão é:

> "assegurar, em conjunto com as demais áreas, a adequação, fortalecimento e o funcionamento dos Sistemas de Controles Internos da instituição, procurando mitigar os riscos de acordo com a complexidade de seus negócios, bem como,

---

[1] Compliance não se confunde com Auditoria Interna. Segundo documento elaborado pela ABBI e FEBRABAN *"As atividades desenvolvidas por estas áreas não são idênticas mas sim complementares pois enquanto a Auditoria Interna efetua seus trabalhos de forma aleatória e temporal, por meio de amostragens, a fim de certificar o cumprimento das normas e processos instituídos pela Alta Administração, o Compliance executa suas atividades de forma rotineira e permanente, sendo responsável por monitorar e assegurar de maneira corporativa e tempestiva que as diversas unidades da Instituição estejam respeitando as regras aplicáveis a cada negócio, por meio do cumprimento das normas, dos processos internos, da prevenção e do controle de riscos envolvidos em cada atividade. Compliance é um braço dos Órgãos Reguladores junto a Administração, no que se refere à segurança, respeito à normas e controles, na busca da conformidade"* (Disponível em: <http://www.abbi.com.br/funcaodecompliance.html>. Acesso em: 01/09/2014).

disseminar a cultura de controles para assegurar o cumprimento de leis e regulamentos existentes[2]".

Ante a sua importância na criação e fortalecimento dos Controles Internos[3] da empresa, o que acaba por agregar transparência, legitimidade e confiabilidade à empresa, e em última análise maior credibilidade e competitividade, o *compliance* compõe um dos pilares da Governança Corporativa[4]. Diante a sua importância, a aplicação do *compliance*, conforme destacado por COIMBRA e BINDER (2010), estende-se:

> "(...) a todos os tipos de organizações, tanto empresas e entidades do terceiro setor como entidades públicas (pequenas ou grandes), empresas de capital aberto e empresas fechadas de todas as regiões do mundo. (...)"[5]

Embora seja difícil mensurar os benefícios econômicos gerados com a implementação do programa de *compliance*, estudos "comprovam que US\$ 1,00 gasto significa a economia de US\$ 5,00, referente a custos com processos legais, danos de reputação e perda de produtividade."[6]

Além do aspecto financeiro, o *compliance*, por institucionalizar a prática da boa-conduta, atribui a marca de integridade à empresa, o que por sua vez gera a confiabilidade por parte das pessoas que negociam com ela, fator decisivo na atualidade para o sucesso da corporação. COIMBRA e BINDER (2010) destacam, sob esse aspecto, que:

---

[2] *Idem, ibidem.*

[3] "O Sistema de Controles Internos, usualmente difundido como Controles Internos, define-se pela totalidade das políticas e procedimentos instituídos pela Administração de uma Instituição Financeira, para assegurar que os Riscos inerentes às suas atividades sejam reconhecidos e administrados adequadamente." (Disponível em: < http://www.abbi.com.br/funcaodecompliance.html>. Acesso em: 01/09/2014)

[4] Segundo conceito do Instituo Brasileiro de Governança Corporativa – IBGC, "Governança Corporativa é o sistema pelo qual as organizações são dirigidas, monitoradas e incentivadas, envolvendo as práticas e os relacionamentos entre proprietários, conselho de administração, diretoria e órgãos de controle. As boas práticas de Governança Corporativa convertem princípios em recomendações objetivas, alinhando interesses com a finalidade de preservar e otimizar o valor da organização, facilitando seu acesso ao capital e contribuindo para a sua longevidade." (Disponível em: <http://www.ibgc.org.br>. Acesso em: 28/08/2014).

[5] COIMBRA, Marcelo de Aguiar; BINDER, Vanessa Alessi Manzi. Manual de Compliance: preservando a boa governança e a integridade das organizações. São Paulo : Editora Atlas, 2010, p. 5.

[6] *Idem, ibidem*, p. 5.

CRIMINAL COMPLIANCE: BREVES CONSIDERAÇÕES

"Nunca se exigiu das organizações uma conduta íntegra e responsável como nos tempos atuais, especialmente a partir da última década. A maior circulação de informação provocou um aumento da transparência das organizações e, consequentemente, das expectativas da sociedade em geral em relação ao seu comprometimento ético. É amplamente aceito que a falta de integridade nas organizações tornou-se um problema mundial. Basta ler as manchetes dos jornais, acessar a Internet ou ligar a televisão e verificar a quantidade de escândalos relacionados à conduta das organizações.

Nesse contexto e pelas mesmas razões, ganhou força o movimento em favor da governança corporativa e com ele aprofundou-se a preocupação com a atuação das organizações não apenas conforme as normas legais, mas também de acordo com as melhores práticas decorrentes de valores e princípios como transparência, equidade, prestação de contas e responsabilidade."[7]

Quanto à origem, não é possível determinar com exatidão o momento de sua criação. Contudo, é possível identificar que sempre que ocorreu na história uma grave crise em determinado setor da economia, da política, ou mesmo social, em seguida vieram medidas exigindo que as pessoas que de alguma forma tiveram participação no evento, passassem a ter mais diligência em sua atividade, mais transparência, mais compromisso, e responsabilidades de um modo geral.

Sem pretensões de esgotar a lista de acontecimentos históricos relacionados diretamente com o *compliance*, mas sim de demonstrar ao leitor os momentos de maior importância na evolução do instituto, destacamos as seguintes ocorrências:

1913 – criação do Banco Central Americano (*Board of Governors of the Federal Reserve*), com o objetivo de formar um sistema financeiro mais flexível, seguro e estável; **1929** – quebra da bolsa de valores de *New York*, durante o governo liberal de Herbert Clark Hoover; **1932** – criação da Política Intervencionista – *New Deal* – durante o governo Franklin Roosevelt, ocasião em que o Estado passou a intervir na economia e corrigir as distorções do capitalismo; **1933 e 1934** – Congresso Americano vota medidas de proteção ao mercado de títulos de valores mobiliários e seus investidores. Também é criada a SEC – *Securities and Exchange Commission*, exigindo o registro do prospecto de emissão de títulos e valores mobiliários; **1940** – *Investment Advisers Act* (registro dos consultores de investimento) e *Investment Company Act* (registro de fundos mútuos);

---

[7] *Idem, ibidem*, xi.

DIREITO DOS NEGÓCIOS APLICADO

1950 – a *Prudential Securities* contrata advogados para acompanhar a legislação e monitorar atividades com valores mobiliários; **1960** – a SEC – *Securities and Exchange Commission* recomenda a contratação de *Compliance Officers* com o intuito de treinar pessoas, criar procedimentos internos de controle e estabelecer monitoramento contínuo; **1970** – desenvolvimento do Mercado de Opções e Metodologias de *Corporate Finance, Chinese Walls, Insider Trading, etc*; **1974** – caso *Watergate* e criação do Comitê da Basiléia para Supervisão Bancária; **1988** – estabelecido o Primeiro Acordo de Capital da Basiléia, estabelecendo padrões para a determinação do Capital mínimo das Instituições Financeiras e a Convenção das Nações Unidas contra o Tráfico Ilícito de Entorpecentes e de Substâncias Psicotrópicas; **1990** – as 40 recomendações sobre lavagem de dinheiro da *Financial Action Task Force* – ou Grupo de Ação Financeira sobre Lavagem de Dinheiro (GAFI/FATF); **1995** – criação do Grupo de *Egmont* com o objetivo de promover a troca de informações, o recebimento e o tratamento de comunicações suspeitas relacionadas à lavagem de dinheiro provenientes de outros organismos financeiros; **1997** – divulgação pelo Comitê da Basiléia dos 25 princípios para uma Supervisão Bancária Eficaz, com destaque para seu Princípio de n.º 14: *"Os supervisores da atividade bancária devem certificar-se de que os bancos tenham controles internos adequados para a natureza e escala de seus negócios. Estes devem incluir arranjos claros de delegação de autoridade e responsabilidade: segregação de funções que envolvam comprometimento do banco, distribuição de seus recursos e contabilização de seus ativos e obrigações; reconciliação destes processos; salvaguarda de seus ativos; e funções apropriadas e independentes de Auditoria Interna e Externa e de Compliance para testar a adesão a estes controles, bem como a leis e regulamentos aplicáveis"*; **1998** – publicação pelo Congresso Nacional da Lei 9613/98, que dispõe sobre crimes de lavagem ou ocultação de bens, a prevenção da utilização do Sistema Financeiro Nacional para atos ilícitos previstos na referida lei e cria o Conselho de Controle de Atividades Financeiras (COAF); **1999** – criação do *Eastern and Southern Africa Anti-Money Laundering Group* (ESAAMLG); **2001** – Falha nos Controles Internos e Fraudes Contábeis levam a ENRON à falência; criação do GAFISUD – uma organização intergovernamental, criada formalmente em 08/12/2000, com o objetivo de atuar em Prevenção à Lavagem de Dinheiro em âmbito regional, agregando países da América do Sul; **2002** – falha nos Controles Internos e Fraudes Contábeis levam à concordata da WORLDCOM; Congresso Americano publica o *Sarbanes-Oxley Act*, que determinou às empresas registradas na SEC a adoção das melhores práticas contábeis, independência da Auditoria e criação do Comitê de Auditoria; **2003** – O Conselho Monetário Nacional publica: a Resolução 3198 que trata da auditoria independente e regulamenta a instituição do Comitê de Auditoria, com funções semelhantes àquelas publicadas pelo *Sarbanes-Oxley Act*; e a Carta-Circular 3098, que dispõe sobre a necessidade de registro e comunicação ao Banco Central do Brasil – BACEN de operações em espécie de depósito, provisionamentos e saques a partir de R$100.000,00[8].

Conclusão a que podemos chegar é a de que o *compliance* nasceu da necessidade de se criar um ambiente econômico mais transparente, equânime e seguro, tendo como premissa para alcançar esse objetivo, o comprometimento por parte dos personagens envolvidos em cumprir fielmente as regras estabelecidas, por vezes, como condição para a existência da empresa ou continuidade das suas atividades. Exemplo clássico, ainda nos dias atuais, é a instituição financeira a qual não é concebível sem que tenha aderido todas as normas regulamentares impostas ao setor bancário.

Nessa ordem de ideias, pode-se afirmar que o *compliance* surge como instrumento de contrabalanço do liberalismo econômico e da concorrência desleal[9], porquanto estabelece como pressuposto à atividade empresarial o completo respeito à ética, à moral e, sobretudo, à legalidade; o resultado dessa parametrização reflete diretamente na criação de uma relação de negócios estável e segura.

O fato de estar entranhado no mundo corporativo, que é dinâmico por excelência, faz do *compliance* uma ferramenta em constante evolução, o que a torna sempre contemporânea.

Criminal compliance: conceito, expansão do instituto, nova concepção da atividade do advogado criminal, noção básica de implantação e dimensões vertical e horizontal.

O *criminal compliance* é parte do *compliance*. Por isso os conceitos de prevenção, de conformidade, de estrita obediência às regras, são totalmente aplicados a ele. O diferencial é de ordem material, na medida em que o *criminal compliance* tem enfoque em matérias que trazem riscos de natureza penal.

Até pouco tempo atrás a comunidade jurídica brasileira não falava em *compliance* com frequência como atualmente, menos ainda em *criminal compliance*, nada obstante o tema seja recorrente em outros países como Alemanha,

---

[8] Disponível em: <http://www.abbi.com.br/funcaodecompliance.html>. Acesso em: 28/08/2014.

[9] O termo "desleal" é empregado na frase em seu sentido literal, representando, desta forma, toda e qualquer ação (ou omissão), tendente à obtenção de vantagem em relação ao corrente, ainda que ilícita ou imoral.

DIREITO DOS NEGÓCIOS APLICADO

Espanha e Estados Unidos da América. Contudo, de algum tempo para cá o *criminal compliance* passou a ganhar espaço de destaque no cenário jurídico nacional, sendo objeto de diversos artigos e palestras. E essa onda expansionista está diretamente ligada a dois fatores: multiplicação de normas penais em todos os âmbitos de atuação social, notadamente empresarial[10], e atribuição cada vez maior de responsabilidades fiscalizatórias ao particular.

Interessante notar que a multiplicação exagerada de lei somada à atribuição de responsabilidades aos particulares, além de fator de impulsão à adoção de um novo modelo comportamental pelas empresas (*compliance*), também revela a ocorrência de um novo fenômeno em nosso país, uma espécie peculiar de intervencionismo do Estado na economia.

Ao lado do tradicional conceito de intervenção, onde a finalidade era corrigir distorções oriundas do capitalismo e com isso garantir o Estado Social[11], agora encontramos o Estado intervindo para atribuir às empresas obrigação de criação de mecanismos de controle de fraudes e de comunicação aos órgãos Estatais, inclusive com previsão de sanções, caso haja inobservância.

Exemplo recente dessa nova realidade é a Lei nº 12.846/2013[12], chamada de Lei Anticorrupção, pois de maneira indireta fomenta a implantação de "mecanismos e procedimentos internos de integridade, auditoria e incentivo à denúncia de irregularidades e a aplicação efetiva de códigos de ética e de conduta no âmbito da pessoa jurídica.", ao prever em seu artigo 7º, inciso VIII, que tais elementos serão considerados na fixação de uma eventual sanção.

Outro exemplo é a Lei nº 9.613/1998 – Lei de Lavagem ou Ocultação de Bens, Direitos e Valores – alterada pela a Lei nº 12.683/2012, que exige em seu

---

[10] BACIGALUPO, Enrique. Compliance y Derecho Penal. Coord. Carmem Hermida Navarra : Thonsom Reuteurs (Legal) Limited, 2011, p. 21. "*es uma característica del derecho en el Estado moderno, que afecta especialmente al campo de las atividades económicas.*"

[11] GRAU, Eros Roberto. Elementos de Direito Econômico. São Paulo : Revista dos Tribunais, 1981, p. 63.

[12] BRASIL. Lei Anticorrupção – Lei Nº 12.846/2013. Disponível em: < http://www.planalto.gov. br/ccivil_03/_ato2011-2014/2013/lei/l12846.htm>. Acesso em: 30 de agosto de 2014. Art. 7o Serão levados em consideração na aplicação das sanções: I – a gravidade da infração; II – a vantagem auferida ou pretendida pelo infrator; III – a consumação ou não da infração; IV – o grau de lesão ou perigo de lesão; V – o efeito negativo produzido pela infração; VI – a situação econômica do infrator; VII – a cooperação da pessoa jurídica para a apuração das infrações; VIII – a existência de mecanismos e procedimentos internos de integridade, auditoria e incentivo à denúncia de irregularidades e a aplicação efetiva de códigos de ética e de conduta no âmbito da pessoa jurídica; IX – o valor dos contratos mantidos pela pessoa jurídica com o órgão ou entidade pública lesados; e X – (VETADO). Parágrafo único. Os parâmetros de avaliação de mecanismos e procedimentos previstos no inciso VIII do caput serão estabelecidos em regulamento do Poder Executivo federal.

CRIMINAL COMPLIANCE: BREVES CONSIDERAÇÕES

artigo das pessoas referidas no artigo 9ª, a adoção de "políticas, procedimentos e controles internos, compatíveis com seu porte e volume de operações[13]" (artigo 10[14]), capazes de permitirem o encaminhamento de informações aos órgãos de fiscalização (artigo 11[15]).

---

[13] Embora a Lei não use a expressão, as exigências são deveres típicos de compliance, de sorte que podemos afirmar, categoricamente, que temos norma penal exigindo ações de compliance.
[14] BRASIL. Lei dos Crimes de Lavagem de Capitais – Lei Nº 9613/1998. Disponível em: <http://www.planalto.gov.br/ccivil_03/leis/L9613compilado.htm>. Acesso em: 30 de agosto de 2014. Art. 10. As pessoas referidas no art. 9º: I – identificarão seus clientes e manterão cadastro atualizado, nos termos de instruções emanadas das autoridades competentes; II – manterão registro de toda transação em moeda nacional ou estrangeira, títulos e valores mobiliários, títulos de crédito, metais, ou qualquer ativo passível de ser convertido em dinheiro, que ultrapassar limite fixado pela autoridade competente e nos termos de instruções por esta expedidas; III – deverão adotar políticas, procedimentos e controles internos, compatíveis com seu porte e volume de operações, que lhes permitam atender ao disposto neste artigo e no art. 11, na forma disciplinada pelos órgãos competentes; (Redação dada pela Lei nº 12.683, de 2012). IV – deverão cadastrar-se e manter seu cadastro atualizado no órgão regulador ou fiscalizador e, na falta deste, no Conselho de Controle de Atividades Financeiras (Coaf), na forma e condições por eles estabelecidas; (Incluído pela Lei nº 12.683, de 2012). V – deverão atender às requisições formuladas pelo Coaf na periodicidade, forma e condições por ele estabelecidas, cabendo-lhe preservar, nos termos da lei, o sigilo das informações prestadas. (Incluído pela Lei nº 12.683, de 2012). § 1º Na hipótese de o cliente constituir-se em pessoa jurídica, a identificação referida no inciso I deste artigo deverá abranger as pessoas físicas autorizadas a representá-la, bem como seus proprietários. § 2º Os cadastros e registros referidos nos incisos I e II deste artigo deverão ser conservados durante o período mínimo de cinco anos a partir do encerramento da conta ou da conclusão da transação, prazo este que poderá ser ampliado pela autoridade competente. § 3º O registro referido no inciso II deste artigo será efetuado também quando a pessoa física ou jurídica, seus entes ligados, houver realizado, em um mesmo mês-calendário, operações com uma mesma pessoa, conglomerado ou grupo que, em seu conjunto, ultrapassem o limite fixado pela autoridade competente. Art. 10A. O Banco Central manterá registro centralizado formando o cadastro geral de correntistas e clientes de instituições financeiras, bem como de seus procuradores. (Incluído pela Lei nº 10.701, de 9.7.2003) Art. 11. As pessoas referidas no art. 9º: I – dispensarão especial atenção às operações que, nos termos de instruções emanadas das autoridades competentes, possam constituir-se em sérios indícios dos crimes previstos nesta Lei, ou com eles relacionar-se; II – deverão comunicar ao Coaf, abstendo-se de dar ciência de tal ato a qualquer pessoa, inclusive àquela à qual se refira a informação, no prazo de 24 (vinte e quatro) horas, a proposta ou realização: (Redação dada pela Lei nº 12.683, de 2012). a) de todas as transações referidas no inciso II do art. 10, acompanhadas da identificação de que trata o inciso I do mencionado artigo; e (Redação dada pela Lei nº 12.683, de 2012).b) das operações referidas no inciso I; (Redação dada pela Lei nº 12.683, de 2012). III – deverão comunicar ao órgão regulador ou fiscalizador da sua atividade ou, na sua falta, ao Coaf, na periodicidade, forma e condições por eles estabelecidas, a não ocorrência de propostas, transações ou operações passíveis de serem comunicadas nos termos do inciso II. (Incluído pela Lei nº 12.683, de 2012).
[15] Idem, ibidem. Art. 11. As pessoas referidas no art. 9º: I – dispensarão especial atenção às operações que, nos termos de instruções emanadas das autoridades competentes, possam constituir-se em sérios indícios dos crimes previstos nesta Lei, ou com eles relacionar-se; II – deverão comunicar

Considerando que a tendência é o aumento do número de leis ao setor econômico, bem como de atribuição de mais responsabilidade aos dirigentes das corporações[16], tudo indica que em pouco espaço de tempo teremos uma mudança significativa e profunda na forma de administração das empresas, porquanto os dirigentes adotarão o *criminal compliance* como instrumento indispensável à garantia de cumprimento das normas e de redução do risco de eventual responsabilidade criminal.

Por via de consequência, teremos outra mudança significativa no cenário jurídico.

O advogado criminal deverá somar àquela concepção tradicional de atuação após a concretização do fato criminoso, a de consultoria preventiva[17]. Isso significa profunda alteração no exercício da advocacia criminal.

---

ao Coaf, abstendo-se de dar ciência de tal ato a qualquer pessoa, inclusive àquela à qual se refira a informação, no prazo de 24 (vinte e quatro) horas, a proposta ou realização: (Redação dada pela Lei nº 12.683, de 2012).a) de todas as transações referidas no inciso II do art. 10, acompanhadas da identificação de que trata o inciso I do mencionado artigo; e (Redação dada pela Lei nº 12.683, de 2012). b) das operações referidas no inciso I; (Redação dada pela Lei nº 12.683, de 2012). III – deverão comunicar ao órgão regulador ou fiscalizador da sua atividade ou, na sua falta, ao Coaf, na periodicidade, forma e condições por eles estabelecidas, a não ocorrência de propostas, transações ou operações passíveis de serem comunicadas nos termos do inciso II. (Incluído pela Lei nº 12.683, de 2012). § 1º As autoridades competentes, nas instruções referidas no inciso I deste artigo, elaborarão relação de operações que, por suas características, no que se refere às partes envolvidas, valores, forma de realização, instrumentos utilizados, ou pela falta de fundamento econômico ou legal, possam configurar a hipótese nele prevista. § 2º As comunicações de boa-fé, feitas na forma prevista neste artigo, não acarretarão responsabilidade civil ou administrativa. § 3º O Coaf disponibilizará as comunicações recebidas com base no inciso II do caput aos respectivos órgãos responsáveis pela regulação ou fiscalização das pessoas a que se refere o art. 9º (Redação dada pela Lei nº 12.683, de 2012). Art. 11-A. As transferências internacionais e os saques em espécie deverão ser previamente comunicados à instituição financeira, nos termos, limites, prazos e condições fixados pelo Banco Central do Brasil. (Incluído pela Lei nº 12.683, de 2012)

[16] BACIGALUPO, Enrique. Compliance y Derecho Penal. Coord. Carmem Hermida Navarra : Thonsom Reuteurs (Legal) Limited, 2011, p. 17. *"(...) es así necessário contar com um aumento de los riesgos de responsabilidade normativa para las empresas y sus directivos: en el futuro prognosticado aumentarán los subsistemas normativos generados por los reguladores, y ello dará lugar a un número no irrelevante de normas cuyo cumplimiento se asegurará mediante la amenaza de sanciones (administrativas y penales), que se sumarán a las, no pocas, ya existentes. La cuestión de la prevención de riesgos de responsabilidad normativa aumentará, por lo tanto, correspondentemente."*

[17] BACIGALUPO, Enrique. Compliance y Derecho Penal. Coord. Carmem Hermida Navarra : Thonsom Reuteurs (Legal) Limited, 2011, p. 31-32. *"Cuando hablamos de derecho penal de los negócios y de la empresa, debe ser subrayado, el cambio no es sólo nominal, sino que implica um cambio de perspectiva em la práctica de los penalistas y también en la formación de los juristas. Se trata em este último sentido de brindar uma formación orientada a la prevención de los riesgos normativos a los que están enfrentadas las empresas. Y, al mismo tiempo, de la necesidad de prevención de ataques dentro y fuera a los derechos de las empresas."*

CRIMINAL COMPLIANCE: BREVES CONSIDERAÇÕES

Em Espanha a discussão sobre a advocacia criminal preventiva ganhou corpo com a publicação da LO 5/2010, que acrescentou o artigo 31.bis ao Código Penal daquele país, para prever expressamente a responsabilidade penal da pessoa jurídica nas hipóteses de ato criminoso praticado pelo diretor da empresa e em favor dela, ou então de ato praticado por subalterno a mando ou por falha do dirigente nos seus deveres de direção e supervisão. Sobre a nova perspectiva da advocacia criminal, BACIGALUPO (2011) assevera:

> *"La nueva visión propone una intervención preventiva del penalista más amplia que la habitual: no sólo orientada a la defensa em um proceso penal, sino previa al proceso y a toda decisión econômica jurídicamente controvertida, orientada, por lo tanto a evitar el proceso, dado el costo, no solo em dinero, sino sobre todo em términos de prestigio en la opinión pública, que el processo y la exposición publica que éste implica conllevan para la empresa y para sus directivos personalmente."* [18]
>
> *"(...) El especialista en estas matérias (derecho penal) ya no será llamado para intervir ex post, es decir cuando la empresa o sus directivos son acusados o investigados. Su intervención deberá comenzar ex ante, advertiendo de los obstáculos a quienes deben adotar decisiones, como lo heno dicho, casi as ciegas em uma selva de normas de no fácil comprensión. (...) lá atuación preventiva repercute necessariamente en la organización de la formación y la actuación práctica del jurista, dado que la función de asesoramiento previo adquire especial importancia. Asesoramiento previo significa reconocimiento de riesgos normativos prévios a la actuación económica, sobre la base del conocimiento de las normas y, particularmentem de los critérios jurisprudenciales de su aplicación."* [19]

Firmada a expansão do *criminal compliance* e realçada a necessidade de uma atuação preventiva por parte do advogado criminal, a pergunta que surge é a seguinte: como aplicar o programa de *criminal compliance*?

Por óbvio esse trabalho não comporta a descrição pormenorizada sobre as etapas de implantação do programa de *criminal compliance*, e nem seria possível ainda que comportasse, pois não existe uma regra aplicável a todas as empresas.

Contudo, e aqui assumimos o risco do erro, destacamos um conjunto de medidas básicas, a princípio, comum a toda implantação[20]: inicialmente o

---

[18] BACIGALUPO, Enrique. Compliance y Derecho Penal. Coord. Carmem Hermida Navarra : Thonsom Reuteurs (Legal) Limited, 2011, p. 22.

[19] *Idem, ibidem*, p. 31.

[20] : A Federação Brasileira de Bancos, na "Cartilha de Compliance", Disponível em: <http://www. febraban.org.br/7rof7swg6qmyvwjcfwf7i0asdf9jyv/sitefebraban/funcoescompliance.pdf>. Acesso em: 31/08/2014, aponta uma ideia básica de implementação do compliance: "Identificar quais são os

advogado criminal delimita as normas aplicáveis aquele setor econômico; em seguida identifica e ordena as exigências; verifica se a empresa atende a contendo as exigências legais destinadas a ela; caso encontre algum descompasso, deve alertar os dirigentes da empresa e propor soluções jurídicas capazes de corrigir as falhas, acabando ou reduzindo os riscos criminais encontrados. Também se estabelece uma rotina para acompanhar o surgimento de novas normas aplicáveis e para verificar o cumprimento daquelas existentes, a fim de que o cumprimento não seja esquecido. A criação de Sistemas Internos de Controle de fraudes, como canais para recebimento de denúncias anônimas, e outros a serem vistos no tópico abaixo, igualmente integram o *criminal compliance*.

No parágrafo anterior ficou evidente que o *criminal compliance* apresenta dois viés distintos e muito bem delineados: o primeiro voltado ao cumprimento das normas legais aplicáveis ao setor da empresa e o segundo destinado a regular a relação entre a empresa e outros particulares. Essa dualidade permite classificarmos o *criminal compliance* em duas dimensões: a dimensão vertical e a dimensão horizontal.

Ao falarmos de adequação das ações da empresa às normas a ela aplicáveis, o *criminal compliance* toma uma dimensão vertical. Isso porque nessa situação o particular apenas subjuga-se às imposições normativas emanadas do Estado (relação do público x privado).

A dimensão horizontal (relação de particular x particular), por sua vez, é facilmente verificada no estabelecimento de regramentos internos. Nessa dimensão é necessário resguardar os direitos e garantias individuais do cidadão[21], primeiro como forma de respeito à dignidade da pessoa humana, segun-

---

reguladores, entidades de classe e principais institutos ou instituições que norteiam os segmentos aos quais a instituição financeira possui negócios, abrangendo os mercados em que atua. Criar rotina para estudo das regulamentações divulgadas e alinhar com áreas afins. Acompanhar legislações, regulamentações aplicáveis, plano de ação, responsáveis e prazo e efetuar acompanhamento periódico conforme necessário, assegurando a aderência e o cumprimento, com a comunicação tempestiva para emissão de relatório para a diretoria e/ou para o comitê da instituição. A área de compliance deve auxiliar para que os projetos regulatórios sejam implementados nas instituições, verificando se todos os aspectos foram avaliados e discutidos junto às áreas envolvidas.

[21] ALEXY, Robert. Teoria dos Direitos Fundamentais. Tradução: Virgílio Afonso da Silva. 2ª ed. São Paulo : Malheiros. 2011, p. 528. *"Atualmente a idéia de que normas de direitos fundamentais produzem efeitos na relação cidadão/cidadão e, nesse sentido, têm um efeito perante terceiros, ou efeito horizontal, é amplamente aceita."* A principal distinção entre a dimensão vertical e horizontal, na conclusão do autor, refere-se ao fato de que *"A relação Estado/cidadão é uma relação entre um titular de direitos fundamentais e um não-titular. A relação cidadão/cidadão é, ao contrário, uma relação entre titulares de direitos fundamentais."* (op. cit., p. 528).

CRIMINAL COMPLIANCE: BREVES CONSIDERAÇÕES

do, como pressuposto imprescindível e inafastável à atribuição de legalidade e validade jurídica aos atos praticados.

BENEDETTI[22] (2014) traz outra classificação ao afirmar que o *criminal compliance* divide-se:

> "(...) em dois campos de atuação: um, de ordem subjetiva, que compreende regulamentos internos, como a implementação de boas práticas dentro e fora da empresa e a aplicação de mecanismos em conformidade com a legislação pertinente à sua área de atuação, visando prevenir ou minimizar riscos e práticas ilícitas e a melhoria do seu relacionamento com clientes e fornecedores. O outro campo de atuação é de ordem objetiva, obrigado por Lei, como é o caso dos citados arts. 10 e 11 da Lei 9.613/1998."

Sem dúvidas com o desenvolvimento do *criminal compliance*, e o contínuo debate jurídico, outras classificações certamente sobrevirão, bem como outros aspectos do tema serão levantados e discutidos.

Por ora, e ante as considerações, é possível verificar que estamos diante o nascimento e rápido crescimento[23] de um novo e fértil campo para atuação do advogado criminal, de extrema peculiaridade e complexidade, pois exigirá do advogado além da alta especialização no campo penal e regulamentar, ampla familiaridade com o mundo corporativo, pois somente assim conseguirá realizar um trabalho robusto e capaz de atingir os reais objetivos do *criminal compliance*.

É o limiar de uma nova advocacia criminal!

A fraude no mundo corporativo e o *criminal compliance* como ferramenta de combate:

A fraude é hoje uma das principais – senão a principal – causa de prejuízo a uma corporação, tanto sob o aspecto econômico-financeiro, quanto de

---

[22] BENEDETTI, Rahal Carla. Criminal Compliance – Instrumento de Prevenção Criminal Corporativa e Transferência de Responsabilidade Penal. São Paulo : Quartier Latin, 2014. p. 80.
[23] "Nos países em que os requerimentos regulatórios para 'função de compliance' são relativamente novos, estima-se que não serão necessárias décadas para alcançar o mesmo padrão dos demais países." (Disponível em: <http://www.febraban.org.br/7rof7swg6qmyvwjcfwf7i0asdf9jyv/sitefebraban/funcoescompliance.pdf>. Acessado em: 31/08/2014).

confiabilidade[24]. Em vista dessa situação, cumpre-nos abrir um tópico para registramos como um bom programa de *criminal compliance* pode colaborar no controle de fraudes corporativas.

O termo fraude deriva do latim *fraus, fraudis*, e significa engano, logro, ardil, má-fé, podendo ser compreendida como toda ação ou omissão humana, destinada a enganar terceiro, mediante a utilização de artifícios e outros meios hábeis a alterar ou esconder a verdade, levando-o a erro sobre a realidade que o cerca.

Na prática as fraudes assumem as mais variadas formas, podendo ir da falsificação de cheques, balanços, desvio de dinheiro e produtos até a sabotagem e a espionagem industrial. E segundo estudos, o número de fraudes cresceu nos últimos anos e a tendência é crescer ainda mais[25]. Levantamento realizado pela KPMG[26] apontou que quase 70% das empresas entrevistadas reconheceram ter sofrido fraude[27].

As circunstâncias ensejadoras ao cometimento de uma fraude são as mais diversas possíveis. Tentar buscá-las e solucioná-las é muito importante. Mas a empresa não pode ficar sem proteção efetiva enquanto aguarda solução das inúmeras questões ensejadoras da fraude. Afinal, além do volume quase infinito de circunstâncias, algumas delas estão relacionadas intimamente com a cultura das pessoas envolvidas, ponto de difícil e lenta mudança. Desta forma, deve-se procurar, em um primeiro momento, a circunstância que favorece a concretização da fraude e não a que enseja o seu cometimento. Com isso será possível, de imediato, criar mecanismos para interromper a consumação de atos fraudulentos, o que na prática já produz resultados favoráveis.

---

[24] "O custo de fraude não para em uma cifra monetária seguidas de muitos zeros. Sua natureza insidiosa infiltra-se e corrói os elementos essenciais sobre os quais todos os negócios se alicerçam: confiança e lealdade." (KPMG Forensic, A Fraude no Brasil, Relatório da Pesquisa 2009, Disponível em: < http://www.kpmg.com.br/publicacoes/forensic/fraudes_2009_port.pdf>. Acessado em: 26/08/2014).

[25] "A fraude continua a atingir e afetar os resultados das organizações no Brasil. Mais de 50% dos entrevistados reconheceram que a fraude é um problema crescente no Brasil e entendem a exposição das organizações aos riscos de fraude. Os resultados do levantamento mostram que o risco de fraude é predominante em todas as indústrias." (Disponível em: < http://www.kpmg.com.br/publicacoes/forensic/fraudes_2009_port.pdf>. Acessado em: 26/08/2014).

[26] Disponível em: < http://www.kpmg.com.br/publicacoes/forensic/fraudes_2009_port.pdf>. Acessado em: 26/08/2014.

[27] Importante destacar que esse índice pode ser ainda maior, pois existem empresas que não revelam ter sido de fraudes, exatamente para não perderem confiabilidade no mercado, e existem empresas que sequer sabem que foram vítimas.

CRIMINAL COMPLIANCE: BREVES CONSIDERAÇÕES

Nesse diapasão, importante trazer ao conhecimento do leitor o resultado da pesquisa realizada pela KPMG, onde 64% das empresas entrevistas apontaram a fragilidade dos Sistemas de Controles Internos como causa facilitadora à ocorrência das fraudes. Descoberta, portanto, a partir de elementos empíricos, a circunstância que mais favorece a concretização da fraude: a falta de Sistemas de Controles Internos eficientes. Consta do referido estudo: "A insuficiência de controles internos foi a área crítica de preocupação para 64% dos entrevistados, como circunstância facilitadora de atos fraudulentos, (...)" [28]

Com isso, fica demonstrado que a criação e implantação de bons Sistemas de Controles Internos são imprescindíveis para se lograr impedir ou reduzir a quantidade de fraudes contra a empresa. Afinal, foi o que a pesquisa acima referida também concluiu, ao afirmar que "(...) justamente os controles internos (25%) que mais permitiram a descoberta da fraude."[29]

Nesse passo, o *criminal compliance* emerge como ferramenta jurídica adequada e eficaz ao combate da fraude corporativa, porquanto permite implementar diversos mecanismos de Controles Internos capazes de minimizar fraudes.

Por exemplo, podemos citar a criação de canais de comunicação eficientes destinados ao recebimento de comunicação de fraudes com preservação do sigilo; a elaboração de normas internas para apuração de denúncias, pautadas na preservação dos direitos e garantias individuais; sistema de verificação constante do histórico dos fornecedores, terceirizados e clientes, a fim de conhecê-los melhor e garantir transações seguras, com pessoas que também cumpram as normas impostas; a verificação dos antecedentes dos candidatos a vagas na empresa (*background checks*), bem como dos funcionários, de tempo--em-tempo[30]; a segregação de funções ou atividades, com o intuito de não

---

[28] Disponível em: < http://www.kpmg.com.br/publicacoes/forensic/fraudes_2009_port.pdf>. Acessado em: 26/08/2014.

[29] *Idem, ibidem.*

[30] Importante destacar no ponto (e isso já um trabalho de *compliance*), que apesar de se tratar de uma medida preventiva de suma importância, no campo de combate à fraudes, a 3ª Turma do Tribunal Superior do Trabalho decidiu que nem todas as atividades justificam o levantamento de antecedentes criminais. Com esse entendimento, a Corte afirmou ser lesiva a exigência das certidões negativas por candidato à vaga e de operador de telemarketing e condenou a empresa a pagar indenização por danos morais: "AGRAVO DE INSTRUMENTO. RECURSO DE REVISTA. EXIGÊNCIA DE ANTECEDENTES CRIMINAIS EM ENTREVISTA DE ADMISSÃO EM EMPREGO PARA EXERCÍCIO DE CARGO DE ATENDENTE COM ACESSO A DADOS PESSOAIS DE CLIENTES. LIMITES DO PODER DIRETIVO EMPRESARIAL. CONTRAPONTO DE PRINCÍPIOS CONSTITUCIONAIS: PRINCÍPIO DO AMPLO ACESSO A INFORMAÇÕES,

DIREITO DOS NEGÓCIOS APLICADO

concentrar em um único funcionário ou setor todas as fases de um processo, criando, com isso, a autofiscalização; etc.

Conforme se vê, o *criminal compliance* tem totais condições de colaborar na identificação, combate e principalmente na prevenção a fraudes corporativas, por possibilitar a adoção de inúmeras medidas destinadas a fortificar os Sistemas de Controles Internos; e combater fraudes corporativas implica muito mais do que diminuir prejuízos financeiros: significa mostrar às pessoas direta ou indiretamente envolvidas com a empresa, notadamente os investidores, que podem confiar na condução e gestão do negócio, pois existem mecanismos rígidos e eficientes de controle.

ESPECIALMENTE OFICIAIS, EM CONTRAPARTIDA AO PRINCÍPIO DA PROTEÇÃO À PRIVACIDADE E AO PRINCÍPIO DA NÃO DISCRIMINAÇÃO. PONDERAÇÃO. Demonstrado no agravo de instrumento que o recurso de revista preenchia os requisitos do art. 896, "c", da CLT, quanto ao pedido de indenização por dano moral decorrente de exigência de certidão negativa de antecedentes criminais em entrevista de admissão de emprego, dá-se provimento ao agravo de instrumento, para melhor análise da arguição de violação dos arts. 1º, III, e 5º, X, da CF, suscitada no recurso de revista. Agravo de instrumento provido. RECURSO DE REVISTA. EXIGÊNCIA DE ANTECEDENTES CRIMINAIS EM ENTREVISTA DE ADMISSÃO EM EMPREGO PARA EXERCÍCIO DE CARGO DE ATENDENTE COM ACESSO A DADOS PESSOAIS DE CLIENTES. LIMITES DO PODER DIRETIVO EMPRESARIAL. CONTRAPONTO DE PRINCÍPIOS CONSTITUCIONAIS: PRINCÍPIO DO AMPLO ACESSO A INFORMAÇÕES, ESPECIALMENTE OFICIAIS, EM CONTRAPARTIDA AO PRINCÍPIO DA PROTEÇÃO À PRIVACIDADE E AO PRINCÍPIO DA NÃO DISCRIMINAÇÃO. PONDERAÇÃO. A Constituição da República consagra o princípio do amplo acesso a informações (art. 5º, XIV: "é assegurado a todos o acesso à informação...", CF), especialmente em se tratando de informações oficiais, prolatadas pelo Poder Público (art. 5º, XXXIII, e art. 5º, XXXIV, "b", CF). Em contraponto, também consagra a Constituição o princípio da proteção à privacidade (art 5º, X, da CF) e o princípio da não discriminação (art. 3º, I e IV; art. 5º, caput; art. 7º, XXX, CF). Nessa contraposição de princípios constitucionais, a jurisprudência tem conferido efetividade ao princípio do amplo acesso a informações públicas oficiais nos casos em que sejam essenciais, imprescindíveis semelhantes informações para o regular e seguro exercício da atividade profissional, tal como ocorre com o trabalho de vigilância armada – regulado pela Lei nº 7.102 de 1982, art. 16, VI – e o trabalho doméstico, regulado pela Lei nº 5.859/72 (art. 2º, II). Em tais casos delimitados, explicitamente permitidos pela lei, a ponderação de valores e princípios acentua o amplo acesso a informações (mormente por não se tratar de informações íntimas, porém públicas e oficiais), ao invés de seu contraponto principiológico também constitucional. Contudo, não se mostrando imprescindíveis e essenciais semelhantes informações, prevalecem os princípios constitucionais da proteção à privacidade e da não discriminação. Na situação em tela, envolvendo trabalhador que se candidata à função de operador de telemarketing ou de call center, a jurisprudência do TST tem se encaminhando no sentido de considerar preponderantes os princípios do respeito à privacidade e do combate à discriminação, ensejando a conduta empresarial, por consequência, a lesão moral passível de indenização (art. 5º, V e X, da CF). Recurso de revista conhecido e provido." (PROCESSO Nº TST-AIRR-102100-56.2012.5.13.0024, p. 21.03.2014).

CRIMINAL COMPLIANCE: BREVES CONSIDERAÇÕES

Para finalizar, fica nosso registro de que embora o *criminal compliance* apresente ótimas soluções para a criação de Sistemas de Controles Internos extremamente eficientes, o seu maior legado consiste na capacidade do instituto em mudar a ideologia atualmente aplicada na gestão empresarial, fazendo com que os dirigentes abandonem a retrógrada postura passiva no combate às fraudes, cuja atuação quase sempre é posterior ao ato ilícito, e deem início a uma nova fase onde a **prevenção** é a palavra de ordem!

Referências:

ABBI – Associação Brasileira dos Bancos Internacionais; FEBRABAN – Federação Brasileira de Bancos. Cartilha *Função de compliance*, ago. 2003 e atualização jul. de 2009. Disponível em: <www.febraban.com.br>.

ALEXY, Robert. Teoria dos Direitos Fundamentais. Tradução: Virgílio Afonso da Silva. 2ª ed. São Paulo : Malheiros, 2011.

BACIGALUPO, Enrique. *Compliance y Derecho Penal*. Coord. Carmem Hermida Navarra : Aranzadi S.A. e Thonsom Reuteurs (Legal) Limited, 2011.

BENEDETTI, Rahal Carla. Criminal Compliance – Instrumento de Prevenção Criminal Corporativa e Transferência de Responsabilidade Penal. São Paulo : Quartier Latin, 2014.

BRASIL. Lei dos Crimes de Lavagem de Capitais – Lei Nº 9613/1998. Disponível em: <http://www.planalto.gov.br/ccivil_03/leis/L9613compilado.htm>. Acesso em: 30 de agosto de 2014.

_____. Lei Anticorrupção – Lei Nº 12.846/2013. Disponível em: < http://www.planalto.gov.br/ccivil_03/_ato2011-2014/2013/lei/l12846.htm>. Acesso em: 30 de agosto de 2014.

_____. Tribunal Superior do Trabalho. Recurso de Revista nº 102100-56.2012.5.13.0024, Relator Ministro Mauricio Godinho Delgado, j. 21.03.2014.

COIMBRA, Marcelo de Aguiar; BINDER, Vanessa Alessi Manzi. *Manual de Compliance: preservando a boa governança e a integridade das organizações*. São Paulo : Atlas S.A., 2010.

GRAU, Eros Roberto. Elementos de Direito Econômico. São Paulo : Revista dos Tribunais, 1981.

IBGC – Instituto Brasileiro de Governança Corporativa. Disponível em: <http://www.ibgc.org.br>.

KPMG Forensic – *A Fraude no Brasil*, Relatório da Pesquisa 2009. Disponível em: < http://www.kpmg.com.br >

Considerações a Respeito da Constituição e Funcionamento de Fundos de Investimento Imobiliário

Tânia Pantano

Este trabalho analisa as normas atualmente vigentes aplicáveis aos Fundos de Investimento Imobiliário ("FII"), levantando considerações a respeito dos principais aspectos relacionados à constituição e administração dessa modalidade de investimento e no que se refere às vantagens e riscos inerentes à participação dos investidores nesse mercado.

As regras de constituição de FII no Brasil foram estabelecidas pela Lei 8.668, de 25.06.1993 e desde a entrada em vigor dessa lei, foi realizado um trabalho intenso de divulgação ao mercado das vantagens e facilidades decorrentes da aquisição de quotas de FII, assim como os benefícios tributários existentes, comparados a outros tipos de investimento.

Entre 2009 e 2012, o volume de ofertas públicas de quotas de FII passou de R$ 3,4 bilhões para R$14 bilhões, o volume anual de negociações passou de R$144 milhões em 2008, para mais de R$ 7,8 bilhões em 2013 e o número de investidores, que em janeiro de 2011 estava em torno de 17.000, aumentou para quase 103.000 em agosto de 2013[1], um aumento de mais de 600%.

---

[1] Conforme informações da BM&F Bovespa, divulgadas nos Boletins do Mercado Imobiliário nºs 17 e 28, de Agosto de 2013 e Julho de 2014, disponíveis em http://www.bmfbovespa.com.br/fundos-listados/download/Boletim-Mercado-Imobiliario-201308.pdf. e http://www.bmfbovespa.com.br/fundos-listados/download/Boletim-Mercado-Imobiliario-201407.pdf. Acesso em 30.08.2014.

DIREITO DOS NEGÓCIOS APLICADO

A partir de 2012, no entanto, o Índice de Fundos de Investimento Imobiliário (IFIX) da BM&F Bovespa, que mede a performance da carteira de quotas de FII listados para negociação nos mercados de bolsa e de balcão, apontou uma variação negativa de 12,6% entre 2011 e 2012 e de 5,4% entre 2012 e agosto de 2014. Essa situação reflete um tanto ajuste no próprio mercado dos FII e na melhor compreensão dos investidores quanto aos riscos envolvidos nesse tipo de investimento, como também na situação macroeconômica do País.

Os analistas dos mercados de capitais e financeiro entendem que existe um tendência de estabilização e consolidação dos FII como uma alternativa atraente de investimento, para investidores, independentemente de sua capacidade de investimento, e também como importante fonte de financiamento para o mercado imobiliário e que ainda existe muito espaço para crescimento, com a melhora do cenário econômico nacional e a melhoria das práticas do mercado.

De fato, os FII proporcionam a seus investidores, a possibilidade de realização de investimentos em empreendimentos imobiliários, com redução, em comparação à realização de investimentos diretos, especialmente para o pequeno e o médio investidores, no custo envolvido para participação nesse tipo de investimento e no risco, permitindo a diversificação entre diferentes tipos de empreendimentos. A aquisição de quotas de FII permite que interessados em investir em empreendimentos imobiliários, que não possuem a experiência para realização desse tipo de empreendimento e os recursos necessários, tenham acesso às vantagens financeiras de sua realização, sem correr os riscos que o investimento direto traria, dentre as quais:

a) possibilita que os recursos aportados sejam administrados por um gestor especializado na realização e fiscalização do empreendimento imobiliário objeto do FII que poderá contar com consultores e empresas atuantes no mercado, que identifiquem boas oportunidades de investimento;

b) facilidade de acesso e liquidez do investimento, sem necessidade de atuação direta do investidor no cumprimento das obrigações e procedimentos necessários para realização de empreendimentos imobiliários (que exigem análise de mercado, prospecção de clientes e de imóveis, análise da documentação imobiliária e avaliação da viabilidade do empreendimento que será realizado, elaboração e aprovação de projetos de construção, obtenção de licenças e alvarás, pagamento de ITBI e custas de Tabelionatos de Notas e de Registros de Imóveis, dentre outras exigências);

c) permite a fiscalização e controle da atuação dos responsáveis pela administração do FII e do empreendimento, que estão submetidos às regras da Comissão de Valores Mobiliários ("CVM"), da Bolsa de Valores Mobiliários e à análise de investidores e especialistas;

d) redução nos custos e riscos envolvidos na realização de investimento direto em um único empreendimento imobiliário;

e) possibilidade de diversificação de investimentos, entre diversos tipos de empreendimento (de natureza residencial, comercial, logístico, shopping centers, dentre outros) e de fracionamento no risco.

Além disso, a legislação tributária atualmente prevê tratamento tributário vantajoso para os rendimentos auferidos por investidores que preencherem determinadas características, conforme será mencionado neste texto, em relação a outros fundos de investimento e mesmo para a realização de investimentos diretos em empreendimentos imobiliários.

Os FII se constituem sob a forma de condomínios fechados, sem personalidade jurídica, caracterizados pela comunhão de recursos captados pelo Sistema de Distribuição de Valores Mobiliários, destinados à aplicação em empreendimentos imobiliários, de naturezas diversas, podendo ser constituídos com prazo de duração determinado ou indeterminado, sendo proibido o resgate de quotas durante seu funcionamento.

Esta estrutura permite que empreendedores obtenham diretamente no mercado de capitais, com redução no custo de capitação, em relação à obtenção de recursos no sistema finnceiro, os valores necessários para realização de empreendimentos imobiliários, que serão aportados pelos investidores adquirentes de quotas, os quais, por sua vez, buscam a remuneração do valor investido, que ocorrerá quando da distribuição periódica das receitas auferidas com a realização do empreendimento imobiliário identificado no regulamento.

Os quotistas serão titulares das quotas adquiridas, que se constituem valores mobiliários, e dos direitos a elas intrínsecos, mas não possuem quaisquer direitos reais sobre os bens adquiridos com os recursos aportados, que ficarão sob a administração especializada do Administrador do Fundo, que será responsável pela observância das regras previstas no Regulamento e na legislação aplicável, e pela aquisição dos bens necessários para a realização de um ou mais empreendimentos imobiliários com as características e condições previstas no Regulamento.

DIREITO DOS NEGÓCIOS APLICADO

Tendo em vista que o Fundo não possui personalidade jurídica, os bens serão adquiridos pelo Administrador, em caráter fiduciário, constituindo patrimônio separado do Administrador, e por ele serão geridos com o objetivo exclusivo de realizar o(s) empreendimento(s) indicado(s) no Regulamento. Os quotistas do Fundo serão remunerados com os resultados positivos auferidos com o empreendimento objeto do FII, a serem distribuídos na periodicidade ajustada no Regulamento, na proporção da quantidade de quotas detidas por cada um deles, após dedução das despesas com a realização do empreendimento e da remuneração do Administrador.

A CVM tem competência para autorizar, disciplinar e fiscalizar a constituição, funcionamento e administração dos FII, nos termos da Instrução CVM nº 472, de 31.10.2008[2], alterada pela Instrução CVM nº 478, de 11.09.2009, que regulamenta ainda a oferta pública para distribuição de quotas e divulgação de informações relativas a esses Fundos.

Devem ser ainda observadas as regras da Instrução CVM nº 516/11, que dispõe sobre a elaboração e divulgação de Demonstrações Financeiras destes Fundos, da Instrução CVM nº 400/04 que trata das ofertas públicas de

---

[2] A CVM colocou em audiência pública, até 03.11.2014, proposta de alteração da Instrução CVM nº 472. As alterações propostas na minuta apresentada pela CVM têm por objetivo aperfeiçoar os mecanimos de: (a) divulgação de informações periódicas e eventuais pelos administradores de FII, mediante (a.1) adequação da peridicidade de prestação de determinadas informações, para mensal, trimestral e anual; (a.2) transferência, do regulamento, para informes periódicos, das informações passíveis de alteração frequente; e (a.3) padronização da forma de divulgação das informações aos quotistas, facilitando a identificação de dados e a comparabilidade entre fundos; e (b) governança dos fundos, aprimorando regras relacionadas à convocação, participação dos quotistas e tomada de decisões em assembleias gerais, bem como a atuação dos representantes de quotistas, através de (b.1) vedação à inclusão de disposições estatutárias que limitem o número de votos por quotistas em percentuais inferiores a 10% de total de quotas ou que estabeleçam diferentes limites de exercício de direito de voto; (b.2) permitir a inclusão de matérias, na ordem do dia de assembleias já convocadas, por quotista detentor de, no mínimo, 1% do total de quotas emitidas ou por representante de quotistas; (b.3) estimular o mecanismo de solicitação de procurações para representação de quotistas em assembleias mediante esclarecimento e adaptação das regras atualmente vigentes; (b.4) inclusão de matérias sujeitas à aprovação de quotistas por quorum qualificado; (b.5) extensão de regras aplicáveis às situações de conflitos de interesse entre o fundo e o administrador ou o empreendedor; (b.6) esclarecimento de regras quanto à eleição, atividades e responsabilidades do representante dos quotistas eleito para fiscalizar os empreendimentos ou investimentos do fundo. A minuta atualmente em discussão também propõe alterações nas regras de constituição e funcionamento dos FII, especialmente quanto (a) à unificação dos procedimentos de registro de constituição e funcionamento; (b) esclarecimento das hipóteses em que a CVM pode realizar a análise de pedidos de registro de ofertas em prazo reduzido; (c) atribuição, ao administrador, de competência para nova emissão de quotas, desde que haja previsão expressa no regulamento.

distribuição de valores mobiliários, e da Instrução CVM nº 409/04, que dispõe sobre a constituição, funcionamento e a divulgação de informações de fundos de investimentos.

Tipos de FII

O mercado possui diferentes tipos de FII, considerando seus objetivos principais:

a) Fundos para realização de um determinado empreendimento imobiliário: neste caso o FII pode ser constituído e ter a duração vinculada à realização do empreendimento específico previsto no Regulamento (promovendo a aquisição do terreno, a construção do projeto pretendido e a alienação desse empreendimento, em sua totalidade, ou de cada uma das unidades que o comporão). A duração desse tipo de Fundo não precisa necessariamente ser determinada, caso se pretenda locar o empreendimento como um todo ou cada uma de suas unidades. Os quotistas serão remunerados de acordo com o lucro auferido na alienação do empreendimento ou de suas unidades ou recebimento dos alugueis;

b) Fundos para gestão de carteira (Gestão Ativa): neste caso, os recursos arrecadados pelo FII são utilizados para a compra e venda de imóveis e os quotistas são remunerados mediante apuração da diferença positiva verificada quando da venda desses imóveis;

c) Fundos para participação em outros FII (Fundos de "Papel"): o Administrador do FII seleciona papéis de outros FII para aquisição com os recursos arrecadados, administra a carteira dos papéis adquiridos e decide o momento de sua alienação, sendo os quotistas remunerados com os recursos pagos pelos títulos adquiridos e a diferença positiva apurada quando da venda desses papéis;

d) Fundos com o objetivo de facilitar e estruturar a sucessão em famílias que possuem grande patrimônio imobiliário: o patrimônio imobiliário da família é transferido e passa a constituir o patrimônio do FII. O Regulamento desse tipo de Fundo irá determinar as operações (compra e venda, locação, arrendamento), que podem ser realizadas com o patrimônio, as regras e restrições para divisão e transferência das quotas entre os herdeiros, sendo a administração do Fundo conduzida por profissionais, especializados na área, e sujeitos à fiscalização e auditoria.

Constituição e início de funcionamento

A constituição de um FII depende de solicitação apresentada por seu Administrador à CVM, acompanhada dos seguintes documentos:

a) pedido de registro de oferta pública para distribuição das quotas do FII, ou comunicação da dispensa automática deste registro;
b) apresentação do ato de constituição, do Regulamento e do Prospecto do FII, bem como informação quanto ao registro dos atos de constituição e do Regulamento em Cartório de Registro de Títulos e Documentos da sede do Administrador;
c) indicação do nome do auditor independente e dos demais prestadores de serviços contratados pelo Administrador;
d) indicação do diretor estatutário do Administrador, responsável pela administração do FII.

A autorização para constituição do FII é automática, sendo concedida dentro de até 05 (cinco) dias úteis após a data do protocolo na CVM dos documentos indicados acima.

O início do funcionamento do FII, por outro lado, depende de prévio registro, na CVM, solicitado pelo Administrador, comprovando o cumprimento dos seguintes requisitos:

a) subscrição da totalidade das quotas objeto do registro de distribuição ou da subscrição parcial das quotas representativas do patrimônio do FII;
b) publicação do anúncio de encerramento da oferta. Este requisito pode ser dispensado a critério da CVM, devendo o Administrador, nesta hipótese, apresentar resumo dos dados finais da colocação das quotas no mercado, nos termos do Anexo VII da Instrução CVM nº 400, de 2003;
c) inscrição do FII no Cadastro Nacional da Pessoa Jurídica – CNPJ.

É importante ressaltar que a possibilidade de início do funcionamento de um FII, tendo ocorrido apenas a subscrição parcial das quotas, somente poderá ocorrer caso o Administrador tenha previsto expressamente no Regulamento essa possibilidade, assim como o valor mínimo a ser subscrito, que deverá ser suficiente para realização do empreendimento imobiliário objeto do FII, caso contrário, não se alcançando o valor mínimo de subscrição das quotas para início do funcionamento do FII, em caso de primeira distribuição de quotas, o Administrador deve proceder à liquidação do Fundo, comprovando o rateio, entre os investidores que subscreveram quotas, dos recursos financeiros recebidos, acrescidos dos rendimentos líquidos auferidos pelas aplicações financeiras realizadas com os recursos recebidos, proporcionalmente às quotas por eles subscritas. Caso o Administrador descumpra essas obrigações, a CVM pode determinar a liquidação do FII.

A subscrição de quotas por investidores ocorre, normalmente, mediante pagamento em moeda corrente. No entanto, é possível a subscrição de quotas, por um investidor, mediante conferência de bens e direitos, desde que estes sejam relacionados aos objetivos do FII e sejam previamente avaliados por empresa especializada, que produzirá laudo de avaliação de acordo com os requisitos do Anexo I da Instrução CVM nº 472, a ser aprovado pela Assembleia de Quotistas, caso o FII já esteja em funcionamento[3]. A constituição de um Fundo pode ser planejada considerando a conferência de um determinado imóvel por um quotista, que será destinado à realização de um empreendimento imobiliário a ser alienado a terceiros ou à construção ou reforma de um prédio, a serem realizadas de acordo com as orientações e necessidades de um terceiro, que irá alugar o imóvel ao final das obras. Essa estrutura é vantajosa para o quotista titular do imóvel, que poderá desmobilizar parte de seu patrimônio e receberá, como quotista do Fundo, parte das receitas decorrentes da construção realizada em seu imóvel, sem a necessidade de despender recursos próprios ou obter financiamento bancário para realizar aquele empreendimento em seu imóvel.

O laudo de avaliação de imóvel conferido ao capital de um Fundo, em integralização de suas quotas, deve conter, além dos demais requisitos constantes do Anexo I da Instrução CVM nº 472, a identificação completa do imóvel, incluindo sua descrição conforme matrícula, localização geográfica, tipo de construção existente ou outras melhorias que possam afetar seu valor,

---

[3] O art. 55 da Instrução CVM nº 472 prevê a possibilidade de dispensa de elaboração de laudo de avaliação para integralização de quotas mediante conferência de bens e direitos, em fundos destinados exclusivamente a investidores qualificados, desde que expressamente previsto no Regulamento, podendo a Assembleia Geral manifestar-se quanto ao valor atribuído.

estado de conservação e finalidade a que se destina, descrição dos estudos e diligências realizadas e informações relevantes para determinação do valor do imóvel, fundamentação da escolha do método de avaliação, indicação de eventuais transações ou propostas de aquisição em que se tenha baseado a avaliação, relativas a imóveis com características idências e indicação do valor final proposto para o imóvel, de acordo com o método de avaliação escolhido pelo avaliador e independentemente de valores diversos que tenham sido demonstrados por meio da aplicação de outros métodos. Quaisquer ressalvas ao valor proposto para o imóvel ou de cirscunstâncias que impeçam ao avaliador a determinação adequada do correto valor de avaliação do imóvel, devem ser por ele ressalvadas no laudo.

Para proteção dos direitos dos quotistas, é necessário que se confira publicidade quanto ao regime especial a que se submetem os bens integrantes do patrimônio do FII, bem como a incomunicabilidade desses bens com os demais bens de propriedade do Administrador, não respondendo também por passivos que não sejam relacionados ao Fundo. Desta forma, para preservação dos interesses do Fundo e de seus quotistas, os registros, nas matrículas dos imóveis, da aquisição da propriedade ou de direitos reais, pelo FII, devem mencionar expressamente as restrições decorrentes da propriedade fiduciária e sua destinação.

As quotas de um FII representam frações ideais de seu patrimônio e devem ser escriturais e nominativas. Ainda que um quotista tenha realizado a subscrição de suas quotas mediante conferência de bens e direitos, nenhum quotista pode exercer qualquer direito real sobre os imóveis e os empreendimentos que integram o patrimônio do Fundo. Da mesma forma, os quotistas não respondem pessoalmente por qualquer obrigação legal ou contratual a eles relativa ou ao Administrador, sendo responsáveis apenas pelo pagamento das quotas subscritas.

Assim, a relação de um quotista com os ativos que compõem o patrimônio do Fundo se dará nas mesmas condições que terceiros. Se um hotel, shopping center ou prédio de escritórios for de propriedade de um FII e qualquer um de seus quotistas quiser se hospedar em um quarto do hotel, alugar uma sala ou laje comercial ou loja do shopping center, deverá reservar o quarto ou contratar a locação, nas mesmas condições oferecidas a terceiros, sem qualquer preferência ou privilégio.

Como mencionado anteriormente, os FII, por se constituírem em comunhão de bens, não possuem personalidade jurídica própria, constituindo patrimônio especial do Administrador, que não se confunde com seus bens próprios e não respondem por dívidas ou obrigações do **Administrador**. Podem compor o patrimônio de um FII os seguintes bens:

a) quaisquer direitos reais sobre bens imóveis comerciais, residenciais, rurais ou urbanos, construídos ou em construção;

b) ações, debêntures, bônus de subscrição, seus cupons, direitos, recibos de subscrição e certificados de desdobramento, certificados de depósitos de valores mobiliários, cédulas de debêntures, quotas de fundos de investimento, notas promissórias e quaisquer outros valores mobiliários que tenham sua emissão ou negociação registrados ou autorizados pela CVM e que tenham como emissores sociedades que realizem preponderantentemente atividades permitidas aos FII;

c) ações ou quotas de sociedades desde que tenham propósito específico enquadrado entre as atividades permitidas aos FII;

d) quotas de fundos de investimento em participações (FIP) que tenham como política de investimento, exclusivamente, atividades permitidas aos FII ou de fundos de investimento em ações que sejam setoriais e que invistam exclusivamente em construção civil ou no mercado imobiliário;

e) certificados de potencial adicional de construção (CEPAC), emitidos com base na Instrução CVM nº 401, de 29.12.2003;

f) certificados de recebíveis imobiliários (CRI) e quotas de fundos de investimento em direitos creditórios (FIDC) que tenham como política de investimento, exclusivamente, atividades permitidas aos FII, desde que sua emissão ou negociação tenha sido registrada na CVM;

g) letras hipotecárias; e

h) letras de crédito imobiliário.

A natureza jurídica do FII (condomínio fechado) não permite o resgate de quotas por um quotista. Caso o investidor queira realizar seu investimento, enquanto o Fundo estiver em funcionamento, deverá alienar suas quotas no mercado secundário, sujeitando-se às regras e valores de comercialização vigentes aplicáveis, além do pagamento de comissão ou taxa eventualmente cobrada para venda da quota, caso prevista no Regulamento.

DIREITO DOS NEGÓCIOS APLICADO

Regulamento e prospecto

O Regulamento deve ser elaborado pelo Administrador e levado a registro da CVM quando da constituição do Fundo, e nele são estabelecidas as regras básicas e principais de funcionamento do FII, que regerão as condições para realização de suas atividades, de observância obrigatória do Administrador e os quotistas, tais como:

a) objeto do Fundo: devem ser especificados os tipos de empreendimento pretendidos pelo FII e que o Administrador está autorizado a prospectar para realização dos objetivos do Fundo (compra e venda de imóveis, construção de um empreendimento para alienação de unidades ao público, construção ou locação de um Shopping Center ou condomínio logístico, ou construção de um empreendimento destinado a um locatário específico, investimento em papéis de outros Fundos, dentre quaisquer outros tipos de empreendimentos imobiliários);

b) prazo de duração: determinado, se vinculado à realização e conclusão de um ou vários empreendimentos, ou indeterminado;

c) política de investimentos e de comercialização ou de locação dos bens integrantes de seu patrimônio;

d) taxas de despesas a serem pagas ou rateadas entre os quotistas, tais como taxa de ingresso no Fundo e taxa de administração devida ao Administrador, e critérios de fixação ou apuração dessas taxas e depesas;

e) número de quotas a serem emitidas, critérios de subscrição e previsão quanto à possibilidade ou não de futuras emissões de quotas;

f) critérios para distribuição dos resultados aferidos[4];

g) qualificação do Administrador do Fundo, do eventual gestor do empreendimento e de terceiros contratados pelo Administrador para auxílio na realização dos investimentos objeto do Fundo;

h) hipóteses de dissolução e liquidação do FII e regras para destinação de seu patrimônio e pagamento dos quotistas.

O Administrador também deverá elaborar o Prospecto do FII, que é documento destinado ao investidor, no qual estarão expostos com clareza a política

---

[4] O parágrafo único do art. 10 da Lei 8.668 estabelece que o Fundo deve distribuir aos quotistas, no mínimo, 95% dos lucros auferidos, apurados segundo o regime de caixa, conforme balanço ou balancete semestral encerrado em 30 de junho e 31 de dezembro de cada ano.

de investimentos do Fundo, os riscos envolvidos, assim como os direitos e responsabilidades dos quotistas e do Administrador. É dispensável, no entanto, a elaboração de Prospecto, quando o FII se destinar exclusivamente a investidores qualificados[5], observadas as condições previstas nos arts. 54 e seguintes da Instrução CVM nº 472 e na Instrução CVM nº 409, de 18.08.2004[6], desde que o Regulamento contenha a relação dos prestadores de serviços do Fundo, condições de compra de quotas do Fundo, informações sobre a tributação aplicável ao Fundo e seus quotistas e a política a ser adotada pelo Administrador quanto ao tratamento tributário pretendido e a indicação do local, ou meio, e a forma de obtenção dos resultados do Fundo em exercícios anteriores, além demonstrações contábeis, relatórios do Administrador e demais documentos pertinentes referentes a exercícios anteriores, que tenham sido divulgados ou elaborados por força de disposições regulamentares aplicáveis.

O Prospecto deve ser redigido em linguagem acessível e conter informações completas, precisas, verdadeiras, atuais e objetivas, de modo a permitir que os investidores interessados no investimento possam formar a sua decisão, considerando todos os riscos envolvidos na realização dos empreendimentos pretendidos pelo Fundo. O Prospecto não pode ser omisso quanto a quaisquer fatos que possam influenciar a decisão dos investidores interessados na aquisição de quotas, nem conter informações que possam induzir em erro os investidores[7], e deve conter, dentre outras informações relevantes previstas no art. 39 e no Anexo II da Instrução CVM nº 400, dados e informações sobre:

---

[5] Nos termos do art. 109 da Instrução CVM nº 409, são considerados investidores qualificados: I – instituições financeiras; II – companhias seguradoras e sociedades de capitalização; III – entidades abertas e fechadas de previdência complementar; IV – pessoas físicas ou jurídicas que possuam investimentos financeiros em valor superior a R$ 300.000,00 e que, adicionalmente, atestem por escrito sua condição de investidor qualificado mediante termo próprio; V – fundos de investimento destinados exclusivamente a investidores qualificados; VI – administradores de carteira e consultores de valores mobiliários autorizados pela CVM, em relação a seus recursos próprios; VII – regimes próprios de previdência social instituídos pela União, pelos Estados, pelo Distrito Federal ou por Municípios.

[6] Conforme inciso II do art. 55 da Instrução CVM nº 400 e do inciso II do art. 110 da Instrução CVM nº 409.

[7] Nos termos do art. 41 da Instrução CVM nº 400, "Caso se verifique, após a data da obtenção do registro, qualquer imprecisão ou mudança significativa nas informações contidas no Prospecto, notadamente decorrentes de deficiência informacional ou de qualquer fato novo ou anterior não considerado no Prospecto, que se tome conhecimento e seja relevante para a decisão de investimento, deverão o ofertante e a instituição líder, suspender imediatamente a distribuição até que se proceda a devida divulgação ao público da complementação do Prospecto e dessa nova informação".

a) o Administrador;

b) Política de Investimento do FII: abrangendo a indicação dos ativos que poderão integrar a carteira do Fundo, com especificação dos respectivos percentuais e destaque para os ativos que não sejam imóveis, localização geográfica das áreas em que o Fundo irá adquirir imoveis ou direitos a eles relacionados, espécies de imóveis ou direitos reais passíveis de aquisição pelo Fundo, declaração sobre a destinação dos imóveis a serem adquiridos (para venda ou obtenção de renda), indicação do percentual máximo de recursos do Fundo que será alocado em um único imóvel e, no caso de investimento de outros valores mobiliários, especificação dos parâmetros mínimos para seleção destes ativos;

c) Descrição dos imóveis: especificação clara, precisa e detalhada dos imóveis efetivamente pertencentes ao Fundo ou cuja aquisição é meramente planejada. Com relação aos imóveis cujo valor representem 10% ou mais do patrimônio líquido do Fundo, ou que tenham respondido por 10% ou mais da receita bruta do Fundo no último exercício social, devem ser ainda descritos os direitos que o FII detém sobre eles, com menção aos principais termos de quaisquer contratos de financiamento, promessas de compra e venda, opções de compra ou venda, bem como quaisquer outros instrumentos que lhe assegurem tais direitos, descrição dos ônus e garantias que recaem sobre os imóveis já adquiridos ou pretendidos pelo FII e descrição de suas principais características e do uso que se lhes pretende destinar, estudo de viabilidade técnica, comercial, econômica e financeira do empreendimento imobiliário pretendido, contendo expectativa de retorno do investimento, com exposição clara e objetiva das premissas adotadas, orçamento e cronograma da obra, se necessário, opinião do Administrador sobre a necessidade e suficiência dos seguros contratados para preservação dos imóveis e, no caso de imóvel adquirido em regime de condomínio ordinário, o Administrador deve informar sobre a existência de acordo dispondo sobre a constituição da propriedade em comum e repartição dos rendimentos por ela gerados;

d) Dados Operacionais: qualificação e principal atividade desempenhada pelo locatário que responda, ou venha a responder, por 10% ou mais da receita bruta do Fundo, taxa percentual de ocupação dos imóveis em cada um dos últimos 5 anos anteriores ao pedido de registro do FII, descrição e estimativa de valores dos impostos incidentes sobre os bens e operações do Fundo, inclusive sobre investimentos propostos e ainda não efetuados e descrição do regime tributável aplicável aos quotistas do Fundo;

e) Identificação dos Responsáveis pela Análise e Seleção dos Investimentos em Empreendimentos Imobiliários: nome, endereço comercial e telefones dos responsáveis especializados pela gestão dos valores mobiliários da carteira do FII, pela prestação dos serviços de consultoria especializada, envolvendo a análise, seleção e avaliação de empreendimentos imobiliários e demais ativos que poderão integrar a carteira do FII e de administração de locações ou arrendamentos dos empreendimentos integrantes de seu patrimônio;

f) Características Adicionais da Oferta: informação sobre a possibilidade de distribuição parcial, com cancelamento do saldo eventualmente não colocado;

g) Outras Informações: tais como número de inscrição do Fundo no CNPJ, descrição das principais características do Memorial de Incorporação ou Memorial de Loteamento, se for o caso, indicação do seu número do registro no Registro de Imóveis competente e indicação dos dados do título aquisitivo dos direitos reais sobre o imóvel onde será desenvolvido o projeto, contrato de construção (caso o incorporador não seja o construtor), contrato celebrado entre o empreendedor e o Administrador e data do deferimento pela entidade administradora do mercado organizado do pedido de admissão à negociação das quotas do FII, condicionado à obtenção do registro na CVM.

Administração

Os FII são administrados e representados por um Administrador, que organiza a constituição do Fundo, elabora as regras constantes do Regulamento e do Prospecto e demais documentos necessários para aprovação de sua constituição e colocação de suas quotas no mercado de capitais e que será o proprietário fiduciário dos bens integrantes de seu patrimônio.

Além do Administrador, existem as Assembleias Gerais de quotistas, as quais são a instância máxima de deliberação quanto à administração do Fundo.

A estrutura administrativa dos FII pode contar ainda com consultores ou gestores contratados pelo Administrador, para auxiliar a tomada de decisões e definição da aplicação dos recursos e do patrimônio do FII. No entanto, ainda que o Regulamento preveja a contratação de terceiros para auxiliar a administração dos ativos e empreendimentos desenvolvidos pelo Fundo ou a tomada de decisões estratégicas, o Administrador é o responsável, perante os quotistas e a CVM, pela gestão dos ativos, pelo cumprimento e observância do cumprimento da legislação e das regras constantes do Regulamento, respondendo solidariamente com os terceiros contratados em caso de prejuízos verificados em caso de dolo ou culpa destes últimos.

Papel do administrador

Somente instituições financeiras podem ser Administradores de FII[8]. O Administrador do FII deve indicar no Regulamento o nome do Diretor Estatutário diretamente responsável pela supervisão da administração daquele Fundo.

O Administrador deve prover ao Fundo, por si ou terceiros contratados, os seguintes serviços, dentre outros previstos no Regulamento:

a) manutenção de departamento técnico habilitado a prestar serviços de análise e acompanhamento dos projetos imobiliários realizados pelo FII;
b) atividades de tesouraria, de controle, processamento e gestão de títulos e valores mobiliários integrantes da carteira do fundo e custódia de ativos financeiros;
c) escrituração de quotas;
d) custódia de ativos financeiros;
e) auditoria independente.

A seleção dos bens e direitos que devem integrar o patrimônio do Fundo é realizada pelo Administrador, observando-se obrigatoriamente a política de investimentos prevista no Regulamento. Todos os negócios jurídicos necessários à consecução dos objetivos do Fundo devem ser por celebrados pelo Administrador, sob sua responsabilidade, ainda que conte com o auxílio de profissionais especializados contratados para orientar e avaliar oportunidades do mercado para o Fundo.

As análises prévias para identificação de oportunidades de investimento e o tipo de empreendimento a ser realizado, são realizados pelo Administrador,

---

[8] Bancos comerciais, bancos múltiplos com carteira de investimento ou carteira de crédito imobiliário, bancos de investimento, sociedades corretoras ou sociedades distribuidoras de valores mobiliários, sociedades de crédito imobiliário, caixas econômicas e companhias hipotecários.

que deve verificar a existência de potenciais riscos à aquisição dos bens e ativos que comporão a carteira do FII, mediante realização de análises de mercado e da documentação dos bens adquiridos, especialmente dos imóveis, que exigem análise técnica rigorosa.

Conforme já referido anteriormente, em razão da estrutura jurídica dos FII, o Administrador é o proprietário fiduciário dos bens e direitos integrantes de um FII, assim como dos rendimentos e receitas deles decorrentes, mas estes não integram seus ativos, não respondem por obrigações por ele contraídas, não compõem a lista de bens e direitos do Administrador em caso de liquidação judicial ou extrajudicial, não podem ser executados por seus credores, por mais privilegiados que sejam e também não podem ser objeto de garantia de operação por ele contraída. O Administrador, no entanto, responde pessoalmente pela evicção de direito, no caso de alienação de imóveis pelo Fundo[9], tendo em vista seu dever de apurar e avaliar precisamente os riscos envolvidos por ocasião da aquisição desses bens.

O Administrador deve divulgar semestralmente as demonstrações financeiras do FII, que serão auditadas por auditor independente e prestar informações periódicas aos quotistas[10], ao mercado onde as quotas do Fundo são negociadas e à CVM, mediante envio direto de comunicados e publicação dessas informações em seu website.

Se o objetivo do FII estiver vinculado à realização de um projeto de construção, o Administrador deve exercer controle efetivo e fiscalizar cada etapa de desenvolvimento do projeto, ainda que contrate terceiros especializados para este fim.

O Regulamento deve prever expressamente a remuneração pelos serviços prestados pelo Administrador, podendo ser estipulado, além da taxa de administração, o pagamento de remuneração variável calculada de acordo com o desempenho do Fundo ou indicador relevante para o mercado imobiliário que possa ser razoável e fundamentadamente comparado com aquele FII

---

[9] Art. 14, inciso II da Lei 8.668.

[10] Dentre outras, o Administrador deve enviar diretamente a cada um dos quotistas: (a) resumo das decisões tomdas nas assembleias gerais, dentro de até 8 dias após sua realização; (b) em até 30 dias após encerramento de cada semestre, o extrato da conta de depósito das quotas, e o valor comparativo, considerando o início e o fim do período, do patrimônio do Fundo, do valor patrimonial da quota e da rentabilidade apurada no período, bem como o saldo e valor das quotas e a movimentação ocorrida; (c) até o dia 30 de março de cada ano, informações sobre a quantidade de quotas de sua titularidade e respectivo valor patrimonial, acompanhado do comprovante para fins de declaração do Imposto de Renda.

DIREITO DOS NEGÓCIOS APLICADO

(taxa de performance), assim como o pagamento de uma taxa de ingresso e de saída, devida quando da aquisição e da alienação das quotas[11].

É possível a substituição do Administrador em caso de renúncia ou destituição por deliberação da Assembleia Geral, neste último caso, entendemos ser necessária a comprovação de dolo ou culpa do Administrador na condução dos interesses e realização dos objetivos do Fundo.

É importante ressaltar que o Administrador tem a obrigação fiduciária de gerir o patrimônio do Fundo, de acordo com as regras e restrições estabelecidas pelo Regulamento e determinadas pela Assembleia Geral, devendo agir com transparência, cuidado e diligência na condução de suas obrigações, mas não possui obrigação de resultado. O Administrador está proibido de prestar quaisquer garantias quanto aos rendimentos a serem obtidos e ao resultado positivo das operações realizadas pelo Fundo e tem o dever de prestar todas as informações que revelem ao investidor os riscos envolvidos nesse tipo de investimento, que podem, até mesmo, ter retorno negativo. Por outro lado, considerando que o investimento em FII, envolve risco, e pode não gerar resultados positivos, apesar de terem sido tomadas todas as cautelas exigidas do Administrador, este não tem o dever de indenizar os quotistas, em caso de desvalorização das quotas, do empreendimento ou até mesmo do patrimônio do Fundo, desde que não tenha agido com dolo ou culpa[12].

---

[11] Neste sentido, Mário Tavernard Martins de Carvalho, em Regime Jurídico dos Fundos de Investimento. São Paulo: Quartier Latin, 2012, pág. 110: "Como demonstrado, o administrador presta serviços ao fundo, cujas atividades são desempenhadas em favor dos cotistas. Para a prestação desses serviços, o administrador recebe uma remuneração, que pode consistir em quatro espécies de verbas remuneratórias: taxa de administração, taxa de *performance*, txa de ingresso e taxa de saída. Enquanto as duas primeiras constituem encargos do fundo, as duas últimas referem-se a obrigações individuais dos cotistas. Todas essas verbas deverão ser previstas no regulamento."

[12] Ressaltamos o entendimento de Eduardo Montenegro Dotta em A Responsabilidde dos Administradores de Fundos de Investimento no Novo Código Civil. São Paulo: Texto Novo, 2005, pág. 147: "8.3. Ainda que se pondere que a atividade normalmente desempenhada pelo administrador de fundos de investimento envolve risco, este não é manipulável e nem assumido pelo administrador. O risco não é manipulável na medida em que se encontra diretamente relacionado a condições de mercado, nem é assumido porque a eleição da opção de investimento não é por ele exercida e, sim, pelo investidor, aquele que efetivamente se dispõe a suportar o risco correlato ao retorno do investimento realizado. 8.4. Considera-se contrário à boa-fé objetiva e à ética que devem presidir as relações privadas a atitude do investidor que, após estar ciente das condições do investimento que ele escolheu, pretende, ainda assim, imputar ao administrador escorreito – consoante o emaranhado normativo que rege a sua conduta – a responsabilidade por eventual prejuízo decorrente da depreciação dos ativos do fundo em que investiu."

Os investidores, ao avaliar a possibilidade de investimento em um FII, devem considerar o cenário que envolve não apenas o empreendimento específico que será desenvolvido por aquele Fundo, mas também as perspectivas macroeconômicas, do mercado de capitais e do mercado imobiliário do País, que certamente irão influenciar o retorno ao capital investido. Assim, desde que nenhuma informação tenha sido omitida pelo Administrador, tanto por ocasião da elaboração do Prospecto quanto dos relatórios anuais, e este tenha cumprido com os deveres de diligência, transparência e cuidado que lhe são exigidos, eventual retorno negativo ou inferior ao esperado, decorrente do investimento realizado, não implicará na responsabilização pessoal do Administrador.

Assembleia Geral

As regras de convocação e instalação de Assembleias Gerais previstas na Instrução CVM nº 409 aplicam-se aos FII. A Assembleia Geral de quotistas é o órgão máximo de deliberação de um FII e de representação dos quotistas e tem competência para, dentre outras matérias:

a) analisar e aprovar as demonstrações financeiras e contas apresentadas pelo Administrador;

b) destituir ou substituir o Administrador, nas hipóteses previstas em lei, nomeando outra instituição financeira;

c) decidir quanto à emissão de novas quotas;

d) aprovar a fusão, cisão, incorporação, dissolução e liquidação do Fundo;

e) aprovar mudanças na política de investimentos constante do Regulamento;

f) eleger ou destituir o representante dos quotistas.

As Assembleias podem ter, de acordo com as matérias que serão nela deliberadas, natureza Ordinária ou Extraordinária. As Assembleias Ordinárias devem ocorrer anualmente, dentro de 120 dias após o encerramento do exercício social e têm por objeto deliberar sobre as demonstrações financeiras, o relatório do administrador[13] e o parecer do auditor independente, que devem

---

[13] O § 2º do art. 39 da Instrução CVM nº 472 estabelece que o relatório do administrador deve conter, no mínimo: "I – descrição dos negócios realizados no semestre, especificando, em relação a cada um, os objetivos, os montantes dos investimentos feitos, as receitas auferidas, e a origem dos

DIREITO DOS NEGÓCIOS APLICADO

ser enviados aos quotistas, pelo Administrador, previamente à realização da Assembleia. As Assembleias Extraordinárias podem ser realizadas a qualquer tempo, sempre que os interesses do Fundo exigirem, para deliberar sobre quaisquer outras matérias de competência da Assembleia.

Cabe ao Administrador convocar as Assembleias, mas quotistas que detenham, no mínimo, 5% das quotas emitidas ou o representante dos quotistas também podem convocar uma Assembleia.

Nos termos do art. 20 da Instrução CVM nº 472, as deliberações serão tomadas, em regra, por maioria de votos dos quotistas presentes, a menos que maior quorum não tenha sido fixado no Regulamento do Fundo, para deliberações quanto a alterações do Regulamento, fusão, incorporação, cisão e transformação do Fundo, análise do laudo de avaliação de bens e direitos conferidos em integralização de quotas ou adquiridos pelo Fundo e atos que caracterizem conflito de interesses entre o fundo e o Administrador, nos termos do art. 34, que dependem de aprovação prévia, específica e informada da Assembléia Geral.

Riscos e tratamento tributário

Conforme já discorrido anteriormente, os FII não oferecem garantia de rentabilidade ou o pagamento de rentabilidade fixa. Desta forma, o rendimento real verificado pode ficar abaixo do esperado pelo investidor, tendo em vista que o patrimônio do Fundo é composto ou está vinculado à realização de um ou mais empreendimentos imobiliários, os quais são, por natureza, de realização complexa e que dependem, para seu sucesso, de diversos fatores, envolvendo não apenas o mercado imobiliário, mas também a situação econômica e

recursos investidos, bem como a rentabilidade apurada no período; II – programa de investimentos para o semestre seguinte; III – informações, acompanhadas das premissas e fundamentos utilizados em sua elaboração, sobre: a) conjuntura econômica do segmento do mercado imobiliário em que se concentrarem as operações do Fundo, relativas ao semestre findo; b) as perspectivas da administração para o semestre seguinte; e c) o valor de mercado dos ativos integrantes do patrimônio do fundo, incluindo o percentual médio de valorização ou desvalorização apurado no período, com base na última análise técnica disponível, especialmente realizada para esse fim, em observância de critérios que devem estar devidamente indicados no relatório; IV – relação das obrigações contraídas no período; V – rentabilidade nos últimos 4 (quatro) semestres; VI – o valor patrimonial da cota, por ocasião dos balanços, nos últimos 4 (quatro) semestres calendário; e VII – a relação dos encargos debitados ao fundo em cada um dos 2 (dois) últimos exercícios, especificando valor e percentual em relação ao patrimônio líquido médio semestral em cada exercício."

política do País. Assim, apontamos abaixo alguns dos principais aspectos a serem considerados para realização desse investimento:

a) no caso de FII que tenha por objeto a locação de bens, deve-se considerar a possibilidade de vacância ou inadimplência prolongada dos imóveis que compõem seu patrimônio;

b) nos FII que tenham por objeto a compra e venda de imóveis ou a realização de um empreendimento imobiliário, para alienação de suas unidades, o rendimento real pago estará diretamente vinculado à taxa de inadimplência e à adequação do produto oferecido à demanda do mercado, naquele momento, assim como à oferta de crédito para o consumidor final para a aquisição dos imóveis;

c) eventuais alterações na legislação aplicável ao objeto do Fundo, assim como na situação econômica ou política do País podem afetar diretamente, não apenas o rendimento do FII como também a liquidez e a valorização das quotas no mercado secundário;

d) a rentabilidade dos FII vinculados à realização de empreendimentos imobiliários está sujeita ao cumprimento dos prazos e condições de realização das obras, os quais, por sua vez, também estão vinculados à expertise do Administrador, eventual gestor de obras e da construtora contratada.

Todos esses fatores, dentre outros, devem ser considerados pelo investidor, assim como demais fatores de risco constantes do Prospecto do Fundo, para que o investidor tome uma decisão informada e avalie claramente as vantagens e riscos existentes na realização do investimento oferecido.

Não obstante não ser o objetivo principal deste texto, ressaltamos aqui alguns dos principais aspectos tributários aplicáveis aos FII, que contribuem para a atração de investidores e competitividade frente a outras modalidades de investimento.

A Lei nº 9.779/99, estabelece que atualmente os FII são isentos de tributação sobre a sua receita operacional, desde que (i) distribuam, pelo menos, 95% dos lucros auferidos, apurados segundo o regime de caixa, com base em balanço ou balancete semestral encerrado em 30 de junho e 31 de dezembro de cada ano; e (ii) apliquem recursos em empreendimentos imobiliários que não tenham como construtor, incorporador ou sócio, quotista que detenha, isoladamente ou em conjunto com pessoas a ele ligadas, percentual superior a 25% das quotas do Fundo.

DIREITO DOS NEGÓCIOS APLICADO

A Lei nº 11.033, de 21.12.2004, alterada pela Lei nº 11.196, de 21.11.2005, estabelece a isenção do imposto de renda na fonte sobre os rendimentos auferidos por quotista pessoa física, exclusivamente nas seguintes hipóteses, que devem ser cumulativas:

a) o Fundo deve possuir número igual ou superior a 50 quotistas;
b) o quotista deve possuir, individualmente, participação em percentual inferior a 10% da totalidade de quotas emitidas do FII;
c) o quotista não poderá ser detentor de quotas que lhe outorguem o direito ao recebimento de rendimento superior a 10% do rendimento total auferido pelo FII no período; e
d) as quotas devem ser admitidas à negociação exclusivamente em bolsas de valores ou no mercado de balcão organizado.

Considerações finais

O mercado dos Fundos de Investimento Imobiliário passou por um período de grande expansão, atraindo muitos investidores com diferentes capacidades de investimento. Nos últimos 2 anos verificou-se, no entanto, uma alteração nos indicativos que avaliam esse mercado, demonstrando uma crise decorrente da necessidade de realização de ajustes e do mercado político e macroeconômico do País.

Essa retração se deveu, em grande parte, à melhor percepção dos investidores quanto aos riscos envolvidos nesse tipo de investimento. Os agentes envolvidos no mercado de capitais e no mercado imobiliário (a CVM, Administradores e gestores de FII, incorporadores e construtores) também reviram as práticas realizadas e estruturas desenvolvidas, para melhor avaliação dos produtos oferecidos ao mercado.

Não obstante esse cenário, os Fundos de Investimento Imobiliário constituem uma alternativa sólida e atraente de investimento para o investidor que procura aliar os mecanismos de proteção do mercado de capitais com a rentabilidade e perspectivas de expansão e valorização do mercado imobiliário, contando com pessoas capacitadas e especializadas para gerir seu investimento e possibilitando a diversificação de investimentos para diminuição dos riscos do mercado imobiliário, os quais exigem conhecimento qualificado e o aporte de quantias elevadas.

Além disso, a possibilidade de obter recursos do mercado de capitais para realização de empreendimentos imobiliários, é uma alternativa vantajosa em relação à captação de recursos junto a bancos, especialmente se considerados os encargos decorrentes desse tipo de empréstimo e que a disponibilidade de crédito depende diretamente da política econômica adotada pelo governo.

Desta forma, apesar da retração verificada nos últimos 2 anos, o mercado dos FII no Brasil, ainda tem muito espaço para crescimento e amadurecimento, considerando a experiência de outros países, e seu desenvolvimento atrairá investidores que buscam alternativas de investimento que podem oferecer bom retorno ao investimento e, por consequencia, servirá para desenvolvimento do próprio mercado imobiliário.

Referências

CARDOSO, Daniel Gatschnigg. *Imposto sobre a Renda Auferida em Fundos de Investimentos.* São Paulo: MP Editora, 2011.

CARVALHO, Mário Tavernard Martins de. *Regime Jurídico dos Fundos de Investimento.* São Paulo: Quartier Latin, 2012.

DOTTA, Eduardo Montenegro. *A Responsabilidde dos Administradores de Fundos de Investimento no Novo Código Civil.* São Paulo: Texto Novo, 2005.

PERRICONE, Sheila. *Fundos de Investimento: A Política de Investimento e a Responsabilidade dos Administradores.* Revista de Direito Bancário do Mercado de Capitais e da Arbitragem, nº 11, jan. – mar. 2001. São Paulo: Revista dos Tribunais.

MATTOS FILHO, Ary Oswaldo. *O Conceito de Valor Mobiliário.* Revista de Direito Mercantil, Industrial, Econômico e Financeiro, nº 59. São Paulo: Revista dos Tribunais, 1985.

SZTAJN, Rachel. *Quotas de Fundos Imobiliários – Novo Valor Mobiliário.* Revista de Direito Mercantil, Industrial, Econômico e Financeiro. São Paulo: Revista dos Tribunais, nº 93, jan. – mar. 1994.

Reorganizações Societárias Aprovadas por Órgãos Reguladores *versus* Planejamento Tributário

Luciano Martins Ogawa
Marina Pires Bernardes

1. Introdução

É inquestionável a necessidade que as empresas possuem de maximizar o seu potencial competitivo para continuarem em lugar de destaque no mercado. Para tanto, elas se utilizam de diversos meios estratégicos para diminuírem seus custos e aumentarem sua produção, dentre eles o de maior destaque é a reorganização societária.

Entretanto, as operações de reorganização societária, que antes eram desenvolvidas e executadas de forma corriqueira pelas empresas, atualmente estão sendo desconsideradas pelas Autoridades Fiscais para a exigência de tributos, gerando uma onda de insegurança jurídica no cenário empresarial brasileiro.

O argumento utilizado pelas autoridades para exigência dos tributos é o de que a reorganização societária que possua como única finalidade a economia de tributos seria um planejamento tributável inoponível ao Fisco. Ou seja, não se inquina de nula a reorganização societária realizada pelo contribuinte, não se prova ou afirma que existiu na operação dolo, fraude ou simulação, não se fundamenta a exigência fiscal no artigo 116 do CTN, cujo entendimento pacífico é de que não pode ser validamente aplicável em virtude da pendência de edição de Lei que o regulamente, simplesmente, ignorando as regras mais comezinhas de Direito, desconsidera a operação realizada para fins tributários.

No presente artigo pretende-se demonstrar que, segundo as regras Direito Societário e de Direito Administrativo vigentes no país, ao menos as operações societárias aprovadas por órgão regulador, como, por exemplo, a CVM, jamais poderiam ser desconsideradas pelo Fisco sob o argumento de que se trata de um planejamento tributário inoponível.

2. Breves Noções sobre Planejamento Tributário

Muito se discute a respeito dos limites e da liberdade das sociedades empresárias planejarem as suas atividades de modo a reduzir a sua carga tributária – o denominado planejamento tributário.

O planejamento tributário é o conjunto de atos e negócios jurídicos praticados para que se obtenha determinada finalidade de modo menos oneroso do ponto de vista fiscal, quando comparado com o conjunto de outros atos e negócios que poderiam ser realizados para se alcançar o mesmo resultado.

No passado, com fulcro no princípio da livre iniciativa da atividade econômica (artigo 1º[1] e 170[2] da CF), a doutrina defendia a total liberdade dos contribuintes para se organizarem livremente através de um planejamento tributário que utilizasse instrumentos lícitos, mesmo que sem propósito negocial, de modo a reduzir a carga tributária, não se sujeitando a qualquer restrição estatal, senão em virtude da Lei. (artigo 5 º, inciso II[3], da CF).

Assim, o direito do contribuinte organizar livremente as suas atividades empresarias autorizava a utilização de instrumentos jurídicos lícitos diversos dos que normalmente seriam adotados na operação, ambos os quais

---

[1] "Art. 1º A República Federativa do Brasil, formada pela união indissolúvel dos Estados e Municípios do Distrito Federal, constitui-se em Estado Democrático de Direito e tem como fundamentos:
(...) IV – os valores sociais do trabalho e da livre iniciativa;(...)"

[2] "Art. 170. A ordem econômica, fundada na valorização do trabalho humano e na livre iniciativa, tem por fim assegurar a todos existência digna, conforme os ditames da justiça social, observados os seguintes princípios:
(...) Parágrafo único – É assegurado a todos o livre exercício de qualquer atividade econômica, independentemente de autorização de órgãos públicos, salvo nos casos previstos em Lei."

[3] "Art. 5º Todos são iguais perante a lei, sem distinção de qualquer natureza, garantindo-se aos brasileiros e aos estrangeiros residentes no País a inviolabilidade do direito à vida, à liberdade, à igualdade, à segurança e à propriedade, nos termos seguintes: (...)
II – ninguém será obrigado a fazer ou deixar de fazer alguma coisa senão em virtude de lei;"

alcançariam a mesma finalidade (negócio jurídico indireto) de modo a evitar ou retardar o fato gerador ou elementos da obrigação tributária. Dito de outra forma, o paradigma do planejamento tributário considerava uma perspectiva meramente formal do direito.

Em 2001 foi editada a Lei Complementar nº 104/01, acrescentando o parágrafo único ao artigo 116 do Código Tributário Nacional, dispositivo que mesmo pendente de regulamentação inaugura um novo paradigma, qual seja, a possibilidade das autoridades administrativas desconsiderarem, para fins tributários, os efeitos dos atos ou negócios jurídicos praticados pelo contribuinte, sem a necessidade de torná-los inválidos.

Além do dispositivo do Código Tributário Nacional acima citado, outra mudança legislativa alterou o tema planejamento tributário, com a inserção no ordenamento jurídico, por intermédio do Código Civil de 2002 – CC, de figuras como o abuso de direito, fraude à lei e o abuso de personalidade jurídica.

Toda essa mudança de paradigma alterou a própria jurisprudência do CARF[4], que simplesmente passou a desconsiderar os negócios jurídicos praticados pelos contribuintes sem inquiná-los de nulos. Assim, na perspectiva atual, o contribuinte não mais poderá organizar livremente a sua atividade empresarial, devendo adotar a forma jurídica adequada à realidade fática e econômica do negócio, consubstanciado no propósito negocial da operação, de modo a evitar ou retardar o fato gerador ou elementos da obrigação tributária. Logo, infere-se que segundo a atual jurisprudência do CARF o planejamento tributário leva em consideração os elementos materiais do direito, e, não mais, a mera forma.

2.1. Propósito negocial da operação

No que concerne ao planejamento tributário no Brasil, nos últimos anos a doutrina e a jurisprudência pátria têm exigido dos contribuintes a demonstração de que as operações de reorganização societária incorridas pelas sociedades apresentam propósito negocial extra fiscal.

---

[4] BRASIL. Conselho de Administrativo de Recursos Fiscais. Acórdão nº101-96142, Recurso de ofício e voluntário nº 138.335, recorrentes: Industrias Klabin S/A e 10ª Turma/DRJ-São Paulo, Relator: Mário Junqueira Franco Junior, Brasília, 23 de maio de 2007 e Acórdão nº 101-95537, Recurso voluntário, recorrente: Nacional Administração e Participações S.A, recorrida: Fazenda Nacional, relatora: Sandra Faroni, Brasília, 24 de maio de 2006.

DIREITO DOS NEGÓCIOS APLICADO

Desta feita, na esteira do entendimento encabeçado por Marco Aurélio Greco[5], uma operação de reorganização societária somente será válida, para fins tributários, se possuir um real objetivo econômico. Em outros dizeres, caso o contribuinte incorra em uma incorporação, fusão ou cisão com outras companhias com o fito de, tão somente, reduzir a carga tributária, esta operação será desconsiderada pelas Autoridades Fiscais no que concerne aos seus efeitos tributários.

O propósito negocial, como hoje conhecemos, teve origem nos Estados Unidos em um contexto de reestruturação societária no regime de *Common Law*, oportunidade em que foi instituído o denominado Teste da Finalidade Negocial (*bussiness purpose test*), segundo o qual as operações societárias devem possuir uma finalidade negocial que não seja a mera economia fiscal, para que a conduta também seja considerada lícita para fins tributários:

> "O teste da "finalidade negocial" é utilizado em certos países como uma arma contra esquemas de elisão fiscal. Esquemas artificiais que criam circunstâncias nas quais nenhum ou um mínimo montante de tributos será devido poderão ser desconsiderados caso não sirvam a uma finalidade negocial"[6]

Por sua vez, a despeito do *Bussiness Purpose Test*, de origem anglo-saxônica, ter sido transplantado pela doutrina e, consequentemente, pela jurisprudência para os casos de reorganização societária incorridos nos últimos anos, impende destacar que, atualmente, não há previsão expressa no ordenamento jurídico brasileiro do propósito negocial.

Com efeito, a atual jurisprudência do CARF[7], órgão julgador integrante da estrutura do Ministério da Fazenda, vêm exigindo a necessidade do propósito negocial nas operações de reorganização societária, assim entendido como o objetivo prático, a justificativa negocial indicada pelas partes para que a operação ocorra, que não pode ser, tão somente, a redução da carga tributária incidente sobre as empresas envolvidas.

---

[5] Conforme: GRECO, Marco Aurélio. Planejamento Tributário, Dialética. São Paulo, 2004.

[6] Conforme: IBFD.International Tax Glossary. Amsterdam: IBFD, 1988. In:MOREIRA, André Mendes, Elisão e Evasão Fiscal –limites ao planejamento tributário. Revista da Associação Brasileira de Direito Tributário, Belo Horizonte, Vol. 21, p.11-17, 2003.Disponível em: <http://sachacalmon. com.br/wp-content/uploads/2010/12/Elisao-e-Evasao-Fiscal_Limites-ao-Planejamento-Tributario.pdf> Acesso em: 10 out. 2013.

[7] BRASIL. Conselho Administrativo de Recursos Fiscais. Acórdão n.º 1301-001.220, Recurso de ofício e voluntário s/n, recorrentes: Fazenda Nacional e Estre Ambiental S/A, Relator: Wilson Fernandes Guimarães, Brasília, 09 de maio de 2013

Dessa forma, restou firmado o entendimento no sentido de que, embora formalmente lícitos, os negócios jurídicos devem apresentar um propósito negocial efetivo, ou seja, deve haver motivos e interesses empresariais, tais como maior eficiência operacional da estrutura empresarial, diversificação ou segregação de riscos, dentre outros, aptos a justificar as operações de reorganização societária, sob pena de serem desconsiderados, visto que, o único propósito seria o de simplesmente reduzir ou não arcar com a tributação, produzindo situações em que a forma não retrata a realidade, sendo consideradas formas vazias, sem conteúdo objetivo válido.

2.2. Condutas fora do âmbito do planejamento tributário

Ainda na esteira do entendimento esposado por Marco Aurélio Greco[8], é possível inferir a existência de determinadas condutas que, quando incorridas pelos contribuintes, não importam em planejamento tributário. São elas: (i) condutas repelidas; (ii) condutas desejadas (induzidas); e (iii) condutas positivamente autorizadas pelo ordenamento.

Tratam-se de condutas devidamente qualificadas no ordenamento jurídico pátrio, e que, portanto, não se consubstanciam em planejamento tributário para os devidos fins de direito. Nesse sentido, é unânime na doutrina que a violação aos preceitos contidos no ordenamento jurídico se consubstancia em condutas repelidas e como tais, estão fora do campo do planejamento tributário por se tratarem de atos ilícitos[9], os quais devem ser analisados e punidos na esfera cabível.

Por sua vez, determinadas normas do ordenamento jurídico também têm o condão de induzir o comportamento dos contribuintes, direcionando a realidade em um determinado sentido de modo a obter o resultado pretendido pela Administração Pública, o qual pode, por vezes, implicar em uma tributação menor. Conforme destaca Greco:

> Em determinadas hipóteses, como por exemplo no caso dos produtos sem muita felicidade denominados "supérfluos" ou produtos de baixo grau de essencialidade, a maior carga tributária imposta pelo ordenamento induz o contribuinte a fazer uma substituição material e deixar de consumir determinado produto. Promover a substituição material e passar a consumir outro produto é realizar

[8] Conforme:GRECO, 2004, p. 76.
[9] Ibid., p. 78 – 84

DIREITO DOS NEGÓCIOS APLICADO

planejamento tributário? Não. Esta hipótese está fora do campo do planejamento porque de certo modo a conduta que implica menor carga tributária apresenta uma intersecção com sentido da diretriz inerente ao ordenamento.[10]

Nesse esteio, seria um contrassenso atribuir a qualificação de planejamento tributário a essas situações, na hipótese do contribuinte agir no sentido indicado pelo ordenamento e, com isto, usufruir uma menor tributação. Verifica-se, portanto, que não é a simples circunstância de haver um resultado favorável ao contribuinte que implica na ocorrência de elisão/planejamento apenável com a desconsideração dos atos para fins tributários.

Ademais, no que concerne às condutas positivamente autorizadas pelo ordenamento, destaca Greco[11] que o contribuinte pode ter de escolher entre duas ou mais opções fiscais a seu dispor no ordenamento jurídico, sem que a escolha do caminho menos oneroso tributariamente implique em planejamento tributário. Esse é o caso, por exemplo, da tributação do Imposto de Renda Pessoa Jurídica, em que as empresas, desde que preenchidos os requisitos, podem optar entre a tributação pelo lucro presumido e a tributação pelo lucro real, sendo que a escolha da alternativa que enseja a menor carga tributária não implica em hipótese de planejamento tributário[12].

Ultrapassados os conceitos preliminares acerca do planejamento tributário, em especial, o que se entende por propósito negocial e quais as hipóteses que não implicam em desconsideração dos atos para fins tributários, faz-se necessário adentrar na análise das estruturas societárias constantes da Lei n.º 6.404/66, quais sejam, as operações de fusão, incorporação e cisão, de modo a verificar se é possível inferir o propósito negocial dessas transações por meio do cumprimento das obrigações previstas na legislação societária.

3. Breves Considerações sobre as Reorganizações Societárias no Brasil

Atualmente, o grande desafio das sociedades empresárias, sejam elas limitadas ou anônimas, é conquistar o mercado em um mundo globalizado, harmonizando os interesses de maximização dos lucros com a função social da empresa.

Nesse contexto, por não estarem devidamente preparadas para esse fim, as sociedades acabam recorrendo às reestruturações societárias, que nada

[10] Ibid., p. 84-85.
[11] Ibid., p. 92-93
[12] Conforme: GRECO, 2004, p. 93.

276

mais representam do que uma forma de concentração empresarial, que visa a alcançar maior eficiência operacional da estrutura empresarial, com ganho de produtividade, economia em escala, inclusive com a redução de custos, dentre outros benefícios apontados por Rachel Sztajn[13]:

"A reorganização de sociedades empresárias, procedimento que inclui operações distintas como a cisão, fusão e incorporação, além da transformação do tipo societário, tem, em geral, origem em estratégias empresariais visando ao crescimento, à diversificação, à segregação de riscos, a par de processos de verticalização das atividades, pela agregação dos canais de distribuição.

Mais recentemente, prendem-se à inovação, à pesquisa e desenvolvimento de novos produtos ou serviços, bem como a aperfeiçoamentos qualitativos daqueles existentes."

Com efeito, a legislação brasileira conceitua quatro operações pelas quais as sociedades anônimas mudam de tipo, aglutinam-se ou dividem-se visando a adequação da sua estrutura[14] à realização do objeto social pretendido. São elas: transformação (artigo 220), incorporação (artigo 227), fusão (artigo 228) e cisão (artigo 229), todos os institutos devidamente regulamentados pela Lei n.º 6.404/76, denominada de Lei de Sociedades por Ações – LSA. Reforça Requião[15], que a Lei nº 10.406/2002, que instituiu o novo Código Civil Brasileiro – CC, de igual modo, disciplina as operações de reorganização societária dos demais tipos societários nos artigos 1.113 a 1.122.

Em poucas linhas, Modesto Carvalhosa[16] define a natureza jurídica das operações de reorganização societária no seguinte sentido:

"Os negócios de fusão, incorporação e cisão representam atos constitutivos e, ao mesmo tempo, desconstitutivos, decorrentes de causas supervenientes à formação da companhia. Têm natureza voluntária e como efeito o desaparecimento da personalidade jurídica de uma ou mais sociedades, com a posterior constituição de outras ou sua absorção."

Em que pese à distinção conceitual de cada uma das espécies de reorganização societária, o legislador pátrio imprimiu à incorporação, fusão e cisão alguns procedimentos em comum, dispondo, quando necessário, de forma especial em determinadas matérias.

---

[13] Conforme: SZTAJN, R. Reorganização societária e concorrência. Revista de Direito Mercantil Industrial, Econômico e Financeiro, v. 148, p. 7-16, 2007.

[14] Conforme: COELHO, Fábio Ulhôa. Curso de Direito Comercial. 11.ed. São Paulo: Saraiva, 2008, p.481. 2 v.

[15] REQUIÃO, Rubens. Curso de Direito Comercial. 27. ed. São Paulo: Saraiva, 2007, p.262

[16] Conforme: CARVALHOSA, 2009. p. 233

DIREITO DOS NEGÓCIOS APLICADO

Dentre os aspectos comuns às operações societárias, encontram-se os documentos e procedimentos exigidos para a realização das operações de fusão, incorporação e cisão. Dentre eles, destaca-se a necessidade de elaboração de (i) protocolo, nos termos do artigo 224, da LSA; (ii) justificação, prevista no artigo 225, da LSA; (iii) laudo de avaliação do patrimônio líquido, exigido nos artigos 8º e 226 da LSA e, (iv) após aprovação da operação em assembleia/reunião de cotistas, devem os atos societários ser arquivados no Registro Público de Empresas Mercantis e Atividades, mediante apresentação (v) de Certidão Negativa de débitos federais e previdenciários, nos termos da Instrução Normativa nº 105/2007, emitida pelo Departamento Nacional de Registro do Comércio (DNRC), fundamentada nas Leis nº 8.036/1990 e 8.212/1991, no Decreto-lei nº 147/1967 e no Decreto nº 5.586/2005.

Adicionalmente, dentre os documentos e procedimentos elencados cumpre abordar, ainda que suscintamente, a natureza jurídica, o conteúdo e os efeitos do **protocolo** e da **justificação**, o que será levado a efeito nos tópicos abaixo.

3.1. Protocolo

O procedimento de reorganização societária, através de incorporação, fusão e cisão, inicia-se com a apresentação prévia e detalhada aos sócios e acionistas do plano desejado, subscrito em forma de protocolo de intenções[17], o qual se consubstancia em um documento de formalização da operação societária pretendida pelos órgãos de administração da companhia, nos termos do caput do artigo 224 da LSA.

Depreende-se do disposto na lei que o protocolo possui natureza de pré-contrato, constituindo a base definitiva do negócio jurídico, haja vista que os órgãos de administração manifestam a vontade das sociedades envolvidas, sendo que qualquer alteração do protocolo pela deliberação dos sócios das companhias participantes enseja na celebração de um novo protocolo, conforme destaca Carvalhosa.[18]

Ultrapassada a questão acerca da natureza jurídica do protocolo, cumpre analisar os requisitos mínimos desse instrumento. Embora o CC não especifique o conteúdo o protocolo, o artigo 224 da LSA, aplicável subsidiariamente aos demais tipos societários, respeitadas as peculiaridades de cada um deles,

---

[17] NEGRÃO, 2011. p.506.
[18] Conforme: CARVALHOSA, 2009. p. 243.

indica expressamente as condições mínimas e obrigatórias para a realização da incorporação, fusão e cisão que deverão estar presentes no protocolo, *verbis:*

> "Art. 224. As condições da incorporação, fusão ou cisão com incorporação em sociedade existente constarão de protocolo firmado pelos órgãos de administração ou sócios das sociedades interessadas, que incluirá:
> I – o número, espécie e classe das ações que serão atribuídas em substituição dos direitos de sócios que se extinguirão e os critérios utilizados para determinar as relações de substituição;
> II – os elementos ativos e passivos que formarão cada parcela do patrimônio, no caso de cisão;
> III – os critérios de avaliação do patrimônio líquido, a data a que será referida a avaliação, e o tratamento das variações patrimoniais posteriores;
> IV – a solução a ser adotada quanto às ações ou quotas do capital de uma das sociedades possuídas por outra;
> V – o valor do capital das sociedades a serem criadas ou do aumento ou redução do capital das sociedades que forem parte na operação;
> VI – o projeto ou projetos de estatuto, ou de alterações estatutárias, que deverão ser aprovados para efetivar a operação;
> VII – todas as demais condições a que estiver sujeita a operação."

Infere-se do dispositivo retro, que cumpre aos protocolos traçarem normas gerais a serem seguidas nas operações de incorporação, fusão e cisão, o que reforça a função socioeconômica do documento e da consequente operação a ser implementada.

3.2. Justificação

Além da elaboração do protocolo, deverá a administração apresentar em AGE a Justificação, documento de suma importância nas operações de reorganização societária, o qual tem como objetivo, como o próprio nome diz, justificar os motivos e interesses da sociedade em propor a operação societária de fusão, incorporação ou cisão pela administração, em razão da alteração econômica e patrimonial que os acionistas poderão sofrer[19].

De acordo com o artigo 225 da LSA, a justificação deverá expor determinadas matérias relevantes aos sócios e acionistas para deliberação quando ao evento societário que se pretende implementar, quais sejam:

---

[19] Conforme: VERÇOSA, 2007, p. 662-663.

DIREITO DOS NEGÓCIOS APLICADO

Art. 225. As operações de incorporação, fusão e cisão serão submetidas à deliberação da assembléia-geral das companhias interessadas mediante justificação, na qual serão expostos:

I – os motivos ou fins da operação, e o interesse da companhia na sua realização;

II – as ações que os acionistas preferenciais receberão e as razões para a modificação dos seus direitos, se prevista;

III – a composição, após a operação, segundo espécies e classes das ações, do capital das companhias que deverão emitir ações em substituição às que se deverão extinguir;

IV – o valor de reembolso das ações a que terão direito os acionistas dissidentes.

Dentre as deliberações pertinentes à assembleia de justificação, a mais importante para o presente estudo, sem dúvidas, é a motivação da operação, que pode ser entendida como sendo a explanação dos motivos que levaram a administração da sociedade a aceitar ou realizar a oferta de incorporação, fusão ou cisão, bem como os objetivos a serem alcançados por esta operação, dentre eles a concentração empresarial.

A origem deste documento segundo Waldírio Bugarelli[20] decorre da Resolução 4, do COFIE, que exigia a indicação dos motivos ou fins da operação societária para aquelas empresas que queriam se beneficiar dos incentivos fiscais concedidos nesse tipo de operação.

Já a importância da justificação jaz no fato deste ser o documento público que, inicialmente, demonstra e ampara os motivos pelos quais a operação é almejada, competindo às assembleias deliberarem pela sua aprovação ou pela sua recusa, tal como ocorre com o protocolo.

4. Comissão de Valores Mobiliários – Órgão Regulador

Feitas essas breves considerações a respeito da regulamentação contida na LSA no que concerne às operações societárias de incorporação, fusão e cisão, que nada mais são do que atos de **concentração empresarial**, infere-se que o legislador pátrio optou por transferir aos órgãos da Administração Pública Indireta a regulação bem como a fiscalização das operações em questão.

Destarte, ao regular determinada atividade econômica, o Estado manifesta, por um lado, sua intenção de não eliminar o mercado, e, por outro lado, de

---

[20] Apud – FRITSCH, Herbert Jorge. Cisão nas limitadas, p. 114

não deixá-lo funcionar de forma inteiramente livre, sem quaisquer restrições, regulando a conduta de seus participantes, seja em relação às condições de entrada no mercado, seja no que tange ao exercício da atividade econômica, mediante limitações à realização de determinadas operações.

Em linhas gerais, cumpre ao agente regulador elaborar as normas legais ou regulatórias, do registro e da fiscalização das entidades que atuam em um determinado mercado, bem como da aplicação de tais normas, que pode resultar em sanções administrativas, após o competente processo sancionador. No caso de companhias abertas, compete a Comissão de Valores Mobiliários – CVM, autarquia em regime especial, monitorar as suas atividades, bem como regular as matérias expressamente previstas na LSA, consoante determina o artigo 8º inciso I, da Lei n.º 6.385/76.

Com efeito, diante desse cenário, cumpre-nos analisar com maior profundidade a Comissão de Valores Mobiliários – CVM, órgão regulador apto a disciplinar e fiscalizar as operações societárias de concentração empresarial, destacando a sua natureza jurídica, competência e efeitos decorrentes da análise do protocolo e da justificação das operações empresariais (incorporação, fusão e cisão) pelo referido órgão.

4.1. Conceito e competência da CVM

A Comissão de Valores Mobiliários – CVM é uma autarquia federal vinculada ao Ministério da Fazenda, instituída pela Lei nº 6.385/1976, cujas atribuições são a normatização, a regulamentação, o desenvolvimento, o controle e a fiscalização do Mercado de Valores Mobiliários do País. O artigo 5º da Lei n.º 6.385/76, alterada pela Lei n.º 10.411/2002, por sua vez, conceitua a Comissão de Valores Mobiliários – CVM nos seguintes termos:

> "Art. 5o É instituída a Comissão de Valores Mobiliários, entidade autárquica em regime especial, vinculada ao Ministério da Fazenda, com personalidade jurídica e patrimônio próprios, dotada de autoridade administrativa independente, ausência de subordinação hierárquica, mandato fixo e estabilidade de seus dirigentes, e autonomia financeira e orçamentária."

Em razão da sua natureza autárquica, a CVM possui personalidade jurídica distinta, autonomia administrativa e patrimônios próprios, o que garante a entidade maior independência em relação ao Poder Executivo ao qual encontra-se vinculada, no caso, o Ministério da Fazenda.

Em que pese a autonomia técnica, ressalta Coelho[21] que, enquanto não houver mudança constitucional da disciplina de estrutura de poder do estado federal brasileiro, a CVM permanecerá sobre a influência do Ministério da Fazenda, uma vez que esta tem o poder de exercer o controle de tutela sobre as Autarquias.

Como ente da administração pública, em princípio, a CVM tem a sua atuação limitada às disposições constantes da Lei n.º 6.385/76, a qual confere à entidade a competência para disciplinar e fiscalizar as atividades ligadas ao mercado de valores mobiliários e, em especial, fiscalizar as sociedades anônimas abertas, conforme estabelecido no artigo 1º, inciso VII[22] do referido instrumento legal.

Consoante dispõe o artigo 8º da Lei da CVM, cumpre à referida autarquia regular as matérias expressamente previstas na Lei das S/As, dentre elas, por certo, as operações de reorganização societária. De um modo geral, no que diz respeito às sociedades por ações, a competência da CVM projeta-se nos seguintes âmbitos de atuação:

(i) **Função normativa e/ou regulamentar,** por meio da qual a CVM regula o bom funcionamento do mercado de capitais[23] disciplinando a atuação dos diversos agentes do mercado e as matérias expressamente previstas nas Leis n.º 6404/76 e 6385/76, emitindo Instruções, Deliberações, Pareceres, Pareceres de Orientação, Notas Explicativas, Portarias e Atos Declaratórios;

(ii) **Função fiscalizadora,** por meio da qual é atribuído à CVM o poder de aplicar as normas regulamentares e as demais regras cujo cumprimento lhe caiba fiscalizar;

(iii) **Função consultiva,** por meio da qual a CVM é consultada acerca de operações e atos societários,

(iv) **Função de registro,** por meio da autorização prévia do exercício de certas atividades no mercado de valores mobiliários, bem como a concessão de registro

---

[21] COELHO, 2008. p.74.

[22] Art. 1º Serão disciplinadas e fiscalizadas de acordo com esta Lei as seguintes atividades:

I – a emissão e distribuição de valores mobiliários no mercado;

II – a negociação e intermediação no mercado de valores mobiliários;

III – a negociação e intermediação no mercado de derivativos;

IV – a organização, o funcionamento e as operações das Bolsas de Valores;

V – a organização, o funcionamento e as operações das Bolsas de Mercadorias e Futuros;

VI – a administração de carteiras e a custódia de valores mobiliários;

VII – a auditoria das companhias abertas;

VIII – os serviços de consultor e analista de valores mobiliários.

[23] COELHO, 2008. p.75.

prévio das emissões de valores mobiliários, das companhias e demais emissores do mercado, a CVM legitima a constituição de sociedades anônimas abertas, a emissão e negociação de valores mobiliários no mercado de capitais, da mesma forma que o funcionamento dos agentes cuja atuação esteja ligada direta ou indiretamente a esse mercado, como bolsas de valores, sociedades distribuidoras, corretores e auditores independentes[24].

(v) **Função de desenvolvimento**, que se manifesta sob a forma de iniciativas regulatórias, por meio das quais a CVM ajuda a promover campanhas de capacitação e especialização em mercados de capitais, voltadas ao Poder Judiciário e aos investidores[25].

Dentro deste contexto, e considerando o estudo inicialmente proposto, impende traçar algumas linhas acerca da competência da CVM no que concernem as operações de reorganização societária incorridas pelas sociedades por ações.

4.2. Análise das operações de incorporação, fusão e cisão pela CVM

Inicialmente, infere-se das atribuições retro mencionadas, que a política regulatória da CVM não é adstrita a regular e fiscalizar o mercado de valores mobiliários através da indução de comportamento, mas também cumpre-lhe intervir efetivamente nas atividades de mercado através da manutenção e regulamentação da legislação societária aplicável às companhias abertas[26]:

> "Em termos de política de atuação, a Comissão persegue seus objetivos através da indução de comportamento, da auto-regulação e da auto-disciplina, intervindo efetivamente, nas atividades de mercado, quando este tipo de procedimento não se mostrar eficaz."

A competência de regular o mercado e a legislação societária, por vezes, são orientadas por princípios contraditórios, haja vista que enquanto as regras de mercado pressupõem que a CVM não intervenha no mérito da questão, as regras societárias pressupõem a intervenção da CVM no mérito da reorganização societária de modo a garantir a esterilização do conflito, o que implica,

---

[24] Conforme: COELHO, loc. cit.

[25] Conforme: Definição das atribuições da CVM. Disponível em: < http://www.cvm.gov.br/port/acvm/atribuic.asp> Acesso em 10 de out. 2013

[26] Conforme: Definição das atribuições da CVM. Disponível em: <http://www.cvm.gov.br/port/acvm/atribuic.asp> Acesso em 10 de out. 2013.

DIREITO DOS NEGÓCIOS APLICADO

por consequência, na análise de problemas nas reorganizações societárias de maneira mais eficiente.

Com efeito, dispõe o artigo 8º, inciso I, da Lei n.º 6.385/76, segundo o qual, em se tratando de companhias abertas, compete à Comissão de Valores Mobiliários – CVM, autarquia em regime especial, monitorar as suas atividades, bem como regular as matérias expressamente previstas na LSA:

Em atenção ao princípio de proteção ao minoritário e ao dever de publicidade, o artigo 22 da Lei n.º 6.385/76, cumulado com o artigo 7º da Portaria MF n.º 327/1977 (Regimento Interno da CVM) dispõem que é atribuição da CVM expedir normas aplicáveis às companhias abertas sobre a natureza das informações que devam divulgar e a sua periodicidade, bem como a determinação de que sejam divulgados todo e qualquer fato relevante ocorridos nos seus negócios, que possam influir na decisão dos investidores de vender ou comprar as ações da companhia.

Nesse sentido, foi promulgada a Instrução CVM n.º 319/1999, a qual regula, dentre outras disposições, o dever de divulgação de informações aos acionistas e à própria CVM relativamente às operações de incorporação, fusão e cisão envolvendo companhia aberta:

> "Art. 2º – Sem prejuízo do disposto na Instrução CVM nº 31, de 8 de fevereiro de 1984, **as condições de incorporação, fusão ou cisão envolvendo companhia aberta deverão ser comunicadas pela companhia, até quinze dias antes da data de realização da assembléia geral** que irá deliberar sobre o respectivo protocolo e justificação, **à CVM e às bolsas de valores** ou entidades do mercado de balcão organizado nas quais os valores mobiliários de emissão da companhia estejam admitidos à negociação, **assim como divulgadas na imprensa, mediante publicação nos jornais utilizados habitualmente pela companhia**. (...)" (Destaques nossos)

O artigo em questão é claro ao dispor que 15 dias antes da realização da Assembleia Geral Extraordinária – AGE, que irá analisar e aprovar a incorporação, fusão e cisão, deverão ser publicadas nos jornais e **encaminhadas à CVM** as condições das operações de reorganização societária para análise pelo órgão regulador.

Da mera leitura do dispositivo retro, infere-se que a exigência mínima contida na Instrução CVM n.º 319/99 é que as partes interessadas na operação de reorganização empresarial destaquem os motivos ou fins da operação, o interesse da companhia na realização desta, notadamente, os benefícios esperados, em termos empresariais e outros efeitos positivos, os riscos envolvidos, bem como a quantificação ou estimativa dos custos envolvidos na operação.

Com fulcro nas informações prestadas, a CVM possui condições de avaliar o propósito negocial da operação de reorganização societária e, caso este seja prejudicial ao interesse público, compete a referida Autarquia Especial, mediante ato administrativo, proibir a realização de operações societárias que desviem seus agentes ou o próprio mercado de suas finalidades, conforme lhe autoriza o artigo 9º, §1º, IV, da Lei da CVM:

> "Art 9º A Comissão de Valores Mobiliários, observado o disposto no § 2o do art. 15, poderá:
>
> I – examinar e extrair cópias de registros contábeis, livros ou documentos, inclusive programas eletrônicos e arquivos magnéticos, ópticos ou de qualquer outra natureza, bem como papéis de trabalho de auditores independentes, devendo tais documentos ser mantidos em perfeita ordem e estado de conservação pelo prazo mínimo de cinco anos: (...)
>
> g) de outras pessoas quaisquer, naturais ou jurídicas, quando da ocorrência de qualquer irregularidade a ser apurada nos termos do inciso V deste artigo, para efeito de verificação de ocorrência de atos ilegais ou práticas não eqüitativas;
>
> (...)
>
> § lo Com o fim de prevenir ou corrigir situações anormais do mercado, a Comissão poderá:
>
> I – suspender a negociação de determinado valor mobiliário ou decretar o recesso de bolsa de valores;
>
> ll – suspender ou cancelar os registros de que trata esta Lei;
>
> III – divulgar informações ou recomendações com o fim de esclarecer ou orientar os participantes do mercado;
>
> **IV – proibir aos participantes do mercado, sob cominação de multa, a prática de atos que especificar, prejudiciais ao seu funcionamento regular.** (Destaque nossos)"

Com efeito, diversos são os precedentes nos quais a CVM decidiu impor restrições ou impedir a realização de reestruturação societária, na qual considerou ter havido tratamento não equitativo, nos termos do artigo 4ª, inciso VII, da Lei da CVM[27], cumprindo destacar, por oportuno ao objeto

---

[27] Art. 4º O Conselho Monetário Nacional e a Comissão de Valores Mobiliários exercerão as atribuições previstas na lei para o fim de:
(...)
VII – assegurar a observância de práticas comerciais equitativas no mercado de valores mobiliários;

DIREITO DOS NEGÓCIOS APLICADO

do presente trabalho, o caso da Manah S.A., que culminou com a edição da Deliberação CVM nº 345/2000. Mais precisamente, essa Deliberação determinou o seguinte:

> "I. suspender por 1 (uma) hora, após a abertura do pregão do dia 28.06.2000, as negociações em bolsa de valores das ações de emissão da Manah S.A.e da Fertilizantes Serrana S.A.;
> II. determinar às administrações da Manah S.A. e da Fertilizantes Serrana S.A. que se abstenham de prosseguir com os atos societários relativos a aumento de capital por subscrição de ações e incorporação descritos nesta Deliberação, nas condições originariamente propostas".

Neste caso, a CVM utilizou-se da estratégia de **proibição**, inserta no artigo 9º, §1º, IV da Lei nº 6.385/76, para intervir no processo de reestruturação societária entre duas companhias abertas, a Manah S.A. e a Fertilizantes Serrana S.A., determinando que as sociedades se abstivessem de prosseguir com a realização de atos societários relativos a aumento de capital por subscrição de ações e incorporação que pretendiam realizar.

Infere-se que a Comissão de Valores Mobiliários – CVM, seja mediante processo de fiscalização ou procedimento de consulta, tem o condão de analisar o mérito das operações de reorganização societária podendo proibir a sua realização, bem como aprovar a sua ocorrência através de Deliberações, Pareceres, Pareceres de Orientação, Notas Explicativas, Portarias e Atos Declaratórios;

5. Ato Administrativo – Conceitos e requisitos

Considerando que os órgãos reguladores, dentre eles a CVM, se consubstanciam em Autarquias, entidades da Administração Pública Indireta, as quais apresentam as mesmas prerrogativas da Administração Pública Direta, conclui-se que referidas Autarquias submetem-se ao regime jurídico de direito público disciplinado no artigo 37, caput[28], da Constituição Federal quanto à criação, extinção, poderes, prerrogativas, privilégios e sujeições, impondo-se que suas normas e decisões sejam expressas por atos administrativos[29].

---

[28] "Art. 37. A administração pública direta e indireta de qualquer dos Poderes da União, dos Estados, do Distrito Federal e dos Municípios obedecerá aos princípios de legalidade, impessoalidade, moralidade, publicidade e eficiência (...)"

[29] BASTOS, Celso Ribeiro. Curso de Direito Administrativo. 5 ed. São Paulo: Saraiva, 2001. p. 86.

REORGANIZAÇÕES SOCIETÁRIAS APROVADAS POR ÓRGÃOS REGULADORES...

É importante ressaltar que os atos administrativos são o meio mais comum pelo qual a administração pública desempenha sua função administrativa. De acordo com Meirelles[30], ato administrativo pode ser definido como toda manifestação unilateral de vontade da Administração Pública que, agindo nessa qualidade, tenha por fim imediato adquirir; resguardar transferir, modificar, extinguir e declarar direitos, ou impor obrigações aos administrados ou a si própria.

De acordo com o conceito acima, é mister afirmar que por se traduzir como sendo uma manifestação da vontade do Estado, o ato administrativo possui os seguintes atributos/ prerrogativas: imperatividade, autoexecutoriedade e presunção de legitimidade e veracidade[31].

Uma vez delineado os atributos do ato administrativo, conclui-se que o ato se caracteriza por ser a expressão da manifestação da vontade do Estado que é auto executável, imperativo e **possui presunção de legalidade e veracidade, portanto possui força para vincular os administrados e a administração pública[32]**.

No que concerne aos requisitos do ato administrativo, infere-se que o agente público deve observar, cumulativamente, 05 condições de validade, a saber: i.Competência; primazia de validade; ii.Finalidade, o interesse a ser atingido; iii.Forma, revestimento material do ato; iv.Motivo, razões que justifiquem o ato; e v.Objeto, efeito jurídico produzido pelo ato, sob pena de nulidade do ato administrativo expedido.

Em sendo válido o ato administrativo, seus efeitos perpetuam no tempo até que seja verificado eventual vício de legalidade ou que simplesmente se comprove a sua desnecessidade superveniente, de modo a ensejar a extinção do referido ato.

Nesse esteio, consoante explicita Carvalho[33], a extinção natural do ato administrativo pode se dar de inúmeras formas, sendo interessante destacar, neste momento, tão somente as formas de retirada do ato administrativo do

---

[30] MEIRELLES, Hely Lopes. Direito administrativo brasileiro.18.ed. São Paulo: Malheiros,1998.p.131.

[31] Adotamos o entendimento da doutrina majoritária de que os atributos do ato administrativo seriam: imperatividade, autoexecutoriedade e presunção de legitimidade. Ressaltamos, entretanto, que a Professora Maria Sylvia Zanella: Di Pietro acrescenta a estes 3 atributos a tipicidade.

[32] Corroborando o entendimento acima citamos o acórdão 101-96.664, de relatoria da Dra. Sandra Maria Faroni

[33] CARVALHO.Matheus. Direito Administrativo. Recife: Complexo Editorial Renato Saraiva,2011. p.306

DIREITO DOS NEGÓCIOS APLICADO

mundo jurídico, através da anulação, estudo este conhecido pela doutrina como Teoria das Nulidades (invalidades) do ato administrativo, e a revisão do ato por motivos de conveniência e oportunidade.

5.1. Anulação do Ato Administrativo

A Anulação é a retirada do ato administrativo do mundo jurídico em decorrência de vícios que ensejaram na sua ilegalidade, procedimento este que pode ser realizado pela Administração Pública (princípio da autotutela) ou pelo Poder Judiciário, consoante explicitado nas Súmulas n.º 346 e 473, ambas do Supremo Tribunal Federal.

No entendimento de Araújo[34], os atos viciados são aqueles que apresentam certos defeitos em sua estrutura ou formação, de modo que se consubstanciam em atos inexistentes, imperfeitos ou ineficazes, senão vejamos:

"*Vício*, etimologicamente, é "defeito grave que torna uma pessoa ou coisa inadequadas para certos fins ou funções", ou mais especificamente, "defeito que pode invalidar um ato jurídico.

Ato viciado é, portanto, o ato defeituoso ou imperfeito que não contém ou não percorreu todos os estágios de existência e validade preceituados pelo ordenamento, podendo tais defeitos atingi-lo nos elementos estruturais ou nos requisitos de validade, e, assim, causar sua retirada (invalidade) do mundo jurídico, quer por declarar-se sua nulidade absoluta, quer pode anular-se o ato anulável, ou, ainda, por caracterizá-lo como inexistente. Segundo parte da doutrina, **vício** seria o defeito nos elementos ou requisitos do ato, e **defeito**, genericamente, seria a pura ausência de elementos de inexistência. (grifos nossos)

Atos inexistente é caracterizado pela ausência de elementos essenciais de existência, como no caso do usurpador de função pública (falta o agente público).

A maioria dos administrativistas brasileiros prefere equiparar o ato inexistente ao absolutamente nulo, em vez de aventura-se por esta discutida noção negativa ("não ato"), ou melhor, de valores negativos, pela qual o ato, por falta de elemento essencial, não chega nem mesmo a formar-se. Mas não se trata da mesma noção: o ato nulo mesmo invalidada, com efeitos retroativos (*"ex tunc"*) pode produzir efeitos em relação a terceiros de boa-fé, e entra no mundo jurídico, sendo depois retirado em razão da verificação de defeitos que o tornam inválido; já o ato inexistente não deveria, em tese, produzir efeitos, pois do "nada jurídico, "nada" derivaria. Reconhecemos, no entanto que é no mínimo imprudência levar-se ao pé da letra tal afirmativa.

---

[34] ARAUJO, 2014.p.516-517

Trazido o conceito de ato viciado, é importante mencionar que existem cinco tipos de vícios, cada um relacionado ao desrespeito de um requisito de validade, quais sejam: i) vícios relativos ao sujeito (competência); ii) vícios relativos à forma; iii) vícios relativos ao objeto; iv) vícios relativos ao motivo/motivação; v) vícios relativos à finalidade.

Nesse esteio, é seguro concluir que o ato administrativo viciado está relacionado com um defeito no cumprimento dos requisitos de validades. Desta forma, podemos classificar o ato viciado de acordo com a gravidade do seu defeito, ou seja, classificá-lo em ato nulo ou ato anulável. Entende-se que os atos são nulos quando absolutamente inválidos, onde o defeito os torna irrecuperáveis, enquanto os atos anuláveis podem ser anulados ou dependendo da exigência do interesse público podem, em razão de oportunidade e conveniência ser convalidados pela administração pública, desde que não tenha causado danos a terceiros[35].

5.2. O Revisão e/ou revogação do Ato Administrativo

Revogação é um ato discricionário[36] pelo qual a própria Administração retira do ordenamento jurídico um ato administrativo por razões de conveniência e oportunidade em face do interesse público. Nesse sentido, o artigo 53 da Lei nº 9.784/99 dispõe acerca da obrigação de a Administração Pública rever seus próprios atos, quando editados com algum vício, ou quando se apresentarem inconvenientes ou inoportunos:

> "Art. 53. A Administração deve anular seus próprios atos, quando eivados de vício de legalidade, e pode revogá-los por motivo de conveniência ou oportunidade, respeitados os direitos adquiridos."

Por se tratar de um ato discricionário, a revisão e/ou revogação do ato administrativo somente pode ser realizada pela própria Administração Pública, ou seja, pelo órgão da Administração Direta ou Indireta que expediu o ato (princípio da autotutela), uma vez que a revisão de um ato editado em conformidade com a lei envolve juízo de valores. Nesse esteio, eis o enunciado da Súmula n.º 473 do Supremo Tribunal Federal, órgão responsável pela guarda da Constituição da República:

---

[35] CARVALHO,2011, p.307
[36] DI PIETRO, 2002, p.237.

DIREITO DOS NEGÓCIOS APLICADO

Súmula 473. A administração pode anular seus próprios atos, quando eivados de vícios que os tornem ilegais, porque deles não se originam direitos; ou revogá-los, por motivo de conveniência ou oportunidade, respeitados os direitos adquiridos, e ressalvadas, em todos os casos, a apreciação judicial.

Conforme o entendimento sumulado retro, a revogação de um ato administrativo necessariamente deve respeitar os efeitos já produzidos pelo ato, ou seja, os efeitos da revogação são *"ex nunc"* (não retroagem), pois até o momento da revogação os atos eram válidos e legais perante o ordenamento jurídico.

Impende destacar, por oportuno, que a revisão do ato administrativo não se confunde com o exercício do chamado controle de tutela, segundo o qual Administração Direta tem o condão de intervir sobre a Administração Indireta visando a assegurar que as entidades não se desviem de seus fins institucionais.

Nesse esteio, levando em consideração que toda e qualquer Deliberação do Colegiado ou Parecer de Orientação da CVM se consubstanciam em atos administrativos, verifica-se que somente a própria Autarquia tem a competência para revisar/ revogar seus atos, consoante o princípio da autotutela, cabendo tão somente ao Ministério da Fazenda, por sua vez, o exercício do controle de tutela nos termos do artigo 26 do Decreto-Lei n.º 200/1967.

6. Planejamento Tributário em Reorganizações Societárias

Consoante restou demonstrado ao longo deste estudo, nos últimos anos, a doutrina e a jurisprudência administrativa evoluíram no que concerne à possibilidade de os contribuintes terem sua operação de reorganização societária classificada como inoponível ao Fisco.

Ou seja, na esteira do entendimento esposado por Marco Aurélio Greco[37], só será válida **para fins fiscais** a operação de reorganização societária que possua um objetivo econômico diverso da economia tributária[38]. Assim, caso o contribuinte incorra em uma incorporação, fusão ou cisão com outras companhias com o fito de, tão somente, reduzir a carga tributária, esta operação poderá ser desconsiderada pelas Autoridades Fiscais no que concerne aos seus efeitos tributários.

---

[37] Conforme:GRECO, 2004,p. 98.
[38] Vide CASO KLABIN – Acórdão 1401-00.155, 4.ª Câmara, 1.ª Turma, Sessão de 01.02.2010, Relator Alexandre Antônio Alkmim Teixeira

Nesse sentido, deve a empresa demonstrar, seja através dos documentos societários denominados de Protocolo e Justificação (tópicos 3.1. e 3.2), dentre outros meios de prova cabíveis no direito, que os atos de concentração empresarial incorridos (incorporação, fusão e cisão) se consubstanciam em operações legítimas, que visam alcançar uma maior eficiência operacional da estrutura empresarial, com ganho de produtividade, economia em escala, diversificação ou segregação de riscos, a depender da forma escolhida.

Em regra o CARF tem analisado as operações societárias caso a caso, de modo a evitar generalizações no que tange a classificação de um planejamento tributário como oponível ou não ao Fisco. Com efeito, de acordo com as provas colacionadas aos autos, busca-se comprovar a consistência do negócio jurídico e a causa para a sua realização[39], ou seja, o propósito negocial da operação.

Em que pese à análise individualizada das operações, certo é que na hipótese de uma operação societária ser aprovada ou indicada pelos órgãos reguladores, tal qual a CVM, não cabe mais aos agentes fiscais exigir a demonstração de propósito negocial, consistência e causa para a realização da reorganização societária, para o fim de considerar a operação societária oponível ou não ao Fisco.

6.1. Da ilegitimidade da desconsideração pela RFB de operações societárias aprovadas por órgãos reguladores

Após uma evolução do entendimento sobre a questão do Planejamento Tributário pelo CARF, como visto, temos um cenário atual de análise em conjunto da forma e dos elementos materiais inerentes às operações societárias. Adicionalmente, quando uma operação é aprovada ou modificada por um órgão regulador é acrescido não só mais um elemento de análise, mas uma prova incontestável do propósito negocial e validade da operação.

O legislador pátrio, ao promulgar a LSA e a Lei da CVM, tratou de dispor, em conjunto, acerca da regulamentação das sociedades por ações e da Autarquia Especial responsável pela regulação do mercado, de modo a atender os objetivos da Administração Pública, qual seja, o fomento ao mercado de capitais de risco no País, imprescindível à sobrevivência da empresa privada.

Com efeito, visando à proteção do minoritário e do próprio mercado, a LSA é perfeita em si mesma, haja vista que esta exige das sociedades o

---

[39] Vide CASO SANTANDER, Acórdão 1402-00.802, 4.ª Câmara, 2.ª Turma Ordinária, Sessão de 21.10.2011, Relator Antônio José Praga de Souza

cumprimento de diversos requisitos procedimentais aptos a comprovar os motivos pelos quais as partes envolvidas pretendem incorrer nos atos de concentração e, desta forma, garantir a publicidade das informações ao mercado.

Dentre esses procedimentos, importa destacar o **Protocolo** (tópico 3.1) e a **Justificação** (tópico 3.2), os quais refletem o **propósito negocial** exigido no âmbito tributário, o que demonstra que referidos documentos apresentam uma função socioeconômica que transcende a norma societária.

Isso porque, enquanto no Protocolo constam as normas gerais a serem seguidas nas operações de incorporação, fusão e cisão, tais como os critérios de avaliação do patrimônio (artigo 224 da LSA), a Justificação tem como objetivo expor aos acionistas os **motivos e interesses** da sociedade em realizar a operação societária de fusão, incorporação ou cisão pela administração, conforme determina o inciso I do artigo 225 da LSA.

Em um momento anterior à análise e eventual aprovação do Protocolo e da Justificação, ou seja, da operação societária em si pelas Assembleias Gerais Extraordinárias – AGE's das empresas envolvidas, o artigo 2º da Instrução CVM n.º 319/1999 exige que referidos documentos sejam publicados nos jornais **e encaminhados à CVM (Autarquia Especial) para análise do órgão regulador**.

Nesse esteio, após análise dos documentos encaminhados, é dever da CVM aprovar a operação, impor restrições ou até mesmo impedir a realização de reestruturação societária, nos termos do artigo 9º, §1º, IV c/c artigo 4ª, inciso VII, ambos da Lei da CVM.

Logo, seja em procedimento de fiscalização ou de consulta, fato é que a **CVM**, no que concerne às sociedades por ações, tem o condão de analisar integralmente a operação, mediante a verificação do Protocolo e da Justificação, sem prejuízo de outros, **ratificando ou não a reestruturação societária através de um ato administrativo**.

De fato, considerando que os órgãos reguladores, tal qual a CVM, se consubstanciam em Autarquias, entidades da Administração Pública Indireta (tópico 4.1), estas apresentam as mesmas prerrogativas da Administração Pública Direta e se submetem ao regime jurídico de direito público disciplinado no artigo 37, caput, da Constituição Federal quanto à criação, extinção, poderes, prerrogativas, privilégios e sujeições, impondo-se que suas normas e decisões sejam expressas por atos administrativos.

Com efeito, a decisão da CVM que ratifica a operação ou impõe restrições às sociedades envolvidas nada mais representa do que um ato administrativo, o qual possui os atributos de imperatividade, autoexecutoriedade, presunção de legitimidade e de veracidade (tópico 5), logo, **possui força para vincular os administrados e a Administração Pública.**

Conclui-se, desse modo, que a Receita Federal do Brasil não tem competência para desconsiderar as operações societárias aprovadas ou indicadas pelos órgãos reguladores, haja vista que os atos administrativos por eles promulgados somente podem ser revisados pela própria Autarquia que a expediu, por motivos de conveniência e oportunidade, consoante o princípio da autotutela.

No caso da CVM, poderia, ainda, o Ministro da Fazenda exercer o controle de tutela nos termos do artigo 26 do Decreto-Lei n.º 200/1967. (tópico 5.1 e 5.2), com o intuito precípuo de assegurar que referida entidade não se desvie de seus fins institucionais.

Diante desse cenário, em que a Receita Federal do Brasil e a CVM são entidades da Administração Pública Direta e Indireta, respectivamente, logo, encontram-se em igualdade de prerrogativas, verifica-se que a RFB somente poderia desconsiderar a operação societária aprovada ou indicada pela CVM caso seja provado que a decisão proferida pela Autarquia Especial contém vícios que ensejam a sua ilegalidade (tópico 5.1).

Caso contrário, isto é, tendo a CVM analisado a operação e proferido um ato administrativo no sentido de que a reestruturação societária é válida (e pela própria lei das S/A para ser válida deve estar devidamente justificada, com a demonstração dos motivos e função social), o planejamento é lícito e válido, sendo, portanto, oponível ao Fisco.

Assim, ao contrário do que vem sendo praticado, a RFB só pode inquinar esta operação como um planejamento tributário inoponível ao Fisco se a própria CVM revisar, por motivos de conveniência e oportunidade, seu ato ou se for comprovado que este foi proferido com vício em face da presunção de legalidade e veracidade dos atos administrativos.

Como se não bastassem os argumentos retro, suficientes para garantir a viabilidade da reestruturação societária para fins fiscais, impende destacar que, consoante os ensinamentos de Marco Aurélio Greco[40], as operações societárias aprovadas ou indicadas pela CVM, e demais órgãos reguladores, se enquadram como **condutas fora do âmbito do planejamento tributário.** (tópico 2.2).

Isso porque, as condutas das sociedades envolvidas na operação societária, ao serem aprovadas ou indicadas pelos órgãos reguladores por intermédio de atos administrativos, acabam por se tornarem condutas devidamente

---

[40] Conforme:GRECO, 2004.

qualificadas no ordenamento jurídico pátrio, e que, portanto, não se consubstanciam em planejamento tributário para os devidos fins de direito.

Nesse caso, as normas da CVM têm o condão de induzir o comportamento dos contribuintes, direcionando a realidade em um determinado sentido de modo a obter o resultado pretendido pela Administração Pública, o que, segundo Greco, implica em "condutas positivamente autorizadas pelo ordenamento" ou em "condutas desejadas (induzidas)", as quais **não** autorizam a caracterização das referidas operações como planejamento tributário, sendo, por consequência, oponíveis ao Fisco as operações analisadas pelos órgãos reguladores.

A todas as luzes, portanto, há no ordenamento jurídico inúmeros fundamentos aptos a excluir do âmbito do planejamento tributário oponível ao Fisco as operações societárias aprovadas ou indicadas por órgãos reguladores, como a CVM.

7. Conclusão

Se é fato que o propósito negocial das operações de reorganização societária, tal qual exigido pelo Fisco (tópico 2.1), encontra-se descrito nos documentos societários denominados de Protocolo e Justificação (tópicos 3.1. e 3.2), cujo mérito é analisado pela CVM, a qual pode, inclusive, proibir a concretização da operação societária proposta elas sociedades envolvidas (tópico 4.2).

Se é fato que a CVM age no interesse público e seus atos possuem presunção de validade e legalidade, vinculando toda a administração e os administrados.

Se é fato que a Receita Federal não tem competência para revogar os atos administrativos promulgados pela CVM, cuja revisão pode ser realizada somente pela própria Autarquia por motivos de conveniência e oportunidade, consoante o princípio da autotutela, ou mediante o exercício do controle de tutela do Ministério da Fazenda, nos termos do artigo 26 do Decreto-Lei n.º 200/1967. (tópico 5.1 e 5.2).

A única conclusão possível, considerando ser o Brasil um Estado Democrático de Direito como descrito no 1º da Constituição Federal, é o de que a reorganização societária aprovada pela CVM não pode ser desconsiderada pela Receita Federal do Brasil ao argumento de que se trata de um planejamento tributário inoponível ao Fisco.

Por fim, mas não menos importante, destaca-se que, conforme restou demonstrado, as hipóteses de aprovação da operação pela CVM e/ou as restrições impostas pela Autarquia se enquadram na categoria das "condutas desejadas (induzidas)" e das "condutas positivamente autorizadas pelo ordenamento" (tópico 2.2), razão pela qual **não** é possível caracterizar referidas operações como planejamento tributário, sendo, por consequência, sempre oponíveis ao Fisco as operações analisadas pelos órgãos reguladores.

A todas as luzes, sob qualquer ótica que se analise a questão, seja societária, administrativa, tributaria, ou de mercado de capitais, a Receita Federal do Brasil não possui argumentos jurídicos válidos para continuar a desconsiderar as operações societárias devidamente aprovadas ou sugeridas pela Autarquia Especial, ante o caráter mandatório dos atos administrativos da CVM, criados com o intuito de direcionar seu comportamento para um determinado fim almejado pela Administração Pública.

8. Referências

ANDRADE FILHO, Edmar Oliveira. Imposto de Renda das empresas. 3. ed. São Paulo: Atlas, 2006.

ARAGÃO, Leandro dos Santos. Dever de Informar e Operações de Reorganização Societária – procedimentos preparatórios e as informações assimétricas – Reorganização Societária. 1. ed. São Paulo: Quartier Latin, 2005.

ARAUJO, Edmir Netto de.Curso de Direito Administrativo. ed. São Paulo: Saraiva, 2014.

BASTOS, Celso Ribeiro. Curso de Direito Administrativo. 5 ed. São Paulo: Saraiva, 2001.

BRASIL. Comissão de Valores Mobiliários. Disponível em: <http://www.cvm.gov.br/port/acvm/atribuic.asp> Acesso em 10 de out. 2013

CASTRO, Rodrigo R. Monteiro. Incorporação de Controladora: Motivação e Oportunidade – O Ágio como Exemplo. In CASTRO, Rodrigo R. Monteiro; ARAGÃO, Leandro dos Santos (Org.). Reorganização Societária. 1.ed. São Paulo: Quartier Latin, 2005.

CAVALCANTE, Miquerlam Chaves. O Propósito Negocial e o Planejamento Tributário no Ordenamento Jurídico Brasileiro. Revista da Procuradoria-Geral da Fazenda Nacional, nº I, 2011. Disponível em: <http://www.pgfn.fazenda.gov.br/revista-pgfn/revista-pgfn/ano-i-numero-i/chaves.pdf>. Acesso em: 05 out. 2013

CARVALHOSA, Modesto. Comentários à Lei das Sociedades Anônimas– 4ª Edição, São Paulo: Saraiva, 2009.

COELHO, Fábio Ulhôa. Curso de Direito Comercial. 11. ed. São Paulo: Saraiva, 2008. 2 v.

DI PIETRO, Maria Sylvia Zanella. Direito Administrativo. 14 ed. São Paulo: Atlas, 2002.

FRITSCH, Herbert Jorge. Cisão nas limitadas, Porto Alegre, Livraria do Advogado. 1995

FULGITINI, Bruno Capelli. A ausência de propósito negocial como fundamento para a imposição tributária. Porto Alegre, 2009. 29 f. Monografia (pós-graduação latu sensu em Direito Tributário) – Instituto Brasileiro de Estudos Tributários. Porto Alegre, 2009.

GRECO, Marco Aurélio. Planejamento Tributário, Dialética. São Paulo, 2004.

GRECO, Marco Aurélio. Reorganização Societária e Planejamento Tributário. In CASTRO,

DIREITO DOS NEGÓCIOS APLICADO

Rodrigo R. Monteiro; ARAGÃO, Leandro dos Santos (Org.). Reorganização Societária. 1.ed. São Paulo: Quartier Latin, 2005.

MACHADO SEGUNDO, Hugo de Brito. Breves notas sobre o planejamento tributário. In PEIXOTO, Marcelo Magalhães ; ANDRADE, José Maria Arruda de (Coords.). Planejamento Tributário. 1.ed., São Paulo: MP Editora, 2007, p. 359 -374.

MARTINS, Fran. Comentários à Lei das Sociedades Anônimas. 4. ed. Rio de Janeiro, 2010.

MELLO, Celso Antônio Bandeira. Curso de Direito Administrativo. 25 ed. rev. e atual. São Paulo: Malheiros Editores, 2008.

MEIRELLES, Hely Lopes. Direito administrativo brasileiro.18.ed. São Paulo: Malheiros,1998.

MOREIRA, André Mendes, Elisão e Evasão Fiscal –limites ao planejamento tributário. Revista da Associação Brasileira de Direito Tributário, Belo Horizonte, Vol. 21, p.11-17, 2003.Disponível em: <http://sachacalmon.com.br/wp-content/uploads/2010/12/Elisao-e-Evasao-Fiscal_Limites-ao-Planejamento-Tributario.pdf> Acesso em: 10 out. 2013.

REQUIÃO, Rubens. Curso de Direito Comercial. 27. ed. São Paulo: Saraiva, 2007.

SZTAJN, R. Reorganização societária e concorrência. Revista de Direito Mercantil Industrial, Econômico e Financeiro, v. 148, 2007.

VERÇOSA, Haroldo Malheiros Duclerc. Curso de Direito Comercial. São Paulo: Malheiros, 2007.

WARDE JR., Walfrido Jorge (Coord.). Fusão, Cisão, Incorporação e Temas Correlatos. São Paulo: Quartier Latin, 2009.

YAMASHITA, Douglas. Incorporação às Avessas: Revisitando Limites legais e jurisprudenciais ao Planejamento Tributário. Revista Dialética de Direito Tributário. São Paulo: Dialética, 2006.

Legislação

BRASIL. Constituição (1988). Constituição da República Federativa do Brasil: Disponível em: <http://www.planalto.gov.br/ccivil_03/constituicao/constituicao.htm> Acesso em 04 out.2013.

BRASIL. Código Civil. Lei nº 10.406, de 10 de janeiro de 2002. Disponível em: <http://http://www.planalto.gov.br/ccivil_03/leis/2002/l10406.htm>. Acesso em 04 out.2013.

BRASIL. Código Tributário Nacional. Lei nº 5.172, de 25 de outubro de 1966. Disponível em: < http://www.planalto.gov.br/ccivil_03/leis/l5172.htm>. Acesso em 04 out.2013.

BRASIL. DECRETO-LEI nº 200, de 25 de fevereiro de 1967. Disponível em: < http://www.planalto.gov.br/ccivil_03/decreto-lei/del0200.htm> Acesso em 26 nov. 2013.

BRASIL. Deliberação CVM nº 345, de 27 de junho de 2000. Disponível em: <http://www.cvm.gov.br/asp/cvmwww/atos/Atos_Redir.asp?Tipo=D&File=\deli\deli345.doc> Acesso em 26 nov. 2013.

BRASIL. Instrução COMISSÃO DE VALORES MOBILIÁRIOS – CVM nº 319 de 03.12.1999. Disponível em: <http://www.fiscosoft.com.br/index.php?PID=80468&flag_mf=&flag_mt=. Acesso em 10 out. 2013.

BRASIL. Lei nº 6.385, de 7 de dezembro de 1976. Disponível em: <http://www.planalto.gov.br/ccivil_03/leis/l6385.htm>. Acesso em 07 out. 2013.

BRASIL. Lei nº 6.404, de 15 de dezembro de 1976. Disponível em: <http:// http://www.planalto.gov.br/ccivil_03/leis/l6404consol.htm>. Acesso em 07 out. 2013.

BRASIL. Lei nº 9.784, de 29 de janeiro de 1999. Disponível em: <http:// http:// http://www.planalto.gov.br/ccivil_03/leis/l9784.htm>. Acesso em 26 nov. 2013.

Jurisprudência

BRASIL. Conselho de Administrativo de Recursos Fiscais. Acórdão nº101-96142, Recurso de ofício e voluntário nº 138.335, recorrentes: Industrias Klabin S/A e 10º Turma/DRJ-São Paulo, Relator: Mário Junqueira Franco Junior, Brasília, 23 de maio de 2007.

BRASIL. Conselho de Administrativo de Recursos Fiscais. Acórdão nº 101-95537, Recurso voluntário, recorrente: Nacional Administração e Participações S.A, recorrida: Fazenda Nacional, relatora: Sandra Faroni, Brasília, 24 de maio de 2006.

BRASIL. Conselho Administrativo de Recursos Fiscais. Acórdão n.º 1301-001.220, Recurso de ofício e voluntário s/n, recorrentes: Fazenda Nacional e Estre Ambiental S/A, Relator: Wilson Fernandes Guimarães, Brasília, 09 de maio de 2013;

BRASIL. Conselho Administrativo de Recursos Fiscais. Acórdão nº 1401-00.155, Recurso Voluntário nº 165.479, recorrente: Kablin S/A, recorrida: 5ª Turma/DRJ-São Paulo/SP1, Relator: Alexandre Antônio Alkmin Teixeira, Brasília, 01 de fevereiro de 2010.

BRASIL. Conselho Administrativo de Recursos Fiscais. Acórdão nº 1402-00.802, Recurso Voluntário s/n, recorrente: Banco Santander (Brasil) S.A., recorrida: Fazenda Nacional, Relator: Antônio José Praga de Souza, Brasília, 21 de outubro de 2011.

BRASIL.Comissão de Valores Mobiliários. Processo CVM nº RJ 2004/2395. Rio de Janeiro,2004.

BRASIL.Comissão de Valores Mobiliários. Processo CVM Nº RJ 2004/4558-4559-4569-4583. Rio de Janeiro, 2004.

BRASIL.Comissão de Valores Mobiliários. Processo CVM Nº RJ 2006/7204 e RJ2006/7213. Rio de Janeiro, 2006.

BRASIL. Supremo Tribunal Federal. Súmula nº 346. A administração pública pode declarar a nulidade dos seus próprios atos. Disponível em: <http://www.stf.jus.br/portal/cms/verTexto.asp?servico=jurisprudenciaSumula&pagina=sumula_301_400>. Acesso em: 10 nov. 2013.

BRASIL. Supremo Tribunal Federal. Súmula nº 473.A administração pode anular seus próprios atos, quando eivados de vícios que os tornam ilegais, porque deles não se originam direitos; ou revogá-los, por motivo de conveniência ou oportunidade, respeitados os direitos adquiridos, e ressalvada, em todos os casos, a apreciação judicial. Disponível em: <http://www.stf.jus.br/portal/cms/verTexto.asp?servico=jurisprudenciaSumula&pagina=sumula_401_500>. Acesso em: 10 nov. 2013.

O ICMS no Comércio Não Presencial e os Reflexos Atuais na Atividade Empresarial

Eduardo Correa

1. Considerações Iniciais

O ICMS é tributo de competência dos Estados e do Distrito Federal, incidente sobre operações relativas à circulação de mercadorias e sobre prestações de serviços de transporte interestadual e intermunicipal e de comunicação, ainda que as operações e as prestações se iniciem no exterior (artigo 155, inciso II, da Constituição Federal).

Verifica-se que o constituinte originário distribuiu a competência tributária aos Estados e ao Distrito Federal para instituição do ICMS, adiantando ao legislador ordinário qual seria sua materialidade.

É cediço que nas operações que destinem bens e mercadorias a consumidor final não contribuinte, localizado em outro Estado, o ICMS é devido à unidade federada de **origem**, mediante a aplicação da alíquota interna do imposto estadual.

Nesse sentido, confira-se o teor do artigo 155, § 2º, inciso VII, alínea *b*, da Constituição Federal:

> *"Art. 155. Compete aos Estados e ao Distrito Federal instituir impostos sobre:*
> *(...);*

II – operações relativas à circulação de mercadorias e sobre prestações de serviços de transporte interestadual e intermunicipal e de comunicação, ainda que as operações e as prestações se iniciem no exterior;

§ 2.º O imposto previsto no inciso II atenderá ao seguinte:

(...);

*VII – em relação às operações e prestações que destinem bens e serviços a **consumidor final localizado em outro Estado**, adotar-se-á:*

(...);

*b) a **alíquota interna**, quando o destinatário não for contribuinte dele;"* (grifos não são do original)

No presente estudo a utilização da expressão "consumidor final" será assumida como sendo "consumidor final não contribuinte do ICMS", para facilitar a mensagem que se pretende transmitir.

É notório que nos últimos anos houve grande crescimento do comércio remoto, realizado por meio de *telemarketing, showroom* e, sobretudo, via *internet* (*e-commerce*).

Diante dessa realidade, nos idos de 2011, alguns Estados chamados comumente de **destinatários**, perceberam a desenfreada perda de arrecadação nas operações interestaduais em que o consumidor final não contribuinte adquire bens e mercadorias de forma não presencial, tendo em vista que, nessas hipóteses, o ICMS é devido integralmente à unidade federada de **origem** (onde está localizada a maior parte das empresas que promovem operações de venda de bens e mercadorias remotamente).

O principal argumento desses Estados é que a aquisição de bens e mercadorias de forma remota (*internet, telemarketing* ou *showroom*), privilegiaria sobremaneira os chamados Estados produtores, localizados na regiões Sul e Sudeste, já que a cobrança do ICMS seria devida integralmente para esses Estados, em detrimento dos Estados localizados nas demais regiões do país.

Dessa forma, com fundamento nos artigos 102 e 199, do Código Tributário Nacional, os Estados de Alagoas, Acre, Amapá, Bahia, Ceará, Espírito Santo, Goiás, Maranhão, Mato Grosso, Mato Grosso do Sul, Pará, Paraíba, Pernambuco, Piauí, Rio Grande do Norte, Roraima, Rondônia, Sergipe e o Distrito Federal, através do Conselho Nacional de Política Fazendária – CONFAZ, editaram o Protocolo nº 21/2011, o qual prevê que será devido à unidade federada de **destino** da mercadoria ou bem, a parcela do ICMS incidente na operação interestadual em que o consumidor final adquire mercadoria ou bem de forma não presencial, confira-se:

> *"Cláusula Primeira: Acordam as unidades federadas signatárias deste protocolo a exigir, nos termos nele previstos, a favor da unidade federada de destino da mercadoria ou bem, a parcela do Imposto sobre Operações Relativas à Circulação de Mercadorias e sobre Prestações de Serviços de Transporte Interestadual e Intermunicipal e de Comunicação – ICMS – devida na operação interestadual em que o consumidor final adquire mercadoria ou bem de forma não presencial por meio de internet, telemarketing ou showroom".*

O parágrafo único, da Cláusula Primeira, do Protocolo nº 21/2011, previu que essa imposição deve ser aplicada também às unidades não signatárias do Protocolo, confira-se:

> *"Parágrafo único: A exigência do imposto pela unidade federada destinatária da mercadoria ou bem, aplica-se, inclusive, nas operações procedentes de unidades da Federação não signatárias deste protocolo".*

Após a edição deste Protocolo, foram ajuizadas inúmeras ações visando à declaração de sua inconstitucionalidade, sendo que na ADI nº 4.628, o Supremo Tribunal Federal, em **fevereiro de 2014**, concedeu liminar para suspender sua aplicação, com efeitos *ex nunc*, sob o entendimento de que ofenderia fragrantemente a Carta Magna, haja vista a clarividência do texto constitucional no tocante as regras relativas à cobrança do ICMS nas operações interestaduais, afastando provisoriamente a tentativa dos Estados de alterar, *sponte sua*, a distribuição de competência tributária.

Considerando esse cenário, serão apontadas no próximo tópico as inconstitucionalidades do Protocolo nº 21/2011 e, em seguida, serão apresentados os reflexos diretos na atividade empresarial.

2. As flagrantes inconstitucionalidades do Protocolo nº 21/2011

Primeiramente, reitere-se que a edição do Protocolo nº 21/2011, se deu em razão da guerra fiscal existente entre os considerados Estados **produtores**, localizados nas regiões Sul e Sudeste (à exceção do Espírito Santo), e os Estados **consumidores**, localizados nas regiões Centro-oeste, Norte e Nordeste do país.

Isto porque, grande parte das vendas não presenciais a consumidores finais (via *internet, telemarketing e showroom*), tem como **origem** os Estados produtores e **destino** os chamados Estados consumidores, o que geraria para esses últimos perda de arrecadação do ICMS, já que o artigo 155, § 2º, inciso VII, alínea *b*, da Constituição Federal, é claro ao preconizar que deve ser adotada a alíquota interna nas operações interestaduais, quando o destinatário não for contribuinte do imposto estadual, hipótese em que o tributo deve ser recolhido à unidade federada de **origem** e não à unidade federada de **destino**.

O objetivo precípuo dos Estados signatários do Protocolo nº 21/2011 (chamados de Estados destinatários) é receber uma parte do ICMS nas operações interestaduais de circulação de bens ou mercadorias realizadas remotamente, com consumidores finais não contribuintes do imposto.

Considerando que a Constituição Federal, em seu artigo 155, § 2º, inciso VII, alínea *b*, é cristalino no sentido de que, nessa hipótese, o sujeito ativo da relação jurídico-tributária é o Estado de **origem**, resta evidente a inconstitucionalidade do Protocolo nº 21/2011.

É importante ressaltar que o legislador constituinte, ao tratar das operações que destinem bens ou mercadorias a consumidor final localizado em outro Estado, não fez qualquer menção ou diferenciação entre operações realizadas **fisicamente** ou **remotamente** (via *internet, telemarketing* ou *showroow*), o que evidencia a afronta do Protocolo nº 21/2011 ao artigo 155, § 2º, inciso VII, alínea *b*, da Constituição Federal.

Além disso, a criação de sistemática específica para cobrança do adicional do ICMS, que se deu com a edição do Protocolo nº 21/2011 (em situações onde não é cabível sua aplicação, como já registrado), acabou por ofender explicitamente o quanto dispõe o inciso IV, do § 2º, do artigo 155[1], da Constituição da República, que **reserva ao Senado Federal**, mediante Resolução, o estabelecimento de alíquotas aplicáveis às operações e prestações, interestaduais e de exportação.

Trata-se característica atribuída ao ICMS pelo constituinte originário, que jamais deveria ter sido ignorada pelos Estados subscritores do Protocolo nº 21/2011, sobretudo, em respeito ao **pacto federativo**, previsto nos artigos

---

[1] *"Art. 155. Compete aos Estados e ao Distrito Federal instituir impostos sobre:*
(...)
II – operações relativas à circulação de mercadorias e sobre prestações de serviços de transporte interestadual e intermunicipal e de comunicação, ainda que as operações e as prestações se iniciem no exterior;
§ 2.º O imposto previsto no inciso II atenderá ao seguinte:
(...)
*IV – **resolução do Senado Federal, de iniciativa do Presidente da República ou de um terço dos Senadores, aprovada pela maioria absoluta de seus membros, estabelecerá as alíquotas aplicáveis às operações e prestações, interestaduais e de exportação;**"* (grifos não são do original)

1^{o2} e 18^3, da Constituição Federal e para manutenção incólume do Estado Democrático de Direito.

De outra parte, é importante salientar que os Estados **destinatários**, ao se utilizarem do Protocolo como veículo introdutor de normas, acabaram por ferir frontalmente o princípio da legalidade tributária, previsto no artigo 150, inciso I, da Constituição Federal, pois pretendeu-se cobrar o ICMS também no Estado de **destino** quando a Constituição Federal prevê sua cobrança unicamente nos Estados de **origem**, o que acabou por gerar inegável *aumento* de tributo. Veja-se o que prevê esse dispositivo:

> "Art. 150. Sem prejuízo de outras garantias asseguradas ao contribuinte, *é vedado* à União, *aos Estados, ao Distrito Federal* e aos Municípios:
> I – *exigir* ou *aumentar* tributo sem lei que o estabeleça;"
> (grifos não são do original)

Incontestavelmente, esse *aumento* de tributo por veículo introdutor de normas estranho à Lei, também fere o quanto disposto no artigo 97, inciso II[4], do Código Tributário Nacional.

Para sacramentar, veja-se o ensinamento do Professor Paulo de Barros Carvalho *in "Curso de Direito Tributário"*, 21ª edição, Editora Saraiva, 2009, página 174, sobre o princípio da estrita legalidade tributária:

> "O veículo introdutor da regra tributária no ordenamento há de ser sempre a lei (sentido lato), porém o princípio da estrita legalidade diz mais do que isso, estabelecendo a necessidade de que a lei adventícia traga no seu bojo os elementos descritores do fato jurídico e os dados prescritores da relação obrigacional. Esse plus caracteriza a tipicidade tributária."

Outra inconstitucionalidade constante do Protocolo nº 21/2011, depreende-se da simples leitura da Cláusula Segunda, que assim preconiza:

---

[2] "Art. 1º A República Federativa do Brasil, formada pela união indissolúvel dos Estados e Municípios e do Distrito Federal, constitui-se em Estado Democrático de Direito e tem como fundamentos:
I – a soberania;
II – a cidadania;
III – a dignidade da pessoa humana;
IV – os valores sociais do trabalho e da livre iniciativa;
V – o pluralismo político."

[3] "Art. 18. A organização político-administrativa da República Federativa do Brasil compreende a União, os Estados, o Distrito Federal e os Municípios, todos autônomos, nos termos desta Constituição."

[4] "Art. 97. Somente a lei pode estabelecer:
II – a majoração de tributos, ou sua redução, ressalvado o disposto nos artigos 21, 26, 39, 57 e 65;"

*"**Cláusula segunda**. Nas operações interestaduais entre as unidades federadas signatárias deste protocolo o **estabelecimento remetente**, na condição de **substituto tributário**, será responsável pela retenção e recolhimento do ICMS, em favor da unidade federada de destino, relativo à parcela de que trata a cláusula primeira."*
(grifos não são do original)

Ao prever que o estabelecimento de **origem** (remetente) será responsável pela retenção e recolhimento do ICMS em favor da unidade federada de **destino**, o Protocolo nº 21/2011 criou hipótese de substituição tributária para frente (artigo 150, § 7º[5], da Constituição Federal), em total desconformidade com o artigo 155, § 2º, inciso XII, alínea b[6], da Constituição da República, que prevê a necessidade de Lei Complementar para sua instituição.

Registre-se, também, que o Protocolo nº 21/2011, feriu o princípio do não-confisco, previsto no inciso IV, do artigo 150, da Constituição, que trata das limitações ao Poder de Tributar, veja-se:

"Art. 150. Sem prejuízo de outras garantias asseguradas ao contribuinte, é vedado à União, aos Estados, ao Distrito Federal e aos Municípios:
(...);
IV – utilizar tributo com efeito de confisco;"

Na prática jurídico-tributária, verifica-se que a aplicação do Protocolo nº 21/2011, gera efeitos extremamente danosos às empresas localizadas no Estado de **origem**, que realizam remotamente operações de venda de bens e mercadorias a consumidor final não contribuinte localizado em outro Estado, pois, além de ter que recolher o ICMS com a aplicação da alíquota interna, deve recolher também um adicional ao Estado de **destino**, gerando flagrante caso de bitributação.

---

[5] *"Art. 150. (...)*
§ 7.º A lei poderá atribuir a sujeito passivo de obrigação tributária a condição de responsável pelo pagamento de imposto ou contribuição, cujo fato gerador deva ocorrer posteriormente, assegurada a imediata e preferencial restituição da quantia paga, caso não se realize o fato gerador presumido;"
[6] *"Art. 155. Compete aos Estados e ao Distrito Federal instituir impostos sobre:*
(...);
II – operações relativas à circulação de mercadorias e sobre prestações de serviços de transporte interestadual e intermunicipal e de comunicação, ainda que as operações e as prestações se iniciem no exterior;
§ 2.º O imposto previsto no inciso II atenderá ao seguinte:
*XII – **cabe à lei complementar**:*
*b) **dispor sobre substituição tributária**;"* (grifos não são do original)

A bitributação por si só denuncia a confiscatoriedade do tributo e, no caso concreto, acaba por interromper a atividade produtiva de grande parte das empresas de pequeno e médio porte, afrontando de forma direta a livre iniciativa, garantida constitucionalmente (artigo 170[7]).

O Professor Roque Antonio Carraza, analisando o princípio do não-confisco sob a perspectiva do princípio da livre iniciativa, assim destacou in *"Curso de Direito Constitucional Tributário"*, 20ª edição, Malheiros Editores, página 94:

> *"Destacamos que, para as empresas, o confisco está presente, quando o tributo, de tão gravoso, dificulta-lhes sobremodo a exploração de suas atividades econômicas habituais. Mais ainda, o fenômeno está presente quando a carga tributária inviabiliza o desempenho destas mesmas atividades.*
>
> *Efetivamente, os tributos (todos eles, mas maiormente os impostos) devem ser dosados com razoabilidade, de modo a valorizar a livre iniciativa, um dos fundamentos de nosso Estado Democrático de Direito, a teor dos arts. 1º, IV, e 170, caput, ambos da Constituição Federal."*

Ainda sob o ponto de vista pragmático, é importante salientar que o Protocolo nº 21/2011, gera entraves ao tráfego de pessoas e bens nas operações interestaduais, pois alguns Estados **destinatários** (subscritores do Protocolo), vêm procedendo a apreensão dos bens quando do ingresso em seu território, nas hipóteses em que as empresas não tenham recolhido o tributo de acordo com a novel sistemática, em total contrariedade ao inciso V, do artigo 150, da Constituição Federal, que consagra o princípio da liberdade de tráfego, *in verbis*:

---

[7] *Art. 170. A ordem econômica, fundada na valorização do trabalho humano e na livre iniciativa, tem por fim assegurar a todos existência digna, conforme os ditames da justiça social, observados os seguintes princípios:*
I – soberania nacional;
II – propriedade privada;
III – função social da propriedade;
IV – livre concorrência;
V – defesa do consumidor;
VI – defesa do meio ambiente, inclusive mediante tratamento diferenciado conforme o impacto ambiental dos produtos e serviços e de seus processos de elaboração e prestação;
VII – redução das desigualdades regionais e sociais;
VIII – busca do pleno emprego;
IX – tratamento favorecido para as empresas de pequeno porte constituídas sob as leis brasileiras e que tenham sua sede e administração no País.
Parágrafo único. É assegurado a todos o livre exercício de qualquer atividade econômica, independentemente de autorização de órgãos públicos, salvo nos casos previstos em lei."

"Art. 150. Sem prejuízo de outras garantias asseguradas ao contribuinte, é vedado à União, aos Estados, ao Distrito Federal e aos Municípios:

(...)

V – estabelecer limitações ao tráfego de pessoas ou bens, por meio de tributos interestaduais ou intermunicipais, ressalvada a cobrança de pedágio pela utilização de vias conservadas pelo Poder Público;"

Ao limitar o tráfego de bens, com a exigência de adicional do ICMS não recolhido nos termos exigidos no Protocolo nº 21/2011, os Estados signatários de malfadado Protocolo afrontaram também esse princípio constitucional.

É importante trazer a definição do Doutor Paulo de Barros Carvalho, na obra *"Curso de Direito Tributário"*, 18ª edição, Editora Saraiva, página 176, acerca do princípio da liberdade de tráfego, o qual é conhecido também como princípio da não-discriminação tributária, em razão da procedência ou destino dos bens:

"Significa que as pessoas tributantes estão impedidas de graduar seus tributos, levando em conta a região de origem dos bens ou o local para onde se destinem. Em consonância com essa regra constitucional (art. 152), a procedência e o destino são índices inidôneos para efeito de manipulação das alíquotas e da base de cálculo pelos legisladores dos Estados, dos Municípios e do Distrito Federal"

O Supremo Tribunal Federal cristalizou seu entendimento sobre a inadmissibilidade de apreensão de mercadorias para exigência de tributos, com a edição da Súmula nº 323, confira-se:

"É inadmissível a apreensão de mercadorias como meio coercitivo para pagamento de tributos."

Assim, ao criar nova sistemática de cobrança do ICMS nas operações (de venda) interestaduais com consumidor final não contribuinte, realizadas via *internet, telemarketing* ou *showroom*, os Estados **destinatários** ignoraram o que dispõe a Constituição Federal (artigo 155, § 2º, incisos IV, VII, alínea *b* e XII, alínea *b*) e, ainda, princípios constitucionais que limitam o Poder de Tributar (artigo 150, incisos I, IV e V), o que torna clara a inconstitucionalidade do Protocolo nº 21/2011.

Diante das inconstitucionalidades supra expostas, em **fevereiro de 2014**, o Ministro Luiz Fux, do Supremo Tribunal Federal, seguindo o parecer do

Ministério Público[8] e a manifestação da Advocacia-Geral da União[9], **suspendeu os efeitos do Protocolo nº 21/2011**, ao julgar o pedido de medida cautelar formulado nos autos da ADI nº 4.628[10], **com efeitos *ex nunc***, nos termos do artigo 11, § 1º, da Lei nº 9.868/99, até pronunciamento definitivo do Plenário da Corte.

Por fim, ressalte-se que, no momento da constituinte, não foi possível prever como se dariam as relações comerciais remotas (não presenciais) para fins de cobrança do ICMS, nas operações de venda de bens e mercadorias a consumidor final não contribuinte localizado em outro Estado, o que,

---

[8] "***Ementa***: *Ação Direta de Inconstitucionalidade. Pedido de medida cautelar. Protocolo 21/2011. ICMS. Guerra fiscal. Cobrança de ICMS pelo Estado de destino de bem ou mercadoria adquirida em outra unidade da federação por consumidor final não contribuinte do imposto. Contrariedade à disciplina constitucional do ICMS (art. 155, §§ 2º, VII, b, CR), ao pacto federativo (arts. 1º e 18, CR), à reserva de resolução senatorial para a fixação das alíquotas para a fixação das alíquotas interestaduais do ICMS (art. 155, § 2º, IV, CR). Parecer pelo deferimento da medida cautelar para suspender a eficácia do Protocolo 21/2011".*

[9] "***Ementa***: *Tributário. Protocolo ICMS nº 21/2011 celebrado entre alguns Estados da federação, o qual estabelece a disciplina relacionada à exigência do ICMS nas operação interestaduais que destinem mercadoria ou bem a consumidor final, cuja aquisição ocorrer de forma não presencial no estabelecimento remetente, violação aos artigos 1º; 18; 25 caput; 150, inciso V; 152, § 2º, incisos IV e VII, alínea b, todos da Carta Política. Presença do* **fumus boni iuris** *e do* **periculum in mora** *necessários ao deferimento da medida cautelar postulada. Manifestação no sentido da concessão do pleito liminar."*

[10] *"(...)*

No caso sub examine, o que se discute é exatamente saber se podem os Estados membros, diante de um cenário que lhes seja desfavorável, instituir novas regras de cobrança de ICMS, a despeito da repartição estabelecida anteriormente pelo texto constitucional.

A resposta é, a meu juízo, desenganadamente negativa. (...)

Note-se que, segundo a Lei Fundamental de 1988 e diversamente do que fora estabelecido no Protocolo ICMS nº 21/2011, a aplicação da alíquota interestadual só tem lugar quando o consumidor final localizado em outro Estado for contribuinte do imposto, mercê do art. 155, § 2º, inciso VII, alínea g, da CRFB/88. Em outras palavras, outorga-se ao Estado de origem, via de regra, a cobrança da exação nas operações interestaduais, excetuando os casos em que as operações envolverem combustíveis e lubrificantes que ficarão a cargo do Estado de destino. (...)

Em que pese a alegação do agravamento do cenário de desigualdades inter-regionais, em virtude da aplicação do art. 155 § 2º, VII, da Constituição, a correção destas distorções somente poderá emergir pela promulgação de emenda constitucional, operando uma reforma tributária, e não mediante edição de qualquer outra espécie normativa. (...)

Por evidente, tal medida vulnera, a um só tempo, os incisos IV e V do art. 150 da Lei Fundamental de 1988, que vedam, respectivamente, a cobrança de tributos com efeitos confiscatórios e o estabelecimento de restrições, por meio da cobrança de tributos, ao livre tráfego de pessoas ou bens entre os entes da Federação. Nesse sentido, a Suprema Corte já se manifestou contrariamente a tais práticas, placitando o entendimento no sentido de ser "inadmissível a apreensão de mercadorias como meio coercitivo para pagamento de tributos" (Enunciado da Súmula nº 323/STF). Assim, a retenção das mercadorias equivale, ipso facto, ao confisco. Tais razões são suficientemente consistentes para inquinar a validade do Protocolo ICMS nº 21/2011. (...)"

DIREITO DOS NEGÓCIOS APLICADO

evidentemente, não autoriza que entes federados utilizem-se de manobras legislativas sem observância do texto constitucional, por mais nobre e justo que possa ser o seu anseio.

Deveriam os Estados que se sentiram prejudicados ter utilizado de seu poder político para iniciar o processo de emenda à constituição, o que, em nosso sentir, é o único caminho que remanescerá, já que há grande possibilidade de que a decisão liminar prolatada nos autos da ADI nº 4.628 seja confirmada em breve pelo Plenário do Supremo Tribunal Federal.

3. Reflexos na Atividade Empresarial

É evidente o crescimento das lojas virtuais (*e-commerce*) no país, principalmente no segmento varejista, com vistas a incrementar a venda de seus produtos, alcançando consumidores finais não contribuintes localizados em outros Estados da federação.

Antes da edição do Protocolo nº 21/2011, o ICMS devido nas operações que destinassem bens e mercadorias a consumidor final, localizado em outro Estado, sempre teve o Estado de **origem** como sujeito ativo da relação jurídico--tributária, com a aplicação da alíquota interna, nos termos da alínea *b*, do inciso VII, do § 2º, do artigo 155, da Constituição da República.

Nesse cenário, caso um consumidor final não contribuinte residente em Cuiabá/MT, adquire aparelhos eletrônicos remotamente (via *internet* ou provocado por ações de *telemarketing*), de empresa localizada em Curitiba/PR, o ICMS caberá integralmente ao Estado de **origem** (no caso, o Estado do Paraná), com a aplicação da alíquota interna, geralmente de 18%.

Após a edição de repudiado Protocolo, as empresas localizadas nos Estados de **origem**, além de ter que recolher o ICMS devido com a aplicação da alíquota interna, foram compelidas a cumprir a nova sistemática de cobrança do adicional do imposto aos Estados **destinatários** (signatários do Protocolo), já que o parágrafo único, da Cláusula Primeira[11], determinou que sua aplicação alcançaria os bens e mercadorias procedentes dos Estados não signatários do Protocolo nº 21/2011.

Destarte, a bitributação foi o principal reflexo do Protocolo nº 21/2011, para as empresas de *e-commerce*, de *telemarketing* e de *showroow*, que realizam

---

[11] *"Cláusula Primeira. (...)*
Parágrafo único. A exigência do imposto pela unidade federada destinatária da mercadoria ou bem, aplica-se, inclusive, nas operações procedentes de unidades da Federação não signatárias deste protocolo."

operações de venda de bens a consumidores finais localizados em outros Estados, pois foram obrigadas, até a suspensão dos efeitos do Protocolo pelo Pretório Excelso, a recolher o ICMS ao Estado de **origem** e o adicional aos Estados de **destino**, pela sistemática da substituição tributária para frente.

Isto porque, alguns dos Estados signatários do Protocolo nº 21/2011, passaram a apreender os bens que ingressaram em seu território sem o pagamento do adicional do ICMS de acordo com a nova sistemática, gerando graves prejuízos às empresas localizadas nos Estados de **origem**, já que os adquirentes localizados no Estado de **destino**, passaram a não receber seus produtos no prazo pactuado.

Dessa forma, muitas empresas acabaram sendo acionadas judicialmente pelos consumidores, que não deram causa ao atraso e desconheciam o problema tributário envolvendo os Estados de **origem** e os Estados de **destino**.

Mas não para aqui. O prejuízo financeiro ocorria também no momento em que, empresas que tiveram bens apreendidos na fronteira, optaram por se socorrer do Poder Judiciário para pleitear a não aplicabilidade do Protocolo nº 21/2011 em suas atividades, tendo que arcar com honorários de advogados e todas as demais despesas inerentes a qualquer pleito judicial.

Essas despesas, alheias a atividade empresarial (p.e., adicional indevido do ICMS e honorários advocatícios para se defender nas ações envolvendo relações de consumo e para discutir a inconstitucionalidade do Protocolo nº 21/2011), acabaram por impactar diretamente na formação de preço e no fluxo de caixa dessas empresas, nas operações de vendas interestaduais realizadas via *internet*, *telemarketing* ou *showroom*, para consumidor final não contribuinte.

É inegável que esse cenário gerou grande insegurança jurídica para empresas, pois tinham que contar com fatores estranhos à sua atividade para formação de preço; expansão; e, até, realização de promoções de produtos que seriam vendidos remotamente à consumidor final localizado em outro Estado.

Além disso, o Protocolo nº 21/2011, acabou afetando o consumidor localizado nos chamados Estados consumidores (Estados de **destino**), já que algumas empresas de *e-commerce*, *telemarketing* e *showroom*, chegaram a suspender as vendas para esses Estados e, outras, incrementaram o preço dos bens vendidos (contando com o inesperado), já que não havia critério claro na fiscalização de fronteira sobre a apreensão de bens e mercadorias que tinham por destino consumidores finais.

Por outro lado, alguns empresários se sentiram inibidos em iniciar a atividade de *e-commerce*, por exemplo, em razão do cenário de total insegurança jurídica, peculiar característica do nosso país, craque em retrair investimentos.

Reitere-se, por oportuno, que em **fevereiro de 2014**, o Supremo Tribunal Federal suspendeu liminarmente os efeitos do Protocolo nº 21/2011, de modo que, nesse momento, não haveria que existir impacto de malfadado Protocolo nas atividades empresariais aqui tratadas.

Nesse ponto, é importante ressaltar que, sendo confirmada a declaração de inconstitucionalidade do Protocolo nº 21/2011 pelo Plenário da Suprema Corte, nos autos da ADI nº 4.628, o reflexo nas empresas que realizam operações de venda interestadual via *internet, telemarketing* e *showroom* a consumidor final não contribuinte, dependerá da modulação dos efeitos da decisão.

Julgando procedente a ADI nº 4.628 e, por consequência, declarando inconstitucional o Protocolo nº 21/2011, poderá o Pretório Excelso, por razões de segurança jurídica ou excepcional interesse social, decidir que os efeitos dessa declaração terá eficácia somente a partir de seu trânsito em julgado (tecnicamente conhecido como efeito *ex nunc*). É o que preconiza o artigo 27, da Lei nº 9.868/99, abaixo transcrito:

> *"Art. 27. Ao declarar a inconstitucionalidade de lei ou ato normativo, e tendo em vista razões de segurança jurídica ou de excepcional interesse social, poderá o Supremo Tribunal Federal, por maioria de dois terços de seus membros, restringir os efeitos daquela declaração ou decidir que ela só tenha eficácia a partir de seu trânsito em julgado ou de outro momento que venha a ser fixado."*

Nessa hipótese, os Estados signatários do Protocolo nº 21/2011 (Estados de **destino**), não seriam compelidos a devolver os valores recolhidos indevidamente a título de adicional do ICMS.

Noutras palavras, não basta que o ato normativo seja declarado inconstitucional pela Suprema Corte, para que os valores recolhidos indevidamente aos cofres dos Estados de destino (signatários do Protocolo nº 21/2011) sejam devolvidos. Por força do artigo 27, da Lei nº 9.868/99, dependerá da modulação dos efeitos da declaração de inconstitucionalidade, o que, no caso, poderá causar inaceitável enriquecimento ilícito desses entes federados.

De outra parte, acaso a decisão de mérito a ser proferida pelo Supremo Tribunal Federal seja favorável a declaração de inconstitucionalidade do Protocolo nº 21/2011, e modulada com efeitos *ex tunc*, os Estados signatários (destinatários) deverão devolver o adicional do ICMS indevidamente recolhido, devidamente atualizado com os consectários legais.

É de se registrar que, independentemente da modulação dos efeitos (*ex nunc* ou *ex tunc*), é certo que a decisão proferida nos autos da ADI nº 4.628

terá eficácia contra todos e efeito vinculante em relação aos órgãos do Poder Judiciário e à Administração Pública federal, estadual e municipal[12].

Por fim, tem-se por demonstrados os principais reflexos do Protocolo nº 21/2011 para as empresas de *e-commerce, telemarketing* e *showroom*, com destaque para insegurança jurídica e, consequente, inibição da atividade empresária, em razão dos custos ocultos alheios a operação.

4. Conclusão

Restou claro, portanto, que é inconstitucional a tentativa dos Estados signatários do Protocolo nº 21/2011, de alterar a sistemática de exigência do ICMS, tendo em vista que:

O legislador constituinte não fez qualquer diferenciação entre operações de vendas realizadas de forma **física** ou **remotamente** (via *internet, telemarketing* ou *showroow*), o que torna evidente a afronta do Protocolo nº 21/2011 ao artigo 155, § 2º, inciso VII, alínea *b*, da Constituição da República;

Ao criar sistemática específica para cobrança do adicional do ICMS (não prevista constitucionalmente), o Protocolo nº 21/2011 acabou por ofender explicitamente o quanto dispõe o inciso IV, do § 2º, do artigo 155, da Constituição da República, que reserva ao Senado Federal, mediante Resolução, o estabelecimento de alíquotas aplicáveis às operações e prestações, interestaduais e de exportação;

Utilizar o Protocolo como veículo introdutor de normas fere frontalmente o princípio da legalidade tributária, previsto no artigo 150, inciso I, da Constituição Federal, pois, *in casu*, pretendeu-se cobrar adicional do ICMS ao Estado de destino, quando a Constituição Federal prevê sua cobrança unicamente nos Estados de origem, o que acabou por gerar inegável *aumento* de tributo;

Ao prever que o estabelecimento de **origem** (remetente) será responsável pela retenção e recolhimento do ICMS em favor da unidade federada de **destino**, a Cláusula Segunda, do Protocolo nº 21/2011, criou hipótese de substituição tributária para frente (artigo 150, § 7º, da Constituição Federal),

---

[12] *"Art. 28 (...)*

Parágrafo único. A declaração de constitucionalidade ou de inconstitucionalidade, inclusive a interpretação conforme a Constituição e a declaração parcial de inconstitucionalidade sem redução de texto, têm eficácia contra todos e efeito vinculante em relação aos órgãos do Poder Judiciário e à Administração Pública federal, estadual e municipal."

em total desconformidade com o artigo 155, § 2º, inciso XII, alínea *b*, da Constituição da República, que prevê a necessidade de Lei Complementar;

O Protocolo nº 21/2011, além de ferir o princípio do não-confisco, ao passar a exigir o adicional do ICMS de empresas que já são obrigadas a recolher o imposto ao ente federado de origem, gerou entraves ao tráfego de pessoas e de bens nas operações interestaduais, pois alguns Estados destinatários (subscritores do Protocolo), passaram a proceder a apreensão dos bens quando do ingresso em seu território, nas hipóteses em que as empresas não tenham recolhido o tributo de acordo com a novel sistemática, em total contrariedade ao inciso V, do artigo 150, da Constituição Federal.

Considerando as inconstitucionalidades apontadas alhures, há grandes chances do Plenário do Supremo Tribunal Federal declarar definitivamente a inconstitucionalidade do Protocolo nº 21/2011, nos autos da ADI nº 4.628.

Restará saber se os efeitos da declaração de inconstitucionalidade serão modulados, para orientar as empresas sobre como deverão proceder doravante e se haverá "tributo" a ser devolvido pelos Estados destinatários.

Formas Jurídicas de Empreendimentos Econômicos Solidários

Eugênio Alves Soares

Introdução

O presente artigo de cunho didático possui o intuito de esclarecer quais são as formas jurídicas dos empreendimentos econômicos solidários, qual meio que eles estão inseridos, e quais são seus objetivos e princípios. Posta assim a questão, foram analisados o surgimento histórico deste modelo empresarial diferenciado, seus fundamentos legais e doutrinários, assim como as possibilidades e impossibilidades jurídicas e conceituais de sua criação e adequação.

Passamos então a verificar que o desemprego, precarização do trabalho, concentração de renda, e a discriminação, trazidos no inicio do capitalismo, foram combatidos por diversas entidades e pelos trabalhadores que se uniram em torno dos seus objetivos comuns, através do associativismo e cooperativismo para encontrar uma forma de gerar melhores condições de trabalho e renda, com dignidade e respeito a valores sociais, culturais e ambientais.

Ao passo que este movimento cresceu e cresce, as pessoas mostram que é possível de forma legal, sustentável, profissional e de qualidade, oferecer a circulação de bens e serviços ao mercado, realizados e administrados coletivamente por trabalhadores que são também, detentores do negócio.

1. Conceito de empreendimento econômico solidário

No atual ordenamento jurídico brasileiro não existe o termo ou a expressão "empreendimento econômico solidário", contudo há leis infraconstitucionais e decretos que reconhecem e legitimam este modelo empresarial diferenciado, como por exemplo, Decreto n. 7.358, de 17-11-2010, o qual Institui o Sistema Nacional do Comércio Justo e Solidário – SCJS, em seu art. 2º, parágrafo segundo conceitua e compreende como:

> "empreendimentos econômicos solidários: organizações de caráter associativo que realizam atividades econômicas, cujos participantes sejam trabalhadores do meio urbano ou rural e exerçam democraticamente a gestão das atividades e a alocação dos resultados".

Por esse vértice para esclarecer este conceito deve-se observar o significado literal das três palavras, conforme consta nos dicionários de língua portuguesa, vejamos:

a) Empreendimento: "ato de empreender, empresa, cometimento";[1]
b) Econômico: "da economia ou a ela relativo, que obra com economia";[2]
c) Solidário:

> Que está numa relação de auxílio mútuo, estão solidários uns com os outros, recíproco, interdependente, partes solidárias, que liga muitas pessoas, sendo cada uma responsável pela totalidade da obrigação, caução solidária, que é responsável, em termos de uma obrigação, pelos atos de outro, ser estar solidário, partilhar dos mesmos interesses, opiniões, sentimentos etc.; concordar, dar apoio.[3]

Levando em consideração os aspectos significativos apresentados e a utilização na pratica dos termos, vamos verificar dentro deste contexto o que se entende por cada expressão:

---

[1] DICIONÁRIO, Dicionário Priberam da Língua Portuguesa, 2008-2013. Disponível em: <http://www.priberam.pt/dlpo/EMPREENDIMENTO> Acesso em: 01-03-2014.

[2] Ibid., mesma página.

[3] **DICIONÁRIO, Dicionário do Aurélio.** Disponível em: <http://www.dicionariodoaurelio.com/Solidario.html> Acesso em: 01-03-2014.

FORMAS JURÍDICAS DE EMPREENDIMENTOS ECONÔMICOS SOLIDÁRIOS

a) Empreendimento, não deixa de ser uma ação empreendedora das pessoas, que se unem e investem para realizar atividades econômicas, mas aqui está voltado a um modelo de "empresa" diferenciado, mais arrojado, no qual busca-se resultados financeiros positivos, paralelemente com objetivos sociais de melhorar à condição de renda e vida de seus associados, sendo a junção do comercial com o social;

b) Econômico, se refere à realização de uma atividade comercial, na qual os empreendimentos estão sujeitos às regras do mercado, seus produtos ou serviços concorrem igualmente com empresas tradicionais, devendo respeitar e observar todos os preceitos como a livre concorrência, gestão de qualidade, gestão administrativa e financeira, obrigações legais e fiscais, respeito ao consumidor e ao meio ambiente, e sobretudo, a sustentabilidade econômica, pois é de suas atividades, que seus associados buscam melhoria da qualidade de vida da sua família.

c) Solidário, neste contexto, a essência desta palavra traduz a responsabilidade social dos empreendimentos, é seu segundo pilar, a sua constituição é uma resposta ao capitalismo, aqui o capital humano não é descartável quando não serve mais, diferente disso, a solidariedade econômica e social estão presentes na ajuda mútua das pessoas.

Os objetivos solidários dos empreendimentos também buscam melhorar a vida do ser humano e acreditar em seu potencial, respeitar a suas limitações, mas mostrar que independente de sua idade, condição social, sexo, e limitações físicas, se um grupo de pessoas que tenham objetivos comuns, se unirem e otimizar o melhor de cada um, podem trabalhar em conjunto, produzir serviços e produtos de qualidade, gerar riquezas para distribui-la de forma justa e solidária, não há concentração de renda. Contudo, todos respondem pelas perdas e por outro lado ganham com as sobras.

Em sintonia com estas observações vale descrever o conceito trazido por Mariana Baptista Giroto, in verbis:

> Empreendimentos econômicos solidários – são organizações coletivas singulares e complexas, tais como associações, cooperativas, empresas autogestionárias, grupos de produção informais, entre outras organizações econômicas criadas por trabalhadores e trabalhadoras associados, dos meios urbanos e rurais, que exercem coletivamente a gestão de atividades econômicas de forma democrática, transparente e participativa; detêm a posse e/ou controle coletivo dos meios de

DIREITO DOS NEGÓCIOS APLICADO

produção, distribuição, comercialização, consumo, poupança e crédito; realizam distribuição igualitária dos resultados econômicos (sobras ou perdas).

Estes empreendimentos econômicos solidários têm também como principais características a Cooperação (existência de interesses e objetivos comuns, união dos esforços e capacidades), Autogestão (práticas participativas nos processos de trabalho, na definição de estratégias, nas decisões cotidianas do empreendimento, na direção e coordenação das ações), Solidariedade (distribuição justa dos resultados, preocupação com a melhoria na qualidade de vida dos trabalhadores, comprometimento com a sustentabilidade ambiental da comunidade em que está inserido, além do bem-estar dos consumidores).[4]

De acordo com os significados das palavras e o emprego prático dos termos ao modelo empresarial diferenciado, o empreendimento econômico solidário é a união de pessoas com objetivo comum de empreender em negócios econômicos, ou seja, realização de atividades e trabalhos, que gere renda de forma solidaria.

Os trabalhadores desafiam o modelo econômico do capitalismo, pois este modelo difere significativamente dos modelos de empresas convencionais, neles o objetivo não é somente o lucro, e sim a criação de uma instituição na qual todos os trabalhadores associados atuam de forma democrática, possuem os meios de produção, a autogestão do negócio, com direitos e deveres iguais, na busca da realização de produto e serviços que atendam o mercado, e consequentemente com retorno financeiro positivo realiza-se a distribuição das sobras de forma justa e igualitária, não existe um patrão, todos os sócios participam das decisões coletivamente.

O peso do valor social esta inserido nos empreendimentos, o principio associativo se faz presente, assim como o livre acesso de seus associados, observando sempre a capacidade técnica da pessoa e a necessidade econômica do empreendimento, além de outro aspecto importante que é o respeito às caracterizas culturais, tradições locais e ao meio ambiente, onde é exercida a atividade econômica.

Em vista dos argumentos apresentados, verifica-se que a identidade de um empreendimento econômico solidário está na sua adesão de princípios que norteiam o cooperativismo e o associativismo, e a economia solidária, dentre as pessoas jurídicas existentes nos diplomas legais, destaca-se as cooperativas,

---

[4] GIROTO, Mariana Baptista, Economia Solidária, cooperativismo e economia solidária, formação básica, São Paulo: Realização UNISOL Brasil e Fundação Banco do Brasil, 2011, p. 19.

FORMAS JURÍDICAS DE EMPREENDIMENTOS ECONÔMICOS SOLIDÁRIOS

associações, sociedades empresárias (empresa autogestionaria) e sociedades não personificadas (grupos informais).

2. Economia solidária

A união das pessoas para realização de atividades solidárias esta presente desde os primórdios da humanidade, contudo iremos nos limitar aos fatos históricos mais recentes da história do homem sobre este tema.

Neste sentido tem-se noticias que na Europa por volta do século XIX, diante dos desafios impostos pela revolução industrial e o crescimento do capitalismo, a força de trabalho humana foi substituída por máquinas, e ao mesmo tempo os postos de trabalho que restavam, eram sub-humanos. O desemprego se espalhou e com isso as pessoas uniram-se e viram no cooperativismo uma saída para tal situação, em 1843 tem o registro do surgimento de uma das primeiras cooperativas do mundo, o armazém cooperativo na cidade de Rochdale, distrito de Lancashire, próximo a Manchester, na Inglaterra, criado por 28 tecelões.[5] Desse ponto em diante o crescimento das cooperativas e da economia solidaria se difundiram pelo continente europeu, posteriormente pelo mundo, entendimento também trazido por Paul Singer, vejamos, abaixo:

> Esta é a origem histórica da Economia Solidária. Seria justo chamar essa fase inicial de sua história de 'cooperativismo revolucionário', o qual jamais se repetiu de forma tão nítida. Ela tornou evidente a ligação essencial da Economia Solidária com a crítica operária e socialista do capitalismo.[6]

Já no Brasil a Economia Solidária cresceu diante da globalização e abertura de mercado, entre as décadas de 1980 e 1990, a indústria brasileira não suportou a entrada de novos produtos no marcado nacional e o desemprego alcançou números enormes. Em razão de tal situação alguns movimentos surgiram, como a recuperação de empresas falidas por meio de cooperativas, projetos alternativos de geração de trabalho e renda para população carente, desenvolvidos pela Cáritas, entidade ligada à Conferência Nacional dos Bispos do Brasil (CNBB), assim surgiram varias cooperativas e associações, além da migração dos trabalhadores para trabalhos informais.

[5] MARTINS, **Sergio Pinto. Cooperativas de trabalho**. São Paulo: Atlas, 2003, p. 20-21.
[6] GIROTO, **Mariana Baptista, Economia Solidária, cooperativismo e economia solidária, formação básica**, São Paulo: Realização UNISOL Brasil e Fundação Banco do Brasil, 2011, p. 14-13 *apud* SINGER, Paul, Introdução à Economia Solidária, p. 35.

DIREITO DOS NEGÓCIOS APLICADO

Para contextualizar este novo modelo de economia, trazemos o esclarecimento de Mariana Baptista Giroto, no texto abaixo:

> A Economia Solidária corresponde ao conjunto de atividades econômicas – de produção, distribuição, consumo, finanças e crédito – organizadas sob a forma de autogestão, isto é, pela propriedade coletiva dos meios de produção de bens ou prestação de serviços e pela participação democrática (uma cabeça, um voto) nas decisões dos membros da organização ou empreendimento.
>
> A Economia Solidária compreende uma diversidade de práticas econômicas e sociais organizadas sob formas de cooperativas, federações e centrais cooperativas, associações, empresas autogestionárias, movimentos, organizações comunitárias, redes de cooperação e complexos cooperativos.
>
> Envolve produção de bens, prestação de serviços, finanças, trocas, comércio e consumo, organizados e realizados solidariamente por trabalhadores e trabalhadoras de forma associativa e coletiva, com base nos princípios e valores da cooperação, da solidariedade e da autogestão.
>
> À medida que a Economia Solidária se apresenta como uma alternativa econômica das populações mais pobres e excluídas do mercado de trabalho, é definida, muitas vezes, como uma economia popular solidária. No entanto, ela não se restringe apenas a esse modelo, mas também a empreendimentos de médio e grande porte e outros que optaram por esse modelo por convicções ideológicas.
>
> A Economia Solidária deve ser vista como uma estratégia de enfrentamento da exclusão e da precarização do trabalho, sustentada em formas coletivas de geração de trabalho e renda, e articulada aos processos de desenvolvimento local participativo e sustentável.
>
> Portanto, as ações de qualificação para a Economia Solidária devem fortalecer o seu potencial de inclusão social e de sustentabilidade econômica, bem como sua dimensão emancipatória. [7]

O crescimento deste movimento conseguiu alcançar grandes proporções e reconhecimento do poder público, pois em 2003 o Presidente da República Luís Inácio Lula da Silva criou a SENAES – Secretaria Nacional de Economia Solidária no âmbito do Ministério do Trabalho e Emprego, conforme a Lei n. 10.683, de 28-05-2003 e Decreto n. 4.764, de 24-06-2003.

Existe também o Fórum Brasileiro de Economia Solidária que é formado por diversos agentes da economia solidária, tanto por representantes da sociedade civil, quanto do poder público, com participação democrática de todos. Em junho de 2003, na III Plenária Nacional da Economia Solidária, foi

---

[7] Ibid., p. 10.

emitida a carta de princípios da ECOSOL, neste sentido, vejamos os princípios gerais contidos no documento:

Princípios gerais

Apesar dessa diversidade de origem e de dinâmica cultural, são pontos de convergência:

1. a valorização social do trabalho humano,
2. a satisfação plena das necessidades de todos como eixo da criatividade tecnológica e da atividade econômica,
3. o reconhecimento do lugar fundamental da mulher e do feminino numa economia fundada na solidariedade,
4. a busca de uma relação de intercâmbio respeitoso com a natureza, e
5. os valores da cooperação e da solidariedade.

A Economia Solidária constitui o fundamento de uma globalização humanizadora, de um desenvolvimento sustentável, socialmente justo e voltado para a satisfação racional das necessidades de cada um e de todos os cidadãos da Terra seguindo um caminho intergeracional de desenvolvimento sustentável na qualidade de sua vida.

1. O valor central da economia solidária é o trabalho, o saber e a criatividade humanos e não o capital-dinheiro e sua propriedade sob quaisquer de suas formas.
2. A Economia Solidária representa práticas fundadas em relações de colaboração solidária, inspiradas por valores culturais que colocam o ser humano como sujeito e finalidade da atividade econômica, em vez da acumulação privada de riqueza em geral e de capital em particular.
3. A Economia Solidária busca a unidade entre produção e reprodução, evitando a contradição fundamental do sistema capitalista, que desenvolve a produtividade mas exclui crescentes setores de trabalhadores do acesso aos seus benefícios.
4. A Economia Solidária busca outra qualidade de vida e de consumo, e isto requer a solidariedade entre os cidadãos do centro e os da periferia do sistema mundial.
5. Para a Economia Solidária, a eficiência não pode limitar-se aos benefícios materiais de um empreendimento, mas se define também como eficiência social, em função da qualidade de vida e da felicidade de seus membros e, ao mesmo tempo, de todo o ecossistema.
6. A Economia Solidária é um poderoso instrumento de combate à exclusão social, pois apresenta alternativa viável para a geração de trabalho e renda e para a satisfação direta das necessidades de todos, provando que é possível organizar a produção e a reprodução da sociedade de modo a

eliminar as desigualdades materiais e difundir os valores da solidariedade humana.[8]

Em síntese, a economia solidaria no Brasil se tornou um movimento social, com atuação de vários atores, dentre eles a sociedade civil e o poder públi-co, com abrangência em setores econômicos, sociais, culturais e políticos. Sendo os Empreendimentos Econômicos Solidários os pilares deste novo modelo econômico de geração de renda, dentro o tripé da sustentabilidade, com realização de atividades que respeitem os aspectos sociais, econômicos e ambientais.

3. Empresa

O Novo Código Civil brasileiro trouxe o conceito da teoria da empresa, e como agente central e inicial deste modelo existe o empresário, que pode atuar de forma individual ou coletiva, está última, formando uma sociedade empresária, inerente ás duas figuras a empresa é responsável por organizar e administrar os meios de funcionamento, tecnologias, recursos humanos e materiais, para produção e circulação de bens e serviços, com o objetivo central de gerar lucro. Neste prisma, devemos destacar o conceito trazido por Carvalho de Mendonça, ad litteram:

> Empresa é a organização técnico-econômica que se propõem a produzir, me-diante a combinação dos diversos elementos, natureza, trabalho e capital, bens ou serviços destinados à troca (venda), com esperança de realizar lucros, correndo os riscos por conta do empresário, isto é, daquele que reúne, coordena e dirige esses elementos sob sua responsabilidade.[9]

A legislação atual traz diversas formas jurídicas das quais o empresário de acordo com seu poder econômico, objetivos e ramo de atividade, poderá optar para a realização da sua atividade empresarial, são elas:

---

[8] FÓRUM BRASILEIRO DE ECONOMIA SOLIDÁRIA, **Carta de princípios da economia solidá-ria**. Disponível em: <http://www.fbes.org.br/index.php?option=com_content&task=view&id=63 &Itemid=60> Acesso em: 08-03-2014.

[9] ALMEIDA, Amador Paes. **Direito de empresa no código civil**. São Paulo: Saraiva, 2004, p. 19 *apud* Tratado de direito comercial brasileiro, v.1, p.482.

FORMAS JURÍDICAS DE EMPREENDIMENTOS ECONÔMICOS SOLIDÁRIOS

a) Empresário Individual, o artigo 966 do Novo Código Civil dispõe "Considera-se empresário quem exerce profissionalmente atividade econômica organizada para a produção ou a circulação de bens ou de serviços". Neste formato o empresário assume de forma ilimitada o risco do negócio, faz seu registro na Junta Comercial, possui o CNPJ para a realização de obrigações fiscais, pode ter funcionários, dentre todas as demais funcionalidades inerentes a sua atividade comercial.

O Empresário Individual ainda poderá se formalizar como MEI – Microempreendedor Individual, tendo como benefício "o recolhimento dos impostos e contribuições abrangidos pelo Simples Nacional em valores fixos mensais, independentemente da receita bruta por ele auferida no mês" art. 18-A da Lei Complementar n. 128, de 19-12-2008. A opção por este modelo está condicionada ao valor total da receita bruta anual auferida pelo empresário.

b) EIRELI, a Lei n. 12.441, de 11-06-2011, alterou o Novo Código Civil para permitir a constituição de Empresa Individual de Responsabilidade Limitada, está empresa é formada por uma pessoa, responsável pela totalidade do capital social, o qual deve ser integralizado, sendo no mínimo, não inferior a 100 vezes o maior salário-mínimo vigente no País. Em resumo o empresário pode se beneficiar das regras das sociedades limitadas, limitando sua responsabilidade a terceiros até o capital social da empresa, havendo uma separação entre o patrimônio pessoal e o empresarial.

c) Sociedade não Personificada, são sociedades que não possuem personalidade jurídica, ou seja, não tem seus atos constitutivos registrados nos órgão competentes, subdividem em duas modalidades, Sociedade em Comum e Sociedade em Conta de Participação.

A Sociedade em Comum é uma sociedade de fato ou irregular, pois ainda não registrou seus atos constitutivos, mas executam suas atividades econômicas, seus bens e dívidas compõem um patrimônio especial, sendo que os bens respondem pelas obrigações geradas pela gestão do negócio, e por fim, seus sócios respondem solidariamente e ilimitadamente pelas obrigações sociais, normas descritas entre os artigos 986 e 990 do Novo Código Civil.

Já a Sociedade em Conta de Participação, disciplinada pelo mesmo diploma legal, entre os art. 981 e 996, o sócio ostensivo exerce as atividades empresarias, o qual assume reponsabilidades perante terceiros, e responde solidariamente e ilimitadamente pelas responsabilidades sociais. Enquanto o sócio participante apenas investe na sociedade, fica vinculado aos termos do contrato social, recebendo lucros ou respondendo por prejuízos de acordo com seu investimento, desta forma, não possui responsabilidades perante terceiros e responde limitadamente ao valor do capital investido.

d) Sociedade Empresária, é a união de duas ou mais pessoas que se unem para realizarem atividade empresarial, organizam os meios de produção, para colocar em circulação bens e serviços com objetivo de obterem lucros. Dentre as formas jurídicas prescritas em lei destaca-se:

1) Sociedade em Nome Coletivo, somente pessoas físicas podem participar, sua administração é exercida apenas por seus sócios, os quais respondem de forma solidaria e ilimitada pelas obrigações sociais da empresa, de acordo com o art. 1.039 e seguintes do Novo Código Civil.

2) Sociedade Limitada, a principal característica desta sociedade é a limitação das responsabilidades de cada sócio até o valor de sua cota, contudo todos os sócios respondem solidariamente pela integralização do capital social da empresa. O valor de cada cota pode variar, assim como a quantidade que cada sócio possui, a sua administração pode ser exercida pelos sócios ou por não sócios. Contudo todos os sócios podem exercer ou não a administração da sociedade, depende do que estiver estabelecido no contrato social, a sociedade também está dispensada da realização de assembleias se não possui mais de 10 sócios, regras estabelecidas no art. 1.052 e seguintes da Lei n. 10.406, de 10-01-2002.

3) Sociedade em Comandita Simples, possui duas categorias de sócios, os comanditários, que podem ser pessoas físicas ou jurídicas e respondem até o valor de sua cota, sendo este apenas um investidor, e não participa da administração da sociedade. Por outro lado os sócios comanditados são pessoas físicas que realizam a gestão do negócio e respondem solidariamente e ilimitadamente pelas obrigações sociais da sociedade, conforme reza o art. 1.045 e seguintes do Novo Código Civil.

4) S/A Sociedades Anônimas, sociedade de grandes investimentos, seu capital é dividido em ações que representam valores mobiliários, e seus acionistas respondem pelo valor pago pelas ações, havendo prejuízo ou lucro, a administração da sociedade é realizada por um conselho de administração. Esta sociedade é regulada pela Lei n. 6.404, de 15-12-1976, podem ser abertas, de capital aberto com suas ações à disposição para negociação de compra e venda no mercado de valores mobiliários, ou fechadas, nas quais suas ações não estão à disposição do mercado de capitais.

Interessante mencionar, que podem se enquadrar como Microempresas ou Empresas de Pequeno Porte, a sociedade empresária, a sociedade simples, a empresa individual de responsabilidade limitada e o empresário. Este

FORMAS JURÍDICAS DE EMPREENDIMENTOS ECONÔMICOS SOLIDÁRIOS

procedimento traz tratamento diferenciado, abrangidos pelo Simples Nacional, ocorrendo à redução da carga tributária, à opção por este modelo também está condicionada ao valor total da receita bruta anual auferida pela empresa. Por fim, não podem ser beneficiadas por esta lei as pessoas jurídicas constituídas sob a forma de sociedade por ações, sob a forma de cooperativas, salvo as de consumo, dentre outras restrições conforme a legislação vigente. Toda normativa sobre esta matéria está disposta na Lei Complementar n. 123, de 14-12-2006.

Diante de todo exposto, observa-se que em diversas formas jurídicas de constituição de empresa, encontram-se impossibilidades para serem utilizados como empreendimentos solidários, que são sociedades coletivas, com iguais poderes de administração de seus associados, a autogestão, além do retorno financeiro justo e igualitário, os pressupostos do associativismo e da autogestão devem estar presentes. E todos os modelos de constituição de empresas estão voltados para a obtenção de lucros destinados a poucas, ou a um número restrito de pessoas. Porém, o mundo da Economia Solidária é dinâmico e alguns casos conforme veremos a seguir podem ser realizadas algumas adaptações para sua utilização como empreendimento econômico solidário.

4. Cooperativas, fundações, associação, OCIPES, e ONG

As demais sociedades sem fins lucrativos possuem destaque dentro da economia solidária, por este motivo, segue abaixo os detalhes e características destas instituições:

a) Cooperativas, na legislação brasileira, encontram-se os principais fundamentos para esta modalidade de sociedade na Constituição Federal de 1988, Código Civil Brasileiro de 2002, na Lei n. 5.764, de 16-12-1971, que regula a Política Nacional do Cooperativismo, na Lei n. 12.690, de 19-09-2012, que disciplina as Cooperativas de Trabalho, e a Lei n. 9.867, de 10-11-1999, que dispõe sobre as Cooperativas Sociais.

De modo geral as cooperativas são sociedades simples, de pessoas, os seus sócios juntam-se reciprocamente, e se obrigam a contribuir com bens ou serviços para o exercício de uma atividade econômica, de objetivos comuns, sem a finalidade central de lucro. É uma sociedade civil, de natureza jurídica própria, não sujeita a falência, e seus associados podem ser ao mesmo tempo, sócios e clientes ou trabalhadores.

DIREITO DOS NEGÓCIOS APLICADO

Cumpre ressaltar e mencionar os princípios internacionais que norteiam esta sociedade, nesse sentido o professor Marcelo Mauad acentua os princípios atuais do cooperativismo com fundamento no Congresso da ACI, que segue abaixo:

> O Congresso da ACI- Aliança Cooperativa Internacional, realizada em 1995 (em comemoração do seu centenário), adotou a Declaração sobre a Identidade Cooperativa e inclui um conjunto de princípios revisados, a saber: i- associação voluntária e aberta; ii- controle democrático pelos sócios; iii- participação econômica dos sócios; iv- autonomia e independência; v- educação, formação e informação; vi- colaboração entre as cooperativas; e vii- preocupação com a comunidade.
> A nova principiologia adotada pelo cooperativismo internacional salienta que as cooperativas são empresas de propriedade coletiva e direção democrática baseadas nos valores da auto-ajuda, auto-responsabilidade, democrática, igualdade, equidade e solidariedade.[10]

Este modelo societário possui suas peculiaridades, pois tem claramente um caráter social, porém lhe é permitido à execução de atividades econômica, vejamos a lição de Carvalho de Mendonça:

> As sociedades cooperativas são institutos modernos, tendentes a melhorar as condições das classes sócias, especialmente dos pequenos capitalistas e operários. Elas procuram libertar estas classes das dependências das grandes indústrias por meio da união das forças de cada uma; suprimem aparentemente o intermediário, nesse sentido: as operações ou serviços que constituem o seu objeto são realizados ou prestados aos próprios sócios e é exatamente para esse fim que se organiza a empresa cooperativa; diminuem despesas, pois que, representam o papel de intermediário, distribuem os lucros entre a própria clientela associada; em suma, concorrem para despertar e animar o hábito da economia entre os sócios. [11]

As cooperativas possuem a liberdade econômica e podem optar em seu objeto qualquer gênero de serviço, operação ou atividade. Sendo vedada a utilização da expressão "banco", e obrigatório o uso da expressão "cooperativa". Elas ainda podem ser constituídas como singulares, cooperativas centrais ou federações de cooperativas, e confederações de cooperativas. Dependendo da

---

[10] MAUAD, Marcelo José Ladeira. **Cooperativas de trabalho: sua relação com o direito do trabalho**. 2º ed., rev. e atual., São Paulo: LTr, 2001, p. 37-38.
[11] ALMEIDA, Amador Paes. **Direito de empresa no código civil**. São Paulo: Saraiva, 2004, p. 179 apud Tratado de direito comercial brasileiro, v.4, p.442.

324

FORMAS JURÍDICAS DE EMPREENDIMENTOS ECONÔMICOS SOLIDÁRIOS

sua modalidade podem ter como sócios pessoas físicas ou jurídicas, conforme art. 5º e 6º da Lei n. 5.764, de 16-12-1971.

Neste sentido as cooperativas podem ser de agropecuária, consumo, distribuição, crédito, sociais, trabalho, entre outros modelos. E seus sócios podem optar por possuírem responsabilidade limitada ou ilimitada, de acordo com disposições estatutárias da sociedade.

Dentre as modalidades aqui já mencionas cabe destacar as cooperativas sociais e de trabalho.

As Cooperativas Sociais são disciplinadas pela Lei n. 9.867, de 10-11-1999, e define em seu art. 1º, in verbis:

> As Cooperativas Sociais, constituídas com a finalidade de inserir as pessoas em desvantagem no mercado econômico, por meio do trabalho, fundamentam-se no interesse geral da comunidade em promover a pessoa humana e a integração social dos cidadãos.

Fica clara a predominância do papel social, desta modalidade de cooperativa, pois a atividade econômica realizada nesta saciedade é um mero meio de inserção da pessoa que estar em desvantagem, um deficiente físico, por exemplo, segundo a lei. Por isso, a cooperativa social poderá ter sócios voluntários, os quais prestem serviços gratuitos, e que não estejam incluídos na definição de pessoas em desvantagem.

Cooperativas de Trabalho, modelo jurídico recém-instituído pela Lei n. 12.690, de 19-09-2012, seu conceito legal está definido no art. 2º, vejamos:

> Considera-se Cooperativa de Trabalho a sociedade constituída por trabalhadores para o exercício de suas atividades laborativas ou profissionais com proveito comum, autonomia e autogestão para obterem melhor qualificação, renda, situação socioeconômica e condições gerais de trabalho.

Nesta modalidade de cooperativa é obrigatória a utilização da expressão cooperativa de trabalho, que podem ser classificada em cooperativa de produção, de serviço, ou mista quando nela é realizada simultaneamente a produção de bens e prestação de serviços, conforme definição do o art. 4º da Lei das Cooperativas de Trabalho:

> I – de produção, quando constituída por sócios que contribuem com trabalho para a produção em comum de bens e a cooperativa detém, a qualquer título, os meios de produção; e

II – de serviço, quando constituída por sócios para a prestação de serviços especializados a terceiros, sem a presença dos pressupostos da relação de emprego.

b) Fundações somente poderão constituir-se para fins religiosos, morais, culturais ou de assistência, verifica-se que não pode haver finalidade econômica. Para criar uma fundação, o seu instituidor fará, por escritura pública ou testamento, dotação especial de bens livres, especificando o fim a que se destina, e declarando, se quiser à maneira de administrá-la.

Estas entidades possuem um estatuto social, que prevê sua forma de funcionamento, administração e finalidade. Será responsável pela fiscalização e velará pelas fundações o Ministério Público do Estado onde estiverem situadas. Sua previsão legal está prevista do art. 62 ao 69, do Novo Código Civil.

c) Associações são constituídas por duas ou mais pessoas com objetivos não econômicos, seus fins podem ser beneficente, educacional, científico, artístico, desportivo, ambiental, de interesse público ou de uma determinada classe de pessoas, entre outros. Também possui um estatuto social, que define sua forma de funcionamento, administração e finalidade.

Entre os associados não existe diretos e obrigações reciprocas, porém na associação todos devem ter iguais direitos, salvo se houver conforme o estatuto categorias de associados com vantagens específicas. Por derradeiro, suas regras estão estipuladas do art. 53 ao 61, do Novo Código Civil.

d) OSCIP – Organizações da Sociedade Civil de Interesse Público, foi constituída pela Lei n. 9.790, de 23-03-1999. Sendo uma qualificação, que as pessoas jurídicas, sem fins lucrativos, podem conseguir com a finalidade de celebrar termos de parcerias com o poder público de todas as esferas municipal, estadual e federal, para a execução de convênios.

Em regra como estas entidades recebem recursos públicos para executarem atividades e projetos de interesse publico, a sua organização deve ser transparente e respeitar inclusive princípios do direito administrativo, desde a documentação exigida para inscrição e qualificação, percebe-se a cautela que e legislador teve, destacamos os artigos 4º e 5º da Lei n. 9.790, de 23-03-1999, os quais dispõem sobre as normas que os estatutos sociais devem possuir e os documentos obrigatórios que as entidades entregam para o Ministério da Justiça com o objetivo de requerer sua qualificação, vejamos:

Algumas normas básicas que o estatuto social deve conter: 1) a observância dos princípios da legalidade, impessoalidade, moralidade, publicidade, economicidade e da eficiência, 2) a adoção de práticas de gestão administrativa, necessárias e suficientes a coibir a obtenção, de forma individual ou coletiva,

FORMAS JURÍDICAS DE EMPREENDIMENTOS ECONÔMICOS SOLIDÁRIOS

de benefícios ou vantagens pessoais, em decorrência da participação no respectivo processo decisório; e 3) constituição de conselho fiscal ou órgão equivalente, dotado de competência para opinar sobre os relatórios de desempenho financeiro e contábil, e sobre as operações patrimoniais realizadas, emitindo pareceres para os organismos superiores da entidade.

Documentos básicos a serem entregues para o Ministério da Justiça: estatuto registrado em cartório, ata de eleição de sua atual diretoria, balanço patrimonial e demonstração de resultado do exercício, declaração de isenção do imposto de renda, e inscrição no Cadastro Geral de Contribuintes.

Por fim, vale mencionar que as cooperativas e empresas, não podem se qualificar como OCIPES, de acordo com a lei vigente.

e) ONG é uma sigla que define a Organização Não Governamental, no ordenamento jurídico brasileiro não existe o termo ONG, nem matéria que trate deste tema específico. De modo geral são entidades sem fins lucrativos, que defendem interesses sociais, ambientais, políticos dentre outros. Neste sentido, as pessoas jurídicas que se enquadram e utilizam esta expressão de acordo com Código Civil são as associações, fundações e organizações religiosas.

5. Principais formas jurídicas de empreendimentos econômicos solidários

Como já foi dito a economia solidaria é dinâmica e a cada dia ela cresce, fica mais arrojada, ganhando espaço em varias esferas. De todo modo, verifica-se que o empreendimento econômico solidário é definido por princípios alinhados a possiblidades de adequação ao formato de algumas pessoas jurídicas, por isso não se pode limitar este enquadramento, mas podemos verificar as principais formas utilizadas atualmente e as impossibilidades.

Nas impossibilidades, encontra-se dentre as pessoas jurídicas aqui apresentadas, a incompatibilidade com este enquadramento nas seguintes formas:

a) Empresário Individual e EIRELI: fica evidente que o caráter individual que é antagônico ao associativismo e cooperativismo, os empreendimentos são coletivos, salvo a utilização do MEI que veremos a seguir;

b) Sociedades Empresárias: dentre elas a sociedade em comandita simples e a sociedade anônima aberta, nestas duas modalidades entre vários fatores a principal incompatibilidade está evidente na impossibilidade de autogestão, pois, têm varias categorias de sócios, com direitos e deveres diferenciados, o poder de controle sempre estará com os acionistas ou sócios que detêm maior capital investido, são propriamente ditas sociedades de capitais.

DIREITO DOS NEGÓCIOS APLICADO

c) Fundações: é taxativo o papel destas entidades conforme a lei, somente poderão ser constituídas para fins religiosos, morais, culturais ou de assistência, e como se sabe, empreendimentos econômicos solidários realizam atividades econômicas. Além deste modelo de entidade possuir a figura do instituidor.

Por outro lado, veremos agora as possibilidades, desde os modelos que melhor se enquadram como empreendimento econômico solidário, e as demais situações utilizadas neste contexto.

5.1. Cooperativas

A Sociedade Cooperativa é um dos melhores formatos jurídicos para ser utilizada como empreendimento econômico solidário, visto que possui natureza jurídica própria e diferenciada das demais sociedades. Têm, sobretudo, objetivos sociais, mas pode realizar atividades econômicas, tanto que deve ser registra da junta comercial do estado em que for constituída.

A maioria dos princípios autênticos do cooperativismo internacional e da economia solidaria brasileira, em sua maioria são convergentes com as leis que regula esta sociedade em nosso País.

Destaque-se entre as modalidades de cooperativas existentes, as cooperativas de trabalho, que é o modelo mais utilizado na forma de empreendimento econômico solidário. Fica evidente este enquadramento diante dos princípios contidos na normativa recém-publicada, das Cooperativas de Trabalho, Lei n. 12.690, de 19-09-2012, vejamos o art. 3º, in verbis:

> Art. 3º A Cooperativa de Trabalho rege-se pelos seguintes princípios e valores:
> I – adesão voluntária e livre;
> II – gestão democrática;
> III – participação econômica dos membros;
> IV – autonomia e independência;
> V – educação, formação e informação;
> VI – intercooperação;
> VII – interesse pela comunidade;
> VIII – preservação dos direitos sociais, do valor social do trabalho e da livre iniciativa;
> IX – não precarização do trabalho;
> X – respeito às decisões de assembleia, observado o disposto nesta Lei;
> XI – participação na gestão em todos os níveis de decisão de acordo com o previsto em lei e no Estatuto Social.

Em razão dos dados apresentados a cooperativa é o modelo que melhor pode ser enquadrado como empreendimento econômico solidário, porém, os princípios gerais podem não ser respeitados, como por exemplo, nada impede que a cooperativa possa ter 100 funcionários em regime celetista e 7 sócios cooperados, todos exercendo as mesmas atividades profissionais, isso descaracterizaria totalmente os princípios da autogestão, participação democrática e o livre acesso, sendo tal situação permitida por lei.

Ao contrário disso, as cooperativas são sociedades de pessoas e cada sócio possui direito a voz e voto, um sócio um voto nas assembleias gerais, que é órgão soberano do sistema de gestão de cooperativas.

No geral as leis que regulam as sociedades cooperativas no Brasil podem ser utilizadas como sustentáculo dos princípios autênticos do cooperativismo, adequadamente ao conceito de empreendimento econômico solidário.

Por fim, os demais modelos de cooperativas como as sociais, de consumo, crédito e outras, podem ser enquadradas como empreendimento econômico solidário, bastar respeitar os princípios, aqui já mencionados.

5.2. Associações

As associações, por mais que pese a vedação da finalidade econômica, elas podem prevê como fonte de recursos a realização de atividades comerciais, para garantir a realização de suas finalizadas sociais. Estabelecendo que os recursos obtidos com estas práticas sejam integramente empregados nos fins sociais, é vedado à distribuição de qualquer sobra, bonificação ou retirada a seus associados.

Quando uma associação é utilizada como empreendimento econômico solidário pode ser conceituada como a união de pessoas que se organizam com a finalidade de representar e defender os interesses dos associados, estimular a melhoria técnica, profissional e social dos membros, realizar iniciativas de promoção, educação e assistência social, e viabilizar possibilidades de comercialização de serviços ou produtos de seus associados.

A utilização desta forma jurídica como, empreendimento econômico solidário, para algumas grupos se torna interessante em várias situações, vejamos abaixo alguns exemplos:

a) O grupo está iniciando suas atividades coletivamente e precisam amadurecer questões como consolidação dos sócios, definição clara da atividade econômica a ser realizada de forma comercial, e viabilidade econômica.

Ressalta-se que esta situação pode ser utilizada de forma temporária, respeitando as limitações legais, e posteriormente, constituírem uma cooperativa ou empresa autogestionária.

b) Em alguns casos há impossibilidade de realização coletiva do trabalho para produção de bens e serviços, como por exemplo: os artesãos individuais, uma pessoa realizar quadros, outra esculturas e etc., de fato não há como realizar o trabalho coletivo, pois são obras individuais. Nestes casos, a associação pode ser constituída para funcionar como o elo de união entre os artesãos, o guarda-chuva societário, que lhes possibilitem buscar melhores condições para a realização de suas atividades com o poder público por exemplo. E nada impedi que os associados deste empreendimento, salvo restrições legais, se formalizem como MEI – Microempreendedor Individual, para realizarem sua comercialização individual.

c) Na zona rural as associações em alguns casos são utilizadas para auxiliar os agricultores da agricultura familiar para acessar programas governamentais de aquisição de alimentos, via as DAP Física e Jurídica, para comercialização pelo Pronaf, PNAE e PAA. [12]

Em síntese, a associação é um formato jurídico que pode ser utilizado como empreendimento econômico solidário, não é o modelo ideal, pois há restrições para a realização de atividades econômicas, ao passo que esta atividade econômica crescer dentro do grupo será imprescindível a formalização de uma cooperativa ou empresa autogestionária. Não obstante, os princípios do associativismo estão intrínsecos a está sociedade, mas lembramos que os princípios do cooperativismo e da economia solidária também devem ser observados nos estatutos das associações.

---

[12] A **DAP** é uma espécie de identidade do agricultor familiar para acessar políticas públicas como, por exemplo, os programas: Pronaf, PAA, PNAE.
DAP – Declaração de Aptidão ao Pronaf.
DAP Física – Identificação do agricultor individual.
DAP Jurídica – Identificação de um pessoa jurídica de agricultores, como associação ou cooperativa.
Pronaf – Programa Nacional de Fortalecimento da Agricultura Familiar.
PNAE – Programa Nacional de Alimentação Escolar
PAA – Programa de Aquisição de Alimentos
Fonte: **MINISTÉRIO DO DESENVOLFIMENTO AGRÁRIO – MDA / Secretaria da Agricultura Familiar – SAF.** Disponível em: < http://portal.mda.gov.br/portal/saf/> Acesso em: 11-03-2014.

5.3. Empresa autogestionária

A Empresa Autogestionária, é uma sociedade empresária, na modalidade de sociedade em nome coletivo, sociedade limitada ou sociedade anônima fechada, enquadrada como microempresa, empresa de pequeno porte ou não, constituídas por um contrato social ou estatuto social adequado aos princípios do cooperativismo e da economia solidária, principalmente no tocante a autogestão.

Posta assim a questão, vale mencionar que a autogestão configura-se quando as pessoas são sócias proprietárias e trabalhadoras do empreendimento ao mesmo tempo, e possuem de forma igualitária o direito de voz e voto nas decisões fundamentais na gestão do negócio, pois assume o risco empresarial. Ressalta-se ainda que de acordo com a quantidade de sócios, as tomadas de decisões podem ser realizadas em processos democráticos diretos ou indiretos, por meio de reuniões e assembleias.

Todavia a essência das sociedades empresárias é o capital, portanto são sociedades de capital, ou seja, quem possuir mais cotas ou valor em ações possui maior poder de controle, por isso algumas adequações se fazem necessárias, conforme veremos a frente.

a) Nas sociedades em nome coletivo e limitada, para evitar a discrepância de poderes entre os sócios e enquadrar a sociedade como empreendimento econômico solidário "empresa autogestionária", no mínimo os sócios possuíram a mesma quantidade e valor de cotas do capital social, e também devem ser nomeados como sócios administradores. Desta forma, as sobras e prejuízos financeiros terão retorno proporcional e igual para todos, assim como as reponsabilidades.

Em verdade todas as regras e princípios aqui citadas poderão ser colocadas no contrato social da empresa autogestionária, porém é um modelo frágil para a economia solidária, pois qualquer alteração contratual poderá mudar as regras e princípios facilmente, basta como exemplo, à aquisição de cotas a mais de um sócio perante os demais, que o poder de controle do empreendimento já passará a ser individual ou restrito aos sócios que possuírem maior parte do capital social da sociedade.

Outra dificuldade encontrada neste formato é a manutenção do princípio do livre acesso, pois toda vez que entrar ou sair um sócio, deverá ser realizada alteração contratual com os devidos registros em todos os órgãos competentes como na junta comercial, receita federal, receita estadual e prefeitura.

Tão somente o que difere na utilização da modalidade de sociedade em nome coletivo ou sociedade limitada, é o tipo de responsabilidade, pois na primeira os sócios respondem solidariamente e ilimitadamente pelas obrigações sociais, já na segunda a responsabilidade do sócio é limitada ao valor de sua cota-parte.

Em ultima analise o que leva os grupos a utilizarem este formato é a possibilidade de enquadramento como microempresa ou empresa de pequeno porte, com o objetivo reduzir a carga tributária, ou possuírem quantidade inferior a 7 (sete) pessoas para constituírem uma sociedade cooperativa, uma vez que a cooperativa de trabalho só pede ser formada com no mínimo 7 (sete) sócios.

b) Já a sociedade anônima fechada também pode ser um empreendimento econômico solidário "empresa autogestionária", entretanto, no Brasil houve poucas experiências desta adequação. Ressaltamos que havendo esta escolha societária o empreendimento deve buscar ao máximo, prevê em seu estatuto social clausulas que possibilitem a autogestão e participação econômica justa e igualitária dos acionistas. Salienta-se, que há necessidade de evitar a criação de direitos, vantagens e privilégios de acordo com classificações de ações.

Em realidade, como quem detém o poder de controle da empresa possui maior numero de capital em ações, a manutenção da autogestão da sociedade anônima fechada dependerá do grau de conscientização dos seus acionistas, em manter o equilíbrio na distribuição das ações entre eles. Pois conforme o artigo 36 da Lei n. 6.404, de 15-12-1976, que transcrevemos:

> O estatuto da companhia fechada pode impor limitações à circulação das ações nominativas, contanto que regule minuciosamente tais limitações e não impeça a negociação, nem sujeite o acionista ao arbítrio dos órgãos de administração da companhia ou da maioria dos acionistas.

Em suma, é possível utilizar uma sociedade anônima de capital fechado adequada aos princípios da economia solidária, porém, é um projeto audacioso em razão da legislação brasileira.

5.4. Grupos informais

Os grupos informais são sociedades não personificadas, sociedade em comum, consideradas sociedade de fato ou irregular, não possui personalidade jurídica e funcionam durante certo tempo sem o cumprimento das solenidades legais

FORMAS JURÍDICAS DE EMPREENDIMENTOS ECONÔMICOS SOLIDÁRIOS

da constituição, registro e publicidade, entretanto executam suas atividades econômicas. Seus sócios possuem responsabilidade solidaria e ilimitada pelas obrigações sociais.

Também em alguns casos as pessoas se unem desta maneira informal pois ainda estão na fase inicial da realização de suas atividades coletivas, e precisam amadurecer as questões como consolidação do grupo, definição da atividade econômica a ser realizada comercialmente, verificação da viabilidade econômica e não querem ainda possuir vínculo formal.

Não obstante, esta informalidade deve ser utilizada de forma temporária, respeitando as limitações legais, e posteriormente, constituírem uma associação, cooperativa ou empresa autogestionária. Uma vez, que tal situação traz total desproteção legal para os seus sócios, dificuldades comerciais para entrarem no mercado formal, não possuem acesso a crédito, e poucas formas de comercialização.

Considerações finais

Diante de todos os aspectos analisados, compreende que os diplomas legais brasileiros possuem formas jurídicas que podem ser enquadradas como empreendimentos da economia solidária. Contudo, o que de fato caracteriza um empreendimento econômico solidário é a junção harmônica da possibilidade jurídica e econômica, com o respeito aos princípios da economia solidária, alinhados também aos princípios nacionais e internacionais do cooperativismo.

Neste sentido, destaca-se que os princípios do associativismo, cooperativismo e da autogestão, são a espinha dorsal deste modelo diferenciado de empreendimento, sendo sua principal dificuldade a busca dos pontos de convergência entre capital e o social, tendo como pilar a valorização do trabalho.

Corroborando com a evolução da econômica solidaria no Brasil, recentemente através da Portaria n. 374, de 21-03-2014 do MTE, foi instituído o Cadastro de Empreendimentos Econômicos Solidários – CADSOL, com a finalidade de legitimar o reconhecimento público dos empreendimentos de modo a permitir-lhes o acesso às políticas públicas nacionais de economia solidária e demais políticas, programas públicos de financiamento, compras governamentais, e comercialização de produtos e serviços.

Cumpre ressaltar, que o trabalho traz dignidade ao ser humano, e que ao longo da história da humanidade percebe-se que o homem é um ser sociável por sua própria natureza. Sendo assim, este modelo de produção coletiva de bens e serviços, pode gerar frutos belíssimos, pois com a valorização do trabalho, distribuição justa e igualitária das reponsabilidades sociais e financeiras, e participação democrática. É possível com seriedade gerar riqueza e distribuí-la com respeito à sustentabilidade social, econômica e ambiental.

Referências

ALMEIDA, Amador Paes. Direito de empresa no código civil. São Paulo: Saraiva, 2004.

GIROTO, Mariana Baptista, Economia Solidária, cooperativismo e economia solidária, formação básica, São Paulo: Realização UNISOL Brasil e Fundação Banco do Brasil, 2011.

MARTINS, Sergio Pinto. Cooperativas de trabalho. São Paulo: Atlas, 2003.

MAUAD, Marcelo José Ladeira. Cooperativas de trabalho: sua relação com o direito do trabalho. 2º ed., rev. e atual., São Paulo: LTr, 2001.

NUNES, Rizzato. Manual da monografia jurídica: como se faz: uma monografia, uma dissertação, uma tese. 7º ed., rev. e atual., São Paulo: Saraiva, 2009.

DICIONÁRIO, Dicionário Priberam da Língua Portuguesa, 2008-2013. Disponível em: <http://www.priberam.pt/dlpo/EMPREENDIMENTO> Acesso em: 01-02-2014.

DICIONÁRIO, Dicionário do Aurélio. Disponível em: <http:// http://www.dicionario-doaurelio.com/Solidario.html> Acesso em: 01-03-2014.

FÓRUM BRASILEIRO DE ECONOMIA SOLIDÁRIA, Carta de princípios da economia solidária. Disponível em: <http://www.fbes.org.br/index.php?Option=com_content &task=view&id=63&Itemid=60> Acesso em: 08-03-2014.

MINISTÉRIO DO DESENVOLFIMENTO AGRÁRIO – MDA / Secretaria da Agricultura Familiar – SAF. Disponível em: < http://portal.mda.gov.br/portal/saf/> Acesso em: 11-03-2014.

Ferramentas de Eficácia de Programas de Combate à Corrupção

Roberto N. P. di Cillo

1. O descrédito em agentes públicos

Para aqueles cuja memória falta ou falha, é importante lembrar que os anos 90, particularmente no Brasil, foram marcados por uma combinação perversa de hiperinflação, baixa qualidade dos serviços públicos e dos bens de consumo, em larga escala produzidos no Brasil, ainda como reflexo de políticas de substituição de importações, bem como extrema burocracia e percepção de corrupção endêmica. O primeiro presidente da República – crítico das "carroças" que dirigíamos até então – eleito diretamente após décadas de regime militar sofreu *impeachment* nos primeiros anos de seu governo, após ter congelado ou confiscado a poupança privada. Não é surpresa, portanto, que gerações de brasileiros tenham sido criadas no contexto de descrédito total em agentes públicos.

Muito mudou desde a década de 90 no Brasil. Independentemente de quem promoveu qualquer mudança, positiva ou não, o país teve um significativo crescimento em diversos setores, antigos e novos. A qualidade dos serviços e dos bens melhorou e o acesso foi relativamente, a depender de cada caso, universalizado.

Alguns projetos – sobretudo relativos a infraestrutura e setores extrativistas – eram e continuam arriscados e/ou custosos demais para que somente investidores locais possam enfrentá-los.

No contexto de necessidade de contínua atração de investimentos externos nas últimas décadas, o Brasil se deu conta da importância do combate à corrupção em todos os níveis. A iniciativa privada não está excluída dessa árdua batalha. Após a assinatura de tratados e convenções internacionais pelo Brasil, no entanto, a percepção sobre corrupção no Brasil ainda continuava alta, com cerca de 70 países à sua frente, segundo a *Transparency International*, organização sediada na Alemanha.

Em nosso ordenamento, extremamente legalista, apenas a vontade política de alterar a execução, aplicação ou cumprimento de normas legais pré-existentes não é tido como suficiente. Daí que, pelo menos em parte, explica-se a adoção da Lei 12.846 de 2013, em vigor desde o fim de janeiro de 2014, bem como da Lei 12.813/13, meses antes.

2. Aspectos gerais da Lei 12.846 de 2013

A Lei 12.846/13 somente pode ser vista como, de um lado, bastante inovadora, e, de outro lado, ambiciosa. Há uma série de incertezas e prováveis lacunas que ainda precisarão ser desenvolvidas pela jurisprudência e doutrina, para não falar na regulamentação no âmbito federal e nos diversos regulamentos editados e a serem editados no âmbito estadual e municipal.

Falar em incertezas ou lacunas pode conduzir a um certo ceticismo com relação à eficácia desejável de uma ideia que, conceitualmente, precisa ser vista como positiva. Aplicar uma norma que "condene" práticas corruptas parece atender o melhor interesse público relativo à preservação de uma boa reputação para empresas brasileiras e/ou negócios no Brasil, desafiando o "*ranking*" relativamente negativo da percepção acerca de quão corrupto é o ambiente empresarial aqui.

De qualquer forma, prevenção contra as incertezas e lacunas na execução, aplicação ou cumprimento é a palavra de ordem. Este ponto merece ser retomado posteriormente, sob o enfoque da criação, implementação e manutenção de programas de *compliance* e códigos de conduta e o papel da sociedade civil, individual e coletivamente no fomento ao combate à corrupção.

Em linhas gerais, a Lei 12.846/13 prevê aplicação de pesadas multas, cujo limite legal é de R$60 milhões para os casos em que "não seja possível utilizar o critério do valor do faturamento bruto da pessoa jurídica"[1]. O rol de

---

[1] Cf. Artigo 6º, Parágrafo 4º., da Lei 12.846/13. Não se deve iludir o atento leitor, no entanto, de que R$60 milhões é um limite. Nos termos do Inciso I do mesmo Artigo 6º., se for **possível estimar**

pessoas jurídicas que estão sujeitas às multas, que talvez sejam aplicáveis cumulativamente – ausente jurisprudência, não se sabe bem ainda – é amplo e pode compreender desde os estabelecimentos óbvios em terra, quanto estabelecimentos temporários na costa do Brasil, nas centenas de embarcações e plataformas, algumas de perfuração, outras de produção, outras de apoio e etc., que operam na região, em caráter temporário ou não, muito embora a caracterização da Zona de Exploração Econômica Exclusiva, Mar Territorial ou zona contígua como território brasileiro, para fins de aplicação de diversos diplomas legais, esteja longe de ser pacífico.

A aplicação de multas, cujos critérios não estão claros ainda, não ilide a imposição de outras sanções (inclusive, no limite, liquidação) e de responsabilização civil, cujo patamar máximo, em muitas situações, é incerto e inibidor, em muitas outras situações, de novos negócios, ainda mais em ambientes de maior risco operacional e não operacional. Somam-se às sanções possíveis às pessoas jurídicas envolvidas as sanções, inclusive e sobretudo, de natureza criminal, teoricamente aplicáveis às pessoas físicas envolvidas.

Na sistemática da Lei 12.846/13, editada antes da operação Lava Jato, são consideradas ilegais 5 (cinco) categorias de atos, simplificadas no seguinte sentido: (a) prometer, oferecer ou dar, direta ou indiretamente, vantagens a agente público ou partes relacionadas; (b) patrocinar, apoiar ou subsidiar infração à lei em questão; (c) usar *laranjas* para esconder interesses ou a identidade de beneficiários do ilícito; (d) fraudar procedimentos licitatórios ou contratos administrativos pelo emprego de práticas anti-concorrenciais; e (e) criar obstáculos para investigações.

O conceito de "vantagem" naturalmente está ligado a vantagem indevida, expressão utilizada pela lei. Carece, no entanto, de definição maior no texto da lei. Uma análise comparativa do conceito com congêneres pode levar a crer que a intenção do legislador foi a de nele compreender bens, favores, troca de favores, etc..

Há, naturalmente, ampla margem para desconforto na imprecisão do termo "vantagem indevida", que adiciona complexidade aos já naturalmente fluidos conceitos de responsabilidade objetiva, claro no texto da lei, e

---

a vantagem auferida, a multa será calculada em percentual entre 0,1% (um décimo por cento) e 20% (vinte por cento) "do faturamento bruto do último exercício anterior ao da instauração do processo administrativo, excluídos os tributos". Na prática, pode ser que em muitas situações seja muito difícil estimar, com razoável margem de certeza, a vantagem auferida.

responsabilidade solidária, presumível, bem como da aplicação de inversão do ônus da prova.

A par destas questões preliminares – e aproveitando que 2014 foi ano de eleições gerais a operação Lava Jato – quais agentes públicos estão cobertos pela nova lei?

Uma das perguntas comuns a respeito dela, a nova lei, diz respeito a sua aplicabilidade teórica a empregados de estatais, dentre outras organizações. Enquanto há uma definição legal mais precisa para agentes públicos estrangeiros, a definição com relação a agentes públicos brasileiros precisa ser bem interpretada, talvez extensivamente e teleologicamente e está, portanto, sujeita a questionamentos na origem. É controversa, por exemplo, a aplicação da lei a empregados de sociedades de economia mista, muito embora algumas delas venham sendo tratadas, por seguidas administrações públicas, como extensão da administração direta, com vários efeitos práticos.

Outra questão sobre a aplicabilidade da lei tem a ver com candidatos a cargos eletivos. Num país em que a maior parte das investigações de práticas corruptas a cargo da Polícia Federal pode estar relacionada a eleições[2], parece estranho que o legislador tenha deixado de incluir candidatos na definição de agentes públicos, nacionais ou estrangeiros. Ocorre que, literalmente, candidatos (ou partidos ou pessoal de partidos políticos) não estão expressamente incluídos na definição legal de agentes públicos estrangeiros e, por consequência, sobretudo em virtude da aplicação da legalidade estrita, fica difícil interpretar corretamente que estejam incluídos na definição de agentes públicos brasileiros. A questão poderia ter sido parcialmente superada – mas não o foi, infelizmente, pela Ação Direta de Inconstitucionalidade 4.650, proposta pelo Conselho Federal da Ordem dos Advogados do Brasil.[3]

Da mesma forma, pode soar estranha a inclusão no Decreto que regulamentou a Lei 12.846/13 que o Governo Federal possa ter, de alguma forma, reforçado a ideia de que contribuições eleitorais da iniciativa privada ainda atendem um interesse de governo (e não necessariamente de estado), na medida que no inciso XVI do Art. 42 de referido Decreto previu, como se houvesse necessidade de repetir o que a legislação aplicável e hierarquicamente

---

[2] Conforme manifestações públicas da cúpula da Polícia Federal em 2013.

[3] Para maior detalhamento da discussão a respeito de agentes públicos, recomenda-se a leitura de "A definição de agentes públicos dada pela Lei 12.846", de nossa autoria, disponível em http://www.conjur.com.br/2014-fev-14/roberto-di-cillo-definicao-agentes-publicos-meio-lei-12846 (data de acesso: 7 de agosto de 2014).

superior já previa, exigindo *"transparência da pessoa jurídica quanto a doações para candidatos e partidos políticos"*.[4]

3. Conflitos de interesse: a outra lei de 2013

Pouco antes da sanção da Lei 12.846 em 2013 houve a edição da Lei 12.813, que "[d]ispõe sobre o conflito de interesses no exercício de cargo ou emprego do Poder Executivo federal e impedimentos posteriores ao exercício do cargo ou emprego", dentre outras providências. Com a combinação de duas leis federais, aparentemente buscou-se montar um cerco mais eficaz aos dois grupos de sujeitos tradicionalmente envolvidos em práticas corruptas. Como a Lei 12.813 de 2013 aplica-se, em princípio, aos funcionários públicos federais somente, há um *gap*, que precisa ser suprido, com relação a todos os demais funcionários públicos, talvez por adoção e, sobretudo, aplicação nas esferas estaduais e municipais de normas coerentes.

Em ambos os diplomas legais – na Lei 12.846 e na Lei 12.813 – o conceito de vantagem é abordado, ainda que com relativo pouco desenvolvimento e, naturalmente sob perspectivas distintas.

Enquanto na Lei 12.846 está a se falar em vantagem para a empresa privada, na Lei 12.813 fala-se em vantagem para o funcionário público. Como avanço conceitual e em comum, a efetivação da vantagem não é condição para a violação dos deveres criados por ambas.

4. O que fazer com relação às novas leis de 2013?

Há cerca de uma década empresas com sede ou presença significativa nos EUA vem adotando normas internas que comumente são referidas como programas de *"compliance"* anti-corrupção, como provável evolução de códigos

---

[4] Diversos projetos de lei que foram objeto de destaque pelo Ministério Público Federal em agosto de 2015 buscam, por exemplo, criminalizar a prática do caixa dois, dentre as louvabilíssimas 10 medidas propostas pelo Ministério Público Federal contra a corrupção. Interessante notar o disposto no seguinte site com relação a este tema, trazido ao conhecimento do público mais uma vez em razão da suposta utilização de um esquema, investigado na operação Lava Jato, de empresas sem qualquer substância ou que receberam valores independentemente de prestação de serviços como forma de transferência, na forma, de doações legais a partidos políticos e candidatos a cargos eletivos. Na substância, no entanto, aparentemente tratou-se em grande escala de divisas oriundas de atividade criminosa. Vide http://www.combateacorrupcao.mpf.mp.br/10-medidas (data de acesso: 12 de agosto de 2015).

de conduta empresarial, adotados há mais tempo e que não foram de todo abandonados. As denominações destes tipos de norma interna – programa de *compliance* e código de conduta – variam de organização para organização e de tempos em tempos até dentro da mesma organização. Em paralelo, o mesmo tipo de empresa tem implementado alterações organizacionais profundas e possivelmente permanentes, que geram custos financeiros e transacionais anteriormente inexistentes. Dos custos comentar-se-á mais adiante.

As normas internas em comento são uma resposta a um conjunto de leis, regulamentos, *guidelines* e outras medidas editadas e/ou relativas à lei estado-unidense de combate a corrupção, sobretudo fora dos EUA (a FCPA), editadas e reeditadas a partir da segunda metade da década de 70, no pós--Watergate. Seguramente as normas estado-unidenses, bem como a política externa daquele país, dirigiram a OCDE, a ONU e a Organização dos Estados Americanos para uma situação de adoção de 3 (três) tratados ou convenções internacionais para coibir a prática de corrupção globalmente.

Na sequência da ratificação das convenções acima citadas, diversos países, inclusive o Brasil, alteraram suas normas legais, inclusive códigos penais, para contribuir ao combate à corrupção e, portanto, cumprir os pactos internacionais.

Não há surpresa, portanto, que quando se fala em cumprimento da Lei 12.846/2013 esteja-se olhando para os modelos e medidas tomadas principalmente por empresas com sede ou presença significativa nos EUA, algumas das quais, há décadas, tem subsidiárias e/ou negócios no ou com o Brasil.

Não se deve – sob o grave risco de total ineficácia das medidas – ministrar metade da dose. Naturalmente deve-se, além disso, fazer uma reflexão crítica sobre a adequação do mero transplante das normas internas criadas dentro de uma cultura estrangeira, como já alertado em artigo publicado no Conjur.[5]

É perfeitamente viável adotar um programa de *"compliance"* anti-corrupção e código de conduta empresarial de prateleira, como há disponíveis no mercado. É também perfeitamente viável manter a estrutura organizacional da empresa sem alterações ou com alterações mínimas, para se obter uma aparência ou até mesmo efetiva percepção de que a empresa está comprometida com o cumprimento de todas as normas legais a ela aplicáveis, inclusive a Lei 12.846/13, e contribui para que funcionários públicos cumpram as leis que lhes são aplicáveis, inclusive a Lei 12.813/2013, quando for o caso.

---

[5] DI CILLO, Roberto e FARIA TORII, Adriana em "Empresas devem tomar cuidado com traduções simplistas" (disponível em http://www.conjur.com.br/2014-abr-12/empresas-tomar-cuidado-riscos-traducoes-simplistas) (data de acesso: 7 de agosto de 14).

A analogia que se pode fazer entre a adoção de programas e códigos de prateleira, bem como implementação de alterações mínimas ou nenhuma alteração organizacional, é o lançamento prematuro, no mercado, de medicamento antes de finalizados todos os testes necessários para que os benefícios sejam comprovadamente maiores do que os riscos e eventuais malefícios. Num primeiro momento pode haver euforia e pode haver também aqueles que se convençam, independente do resultado do tratamento, que estão melhorando e divulguem isto amplamente. Num segundo momento, porém, pode vir o susto. Não só o lançamento do medicamento foi prematuro, como ele causa danos irreversíveis a algum órgão.

Em suma, o approach do *"one-size-fits-all"* é extremamente arriscado. Pode até funcionar por um período inicial, mas a re-avaliação e revisão periódica, com base em fatos concretos, é essencial.

Mas quais as sugestões, na prática, para quem quer implementar um programa de *"compliance"* anti-corrupção, código de conduta e alterar a estrutura organizacional? Será que a lista incluída no Art. 42 do Decreto 8.420/15 atende as necessidades, preservando o melhor interesse público?

De uma forma geral, empresas interessadas em cumprir os objetivos traçados pela Lei n. 12.846/13 devem promover em diversos níveis hierárquicos intra-empresa a alteração da percepção de que os custos financeiro e transacional são meramente "mais custos". Financeiramente podem ser despesas, até dedutíveis a depender da estrutura tributária, e **precisam** ser vistos como investimentos na contínua formação da boa imagem e reputação da empresa, com substância e não meramente na forma, refletindo, em algum momento, na manutenção da sua competitividade, atratividade de talentos e demais pontos altamente positivos e desejáveis sob o ponto de vista comercial. Sob o ponto de vista transacional, a pausa para a reflexão ou *time out* para que se repense e se altere o velho jeito de fazer negócios mais do que convém em qualquer questão que envolva segurança empresarial, como no exemplo a ser seguido do setor de óleo e gás em questões de segurança operacional. Afinal, princípios não podem ser relegados para um segundo plano, eis que não podem ser considerados, salvo justificativa plausível, menos importantes do que lucratividade máxima da empresa, apenas como um exemplo.

Além dos investimentos com consultoria externa, que idealmente precisará mapear os pontos de melhoria, partida e definir parceiros estratégicos internamente na empresa, o empresário que se propõe a uma tarefa de médio e longo prazo como esta deve aceitar que alguns, dentre mais de um nível hierárquico, inclusive posições-chave, vão precisar ser engajados para que o

DIREITO DOS NEGÓCIOS APLICADO

programa e código sejam construídos "organicamente". A figura de linguagem aqui empregada tem a ver com a não importação de um programa e/ou código estranho à organização. Não havendo aditivos "artificiais", menor o risco de rejeição para a empresa e seus destinatários, colaboradores internos e externos, de diversos níveis hierárquicos. Como bônus, a força de trabalho tende a se sentir parte do processo, sentimento que tende a ser antagônico ao de ser excluída ou de passividade.

Não é por acaso, inclusive, que o inciso I do Art. 42 do Decreto 8.420/15 prevê que programas de integridade ou *compliance* serão avaliados de acordo, inclusive, com o *"comprometimento da alta direção da pessoa jurídica, incluídos os conselhos, evidenciado pelo apoio visível e inequívoco ao programa".*

Resta desenvolver como gerir tudo isto. A questão da gestão da criação, implementação e manutenção, inclusive revisões periódicas de programas de *compliance* e códigos de conduta merece enorme destaque, na seção que segue e naturalmente deve-se, na sequência do disposto no Artigo 42 do Decreto acima mencionado, levar em consideração porte da empresa, eis que para pequenas empresas (em princípio assim definidas em razão do número de colaboradores e faturamento, segundo conceitos de natureza tributária) a lista prevista por referido decreto de pontos avaliáveis de qualquer programa de integridade deve ser menor, em geral.

5. A gestão da criação e da implementação de um programa de compliance

A conotação da expressão ponto focal pode e efetivamente varia. Como conceito genérico, no entanto, importa ressaltar que para fins deste ensaio utiliza-se a expressão ponto focal como sinônimo de gerente do projeto de criação, implementação e manutenção de programa interno de *compliance* anti-corrupção e do código de conduta de uma empresa, figura tida como importante, no mínimo, e essencial, no máximo, para que se possa gerir adequadamente a criação e implementação de um programa de *compliance* (e código de conduta) minimamente eficazes.

Quatro aspectos principais devem ser tratados aqui. O primeiro aspecto é a relativa independência funcional e financeira do ponto focal e sua equipe, quando existente.

Parte-se da premissa que a empresa poderá destacar algum profissional minimamente qualificado, dentro de sua força de trabalho, ou trazer um novo talento para a organização ou até terceirizar para consultoria especializada, em caráter permanente, preferencialmente, ou "*ad hoc*", dentro do que for viável financeiramente para a empresa.

Em qualquer hipótese, o ponto focal precisa de um nível razoável de independência funcional e financeira para que a implementação e manutenção do programa de *compliance* e código de conduta ocorra dentro de uma razoável normalidade. Seu orçamento não deve, por exemplo, ser definido de forma que coíba, para benefício de qualquer membro da força de trabalho, inclusive alta administração, qualquer atividade ou medida necessária para dar cumprimento do programa de *compliance* e/ou código de conduta. Da mesma forma, o ponto focal não pode estar sujeito a dispensa arbitrária, rescisão contratual injustificada ou procedimento que o valha. Isto não significa, naturalmente, que o ponto focal deva dispor de recursos financeiros ilimitados ou que possa ser um tirano. Normas escritas regulando a forma e procedimento de aprovação de orçamento e trabalhos do ponto focal podem e devem ser formuladas, ainda que em caráter genérico. Critérios de avaliação e, inclusive, remuneração, devem ser objetivos, tanto quanto possível.

Um segundo aspecto com relação ao trabalho a ser desenvolvido pelo ponto focal é o engajamento da alta administração da empresa e eventualmente de seus sócios principais, quando a situação permitir. A comunicação truncada, inclusive por exemplos inadequados, tende a comprometer qualquer programa de *compliance* anti-corrupção e/ou código de conduta empresarial. Não pode um alto executivo, por exemplo, afirmar que a empresa cumpre as normas legais aplicáveis às atividades da empresa e o mesmo executivo exigir que seus subordinados, sujeitos a controle de horário, trabalhem costumeiramente à revelia dos limites legais estabelecidos. Num sistema que parece um sistema de vasos comunicantes, o discurso e a prática precisam, necessariamente, estar alinhados dentro de cada departamento da empresa e com o discurso e prática do ponto focal.

Um terceiro aspecto ainda no tema diz respeito à forma e procedimento relativo a decisões que afetem a empresa na criação, implementação e manutenção de programa de *compliance* e código de conduta. Se unilateralmente tomadas, tais decisões correm o risco de *refletirem* pessoalidade, preferências ou falta de isenção desejáveis. Desta forma – e aqui não se está reinventando a roda – decisões estratégicas e outras de razoável importância, conforme convencionado dentro da empresa, podem exigir deliberação colegiada e eventualmente podem estar sujeitas a um procedimento de revisão, talvez por colegiado, a pedido do interessado-legitimado, inclusive colaboradores, conforme também definido em regulamento.

DIREITO DOS NEGÓCIOS APLICADO

Um último ponto, com relação ao ponto focal, é o título que ele deve idealmente adotar. Qualquer conotação de inferioridade na hierarquia funcional pode comprometer tanto a credibilidade que se deve querer buscar para que a função seja realmente eficaz, de forma que o título deve induzir a uma clara percepção e de que a função é realmente sênior e levada a sério, inclusive para que garanta voz e voto em eventuais embates com os níveis mais altos da administração. De qualquer forma, nas subsidiárias brasileiras de organizações multinacionais com sede ou presença significativa nos EUA, o título do ponto focal costuma variar entre *compliance officer,* gerente de *compliance*, oficial de *compliance* (como adaptação do título em espanhol) ou de conformidade.

Uma vez criado e implementado um programa de *compliance* e um código de ética, o que se deve esperar? Este tópico será desenvolvido em seguida.

6. A manutenção de um programa de *compliance* e código de conduta

A importância da necessidade de independência funcional e financeira do ponto focal, recomendáveis para a fase de gestão da criação e implementação de um programa de *compliance* e código de conduta tende a não diminuir na fase de sua manutenção. Em alguns casos, podem ser necessárias garantias adicionais para que a independência seja assegurada em caráter contínuo.

Periodicamente, nos termos previstos ainda que genericamente num programa de *compliance*, deve-se fazer uma reavaliação do (a) grau de internalização das normas nos destinatários, dos mais variados níveis hierárquicos, (b) eficácia das normas, (c) necessidade de recursos adicionais, dentre outras medidas. Como medir (a), (b) e/ou (c)?

Treinamento periódico da força de trabalho é parte integrante de diversos programas de *compliance* e códigos de conduta de empresas baseadas ou com presença significativa nos EUA. O resultado do treinamento, assim como dúvidas e situações que surjam ao longo de um período, preferencialmente catalogados de forma ordenada, podem ser levados em consideração para que decisões possam ser razoavelmente tomadas e implementadas sobre a medição de grau de internalização das normas/eficácia e necessidade de recursos adicionais.

A Lei 12.846/13 fala, aqui no Brasil e na parte relativa à imposição de sanções, inclusive multas, em face de aplicação <u>efetiva</u> de códigos de ética e conduta, além da mera existência de "mecanismos e procedimentos internos de integridade, auditoria e incentivo à denúncia de irregularidades"[6].

---

[6] Inciso VIII do Artigo 7º.

Somente poderia haver controvérsias em torno do que aplicação efetiva de códigos de ética significa, mas não deve restar dúvidas de que a experiência estado-unidense pode ser útil para se começar a modelar uma forma de aferir internalização das normas/eficácia e necessidade de recursos adicionais de forma periódica.

Isto significa, também, que cada programa de *compliance* e/ou código de conduta deve estar sujeito a revisões periódicas para que se aproxime, sempre, da realidade mais atual da empresa.

Otimamente, caberia ao ponto focal liderar todos os esforços para manter registros adequados das dúvidas e situações, trazidas à tona dentro e fora de situações de treinamento sobre o programa de *compliance* e/ou código de conduta da empresa, para que a discussão sobre suas revisões sucessivas tenha um relator designado. Eventualmente, a depender da complexidade do assunto, o ponto focal ou participantes de comitê ou grupo de revisão, permanentemente existente ou formado "ad hoc", a depender das particularidades de cada empresa, podem entender necessária a contratação de consultoria especializada em revisões de programas de *compliance* e/ou códigos de conduta.

A questão da manutenção do programa e/ou código, naturalmente, esbarra nas situações de violação da Lei 12.846/13, tema que será tratado na sequência. Esbarra, ainda, em ponto do Decreto que regulamentou a lei em questão. O regulamento coloca em sério risco a credibilidade da iniciativa legislativa ao passo que dá um passe-livre para todas e quaisquer pequenas empresas (conceito ainda não esclarecido, no entanto). Para quaisquer de tais empresas não são exigíveis nos termos do Parágrafo 3º do Art. 42 *"padrões de conduta, código de ética e políticas de integridade estendidas, quando necessário, a terceiros, tais como, fornecedores, prestadores de serviço, agentes intermediários e associados", "análise periódica de riscos para realizar adaptações necessárias ao programa de integridade", "independência, estrutura e autoridade da instância interna responsável pela aplicação do programa de integridade e fiscalização de seu cumprimento", "canais de denúncia de irregularidades, abertos e amplamente divulgados a funcionários e terceiros, e de mecanismos destinados à proteção de denunciantes de boa-fé", "diligências apropriadas para contratação e, conforme o caso, supervisão, de terceiros, tais como, fornecedores, prestadores de serviço, agentes intermediários e associados", "verificação, durante os processos de fusões, aquisições e reestruturações societárias, do cometimento de irregularidades ou ilícitos ou da existência de vulnerabilidades nas pessoas jurídicas envolvidas" e "monitoramento contínuo do programa de integridade visando seu aperfeiçoamento na prevenção, detecção e combate à ocorrência dos atos lesivos previstos no art. 5o da Lei no 12.846, de 2013".* Quer na Lei, quer no Decreto, não há métrica para uma definição qualitativa com relação aos pontos que não serão exigidos de pequenas empresas, mas que serão exigidas de outras. Ora, cabe uma pesada crítica, eis que ausente requisitos qualitativos, a inexigibilidade de conduta de quaisquer pequenas empresas que busque justamente coibir a prática de atos de corrupção coloca em grave risco os objetivos da Lei. Teria sido mais feliz o Poder Executivo Federal se qualificasse o tipo de pequena empresa que estará dispensada dos requisitos em questão acima, ainda que a adoção de um programa de integridade, a rigor, seja uma "forte recomendação" para que a empresa possa se beneficiar, eventualmente, de uma redução de multas.[7]

7. Violações da Lei 12.846/13

Ainda dentre o capítulo das providências que empresas podem e devem tomar para mitigar eventuais sanções por violações da Lei 12.846/13, merece destaque o seguinte ponto: "Art. 7o . Serão levados em consideração na aplicação das sanções: I – a gravidade da infração; (....) VII – a cooperação da pessoa jurídica para a apuração das infrações;".

Começando pelo tema da gravidade da infração, parece que o legislador adotou algum critério, embora não plenamente desenvolvido, de materialidade ou significância da infração, pelo menos como critério para aplicação de sanções. Isto não tende a oferecer um conforto ideal para novos ou mesmo velhos investidores no Brasil, de qualquer origem, que busquem entender quanto de esforços devem dispender na criação, implementação e manutenção de um programa de *compliance*.

Solução possível para a incerteza em torno do que significa gravidade da infração, bem como seus efeitos, absolutamente incertos e sujeitos a critérios que ainda não são conhecidos, seria a adoção de um sistema, previsto em programa de compliance, de aprovação de atos que podem ser interpretados

---

[7] O que não é necessariamente verdade, no seguinte sentido: a falta de aplicação efetiva de programas de integridade deram azo à aplicação, no âmbito da Lava Jato, da teoria do domínio do fato, condenando-se, no primeiro grau, executivos vinculados a duas das empreiteiras envolvidas em aludida operação até 12 de agosto de 2015 (e possivelmente outros terão sido condenados seguindo a mesma linha). Naturalmente o volume importa e tenderia a desqualificar qualquer candidata a uma vaga de pequena empresa. Porém, em questões de corrupção há sempre a possibilidade de criatividade e fracionamento para que várias pequenas empresas possam ser, por exemplo, utilizadas para atividades criminosas. Não estando as empresas sujeitas a sanções criminais diretamente (embora seus executivos o estejam), caberia tratar desta situação no âmbito de aplicação da Lei 12.846/13 inclusive.

ou efetivamente configurem infração à Lei 12.846/13. Em termos concretos, apenas para ilustrar situação corriqueira e decorrente da falta de recursos financeiros que assola grande parte dos órgãos públicos na esfera federal, estadual e municipal, pode acontecer de um servidor público insinuar que a prestação de um determinado serviço público está dificultada pela falta de algum material, tal como um *toner* de impressora, que não pode ser comprado sem licitação. O servidor e seus colegas possivelmente não terão intenção de arcar com recursos de seus próprios bolsos. Poderia o interessado, representante de empresa de qualquer nível hierárquico, doar o *toner*? Se sim, como? Quem compraria? Quem aprovaria? Como se registraria a despesa? Que tal uma pessoa física, sócio ou empregado, pagar, pedir reembolso como se fosse qualquer despesa normal relativa à empresa?

Pouco ou nada se falou à luz da Lei 12.846/13 em obrigações contábeis das empresas. O que se quer falar com obrigações contábeis é a forma de registrar determinadas despesas, necessárias para que um eventual atraso na prestação de um serviço público não crie uma situação indesejada que impeça, numa situação limite, a continuidade da empresa, com as drásticas consequências que, infelizmente, podem advir, inclusive demissões, falta de pagamento de tributos, inadimplência que pode contribuir para gerar um aumento dos custos financeiros em empréstimos, etc., e em toda a cadeia de fornecimento envolvida. O Decreto n. 8.420/15 buscou suprir a lacuna, mas talvez se tenha errado a mão. Em regra, a obrigação prática que se passou a exigir de empresas de qualquer porte, inclusive pequenas empresas, foi de *"registros contábeis que reflitam de forma completa e precisa as transações da pessoa jurídica"* (cf. inciso VI do Art. 42). Curiosamente este tipo de obrigação, nos termos do FCPA americano e com este nível de detalhe, somente é exigido de "issuers", emissores de títulos e valores mobiliários, longe da realidade das médias e pequenas empresas brasileiras, em geral...[8]

Um programa de *compliance* e normas internas complementares, a serem aplicadas com coerência, devem poder prever como uma empresa pode contribuir, com transparência, impessoalidade e respeito a todos os princípios a que a administração pública está adstrita, para que serviços públicos continuem a ser prestados. Além de previsões prévias e por escrito de como o processo de aprovação de despesas deve ser para a aquisição e doação de itens de pequeno valor e irrisório potencial de barganha como

---

[8] Vide, a respeito, http://www.sec.gov/spotlight/fcpa/fcpa-resource-guide.pdf, p. 38 (data de acesso: 13 de agosto de 2015).

DIREITO DOS NEGÓCIOS APLICADO

um toner, no exemplo acima, um bom programa de *compliance* deve prever como as despesas serão registradas na contabilidade da empresa doadora, **mas dentro do que for razoável exigir de acordo com o porte e natureza da atividade de cada empresa**. Naturalmente – e não é demais reforçar – há uma enorme diferença entre doar um toner e doar um carro, por exemplo, para que a segurança pública seja concretizada, sobretudo em virtude das características físicas de cada bem, que podem permitir ou não um uso mais pessoal ou não por agente público.

Ainda no tema desenvolvido há pouco, repete-se a seguinte pergunta: que tal uma pessoa física, sócio ou empregado, pagar por um bem ainda que de valor irrisório e que é doado para o serviço público, pedindo reembolso como se fosse qualquer despesa normal relativa à empresa? A questão da transparência nos registros contábeis da empresa ainda é a resposta, seguida do seguinte: a prática é uma péssima ideia, sobretudo porque pode ser vista como violação do inciso V do Art. 5º da Lei 12.846/13, que teoricamente sobrepor-se-ia a qualquer outra violação (como a da efetiva ação de dar vantagem a agente público). Logo, ainda que um bem doado tenha valor irrisório e o objetivo de sua doação seja aparentemente honesto, a consequência de tentar esconder o seu pagamento pode acarretar uma desnecessária aplicação da Lei, por violação de dispositivo que busca franquear acesso a informações.

E que tal a pessoa física do parágrafo anterior doar dinheiro em espécie para o agente público para que ele possa comprar o toner faltante? Por sua fungibilidade, ainda que o toner termine sendo comprado pelo agente público, doação em espécie também apresenta uma série de questões complexas que sugerem sua proibição, talvez até por escrito.

Passa-se, agora, para o segundo inciso do Art. 7º. da Lei 12.846, transcrito anteriormente. Em caso de violação da lei, a empresa deve colaborar para a apuração das infrações e isto pode – e provavelmente deve – estar expressamente previsto num bom programa de *compliance*, como firme compromisso da empresa no combate à corrupção. Há ampla experiência com colaborações deste tipo na América do Norte e os resultados são percebidos, lá, como positivos. Dentre os vários benefícios de uma colaboração, pode-se abreviar o período da investigação e, eventualmente, os custos financeiros e não financeiros inerentes.

Há, no entanto, o que parece um grave desincentivo para a cooperação, copiado da alteração da Lei 8.884/94 pela Lei 12.529/2011. O desincentivo que aqui se aponta é a revogação da possibilidade, nos termos do Artigo 53 da Lei 8.884/94 de assinatura de compromisso de cessação de prática sob investigação sem confissão quanto à matéria de fato e sem reconhecimento da ilicitude da conduta analisada.

A rigor, um acordo de leniência assinado por uma empresa que esteja sendo investigada por violação da Lei 12.846/13 exige a admissão de culpa da empresa, independente da adoção dos melhores e mais avançados programas e medidas para prevenir práticas corruptas (e novamente cabe desenvolver o ponto sobre a gravidade da infração e quais seus efeitos práticos diretos e indiretos). Em que pese a nossa tradição legalista no sentido de a administração, muitas vezes, não fazer nada a não ser que haja expressa previsão legal, a exclusão de qualquer discricionariedade no texto da lei e com relação à autoridade encarregada da investigação dos fatos tende a inibir, na prática, a celebração de acordos de leniência.

Independentemente do grau de liberdade que se confere a autoridades dotadas de poderes para investigar e até celebrar acordos de leniência em outros países – e diga-se de passagem que uma análise comparativa mais aprofundada seria necessária, eis que numa análise bastante superficial há indicativos de que a margem de discricionariedade dessas autoridades nos EUA, por exemplo, é bastante elevada – poderia ser mais salutar e incentivador para a iniciativa privada que as questões relativas a eventos de corrupção que lhe sejam atribuídas ou atribuíveis pudessem ser resolvidas de uma vez só, pela celebração de acordo de leniência. Não é, entretanto, o caso, ressaltando a premência da adoção de mudanças normativas e organizacionais em grande parte das empresas brasileiras.

8. Violações da Lei 12.813/2013

Embora a Lei 12.813/13 não trate diretamente do assunto corrupção, no sistema que se criou com a edição da Lei 12.846/13 há uma complementariedade natural entre os dois e outros diplomas.

Feita a colocação preliminar acima, é de interesse do setor privado zelar para que suas atividades não criem, para o agente público de determinados níveis, embaraços, sobretudo violações à Lei 12.813/13. Além disso, vale lembrar um ponto colocado na Lei em questão e que remete à lei 8.429/92, que "[d]ispõe sobre as sanções aplicáveis aos agentes públicos nos casos de enriquecimento ilícito no exercício de mandato, cargo, emprego ou função na administração pública direta, indireta ou fundacional e dá outras providências".

DIREITO DOS NEGÓCIOS APLICADO

Por força de disposição expressa na Lei 12.813/13, o "agente público que praticar os atos previstos nos arts. 5o e 6o desta Lei incorre em improbidade administrativa"[9].

Ora, empresas também podem sofrer sanções – inclusive proibição de contratar com o Poder Público – em situações de improbidade administrativa, nos termos do Artigo 12 da Lei 8.429/92.

Por expressa disposição legal incluída no inciso I do Art. 30 da Lei 12.846/13 a "aplicação das sanções previstas nesta Lei não afeta os processos de responsabilização e aplicação de penalidades decorrentes de (...) ato de improbidade administrativa nos termos da Lei no 8.429, de 2 de junho de 1992", razão pela qual programas de *compliance* anti-corrupção e códigos de conduta devem, idealmente, conter dispositivos e ser aplicados com consistência para evitar exposição nos termos das Leis acima citadas, inclusive da Lei 12.813/13.

É bom lembrar que a questão da improbidade administrativa mereceu destaque em nosso direito desde a edição da Constituição Federal de 1988, que a disciplinou em seus artigos 15 (inciso V) e 37 (Parágrafo 4º). Merece transcrição o trecho do Parágrafo 4º do Artigo 37 da CF: "Os atos de improbidade administrativa importarão a suspensão dos direitos políticos, a perda da função pública, **a indisponibilidade dos bens e o ressarcimento ao erário**, na forma e gradação previstas em lei, sem prejuízo da ação penal cabível". (grifos nossos). Em primeiro lugar, nota-se que a CF não dá qualquer discricionariedade relativa aos efeitos dos atos de improbiadade administrativa (eis que eles **importarão** a suspensão dos direitos políticos, etc.). Se já não era suficiente o motivo legal infra-constitucional para uma cautela de empresas com questões de improbidade, importante atentar para um motivo constitucional!

9. Estabelecimentos em várias localidades: o desafio de um programa "global"

Um dilema bastante comum nos meios empresariais, desde a edição da Lei 12.846/13, está relacionado com o âmbito de aplicação da lei vis-à-vis a capilaridade de algumas empresas, que mantém estabelecimentos prestadores de serviços ou fornecimento de produtos em mais de um estado e município.

---

[9] Cf. Art. 12. O mesmo Art. 12 remete à aplicação da Lei 12.813/13 nas situações não enquadráveis na Lei 8.429/92, aparentemente adicionando itens sancionáveis sob a última.

O dilema em questão é comparável com aquele que há décadas empresas com sede ou presença significativa nos Estados Unidos já enfrentam, qual seja, como criar e manter um programa de *compliance* e código de conduta que possa ser, ao mesmo tempo, eficaz e compreensível sob a perspectiva de todos a que eles estão sujeitos? A dimensão continental do Brasil torna a comparação e utilização de experiências internacionais no mínimo interessante e, no limite, necessária.

Aspectos culturais e até linguísticos sugerem que para aderência adequada aos termos da Lei 12.846/12, uma lei inquestionavelmente nacional, normas internas – mecanismos e procedimentos internos de integridade, auditoria e incentivo à denúncia de irregularidades, inclusive códigos de ética e de conduta – sejam amplos o suficiente para atender todas as áreas geográficas presentes e futuras em que uma empresa vai ter algum estabelecimento.

O conceito de estabelecimento a ser observado, no desenho ou criação e manutenção de um programa de *compliance* precisa ser o mais amplo possível, para que se possa atender, dentro do que puder ser razoavelmente explicado, o disposto no Parágrafo Único do Art. 1º da Lei 12.846/13.[10]

Sob o ponto de vista de melhores práticas, naturalmente é viável e recomendável que particularidades regionais ou até municipais sejam endereçadas à parte. Desta forma, pode haver maior flexibilidade para adoção de determinações previstas nos inúmeros decretos que vem sendo editados por Estados e Municípios, disciplinando a aplicação, no âmbito da Administração Pública respectiva, de dispositivos da Lei federal nº 12.846/13.[11]

Assim também – e dentro da capacidade, necessidade e possibilidade de cada sujeito da Lei 12.846/13 – é importante que um *ponto focal* central, se houver, possa contar com o apoio de pontos focais locais, ainda que pertencentes a departamentos ou áreas funcionais operacionais ou de suporte, sem vínculo ou hierarquia direta com o central. Isto tende a permitir que um programa de *compliance* seja construído e reconstruído periodicamente a partir de experiências concretas e internalizadas por quem está mais familiarizado

---

[10] "Aplica-se o disposto nesta Lei às sociedades empresárias e às sociedades simples, personificadas ou não, independentemente da forma de organização ou modelo societário adotado, bem como a quaisquer fundações, associações de entidades ou pessoas, ou sociedades estrangeiras, **que tenham sede, filial ou representação no território brasileiro, constituídas de fato ou de direito**, ainda que temporariamente". (grifos nossos)

[11] Como no caso do Estado de São Paulo, que editou o Decreto Nº 60.106, de 29 de janeiro de 2014, e do Município de São Paulo, que editou o DECRETO Nº 55.107, de 13 de maio de 2014.

com a realidade local, geralmente alguém outro que um ponto focal baseado num dos grandes centros urbanos.

As particularidades regionais e municipais podem exigir que a interpretação, aplicação de um programa de *compliance* e código de conduta central sejam feitos, dentro do que for viável e razoável, adequadamente e com um mínimo de variações. Em qualquer caso vai haver espaço para subjetividade, uma boa e possível prática é a edição de normas complementares, ainda que de caráter interpretativo, após um nível razoável de discussão interna e, em casos que exijam, parecer de consultoria especializada no assunto.

Vale voltar para o ponto da experiência de empresas com sede ou presença significativa nos EUA para fins comparativos. Em algumas situações, na tentativa de proteger a matriz nos EUA, apenas como um exemplo, adotam-se textos de normas internas que não são compreendidos com facilidade pelos sujeitos das normas. A eficácia dessas normas, portanto, fica comprometida. Empresas brasileiras terão a oportunidade de evitar o risco de ineficácia de suas normas internas – programas de *compliance*, códigos de conduta e outras – pela adoção de linguagem mais simples e objetiva, de um lado, e que permita complementação, sempre que necessário, por normas e pareceres interpretativos, de outro lado.

10. Mitigação ou maior complexidade: mais sobre a descentralização da administração da Lei 12.846/13 (e da Lei 12.813/13)

Tanto no caso da Lei 12.846/13 quanto no da Lei 12.813/13 a Controladoria Geral da União, ou CGU, divide responsabilidade por apurações de infrações com outros órgãos. No caso da Lei 12.846/13 a questão tem uma complexidade mais elevada, pois cabe à CGU a apuração de questões envolvendo pessoas específicas da administração federal ou administração pública estrangeira.[12] Fora esses casos, a apuração de infrações vai se dar por, potencialmente, os milhares de municípios, dezenas de estados e um sem número de órgãos ou entidades dos Poderes Executivo, Legislativo e Judiciário.

É de se esperar que para uma infração específica apenas um órgão ou entidade conduza apuração de violação potencial da Lei 12.846/13, mas pode não ser este o caso em situações específicas. No caso de apurações no âmbito da administração federal, "a Controladoria-Geral da União – CGU terá competência **concorrente** para instaurar processos administrativos de

---

[12] Cf. Artigo 8º, Parágrafo Segundo, e Artigo 9º, caput, da Lei 12.846/13.

responsabilização de pessoas jurídicas ou para avocar os processos instaurados com fundamento nesta Lei, para exame de sua regularidade ou para corrigir--lhes o andamento".

Em primeiro lugar, indaga-se como se espera que a CGU possa conduzir apurações, examinar regularidade de processos relativos ou para corrigir o andamento de qualquer processo.

A par das questões orçamentárias, não se pode ignorar que em qualquer administração pública há restrição de recursos humanos, sobretudo aqueles com experiência específica em determinadas matérias (isto é, desde assuntos técnicos que envolvam conhecimento profundo de informática, como de contabilidade, gestão, etc.).

Recentemente, a imprensa brasileira atribuiu ao Ministro-Chefe da CGU o seguinte dado relevante: a CGU "está com sua capacidade comprometida e cita o "volume de denúncias envolvendo a Petrobras" como um problema.".[13]

Ora, como pode, então, a CGU exercer um controle adequado da Lei 12.846/13 sem uma ampla cooperação da sociedade civil?

Pois bem, a CGU não se restringe a cuidar, por força de lei, da Lei 12.846/13. Em sua página na rede mundial de computadores a CGU avoca para si a responsabilidade de fiscalizar, avaliar e prevenir situações de conflito de interesses sob a Lei 12.813/13 e que envolvam os "demais ocupantes de cargo ou emprego público do Poder Executivo federal". Com isto quis-se cobrir todos os cargos além de ministros, cargos de natureza especial, dirigentes de estatais e ocupantes de cargos DAS, sujeitos – nos termos da Lei 12.813/13 – à fiscalização pela Comissão de Ética Pública.

No sentido de orientar os "demais ocupantes de cargo público do Poder Executivo, a CGU editou a Orientação Normativa CGU Nº 01/2014, que dispôs sobre a aceitação por agente público federal de convite para assistir ou participar de eventos por ocasião da Copa do Mundo FIFA 2014.

Mas não se engane o leitor deste ensaio. Se, por um lado, os pontos acima revelam deficiências da CGU ou qualquer órgão ou entidade dos Poderes Executivo, Legislativo e Judiciário, deficiências que poderiam ser encontradas em muitos países, pois os recursos da administração são e devem ser limitados, eles reforçam a necessidade de participação ativa da sociedade civil, coletiva e individualmente – no combate à corrupção.

---

[13] http://www1.folha.uol.com.br/poder/2014/08/1499037-faltam-recursos-para-investigar-estatal-diz-ministro-da-cgu.shtml

DIREITO DOS NEGÓCIOS APLICADO

De fato, visualizar as possíveis deficiências como desculpas para não tomar providências – em concreto, a adoção de um programa de *compliance* e aplicação efetiva de código de ética – faz perpetuar a percepção de elevada corrupção no país, denegrindo a imagem do empresariado brasileiro e tende a elevar a necessidade de margens para compensar riscos e incertezas dos negócios conduzidos no Brasil, ou tendo como ponto de partida o Brasil.

11. Modelos e a Lava Jato

Grande parte dos programas de *compliance* e códigos de conduta que estão sendo adotados por empresas no Brasil tomaram como base modelos internacionais, de empresas com matrizes ou presença significativa nos Estados Unidos. Algumas empresas tem sofrido também a influência de modelos criados a partir do início da vigência da lei anticorrupção empresarial adotada pelo Reino Unido em 2010.

A partir de modelos internacionais, empresas brasileiras vem adotando textos para normas internas que seguem, com variações de forma e estilo, o seguinte:

"PROGRAMA DE *COMPLIANCE* DE XYZ LTDA.

(...)
É terminantemente vedado a qualquer administrador e/ou colaborador de XYZ Ltda. prometer, oferecer ou dar, direta ou indiretamente, vantagem indevida a agente público, ou a terceira pessoa a ele relacionada.

Agentes públicos brasileiros ou estrangeiros são considerados aqueles que, ainda que transitoriamente ou sem remuneração, exerçam cargo, emprego ou função pública em órgãos, entidades estatais ou em representações diplomáticas de qualquer país, assim como em pessoas jurídicas controladas, direta ou indiretamente, pelo poder público de qualquer país ou em organizações públicas internacionais.

Não obstante a vedação acima, eventuais providências que não configurem vantagem a agente público e que, cumulativamente, não infrinjam os deveres da administração – sobretudo impessoalidade – poderão ser estudadas no intuito de garantir que os objetivos de XYZ Ltda. sejam legalmente atingidos, inclusive a função social da empresa. As providências em comento estarão sempre sujeitas a um rigoroso processo de aprovação e eventuais decisões favoráveis deverão ser, necessariamente, tomadas por unanimidade do Comitê de Ética da empresa, mediante apresentação do Ponto Focal de Compliance, e serão obrigatoriamente tomadas em caráter excepcionalíssimo. Eventuais lançamentos de despesas correlatas serão efetuados em estrito cumprimento das normas contábeis e em conta especialmente designada.

É igualmente vedado a qualquer administrador e/ou colaborador de XYZ Ltda. dificultar atividade de investigação ou fiscalização de órgãos, entidades ou agentes públicos, ou intervir em sua atuação, inclusive no âmbito das agências reguladoras e dos órgãos de fiscalização do sistema financeiro nacional.

O descumprimento de qualquer das vedações aqui previstas será considerado falta gravíssima e tornará os infratores sujeitos à penalidade de demissão ou rescisão contratual, conforme o caso, sem prejuízo do direito de a empresa buscar reparação integral pelos danos que venha a sofrer.

(...)"

Para a construção de qualquer programa de integridade ou *compliance* eficaz, deve-se estar atento para as medidas tomadas pelo Poder Judiciário no contexto da operação Lava Jato entre junho e agosto de 2015. As medidas em comento compreendem o despacho que autorizou (a) busca e apreensão, (b) prisões de executivos de empreiteiras e (c) condução coercitiva de pessoas ligadas a algumas das empreiteiras mencionadas durante depoimentos principalmente em delação premiada, bem como duas sentenças.

Concretamente, empresas mais atentas observarão o disposto às fls. 34 do despacho exarado no Pedido de Busca e Apreensão Criminal Nº 502425172.2015.4.04.7000/PR:

> "Mesmo ganhando a investigação notoriedade, com divulgação de notícias do possível envolvimento da XXX e da XXX, bem como a instauração de inquéritos, **não há registro de que os dirigentes das duas empreiteiras, incluindo os Presidentes, tenham tomado qualquer providência para apurar, em seu âmbito interno, o ocorrido, punindo eventuais subordinados que tivessem, sem conhecimento da presidência, se desviado**. A falta de qualquer providência da espécie é indicativo do envolvimento da cúpula diretiva e que os desvios não decorreram de ação individual, mas da política da empresa" (nomes omitidos intencionalmente e grifos nossos)

Observarão, também, o disposto na sentença exarada na Ação Penal Nº 508325829.2014.4.04.7000/PR, replicada em algum nível de mesma substância na sentença posteriormente exarada na Ação Penal 508337605.2014.4.04.7000/PR:

> "Embora a presente sentença não se dirija contra a própria XXX, tomo a liberdade de algumas considerações que reputo relevantes. Considerando as provas

DIREITO DOS NEGÓCIOS APLICADO

do envolvimento da empresa na prática de crimes (...) recomendo à empresa que busque acertar sua situação junto aos órgãos competentes, Ministério Público Federal, CADE, Petrobrás e Controladoria Geral da União. Este Juízo nunca se manifestou contra acordos de leniência e talvez sejam eles a melhor solução para as empresas considerando questões relativas a emprego, economia e renda. A questão relevante é discutir as condições. **Para segurança jurídica da empresa, da sociedade e da vítima, os acordos** deveriam envolver, em esforço conjunto, as referidas entidades públicas que têm condições de trabalhar coletivamente, não fazendo sentido em especial a exclusão do Ministério Público, já que, juntamente com a Polícia, é o responsável pelas provas e **deveriam incluir necessariamente, nessa ordem, o afastamento dos executivos envolvidos em atividade criminal (não necessariamente somente os ora condenados), a revelação irrestrita de todos os crimes, de todos os envolvidos e a disponibilização das provas existentes (não necessariamente somente os que foram objeto deste julgado), a adoção de sistemas internos mais rigorosos de compliance e a indenização completa dos prejuízos causados ao Poder Público (não necessariamente somente os que foram objeto deste julgado).** Como consignei anteriormente, a XXX, por sua dimensão, tem uma responsabilidade política e social relevante e não pode fugir a elas, sendo necessário, como primeiro passo para superar o esquema criminoso e recuperar a sua reputação, assumir a responsabilidade por suas faltas pretéritas. A iniciativa depende muito mais dela do que do Poder Público." (fls. 149/150) (nomes omitidos intencionalmente e grifos nossos)

Há que se observar, numa sentença criminal como a transcrita acima, a *recomendação* para que as empresas cujos executivos foram condenados tomem determinadas decisões que não se cinjam a qualquer "escaninho" ou área do direito, entre o direito penal, civil, comercial, societário, administrativo ou qualquer outro, ou qualquer outra ciência. O trecho das sentenças apenas transcrito pode ser considerado como importante receita para programas de integridade que venham a ser doravante adotados no Brasil para atendimento da Lei 12.846/13 e mesmo qualquer outra norma, como a Lei de Improbidade Administrativa.

12. Conclusões

Tanto a categoria de investidores brasileiros quanto a de investidores estrangeiros, inclusive cotistas de fundos, titulares de *depositary receipts* e investidores diretos tendem, a como qualquer investidor, a adotar certas precauções em suas decisões estratégicas.

Incorre em grave erro quem achar que investidor está simplesmente buscando retorno na forma de pagamento de dividendos. É comum que investidores queiram obter ganhos na valorização de ações, quotas e outros títulos, pesando muito a questão da reputação do emissor dos títulos para que a expectativa se realize ou se frustre. E, como o universo é o universo, haverá aqueles que queiram retornos mais rápidos (talvez até sob uma forma especulativa) e outros que queiram retornos mais lentos (e também até sob uma forma especulativa). O receio e o tratamento de todo e qualquer investidor como se indesejado fosse – especulador ou não – tende a funcionar da forma diametralmente oposta da que se buscou com a edição da Lei 12.846/13 e, por que não, da Lei 12.813/13.

Enquanto o Brasil ainda busca manter um nível adequado de atração de novas tecnologias, que costumam acompanhar investimentos externos (e até internos), cabe à sociedade civil, individual e coletivamente, engajar-se no combate à corrupção de funcionários públicos, inclusive dela – sociedade civil – devendo partir propostas de regulação e medidas concretas para que o peso arcado pela CGU e outros órgãos ou entidades dos Poderes Executivo, Legislativo e Judiciário possa ser, de um lado, dividido com a sociedade civil e, por outro lado, tenha a necessária participação popular e, portanto, representatividade, dentro do que se vem denominando "sociedade em rede", em razão da obra do sociólogo espanhol Manuel Castells.

As manifestações da administração pública federal, no sentido de tentar assegurar à comunidade de investidores internacionais, de que o Brasil é um país seguro para receber investimentos estarão minadas caso a sociedade civil, sobretudo empresários já estabelecidos localmente, apoiem-se somente no aparato estatal, sem contribuir para efetivamente desenvolvê-lo.

O resultado de uma inércia da comunidade empresarial brasileira para propor efetivas medidas de regulação das Leis 12.846/13 e 12.813/13 além e a par do texto literal do Decreto n. 8.420/15 e revisá-los de tempos em tempos pode, certamente, contribuir para uma elevação do ambiente de insegurança empresarial, com consequente elevação do ônus compartilhado pela própria sociedade civil, inclusive *spreads* ou margens necessárias para fomento, criação e manutenção de negócios de variados portes e em variados setores econômicos.

Enquanto não há um panorama de maior certeza para aplicação das Leis 12.846/13 e 12.813/13, não há, por outro lado, motivo para cada empresa, individualmente, esperar para ver o que acontece com as que, com ou sem motivo, sejam objeto de apuração de práticas de corrupção sem ter implementado os

DIREITO DOS NEGÓCIOS APLICADO

seus próprios "mecanismos e procedimentos internos de integridade, auditoria e incentivo à denúncia de irregularidades" e sem ter promovido "a aplicação efetiva de códigos de ética e de conduta" em seu âmbito.   --X--

Os Insumos de PIS/COFINS na Atividade Comercial

Carlos Leduar de Mendonça Lopes

1. Introdução

A contribuição social ao PIS foi instituída no ordenamento tributário nacional há mais de 40 anos, em 1.970, através da Lei Complementar nº 7, conforme preceituavam os arts. 43, X e 165, V, da Constituição Federal de 1.967. Inicialmente incidia no percentual de 2% a 5% sobre a importância de Imposto de Renda (IRPJ) devido ou se devido fosse. Em 1.988, os Decretos-lei nº 2.445/88 e 2.449/88 alteraram a alíquota e a base de cálculo do PIS, que passou a ter 0.65% de alíquota incidente sobre a receita operacional bruta do mês anterior. Ditos decretos-lei foram julgados inconstitucionais, tendo, a partir de abril de 1.993, a Medida Provisória 233/93 novamente reafirmado a incidência do PIS com a alíquota de 0.65% sobre as receitas. A COFINS surgiu por meio da Lei Complementar nº 70, em 1.991, que determinava que a contribuição incidisse com a alíquota de 2% sobre o faturamento, embora não constituísse novidade no cenário tributário, por ser sucessora do antigo FINSOCIAL, criado pelo Decreto-lei 1.940, de 1.982, que incidia à alíquota de 0,5% também sobre o faturamento, cujos aumentos de alíquota foram julgados inconstitucionais pelo STF. A Lei nº 9.718/98 reuniu a incidência do PIS/COFINS sobre o faturamento, assim entendido pela receita bruta, isto é, a totalidade das receitas auferidas, continuando a atribuir ao PIS alíquota de 0.65% e ao COFINS alíquota de 3%. Este sistema está vigente até hoje, com referência ao

PIS/COFINS cumulativo, obrigatório às empresas optantes do IRPJ no lucro presumido ou às atividades elencadas no art. 10 da Lei 10.833/2.003, naquilo que não foi alterado por leis posteriores.

Apesar das inúmeras mudanças legislativas, com alterações de alíquotas, base de cálculo, prazo de pagamento etc, o PIS, FINSOCIAL e a COFINS sempre foram cobrados de forma cumulativa, isto é, essas contribuições incidiam em cada transação ocorrida em todas as etapas dos processos de produção e circulação de bens e serviços, com a cumulaçãodo gravame suportado e consequente ampliação da base de cálculo (valor do PIS/COFINS de cada etapa contido no preço), gerando incidência de tributo sobre tributo, o que ainda ocorre, de forma parcial, com a convivência dos dois sistemas.

Com a edição da Lei 10.637/2.002, o PIS passou a ser não cumulativo para a maior parte dos contribuintes sujeitos ao lucro real e a partir da Lei 10.833/2.003 a COFINS também, ou seja, o valor das contribuições pago nas operações anteriores passou a ter relevância jurídica na apuração do *quantum debeatur*, no caso do PIS/COFINS não cumulativo.

Com o passar dos anos, as contribuições ao PIS/COFINS se constituíram nas exações mais complexas do sistema tributário brasileiro (desde 2.003 sofreram mais de 20 alterações), podendo essas contribuições ser, atualmente, monofásicas ou multifásicas; cumulativas ou não cumulativas; pagas pelo contribuinte ou antecipadamente pelo substituto, tudo num mesmo processo de produção e circulação de bens e serviços e com frequência os contribuintes se defrontam com todas essas realidades simultaneamente.

Em vista da vastidão do objeto destas contribuições, o presente estudo procurará focar tão só a incidência do PIS/COFINS não cumulativo para empresas comerciais *stricto sensu* optantes do lucro real do imposto de renda, com a alíquota de 9.25%, abstraindo, sempre que possível, outras questões incidentes como alíquota diferenciada nas remessas da Zona Franca de Manaus, vendas de produtos ou serviços obrigatoriamente sujeitos ao regime cumulativo etc.

2. Regra matriz de incidência do PIS/COFINS não cumulativo e sua relação jurídica

Há muito que a doutrina do direito tributário se direciona por meio da teoria formulada pelo Prof. Paulo de Barros Carvalho[1], que aperfeiçoou os estudos

---

[1] Curso de Direito Tributário, Saraiva, 2.003, p. 280/337 e Direito Tributário, Linguagem e Método, Noeses, 2.008, p. 530 e segs.

de Gustavo Adolfo Becker, Geraldo Ataliba, Sainz de Bujanda, Blanco Ramos, A. D. Giannini e tantos outros, para a análise de estrutura jurídica normativa da imposição.

A expressão regra-matriz de incidência tem por objeto definir a fenomenologia básica da obrigação tributária, revelando o conteúdo da estrutura da norma jurídica tributária, através da análise lógico-abstrata e simultânea dos seus componentes.

Inicia com a irradiação da eficácia da lei que contém o *antecedente* da regra-matriz de incidência ou hipótese tributária, onde se alojam na norma os critérios que identificam o fato que dá origem à obrigação tributária (critério material, espacial e temporal) e como surgimento na realidade fática do mundo, do fato jurídico tributário, o *conseqüente* que fornece os critérios para identificação dos elementos constitutivos da relação obrigacional (critério subjetivo e quantitativo), nascendoa relação jurídica obrigacional tributária.

Estabelecida esta relação abstrata no mundo do direito, caberá a um dos seus sujeitos a iniciativa de formalizá-la, conforme determinar a lei. Nos casos de lançamento por ofício, caberá ao Fisco a atividade de dar início ao ato. Quando o lançamento for por homologação, caberá ao sujeito passivo o dever de informar o Fisco, através dos meios próprios exigidos pela administração, a ocorrência do fato e praticar os atos de liquidação e o adimplemento das obrigações, como prescritas em lei. Estando a Fazenda satisfeita com estes atos, serão homologados, ainda que tacitamente. Caso o Fisco esteja em desacordo com estes atos ou em caso de inadimplemento, lavrará o competente Auto de Infração, dando início a procedimento administrativo fiscal.

Com a análise destas estruturas e do funcionamento do PIS/COFINS se revelará a essência dessas contribuições na sua modalidade não cumulativa.

A hipótese tributária do PIS/COFINS tem assento nos seguintes critérios:

CRITÉRIO MATERIAL – identifica a matéria tributável, indicando no conteúdo da hipótese a descrição do fato que faz surgir a relação jurídica tributária, que *"será formado, sempre, por um verbo pessoal, seguido do seu complemento".*

No caso do PIS/COFINS **não cumulativo**, com as alterações produzidas pela Lei 12.973/2.014, segundo o art. 1º, caput, das Leis 10.637/2.002 e 10.833/2.003, o critério material consiste em **"auferir receitas, independentemente da sua denominação ou classificação contábil".**

Por incidir sobre receitas, o PIS/COFINS atinge o âmago da atividade econômica, que consiste *"na operação que supõe o disfrute de bens materiais e imateriais para obtenção de receitas com certo caráter de estabilidade"*[2].

CRITÉRIO ESPACIAL – delimita a área onde a norma tributária tem aplicação. No caso do PIS/COFINSé, em princípio, todo território nacional, ou melhor, a todas as pessoas jurídicas estabelecidas no território nacional.

CRITÉRIO TEMPORAL – determina o momento em que deve ocorrer o cumprimento da obrigação tributária. No caso do PIS/COFINS, vêm genericamente redigidas **"auferidas no mês"** pelas Leis 10.637/2.002 e 10.833/2.003, ambas no art. 1º caput. Por se tratarem de contribuições não cumulativas, na qual o levantamento do valor do tributo devido é realizado por meio de diversas operações contábeis, o PIS/COFINS tem **período de apuração mensal**, a iniciar no primeiro dia do mês e terminar no último, quando então nasce a obrigação tributária e seu consequente dever de pagamento no dia 25 do mês subsequente.

Já o **fato jurídico tributário** do PIS/COFINS, isto é, aquele total de receitas auferidas mensalmente pela pessoa jurídica estabelecida no território nacional, assenta-se nos seguintes critérios:

CRITÉRIO SUBJETIVO – manifesta os sujeitos da relação jurídica tributária, relativos à ocorrência, no mundo real, de um fato previsto na hipótese normativa: o sujeito ativo e o sujeito passivo. No caso concreto do PIS/COFINS, o sujeito ativo é, de regra, a Fazenda Nacional e o sujeito passivo são as pessoas jurídicas estabelecidas no território nacional que auferirem receita, optantes pelo Lucro Real no IRPJ, excetuados os casos do art. 10 da Lei 10.833/2.003 e outras normas esparsas.

CRITÉRIO QUANTITATIVO – consiste nos elementos contidos na relação jurídica tributária prevista em lei, cujo valor econômico determina o montante do débito tributário a ser pago pelo sujeito passivo, através da conjugação da **base de cálculo e da alíquota** previstos na norma jurídica.

---

[2] Ricardo Cordeiro Guerra, Manuale di Diritto Tributario, Giuffrè, 1.994, dir. da Paolo Russo, p. 649.

a) base de cálculo: A base de cálculo deve espelhar com exatidão o núcleo da hipótese de incidência do critério material, consistindo no complemento do verbo que abstratamente descreve o valor da manifestação da riqueza da qual o Estado pretende apropriar-se de parte, ou da valoração da sua atividade prestada ou posta à disposição do contribuinte. Ignacio Blanco Ramos observa que *"a determinação da base de cálculo é o problema essencial da aplicação dos tributos e a maior problemática de cada figura impositiva se centra na fixação da base de cálculo, já que ela supõe todas as facetas do fato jurídico econômico que a lei elegeu como objeto do tributo"*[3]. Conforme o § 1º do art. 1º das Leis 10.637/2.002 e 10.833/2.003, com as alterações da Lei 12.973/2.014, arts. 54 e 55, a base de cálculo do PIS/COFINS consiste no **total das receitas mensais auferidas pela pessoa jurídica**, compreendendo a receita bruta de que trata o Decreto-lei 1598/77, e demais receitas decorrentes do ajuste de valor presente, de que trata o inciso VIII do art. 183 da Lei 6.404/76. Por outro lado, o § 3º do art. 1º das Leis 10.637/2.002 e 10.833/2.003 estabelecem, por sua vez, que **"não integram a base de cálculo as seguintes receitas:**

I – isentas ou não alcançadas pela incidência da contribuição ou sujeitas à alíquota 0 (zero);

II – de que trata o inciso IV do caput do art. 187 da Lei n.º 6.404, de 15 de dezembro de 1976, decorrentes da venda de bens do ativo não circulante, classificado como investimento, imobilizado ou intangível;

III – auferidas pela pessoa jurídica revendedora, na revenda de mercadorias em relação às quais a contribuição seja exigida da empresa vendedora, na condição de substituta tributária;

V – referentes a:

a) vendas canceladas e aos descontos incondicionais concedidos;

b) reversões de provisões e recuperações de créditos baixados como perda que não representem ingresso de novas receitas, o resultado positivo da avaliação de investimentos pelo valor do patrimônio líquido e os lucros e dividendos derivados de participações societárias, que tenham sido computados como receita;

VI – decorrentes de transferência onerosa a outros contribuintes do Imposto sobre Operações relativas à Circulação de Mercadorias e sobre Prestações de Serviços de Transporte Interestadual e Intermunicipal e de Comunicação – ICMS de créditos de ICMS originados de operações de exportação,

---

[3] DerechoTributario, Ariel, 1.973, p. 73.

DIREITO DOS NEGÓCIOS APLICADO

conforme o disposto no inciso II do § 1º do art. 25 da Lei Complementar nº 87, de 13 de setembro de 1996.

VII – financeiras decorrentes do ajuste a valor presente de que trata o inciso VIII do caput do art. 183 da Lei nº 6.404, de 15 de dezembro de 1976, referentes a receitas excluídas da base de cálculo da Cofins;

VIII – relativas aos ganhos decorrentes de avaliação do ativo e passivo com base no valor justo;

IX – de subvenções para investimento, inclusive mediante isenção ou redução de impostos, concedidas como estímulo à implantação ou expansão de empreendimentos econômicos e de doações feitas pelo poder público;

X – reconhecidas pela construção, recuperação, reforma, ampliação ou melhoramento da infraestrutura, cuja contrapartida seja ativo intangível representativo de direito de exploração, no caso de contratos de concessão de serviços públicos;

XI – relativas ao valor do imposto que deixar de ser pago em virtude das isenções e reduções de que tratam as alíneas "a", "b", "c" e "e" do § 1o do art. 19 do Decreto-Lei nº1.598, de 26 de dezembro de 1977; e

XII – relativas ao prêmio na emissão de debêntures".

b) alíquota: proporcional de 9,25% – (PIS 1.65% + COFINS 7.6%) é proporcional porque seu percentual mantém-se constante à medida que aumenta a base de cálculo. Há significativas exceções com referência ao valor dos percentuais das alíquotas para produtos (ex. importados) ou segmentos.

Essas realidades podem ser reduzidas dentro do seguinte conteúdo: **auferidas receitas tributáveis, deve a pessoa jurídica pagar o percentual de 1.65% de PIS e 7.65% de COFINS sobre elas.**

Ocorre que essa importância resultante da multiplicação da alíquota com a base de cálculo acima especificada (9.25% X valor das receitas apuradas no mês) produzirá valor provisório e ilíquido. Somente após o desconto de todos os créditos oriundos dos bens, serviços, custos e despesas incorridos no mês, para a realização das receitas, haverá um crédito líquido e certo para o Fisco ou para o contribuinte, na hipótese de os créditos superarem os débitos do tributo. Esta realidade fática de créditos e débitos recíprocos de dois sujeitos que se encontram periodicamente através da compensação (que é um encontro de contas), configura autêntica relação de conta corrente entre o Fisco e o Contribuinte. Os livros fiscais espelham essa realidade.

Pode acontecer, também, de no período de apuração ser mensal exsurgir das aquisições de bens e serviços oneradas com a contribuição e necessários à produção de receitas, contra crédito tributário do contribuinte em volume superior ao débito, que poderá ser objeto de compensação nos meses subsequentes. Nestes casos de crédito acumulado provenientes de exportação ou outras hipóteses de manutenção do crédito, o contribuinte também pode exigir esse crédito do Fisco. Nestes casos, o Fisco será sujeito passivo.

A doutrina, de forma quase uníssona, entende que o fenômeno da não cumulatividade, previsto nos tributos não cumulativos, não se encontra presente na estrutura da regra matriz tributária, com as relevantes exceções de Bernardo Ribeiro de Moraes e Edvaldo Brito. A questão é de extrema complexidade e merece melhor atenção e cuidado.

No fenômeno do nascimento da relação jurídica tributária *in concreto* e da obrigação de pagamento do tributo não cumulativo, a partir da descrição normativa contida na lei tributária, há seguinte complexo de relações obrigatórias:

a) Empresa adquire bens, serviços e incorre em custos e despesas para a realização de receitas. Essas aquisições geram crédito ao Contribuinte perante o Fisco, a ser descontado na ocasião do pagamento do tributo;

b) Empresa obtém receitas. Essas receitas serão a base de cálculo do tributo, que multiplicada pela alíquota, resultará no crédito do Fisco perante o sujeito passivo;

c) Periodicamente esses créditos e débitos se encontram, apurando saldo credor a uma das partes.

Esta realidade presente sempre no fenômeno da não cumulatividade leva à conclusão que a Constituição e a lei tributária atribuem relevância às operações de conta corrente no seio da relação jurídica tributária que se instala entre o fisco e o contribuinte nos tributos não cumulativos, onde se forma a pluralidade de créditos e débitos recíprocos, não exigíveis de imediato e 'postos em conta' contabilmente, **que se liquidam periodicamente, através da compensação,** cujo resultado será o valor líquido e certo do débito da exação, após a qual um dos sujeitos resultará credor e poderá exigir o saldo do outro. Resumidamente: **os bens, serviços e despesas incorridos na realização de receitas geram crédito, cujo sujeito passivo descontará do montante apurado 1.65% de PIS e 7.6% de COFINS.**

DIREITO DOS NEGÓCIOS APLICADO

Tendo em vista que o direito se concretiza, torna-se realidade, através da relação jurídica, para análise do fenômeno não cumulativo das contribuições, convém apreciar o complexo de relações que se forma entre a Fazenda Nacional e a Pessoa Jurídica optante pelo Lucro Real no IRPJ que auferiu receitas tributáveis pelo PIS/COFINS no mês, entendendo por relação jurídica aquela *"relação constituída pelo direito, entre dois sujeitos, com referência a um objeto"*[4], conforme o esquema gráfico adiante:

**Relação jurídica complexado PIS/COFINS não cumulativo
(ou complexo de relações)**

S A _____ O _____ S P

SA – Sujeito Ativo = Fazenda Nacional – direito subjetivo de receber no dia 25 do mês subseqüente,9.25% das receitas tributáveis, subtraídos os créditos oriundos dos insumos devidos e dever jurídico de reconhecer todos os créditos oriundos dos bens, serviços e despesas incorridos na obtenção das receitas.

O – Objeto = PIS 1.65% + COFINS 7.6% – Créditos = 9,25% do total das receitas tributáveis da pessoa jurídica, descontando os créditos oriundos dos bens, serviços, custos e despesas incorridos na produção das receitas, cujo resultado dará um crédito a um dos sujeitos da relação.

SP – Sujeito Passivo – Pessoa Jurídica que auferiu receitas – dever jurídico de cumprimento de todas as obrigações acessórias e de recolher PIS/COFINS à alíquota de 9.25% sobre o total de receitas tributáveis, com o direito subjetivo ao desconto dos bens, serviços e despesas onerados com PIS/COFINS incorridos na obtenção das receitas tributáveis e seu conseqüente reconhecimento pela Fazenda e dever jurídico de recolher o saldo no dia 25 do mês subseqüente ao período de apuração.

Com a análise da regra matriz de incidência do PIS/COFINS não cumulativo conjuntamente com a sua relação jurídica tributária, é possível precisar que esta contribuição, na sua modalidade não cumulativa, em regra, incide com a alíquota de 9.25% sempre que a pessoa jurídica optante pelo lucro real

---

[4] Francesco Carnelutti, Teoria Generale del Diritto, Foro Italiano, 1.940, p. 241.

no IRPJ, estabelecida no território nacional, auferir receitas, sendo o tributo apurado mensalmente. Para apuração da importância de tributo devido, se instala uma relação jurídica de conta corrente entre a Fazenda Nacional e a empresa que se prolonga de modo continuado no curso do tempo de onde emerge pluralidade de créditos e débitos recíprocos. Mensalmente o sujeito passivo da obrigação apura seu crédito oriundo dos bens, serviços, custos e despesas incorridos na realização de receitas que serão descontados/compensados com os débitos resultantes da aplicação da alíquota de 9.25% às receitas obtidas, com a determinação de um saldo credor geralmente ao Fisco em razão do valor acrescido na operação, mas esse saldo credor também pode ser do contribuinte, que poderá descontá-lo nos meses subsequentes, conforme enuncia o § 4 do art. 3º das Leis 10.637/2.002 e 10.833/2.003.

A relação jurídica tributária de conta corrente entre o Fisco e o contribuinte presente nos tributos não cumulativos é efetiva, não há disposição legal expressa porque a lei sempre reflete de modo incompleto a realidade existente nas relações tributárias[5].

3. O instituto da não cumulatividade

Muito se vem discutindo ainda sobre a conveniência ou não da cumulatividade nos tributos. O assunto, em matéria de economia, parecia ultrapassado, em face dos malefícios produzidos pela cumulatividade. Entretanto, os atores econômicos reclamam dos tributos não cumulativos argumentando que sempre trazem alíquotas elevadas, regras complexas, custos altos para apuração do tributo devido e limitações a não cumulatividade instituída, representando sempre aumento injustificado de tributação. O Fisco, por seu turno, enxerga a não cumulatividade não como direito do cidadão, do contribuinte, do consumidor, mas como benefício fiscal atribuído ao sabor da sua vontade.

Esses pontos de vista simplistas veem apenas os efeitos imediatos da tributação não cumulativa, uma vez que os efeitos da permanência da tributação cumulativa no ambiente econômico provocam desvios na economia, na geração de riquezas, na livre concorrência, na capacidade contributiva, na distribuição de renda, na igualdade da tributação, que só são visualizados no longo prazo.

---

[5] Cf. Piera Philippi, verbete *Valore aggiunto, imposta sul*, p. 159, in Enciclopedia del Diritto, Giuffrè, vol. XLVI.

DIREITO DOS NEGÓCIOS APLICADO

Parece que quem primeiro formulou a hipótese de um tributo incidente sobre vendas, que onerasse somente o valor acrescido em cada etapa do ciclo de produção e distribuição de bens, mantendo constante o ônus tributário, foi o industrial alemão Carl Friedrich Von Siemens, quando assessor do Ministério da Fazenda em 1.919. Posteriormente, em 1.922, Joseph A. Shumpeter considerou escandalosos os tributos cumulativos quando aplicados de maneira corrente, posto que estes só poderiam ser usados para questões extraordinárias, por curtos períodos, face os problemas estruturais que acarretavam na economia.

A tributação não cumulativa só ganhou realidade e notoriedade a partir do estudo La Taxe sur le Valouer Ajoutée (Recueil Sirey), de 1.953, de Marcel Lauré e sua adoção pela França no ano seguinte. A partir de então, a prática de tributos que só oneram o valor relativo a cada fase do processo de produção e circulação de bens e serviços, ou uma única fase, passou a ser utilizada em quase todas as nações.

Grande parte das nações modernas tem evitado tributos cumulativos em razão da sua influência negativa na organização da economia, *"pois ele trata com favor as empresas integradas verticalmente, golpeando duramente aquelas especializadas, favorecendo a concentração antinatural de empresas industriais e comerciais, monopólios, oligopólios com obstáculos irracionais à divisão do trabalho entre as empresas e estimulando recursos a insinceras formas jurídicas para apresentar somente a veste fiscalmente mais conveniente para seu relacionamento com o mercado"*[6]. Com essas palavras, A. Ciani apontava os malefícios que os tributos cumulativos criam no livre mercado e na livre concorrência entre as empresas, que é assegurada no art. 170, IV da Constituição, bem assim à distribuição de rendas.

Há de ser considerada a realidade específica do Brasil, como país de dimensões continentais e maior que muitos continentes, onde as etapas de distribuição são muito longas e a tributação cumulativa castiga os habitantes das regiões distantes dos centros de produção, justamente das regiões mais carentes. Um exemplo prático seria o seguinte. Consumidor de presunto da cidade de Cruzeiro do Sul, no Acre. As grandes indústrias suinicultoras estão no Estado de Santa Catarina onde adquirem porcos e outras matérias primas (1ª etapa). De acordo com a logística existente, a indústria produtora vende (2ª etapa) para atacadistas em São Paulo ou grandes Supermercados. Os consumidores em São Paulo que adquirirem em grandes supermercados terão

---

[6] L'introduzione dell'imposta sul valore aggiunto nell'ordinamento tributario italiano, Giuffrè, 1.975, pág. 11.

OS INSUMOS DE PIS/COFINS NA ATIVIDADE COMERCIAL

suportado somente três etapas de tributação cumulativa. Já os de Cruzeiro de Sul deverão suportar a (3ª etapa) da distribuidora de Uberlândia que adquire o presunto de uma distribuidora de São Paulo. Esta de Uberlândia, por sua vez venderá a uma distribuidora de Cuiabá, no Mato Grosso (4ª etapa). Após, uma distribuidora de Rio Branco, no Acre, osadquire da distribuidorade Cuiabá (5ª etapa). Então, uma distribuidora de Cruzeiro do Sul compra em Cuiabá (6ª etapa)e vende a um Mercadinho em sua cidade (7ª etapa). O consumidor vai ao Mercadinho em Cruzeiro do Sul e compra o presunto (8ª etapa).

Por isso, art. 151, 1, da *Lex Legum* determina que é vedado à União **instituir tributo que não seja uniforme em todo território nacional** e a cumulatividade impede a sua aplicação.Esse princípio, em razão do regime federativo, veio se repetindo em todas as Constituições brasileiras, desde a primeira Constituição Republicana (art. 7º, § 2º). Comentando essa Constituição, Carlos Maximiliano Pereira dos Santos observa que *"a uniformidade é exigida pela Constituição, no sentido geográfico, devendo operar com a mesma força e igual efeito em todo lugar onde o contribuinte for encontrado"*[7].

Outra realidade que salta aos olhos é a violação do princípio da igualdade na tributação, estabelecido no art. 150, II da Constituição, já que não há igual tratamento quando dois contribuintes compram um mesmo produto e são onerados por valor diverso do mesmo tributo, em razão da localidade onde se encontram. Ora, conceito de lei, no *Estado de Direito*, atribui organicamente o exercício de um direito igual para todos os cidadãos, de forma que o intervencionismo estatal, especialmente a tributação, deva efetuar-se com igual medida para todos[8].

Outro efeito pernicioso ocorrente nas longas cadeias de produção e circulação de bens e serviços, onde maior será o ônus do tributo cumulativo contido, é a impossibilidade de o gravame ser apurado concretamente, faltando, por isso, também ao requisito de transparência que ordena o sistema (art. 37*caput* da Constituição Federal). Sobre esse respeito, observa Salvatore La Rosa, que *"essa nebulosidade do quantum de tributo que efetivamente onera o consumo está inevitavelmente presente nos tributos cumulativos incidentes nas relações comerciais"*[9]. Essa realidade também desfavorece as exportações, já que dificulta a apuração e o reembolso dos tributos embutidos nos bens exportados.

---

[7] Comentários à Constituição Brasileira (1891), L. Jacinto, 1918, pág. 209.
[8] Cf:Fritz Fleiner, Les Principes Generaux du Droit Administratif Allemand, 1933, Delagrave, págs. 89/90.
[9] Principi di Diritto Tributario, Giappichelli, 2.006, p. 154.

Os tributos cumulativos e multifásicos vêm sendo abandonados pelos países inseridos dentro da globalização de economia, em vista dos sérios inconvenientes que ocasionam[10] e se encontram, no caso do Brasil, em manifesto confronto com o que dispõe a Constituição Federal.

Com vistas a tentar retificar esses efeitos, pelo menos em parte, já que as empresas optantes pelo lucro presumido do IRPJ e muitas atividades fundamentais da economia permaneceram no regime cumulativo, a Medida Provisória 66/2.002 e a Medida Provisória 135/2.003, posteriormente convertidas em lei, instituíram o PIS/COFINS não cumulativo.

Em razão de as contribuições ao PIS/COFINS terem por hipótese de incidência **"o total mensal das receitas"**, alcançam todas as transações empresariais de resultado econômico em todas as etapas e em todos os ciclos econômicos da nação.

Na maioria dos casos as contribuições ao PIS/COFINS incidem mesmo sobre receitas operacionais ou faturamento, onerando, por isso, todas as fases de produção e circulação de bens e serviços, desde o produto primário animal, mineral ou vegetal, passando por todas as fases de produção e distribuição até o consumidor final. O PIS/COFINS conhece três modalidades de atuação nas diversas fases do processo de produção e circulação de bens e serviços:

a) **Monofásica** – nesta modalidade o PIS/COFINS deveria ser recolhido em uma única vez pelo produtor ou importador do bem e somente nesta fase do processo de produção e distribuição de bens. Quando o produto for insumo, pode ser creditado pelo adquirente. No entanto, a Fazenda tem sido reticente em óbvias questões de exclusão da base de cálculo dos insumos monofásicos nas prestações de serviços (para não ocorrer *bis in idem*) e nos casos de transportes e serviços hospitalares, desvirtuando o instituto.

b) **Plurifásica cumulativa** – existente no caso das pessoas jurídicas optantes pelo Lucro Presumido de IRPJ, das atividades elencadas no artigo 10 da Lei 10.833/2.003 e outras normas, que recolhem 0.65% de PIS e 3% de COFINS. Diz-se cumulativo o tributo que incide a cada fase de produção e circulação de bens e serviços, onerando o valor acrescido de cada etapa ao tributo pago nas etapas anteriores. Diz-se em cascata porque o ônus tributário contido no bem ou serviço adquirido pelo consumidor final vai se acumulando através das

[10] Por todos:José Joaquim Teixeira Ribeiro, Lições de Finanças Públicas, Coimbra Ed., 1989, p. 291.

etapas, não correspondendo àquele percentual determinado pela lei na operação final, isto é, 3,65% do valor da operação final, mas quantia ou percentual em regra de difícil mensuração.

c) **Plurifásica não cumulativa** – é o caso do PIS/COFINS instituído pelas Leis 10.637/2.002 e 10.833/2.003, aplicado exclusivamente para as empresas optantes pelo Lucro Real no IRPJ, salvo exceções. A técnica cumulativa utilizada foi o 'método indireto subtrativo', no qual se atribui aos insumos onerados com PIS/COFINS crédito na mesma proporção da alíquota que incide sobre as receitas. Assim, num exemplo tosco, se uma empresa adquire uma mercadoria por R$ 100,00, recebe R$ 9,25 de crédito de PIS/COFINS e a revende por R$ 200,00, quando a empresa for pagar os R$ 18,50 de PIS/COFINS, poderá creditar-se dos R$ 9,25 obtidos na entrada e só pagar R$ 9,25. A característica dos tributos plurifásicos não cumulativos, isto é, incidentes em cada elo da cadeia de produção e circulação de riquezas é levar em consideração o tributo já recolhido nos elos anteriores, tributando somente o valor acrescido em cada relação jurídica tributária ocorrida em cada etapa.

4. A atividade comercial

A esfera do direito comercial é assaz grandiosa para ser explicada em poucas palavras, embora haja consenso que atividade comercial, em sentido corrente, expressa a aquisição de bens para revenda, sem que ocorra qualquer transformação nestes produtos, cuja sequência na cadeia de comercialização normalmente se inicial pela aquisição que o atacadista faz ao produtor, posterior venda ao comerciante varejista e este, por sua vez, ao consumidor final. Mas pode haver muitas outras etapas, dependendo da distância entre o mercado consumidor e o produtor ou das características do produto ou da venda do produto. A atividade comercial se apresenta, sob todos os aspectos, como aquela que acrescenta novos valores e utilidades aos produtos objeto da comercialização, concorrendo na criação de postos de trabalho e novas riquezas.

A doutrina, até meados do século passado, via a atividade comercial na figura do comerciante. Segundo Waldemar Ferreira, *"existe, de feito, o comerciante típico – o que compra mercadorias para revender na mesma espécie, com o fito de lucro, praticando, dessarte, a operação do comércio – a compra e venda. **Commercium est emendivendendiqueinvicem jus.**"*[11]

---

[11] Tratado de Direito Comercial, Saraiva, 1.960, 2º vol., p. 238.

No direito comercial tradicional, o comércio de mercadorias sempre ocupou papel central, o que assinala a importância que a compra e venda mercantil possui, se encontrando no ponto de intersecção entre o Direito Civil e o Comercial. As operações jurídicas realizadas pelos comerciantes são atos de comércio, seja entre eles, seja com seus clientes. O ato de comércio é praticado pelas sociedades comerciais com a finalidade de circulação de bens e serviços[12].

Com o advento do novo Código Civil de 2.002, que atraiu parte das normas comerciais ao complexo de normas que se inserem no âmbito civil, o que se denominava ato de comércio passou a entender-se por atividade econômica exercitada pelo empreendedor comerciante, neste novo Código. É bom salientar o trâmite no Congresso do projeto de novo Código de Comércio e a Jornada I do STJ 75 que expressou o entendimento de que *"a disciplina de matéria mercantil no novo CC não altera a autonomia do direito comercial."*

Segundo o clássico escólio de Giuseppe Ferri, *"as relações comerciais não são somente aquelas atinentes ao comércio com significado econômico, mas todas aquelas relações que, inerentes à satisfação das necessidades do mercado geral, imediatamente ou mediatamente realizadas por sua função intermediária. ...Esta função intermediária atua através da coordenação de ações contrapostas, em função das exigências do mercado e em consideração do resultado econômico que dela deriva. ...Para o direito não é diversa a posição daquele que adquire produtos para revende-los no mercado, da posição daquele que adquire matérias primas, do outro que extrai produtos naturais finitos e destas revendas no mercado. ... A função de intermediação, por sua próprias exigências técnicas e econômicas, requer uma atividade continuada e pressupõe organização estável através da qual poderá atuar."*[13]Francesco Galgano, por seu turno, afirma que *"a troca, isto é, a alienação do bem pelo respectivo preço, intermediação na circulação, implica, posteriormente, nova aquisição para reposição dos estoques através de atividade dirigida".*[14] Com essas preciosas palavras, esses juristas quiseram dizer que a atividade econômica comercial consiste na circulação de bens – há troca de dinheiro por mercadorias e troca de mercadorias por dinheiro – com vistas à satisfação das necessidades do mercado, mas não se limitando a isto, já que pressupõe, para o seu exercício, uma organização funcional aliada a um complexo de bens (materiais e imateriais) necessários

---

[12] Cf. Georges Ripert, Tratado Elemental de Derecho Comercial, TEA, 1.954, p. 208 e segs; Karsten Schmidt, Derecho Comercial, Astrea, 1.997, § 28, I, p. 809.

[13] Manuale di Diritto Commerciale, 1.966, UTET, p. 4/5.

[14] Trattato di Diritto Commerciale e di Diritto Pubblico dell'Economia, Cedam, 1.978, vol. II, L'impresa, p. 74.

para o exercício desta atividade, notadamente a administração de estoques, gastos com ERP, estabelecimentos comerciais e a assistência a ser dada ao Consumidor antes, durante e após a venda.

Dentro dessa ordem de ideias, o art. 966 do Código Civil atual enuncia que "considera-se empresário quem exerce profissionalmente atividade econômica organizada para a produção ou a circulação de bens ou de serviços" e o art. 1.142 do mesmo Código considera "estabelecimento todo o complexo de bens organizado para o exercício de empresa", havendo aliança na atividade mercantil com o estabelecimento comercial. Neste particular, Giovanni Cappo explica que, na atual realidade global, *"a empresa resulta da união dos aspectos subjetivos –**empreendedor como sujeito** – funcional – **empresa como atividade econômica** – objetivo – **empresa como complexo de bens para atuação da sua função**, sendo a empresa evidenciada por uma **série de atos finalizados para a realização de uma mesma finalidade"*.[15] Esse mesmo autor esclarece, mais adiante que a *"empresa é uma atividade profissionalmente organizada"* quer-se dizer *"uma comunidade de trabalhadores"*[16].

Tendo em vista esta série de citações efetuadas, mais os enunciado dos artigos 966 e 1142 do Código Civil, é possível inferir que a atividade comercial *stricto sensu* consiste numa série de atos para realização da sua finalidade (vendas) necessitando, para poder atuar dentro do fim que se propõe, de:

a) Comunidade profissional de trabalhadores do comércio, dos sócios atuantes aos funcionários, inclusive técnicos auxiliares;

b) Administração e manutenção de estabelecimentoscomerciais em sentido estrito, ao qual a lei atribui qualidade de fundo de comércio;

c) Administração e manutenção de depósitos para armazenagem de mercadorias, que pode se situar ou não no estabelecimento de vendas (centro de distribuição);

d) Máquinas e equipamentos, notadamente de informática, necessários para realização de vendas e atendimento ao consumidor;

e) Serviço de assistência técnica, instalação etc, prestados aos consumidores antes, durante e depois da venda, sempre incluso no preço de vendas quando não pago à parte;

f) Comunicação: Propaganda e publicidade; telefone, internet e correios;

---

[15] Manuale di Diritto Commerciale, idealizado por Vincenzo Buonocore, Giappichelli, 2.011, p.10/11.

[16] *Op. cit.* P. 17.

g) Utilização de meios eletrônicos de pagamentos;
h) Nome comercial e zelo pela clientela;
i) Capital de giro e mercadorias para vender;
j) Transportes de mercadorias, inclusive intracompany, despesas de instalação e colocação dos produtos à venda e recolhimento de embalagens;
k) Representantes de vendas, telemarketing, criação e manutenção de site de vendas etc;
l) Assessorias e consultorias diversas.

É evidente que os gastos com todos os itens acima não geram crédito, uma vez que nem todos se destinam na realização das atividades fim da empresa, sob um ponto de vista mais amplo, ou para realização de receitas, sob um ponto de vista mais estrito.

5. Insumos do pis na atividade comercial

O presente estudo, no item anterior, procurou identificar os principais traços da atividade comercial *stricto sensu* e seus principais atos praticados, com o fim de realizar os objetivos que lhe são próprios, as vendas, para, em seguida, analisar a questão atual relativa aos créditos de PIS/COFINS no comércio, seja atacadista, seja varejista, que, em última análise, nada tem de polêmica.

A atividade comercial, que se funda na troca de dinheiro por mercadoria e de mercadoria por dinheiro é, como todas as atividades do mundo atual, extremamente complexa e composta dos mais diversos setores e seguimentos: os grandes conglomerados de supermercados e magazines que vendem de tudo (contendo diversas especializações) a pequenos estabelecimentos que vendem um pouco do essencial; os grandes atacadistas generalistas ou especializados, os conglomerados especializados de venda, do maior para o menor em infinito ciclo. Boa parte das modalidades atuais de comércio é especializada, notadamente quando vendem produtos perigosos ou nocivos à saúde, que exigem cuidados e equipamentos especiais, ou que a legislação exige, por qualquer razão, para sua operação, uma grande sorte de bens e serviços, custos e despesas, para que a venda possa ser realizada. Isto não quer dizer, por forma alguma, que o comércio generalista não esteja sujeito a análogas circunstâncias, ainda que em menor intensidade, estando todas obrigadas aos mesmos deveres com referência ao consumidor, ao meio ambiente e a comunidade em geral.

A tecnologia nos dias de hoje anda a requerer, em seguimentos ou produtos especiais, que uma única empresa fabrique, venda ao usuário final e a ele preste toda instalação, manutenção e assistência técnica, do produto ou serviço, podendo todos estes itens guardar único preço, por certo período. Outra questão relevante é custo do recolhimento de certas embalagens, por exigência dos órgãos ambientais e outras despesas semelhantes intimamente ligadas à venda e compostas no seu preço.

Quando as Leis 10.634/2.002 e 10.833/2.003 foram instituídas com a finalidade de que a não cumulatividade viesse desonerar o gravame nos bens e serviços vendidos, não foram bem compreendidas pelo Fisco e parte dos auditores. Desacostumados com um tipo mais aberto de hipótese de incidência e base de cálculo, que exigia outros métodos de materialização, adotaram, para o PIS/COFINS, os mesmos métodos e raciocínio do IPI, que tem outro objeto (produto industrializado) e outra base de cálculo. Sobreleva ainda o fato de o método indireto subtrativo (semelhante ao usado no IVA europeu) ser pouco conhecido em terras brasileiras, embora o IVA europeu tenha hipótese de incidência e base de cálculo diversa da do PIS/COFINS.

A equivocada Solução de Consulta nº 77, de 27 de março de 2.013, do Ministério da Fazenda, resume o ponto de vista de parte da fiscalização e dos julgadores do CARF, presos a antigos clichês, ainda têm da questão:"*APURAÇÃO DE CRÉDITOS. COMÉRCIO ATACADISTA. Em contraste com o que se observa nas apurações do IPI e do ICMS, que adotam o método base sobre base, no regime não--cumulativo adotado na apuração da contribuição para o PIS/Pasep, o qual adota o método subtrativo indireto, a não-cumulatividade é buscada por meio de concessão estatal de créditos fiscais fundada na realização de dispêndios expressamente identificados pela legislação. Deste modo, para que um determinado dispêndio efetuado pela pessoa jurídica lhe enseje apuração de créditos da contribuição para o PIS/Pasep, não basta que ele de alguma forma seja necessário às atividades dessa pessoa jurídica, é preciso que esse dispêndio corresponda a uma das hipóteses de concessão estatal de crédito relacionadas pela legislação de forma exaustiva. Estabelece o art.3º, II, da Lei nº10.637, de 2003, que ensejam apuração de créditos da contribuição para o PIS/Pasep os dispêndios com bens e serviços utilizados como 'insumo' na atividade de 'prestação de serviços' e na atividade de 'produção ou fabricação' de bens ou produtos destinados à venda, inclusive combustíveis e lubrificantes. Ou seja, no que toca à atividade de comércio, não existe previsão legal para apuração de créditos em relação à aquisição de 'insumos', inclusive combustíveis e lubrificantes. Nada obstante, o inciso I do referido artigo 3º traz hipótese de apuração de créditos com base nos dispêndios com a aquisição de "bens adquiridos para revenda". Assim como outros incisos daquele artigo 3º, e o inciso II do art.15 da Lei nº10.833, de 2003, contemplam de forma expressa apuração de créditos da contribuição para o PIS/Pasep fundada na realização de dispêndios com energia elétrica, aluguel de prédio utilizado nas atividades da empresa, frete na operação de venda quando o ônus for suportado pelo vendedor, entre outros".*

Esse ponto de vista, à primeira vista poderia parecer plausível, mas improcede por seus próprios fundamentos. Não compreende o mecanismoda não cumulatividade operado através do método indireto subtrativo, o conceito de insumo, a natureza jurídica constitucional do direito de crédito na cumulatividade, onde a obrigação de pagar o tributo emerge do encontro de contas (compensação/desconto entre créditos e débitos recíprocos). Interpreta a *contrario sensu* o regime indireto subtrativo com o método base sobre base do IPI, não compreendendo que esta diversidade é fruto da diferença existente entre as bases de cálculo e hipótese de incidência do IPI com o PIS/COFINS, cuja base de calcula é o total das receitas, enquanto no IPI é a industrialização e no ICMS é a operação de circulação de mercadorias.

Segundo a mencionada Consulta nº 77/2.013, MF, *"a não cumulatividade é buscada por meio da concessão estatal de créditos fiscais fundada na realização de dispêndios expressamente identificados na legislação".*

Na procura de esclarecer esses equívocos, seria conveniente iniciar pela origem constitucional do crédito não cumulativo, uma vez que não há 'concessão de créditos fiscais', pois o sistema constitucional tributário nacional é informado pelos princípios da estrita legalidade (art. 150, I), igualdade (art. 150, II), livre mercado, livre concorrência (art. 170, IV), uniformidade geográfica (art. 151, I) e capacidade contributiva (art. 145, § 1º) e para harmonia desses princípios, foi instituída a **não cumulatividade** (art. 153, IV, §3º, II; 154, I; 155, II, § 2º, I e 195, b, § 12 entre outros), de forma que os entes tributantes, isto é, aquelas instituições investidas de competência tributária, quando forem exercitar essa incumbência na criação de exações, deverão, na lei tributária descrever mecanismos para a não cumulatividade.

Da leitura sistêmica da *Lex Legum* se infere que os tributos {ICMS (art. 155, II, §2º, I),IPI (art. 153, IV, § 3º, II), PIS/COFINS (art. 195, I, b, § 12) e o imposto residual por ora previsto na CF, mas não instituído (art. 154, I)} devem ser não cumulativos, em face do reconhecimento, pelo Constituinte, dos malefícios econômicos e sociais da cumulatividade. Nos casos do IPI e ICMS a Constituição Federal estabelece, nos arts. 153, IV, § 3º, II e 155, II, § 2º, I, que a não cumulatividade destes tributos se opera **"compensando-se o que for devido em cada operação com o montante cobrado nas anteriores"**. Com referência ao PIS/COFINS, o art. 195, I, IV, b, § 12 determina que a **"a** lei estabelecerá os setores da economia para os quais as contribuições incidentes na forma dos incisos I, b, IV do caput, serão não cumulativas". Analisando este dispositivo constitucional, o sábio Paulo de Barros Carvalho explica que *"por imperativo constitucional, pretendendo-se a aplicação do regime não cumulativo àqueles tributos, coube ao legislador apenas indicar os setores da atividade econômica em que deseja faze-lo, sem, no entanto, autorizar que este limite o direito de crédito, mitigando os efeitos da não cumulatividade"[17]*. Por isso, não há concessão de créditos estatais, quando o legislador tributário não tem outra opção senão instituir tributo não cumulativo e não pode haver não cumulatividade onde não houver crédito compensação ou desconto de créditos oriundos dos gravames da exação no período de apuração da obrigação tributária ou períodos anteriores e com o mesmo percentual da incidência da exação. Logo esse crédito oriundo de aquisições de produtos onerados de PIS e COFINS têm caráter físico, financeiro ou atribuído por disposição constitucional, não tendo nenhum carácter de subvenção, benefício fiscal ou vantagem fiscal, que deveria ser interpretado restritamente. Sua natureza é física, financeira e atribuída. O crédito atribuído por disposição constitucional, do PIS/COFINS, que ocorre apenas nas aquisições realizadas pelas empresas sujeitas a não cumulatividade das empresas sujeitas ao regime cumulativo, decorre de imposição constitucional, da hipótese tributária e da realidade de se conviver com o sistema não cumulativo e, concomitantemente, cumulativo, que contém alíquota diversa conforme o regime. Ora, se há crédito atribuído por disposição constitucional, quando o contribuinte sujeito a não cumulatividade adquire bens de contribuinte sujeito a cumulatividade, ou seja, se nesta operação há a aquisição de bem ou serviço onerado com 3.65% e credito por 9.25%; há também, no mesmo ciclo, a aquisição por 9.25% da empresa sujeita à cumulatividade da sujeita a não cumulatividade, que adquire bens ou serviços com esse ônus e nenhum crédito recebe. São realidades que se compensam na caixa da Fazenda quanto mais se dispersam as operações. A Constituição, quando permite, no § 2º do inciso I, b, do art. 195, a possibilidade de duas formas de tributação simultânea, cumulativa e não cumulativa, a princípio não está permitindo diversidades de alíquota também. Se o legislador ordinário, ao instituir dois sistemas (cumulatividade e não cumulatividade) e outros dois sistemas de alíquotas (3.65% e 9.65), deverá atribuir a diferença crédito quando das aquisições das pessoas sujeitas a não cumulatividade das

---

[17] *op. cit.* 2.008, p.740.

DIREITO DOS NEGÓCIOS APLICADO

sujeitas à cumulatividade, sem que isso represente benesse, para que a não cumulatividade se concretize.

Por isso, quando os arts. 3ºs das Leis do PIS/COFINS falam em **"descontar créditos calculados em relação a bens e serviços incorridos"** estão tratando de operacionalizar a não cumulatividade, levando em consideração o ônus tributário nas operações anteriores, durante operíodo de apuração do tributo. Quando a Constituição fala em não cumulatividade, não trata de não cumulatividade parcial, mas de não cumulatividade plena, apurada segundo as regras contábeis de custeio, excluindo as aquisições gravadas com a exação. Quando a Constituição fala em não cumulatividade não está delegando ao legislador tributário ordinário escolher quais créditos deseja ou não ver compensados ou descontados, mas sim quais os créditos que devem ser descontados considerando a hipótese de incidência e base de cálculo da exação, no caso, as receitas. Ora, se a riqueza escolhida pelo legislador para ser tributada foi a totalidade de receitas, todos os gastos incorridos na geração de receitas hão de integrar os créditos do sujeito passivo.

Quando se fala na aplicação da não cumulatividade, está se falando em tributação de bens e serviços com ônus tributário idêntico (no caso PIS/COFINS em 9.25%) em todas as etapas dos processos de produção e circulação de bens e serviços. Para que isto seja possível, é necessário que os gravames tributários presentes na base de cálculo, fruto de operações anteriores, sejam removidos, para que a incidência da lei apanhe apenas a manifestação de riqueza surgida no fato que fez nascer a relação jurídica tributária, naquela etapa do ciclo, em atenção ao princípio da capacidade contributiva (art. 145, § 1º, CF). A remoção desses gravames é possível "compensando-se o que for devido em cada operação com o montante cobrado nas anteriores" nos casos do IPI e ICMS, ou, no caso do PIS/COFINS, "descontando o crédito dos bens, serviços e despesas incorridos na realização das receitas", o que é análogo e acorde com a Constituição, desde que utilizando regularmente o método subtrativo. Segundo a eminente jurista portuguesa Clotilde Celorico Palma, *"de acordo com o método subtrativo indireto, ao valor do imposto liquidado durante um período, deduz-se o valor do imposto suportado no mesmo período. Caso o imposto a deduzir seja superior ao imposto liquidado, o sujeito passivo poderá recorrer ao método de reporte, de acordo com o qual o imposto em excesso será reportado ao período seguinte"*[18]. O clássico Roberto Cordeiro Guerra explica que *"a **ratio** do desconto se dá pela necessidade de deixar neutras as passagens do ciclo produtivo e distributivo, com a aplicação mais geral*

---

[18] Introdução ao Imposto sobre o Valor Acrescido, Almedina, 2.008, p. 199.

OS INSUMOS DE PIS/COFINS NA ATIVIDADE COMERCIAL

e integral possível, da subtração do gravame da exação ocorrida nas operações passadas. Via de regra, o pressuposto do desconto dá-se com a inerência da aquisição correlata com a atividade da empresa"[19]. Ainda sobre o método indireto subtrativo, o Prof. Fábio Rodrigues de Oliveira, jovem estudioso e de valor, esclarece *"que é possível inferir que a presente técnica se enquadra naquela em que o tributo incide sobre o valor total da operação, seguido de dedução das operações anteriores"[20].*

Dentro dessa realidade legal e constitucional, os *caputs* dos art. 3º das Leis 10.637/2.002 e 10.833/2.004 enunciam que a empresa comercial *stricto sensu*, sujeita ao regime não cumulativo, poderá **"do valor apurado na forma do art. 2º, descontar créditos..."** de PIS/COFINS. A palavra desconto é empregada, no caso, no sentido de compensação, já é utilizada tradicionalmente na linguagem tributária, como aponta o clássico Constâncio com o seguinte exemplo, de 1.836, em seu verbete da palavra: *"calculou-se o rendimento do imposto em dois milhões, mas na arrecadação verificou-se um desconto de quinhentos mil cruzados"* e utilizada com a acepção de compensação, tipificada como ocorrência de débitos e créditos recíprocos que se extinguem, até onde se compensam (art. 368 Código Civil).

Deste modo, os mencionados artigos 3ºs das Leis 10.637/2.002 e 10.833/2.003 estabelecem, em seus nove incisos, os bens e serviços adquiridos, bem como os custos e despesas incorridos, geradores de crédito, a saber:

> "Art. 3º. Do valor apurado na forma do art. 2º a pessoa jurídica **poderá descontar créditos calculados em relação a**:
>
> I – bens adquiridos para revenda, exceto em relação às mercadorias e aos produtos referidos:
>
> II – bens e serviços, utilizados como insumo na prestação de serviços e na produção ou fabricação de bens ou produtos destinados à venda, inclusive combustíveis e lubrificantes;
>
> III – energia elétrica e energia térmica, inclusive sob a forma de vapor, consumidas nos estabelecimentos da pessoa jurídica;
>
> IV – aluguéis de prédios, máquinas e equipamentos, pagos a pessoa jurídica, utilizados nas atividades da empresa;
>
> V – valor das contraprestações de operações de arrendamento mercantil de pessoa jurídica, exceto de optante pelo Sistema Integrado de Pagamento de Impostos e Contribuições das Microempresas e das Empresas de Pequeno Porte – SIMPLES;

---

[19] *Op. cit.,* p.667.

[20] Definição de Insumos para Apropriação do PIS e da COFINS, 2.014, Fiscosoft, p.51.

VI – máquinas, equipamentos e outros bens incorporados ao ativo imobilizado, adquiridos ou fabricados para locação a terceiros, ou para utilização na produção de bens destinados à venda ou na prestação de serviços;

VII – edificações e benfeitorias em imóveis próprios ou de terceiros, utilizados nas atividades da empresa;

VIII – bens recebidos em devolução cuja receita de venda tenha integrado faturamento do mês ou de mês anterior, e tributada conforme o disposto nesta Lei;

IX – armazenagem de mercadoria e frete na operação de venda, nos casos dos incisos I e II, quando o ônus for suportado pelo vendedor;

X – vale-transporte, vale-refeição ou vale-alimentação, fardamento ou uniforme fornecidos aos empregados por pessoa jurídica que explore as atividades de prestação de serviços de limpeza, conservação e manutenção;

XI – bens incorporados ao ativo intangível, adquiridos para utilização na produção de bens destinados a venda ou na prestação de serviços.

§ 1º Observado o disposto no § 15 deste artigo, o crédito será determinado mediante a aplicação da alíquota prevista no caput do art. 2º desta Lei sobre o valor:

I – dos itens mencionados nos incisos I e II do caput, adquiridos no mês;

II – dos itens mencionados nos incisos III a V e IX do caput, incorridos no mês;

III – dos encargos de depreciação e amortização dos bens mencionados nos incisos VI, VII e XI do caput, incorridos no mês;

IV – dos bens mencionados no inciso VIII do caput, devolvidos no mês."

A análise conjunta e simultânea desses enunciados legais revela que a descrição pormenorizada e ampla a um só tempo dos bens, serviços, despesas e custos que podem ser objeto de credito, apresentando descrições de tipos abertos, como os incisos II, III, IV, IX e XI, com vistas que os sujeitos passivos da exação descontem todas essas despesas incorridas na obtenção de receitas ou mesmo na atividade geradora de receitas.

O inciso I é óbvio e presente na mais arcaica forma de não cumulatividade. Pela sua amplitude, o inciso II é o coração dos artigos 3ºs, quando diz que do resultado da multiplicação da alíquota pela base de cálculo, "a pessoa jurídica poderá descontar créditos calculados em relação a bens e serviços **utilizados como insumo na prestação** de serviços e na produção ou fabricação de bens ou produtos destinados à venda".

A dicção dos artigos 3ºs, incisos II, das Leis 10.637/2.002 e 10.833/2.003, manifestam que a pessoa jurídica poderá descontar créditos calculados em relação a insumos utilizados na:

a) Prestação de serviços;
b) Produção ou fabricação de bens;
c) Produtos destinados à venda.

Quando o inciso II artigo 3º diz insumos utilizados nos 'produtos destinados à venda', não esta querendo dizer que o comando normativo que atribui crédito de não cumulatividade se dirige somente aos 'produtos', mas, sobretudo, aos insumos utilizados até o produto 'estar à venda', ou seja, indo para o destino das vendas ou 'quando o produto estiver à venda', isto é, destinado à venda, *verbi gratia*: aquele produto exposto na vitrine de um Shopping Center, gastando luz, ar condicionado, utilizando outros produtos para acondiciona-lo visualmente de modo sugestivo ao consumidor (insumos), ou nas suas prateleiras, tendo gasto transporte para vir do Centro de Distribuição da loja, face os espaços exíguos desses centros. Tendo sido, por sua vez, adquirido de algum atacadista, que também teve seus gastos para estes mesmos fins, no acondicionamento de embalagens etc. E isto em etapas sem fim de ciclos de produção, distribuição e prestação de serviços entrelaçados. Em outras palavras, todos os bens, serviços, custos e despesas até e inclusive no destino da venda, podendo ultrapassá-lo nos casos de garantia do produto ou serviço.

Dentro desta singela perspectiva, não houve qualquer exclusão literal do legislador tributário do crédito de insumos dos tradicionais atos de comércio nem da moderna atividade econômica mercantil. Esta exclusão é inexistente no ordenamento que, muito pelo contrário, nunca deixaria de incluir a atividade comercial, em vista das várias etapas de distribuição num país de dimensões continentais e pelos motivos já consignados.

Estando assente a existência de previsão legal no conteúdo normativo do art. 3º, inciso II, das Leis do PIS e da COFINS, para as empresas dedicadas à atividade comercial e a conseqüente ausência de proibição, convém aclarar o significado do termo **insumo**, que dúvidas anda causando ultimamente.

O vocábulo insumo é de uso recente na língua portuguesa, não constando dos clássicos Fr. Domingos Vieira, Morais, Constâncio, Caudas Aulete, Laudelino Freire, Antenor Nascentes, Silveira Bueno, Cândido de Figueiredo e outros dicionaristas anteriores a 1.960; consta, contudo, nos atuais Aurélio, Houaiss e da Academia de Ciências de Lisboa. De acordo com esses dicionários, a palavra insumo teria as seguintes acepções: elemento que entra no processo de produção de mercadorias ou serviços: máquinas e equipamentos, trabalho humano etc. Fator de produção (Aurélio). O Dicionário da Academia das Ciências de Lisboa e o Houaiss veem de modo semelhante. Segundo

DIREITO DOS NEGÓCIOS APLICADO

Houaiss, o vocábulo insumo teria origem no substantivo depreendido do verbo latino *insùmo, is, úmpsi, ùmptum, mère* = despender, empregar em, ou do inglês *input,* o que é inserido, colocado.

O vocábulo insumo advém da palavra latina ***insùmo, insùmère,*** que, em latim, tem as seguintes acepções: tomar, invadir; despender, gastar; empregar em; Cícero: *Quanto trabalho empregou nisto. Ìnsum,* por sua vez, significa: estar em, achar-se em (Santos Saraiva, F. A. Sousa).

Já ***input,*** em inglês, tem as acepções de: o que é colocado, inserido (*put+in*); ação ou processo de colocação ou inserção (*putting+in*); fornecimento de energia elétrica a uma máquina; corrente de voltagem; dado inserido no computador para ser processado; contribuições, ideias, opiniões: antes de tomar a decisão, preciso do seu *input*; contribuição monetária; relacionado a dados ou equipamentos usados para: o objetivo é reduzir os custos de energia. (Oxford, Collins). A origem etimológica da palavra *input* (*put+in*) adveio do verbo escocês arcaico *input,* que significava 'ser colocado dentro' (prisão, coisa etc). *Put* no sentido de colocar, inserir, advém do antigo dinamarquês *putte,* de origem desconhecida.

Como resultado deste *excursus* filológico e do espírito da lei, insumo, no contexto do inciso II do art. 3º, das Leis 10.637/2.002 e 10.833/2.003 e do art. 195, I, b, § 12 da Constituição, é o que é inserido, introduzido, empregado, gasto, envolto, incorrido no processo de produção e distribuição de bens e serviços, o conjunto de bens utilizados na produção ou circulação de bens ou prestação de serviços, em síntese, os bens e serviços adquiridos e os custos e despesas incorridos, onerados, revestidos, com a exação do PIS/COFINS, na consecução de receitas.

Não podendo ficar indiferente a essa realidade, a Jurisprudência, tanto administrativa, quanto judicial, foi se reorientando. O Acórdão nº 3202-00226, de 8/12/2.010, declarou o *"conceito de insumo dentro da sistemática de apuração de crédito pela não cumulatividade de PIS e de COFINS deve ser entendido como todo e qualquer custo ou despesa necessária da empresa, nos termos da legislação do IRPJ, não devendo ser utilizado o conceito trazido pela legislação do IPI".* Posteriormente, no ACÓRDAO 3403.002-783 (03.04.2014), foi dada ligeira redução ao conceito: *"O conceito de insumo na legislação referente à Contribuição para o PIS/PASEP e à COFINS não guarda correspondência com o extraído da legislação do IPI (demasiadamente restritivo ou do IR (excessivamente alargado).Em atendimento ao comando legal, o insumo deve ser necessário ao processo produtivo/fabril, e, conseqüentemente, à obtenção do produto final. São exemplos de insumos o combustíveis utilizados em caminhões de empresa para transporte de matérias primas, produtos intermediários e embalagens entre seus estabelecimentos, e as despesas de remoção de resíduos industriais.Por outro lado, não constituem insumos os combustíveis utilizados em veículos da empresa que transporta funcionários."*

A Administração Fazendária continuou nesta mesma linha, como atesta o ACÓRDAO: 93003-001.740 (CSRF) 05.07.2012, foi decidido que :COFINS. INDUMENTÁRIA. INSUMOS. DIREIRO DE CRÉDITO. ART. 3º LEI 10.833/03. *"Os dispêndios, denominados insumos, dedutíveis da Cofins não cumulativa, são todos aqueles relacionados diretamente com a produção do contribuinte e que participem, afetem, o universo das receitas tributáveis pela referida contribuição social. A indumentária imposta pelo próprio Poder Publico na indústria de processamento de alimentos – exigência sanitária que deve ser obrigatoriamente cumprida – é insumo inerente à produção da indústria avícola, e, portanto, pode ser abatida no cômputo de referido tributo".*

As Cortes Administrativas continuaram ampliando esse entendimento: ACORDÃO: 3301-00.424 (18.01.2011). FRETE. INCIDÊNCIA NÃO CUMULATIVA. CUSTO DE PRODUÇÃO. *"Gera direito a créditos do PIS e da Cofins não-cumulativos o dispêndio com o frete pago pelo adquirente à pessoa jurídica domiciliada no País, para transportar bens adquiridos para serem utilizados como insumo na fabricação de produtos destinados à venda, bem assim o transporte de bens entre os estabelecimentos industriais da pessoa jurídica, desde que estejam estes em fase de industrialização, vez que compõe o custo do bem".*

O Poder Judiciário não ficou inerte diante dessa situação. O plenário da 4ª Região do TRF decidiu, no Acórdãonº 0000007-25.2010.404.7200/SC que: TRIBUTÁRIO. PIS. COFINS. REGIME NÃO CUMULATIVO. DISTINÇÃO. CONTEÚDO. LEIS Nº 10.637/2002 E 10.833/2003, ART. 3º, INCISO II. LISTA EXEMPLIFICATIVA. *1. "A técnica empregada para concretizar a não cumulatividade de PIS e COFINS se dá por meio da apuração de uma série de créditos pelo próprio contribuinte, para dedução do valor a ser recolhido a título de PIS e COFINS. 2. A coerência de um sistema de não cumulatividade de tributo direto sobre a receita exige que se considere o universo de receitas e o universo de despesas necessárias para obtê-las, considerados à luz da finalidade de evitar sobreposições das contribuições e, portanto, de eventuais ônus que a tal título já tenham sido suportados pelas empresas com quem se contratou. 3. Tratando-se de tributo direto que incide sobre a totalidade das receitas auferidas pela empresa, digam ou não respeito à atividade que constitui seu objeto social,os créditos devem ser apurados relativamente a todas as despesas junto a pessoas jurídicas sujeitas à contribuição, necessárias à obtenção da receita.4. O crédito, em matéria de PIS e COFINS, não é um crédito meramente físico, que pressuponha, como no IPI, a integração do insumo ao produto final ou seu uso ou exaurimento no processo produtivo de obrigações tributárias acessórias. 5. O rol de despesas que enseja creditamento, nos termos do art. 3º das Leis 10.637/02 e 10.833/03, possui caráter meramente exemplificativo. Restritivas são as vedações expressamente estabelecidas por lei. 6. O art. 111 do CTN não se aplica no caso, porquanto não se trata de suspensão ou exclusão do crédito tributário, outorga de isenção ou dispensa do cumprimento de obrigações tributárias acessórias."*

E o Superior Tribunal de Justiça, também recentemente, em julgamento ainda não concluído manifestou o seguinte entendimento no RESP 1.246.317–

"CONCEITO DE INSUMO. Créditossobre materiais de limpeza e desinfecção, bem como de dedetização aplicados no ambiente produtivo, com base nos seguintes argumentos: Não se trata de desonerar a cadeia produtiva ou o produtor, mas o processo produtivo de determinado produtor ou a atividade-fim de determinado prestador de serviço.Ainda afastando os conceitos do IPI, entendeu que o PIS/COFINS não deve adotar as mesmas bases que o IRPJ e a CSLL, devendo o conceito de "insumos" fiar-se em quatro orientações: Pertinênciaao processo produtivo; Essencialidadeao processo produtivo, não ao produto ou serviço em si; Possibilidade de emprego indiretono processo produtivo; é preciso que a subtração do bem ou serviço importe na impossibilidade mesma da prestação do serviço ou da produção,isto é, obste a atividade da empresa, ou implique em substancial perda de qualidade do produto ou serviço daí resultante".

Por todo exposto, o conceito de insumo evoluiu muito nestes onze anos de PIS/COFINS não cumulativo, aproximando-se da sua origem etimológica no contexto com o princípio constitucional da não cumulatividade, dentro do qual hão de se descontar do produto da alíquota com a base de cálculo, todos os bens, serviços, custos e gastos incorridos na geração de receitas.

Livre Iniciativa Empresarial x Sustentabilidade Ambiental

Helmo F. A. Freitas

Introdução

O presente trabalho tem por objetivo trazer à tona a discussão da problemática mundial acerca do tema no que tange as atividades empresariais e o impacto ambiental decorrente de tais atividades.

Como se poderá verificar, o desenvolvimento socioeconômico não pode servir de pretexto para que as empresas atuem de forma a atingir seus objetivos financeiros ao arrepio do que ocorre no meio ambiente. Verificaremos também que os princípios constitucionais Livre Iniciativa Empresarial e Meio Ambiente ecologicamente equilibrado devem se coadunar entre si e não serem antagônicos, como ocorre na prática.

Há muito a ser feito para que se consiga a perfeita adequação entre atividade empresarial e sustentabilidade, tarefa essa das mais árduas, pois ainda carecemos de uma consciência coletiva voltada à preservação do meio ambiente, bem como de políticas públicas eficientes a fim de evitar a degradação ambiental.

A despeito de todas as medidas e leis que preveem punição para aqueles que degradam o meio ambiente, sejam pessoas físicas ou jurídicas, percebe-se que tais iniciativas ainda são muito tímidas de maneira que tenham real efetividade na luta pelo desenvolvimento sustentável sem que importe na desaceleração do desenvolvimento econômico.

DIREITO DOS NEGÓCIOS APLICADO

1. Livre-iniciativa x sustentabilidade ambiental

A República Federativa do Brasil, constituída pela união indissolúvel dos Estados, Distrito Federal e dos Municípios, constitui um Estado Democrático de Direito e tem como fundamentos, segundo o art. 1º, incisos I a V da Constituição Federal, a soberania, a cidadania, a dignidade da pessoa humana, os valores sociais do trabalho e da livre-iniciativa e o pluralismo político.

A livre-iniciativa, portanto, constitui-se em um princípio constitucional fundamental, sendo de suprema importância a análise de sua justaposição ao ordenamento jurídico, em cotejo com a economia nacional e o impacto ambiental advindo da atividade empresarial que atinge diretamente a coletividade.

Ainda quanto à livre-iniciativa, e, por conseguinte, à livre concorrência, importa ressaltar que a Constituição Federal, em seu art. 170, insere o princípio no Título VII (Da Ordem Econômica e Financeira) do Capítulo I (Dos Princípios Gerais da Atividade Econômica), dispondo que:

> Art. 170. A ordem econômica, fundada na valorização do trabalho humano e na livre-iniciativa, tem por fim assegurar a todos existência digna, conforme os ditames da justiça social, observados os seguintes princípios:
> IV – livre concorrência;
> VI – defesa do meio ambiente, inclusive mediante tratamento diferenciado conforme o impacto ambiental dos produtos e serviços e de seus processos de elaboração e prestação; (Redação dada pela EC nº 42/03.)
> Parágrafo Único: É assegurado a todos o livre exercício de qualquer atividade econômica, independentemente de autorização de órgãos públicos, salvo nos casos previstos em lei.
> [...].

Com isso, resta perceptível a suma importância da livre-iniciativa como mola propulsora do desenvolvimento econômico e social do País, pois, as atividades comerciais/empresariais fomentam a economia nacional através de suas relações negociais estimulando a compra e a venda, a tomada de crédito, a ampliação ou redução de juros, bem como contribuindo para a criação de empregos e, ainda, engordando os cofres públicos das Fazendas municipal, estadual e federal, dada a carga tributária que suportam.

Nesse diapasão, tem-se por certo que a livre-iniciativa é o principal fundamento da ordem econômica, pois é na iniciativa privada que reside a maior circulação de mercadorias e/ou produção de bens e serviços. Contudo, deve--se atentar que este princípio não é absoluto, pois, apesar de consagrado o direito de desenvolver uma determinada atividade comercial livremente, sem qualquer interferência do Estado (salvo exceções, como no caso de bancos, por exemplo, que necessitam de regulamentação do Banco Central para que possam operar), esta liberdade não pode causar prejuízos a terceiros, nem ao meio ambiente.

A defesa do meio ambiente, ademais, é outro dos princípios gerais da atividade econômica elencado no inciso VI do art. 170 da Constituição Federal. Apesar disto, em um mundo globalizado e com sociedades altamente consumistas e imediatistas, o empresariado apenas se preocupa com a possibilidade de ampliar os seus negócios e aumentar sua lucratividade, deixando de lado, muitas vezes, a questão da sustentabilidade.

Nesse contexto, aqueles que consomem também deveriam ter uma postura diferente e buscar, segundo ensina o Professor José Renato Nalini (2011), o consumo responsável, já que a responsabilidade por manter posturas sustentáveis, afirma, não é só do empresariado, mas também do consumidor.

2. Desenvolvimento econômico e meio ambiente

O desenvolvimento econômico fomentado pelas empresas deve (ou deveria) estar em perfeita harmonia com o respeito ao equilíbrio do meio ambiente, mas, apesar de todas as preocupações da sociedade e de ecologistas, percebe--se que ainda há muito por ser feito no sentido de trazer a todos, empresários e sociedade, uma consciência coletiva capaz de reduzir impactos ambientais, bem como de trazer soluções aos problemas desta ordem perpetrados pela indústria e comércio.

Por óbvio, o meio ambiente e o desenvolvimento econômico sempre serão pano de fundo para muitas discussões. Há aqueles que advogam, de maneira muitas vezes exagerada, a não utilização de qualquer espécie de recursos naturais e, de outro lado, os que defendem o desenvolvimento econômico a qualquer custo, sem se importar com os impactos ambientais decorrentes da atividade empresarial e comercial, ainda que o façam de maneira velada.

Não obstante, embora não seja tarefa das mais simples, é possível sim que o exercício da livre-iniciativa pelos empresários, suas empresas e indústrias, promova o desenvolvimento econômico do País, sem, contudo, causar malefícios à natureza e à sociedade. Desenvolvimento econômico sem uma postura

DIREITO DOS NEGÓCIOS APLICADO

sustentável, na realidade, não é desenvolvimento, pois as consequências nefastas serão sentidas por toda coletividade – inclusive pelos empresários –, ainda que em médio ou longo prazo.

3. Problemática mundial

A toda evidência, o equilíbrio entre desenvolvimento econômico e preservação do meio ambiente é uma problemática mundial. Nota-se que Estados Unidos e China, países que apresentam largo crescimento econômico, são dois dos maiores poluidores mundiais. Assim, quanto maior o desenvolvimento econômico destes países, maior é o impacto ambiental que produzem na natureza.

Nesse contexto, ressalta-se que, à luz da nossa Constituição Federal, a livre-iniciativa constitui-se como direito fundamental da pessoa humana, ao passo que muitos juristas alertam para que o meio ambiente também assim deve ser considerado. Dada essa assertiva, convém indagar como aplicar ambos os direitos, a fim de se atingir os objetivos de desenvolvimento econômico e sustentabilidade, sem que um interfira na esfera do outro.

Da mesma forma que a Constituição Federal protege a livre-iniciativa (art. 1º, inciso IV, e 170, caput), também dá guarida ao meio ambiente (arts. 170, inciso VI, e 225). Por isso, importa ressaltar que o constituinte buscou, quando da elaboração da norma constitucional, garantir a possibilidade de explorar qualquer atividade econômica, impondo, em contrapartida, a defesa do meio ambiente de forma que a atividade exercida não lhe cause impactos.

Não obstante tais normas, a prática de condutas sustentáveis não têm se mostrado efetivas, tampouco eficientes à defesa do meio ambiente. Como bem assinalado na Carta Magna, todos têm direito a um meio ambiente equilibrado, cabendo ao Poder Público e à coletividade preservá-lo e defendê-lo (art. 225, caput).

Isso significa que, individualmente, somos responsáveis pelo meio ambiente, aplicando-se a regra constitucional à pessoa natural, em face de longos e demorados banhos, que gastam milhares de litros de água, por exemplo, ou à pessoa jurídica, quando permite aos seus funcionários imprimir milhares de folhas de papel sem a real necessidade do material impresso, ou não realizar o descarte adequado dos resíduos de sua fábrica.

Assim, a degradação do ambiente causada pelo homem e por suas empresas é uma verdadeira bomba-relógio, para cujos ponteiros muitos olham de forma inerte, aguardando o momento do cataclismo.

Todavia, com a proliferação das grandes empresas, não apenas no Brasil, mas no mundo todo, e o consumismo desenfreado das massas, a preocupação com o meio ambiente tornou-se ainda mais relevante. Há alguns anos, na Conferência das Nações Unidas sobre o Meio Ambiente e o Desenvolvimento (ECO-92), realizada na cidade do Rio de Janeiro, em junho de 1992, mais de cem chefes de Estado buscavam soluções para conciliar o desenvolvimento socioeconômico trazido pelas empresas sem que isso importasse a degradação do meio ambiente. Vinte anos antes, em 1972, a Conferência de Estocolmo já trazia preocupações com o destino do meio ambiente em face da sua constante degradação.

Hoje, entretanto, as mudanças climáticas são drásticas, o aquecimento global é uma realidade palpável, porém, nem sociedade nem empresários parecem se aperceber disso. Ainda que alguns países se mobilizem para tentar reduzir estes impactos ambientais, se comprometendo, v.g, a reduzir a emissão de gases que agravam o efeito estufa, inclusive aderindo ao Protocolo de Kyoto, tais iniciativas ainda estão muito aquém do necessário para a proteção do meio ambiente.

No Brasil, a Constituição Federal reconhece a necessidade, não apenas do Estado, mas de toda a sociedade em promover a preservação e defesa do meio ambiente. Ainda que nem todos se importem em desenvolver posturas sustentáveis, especialmente aqueles que desenvolvem atividades empresariais que impactam diretamente na natureza, todos, empresários e cidadãos, sabem o que deve ser feito para atingir o propósito para o qual o art. 225 do texto constitucional foi elaborado, desde o descarte de lixo seletivo até a economia de água e energia elétrica, e, especialmente no que se refere à atividade empresarial, a vedação ao descarte impróprio dos resíduos das empresas em rios, lagos e nascentes, ou do desmatamento além do que a legislação permite, entre outras medidas.

Seria possível, então, exercer atividade empresarial de forma sustentável, sem violar o meio ambiente ou causar danos que venham a prejudicar as gerações presentes e futuras? Infelizmente, ainda não se pode afirmar algo nesse aspecto, porém, é imperioso que todos se mobilizem no sentido de contribuir para um meio ambiente ecologicamente equilibrado, seja como cidadão, seja como empresário. A complexidade em garantir a todos o livre exercício das atividades empresariais com respeito ao meio ambiente ainda se afigura desafio hercúleo, especialmente quando a atividade envolve a manipulação de produtos químicos, petrolíferos ou práticas como o desmatamento.

O desafio dos legisladores (e nesse aspecto temos, em passado recente, a aprovação do novo Código Florestal), empresários e cidadãos, portanto, é encontrar soluções práticas para que o exercício da atividade empresarial contribua para a melhoria do País através do desenvolvimento socioeconômico sem que isso importe a degradação do meio ambiente.

4. Conclusão

À luz das considerações traçadas, há muito a ser feito para que se consiga a perfeita adequação entre atividade empresarial e sustentabilidade, tarefa essa das mais árduas, pois ainda carecemos de uma consciência coletiva voltada à preservação do meio ambiente, bem como de políticas públicas eficientes a fim de evitar a degradação ambiental.

Não olvidemos que estas garantias, livre-iniciativa e meio ambiente ecologicamente equilibrado, devem andar lado a lado e não serem colidentes uma com a outra. Não obstante, o que se percebe é que, na prática, isto não acontece. O que se vivencia é uma sociedade cada vez mais consumista, e empresários que tentam suprir essa "necessidade" do consumo exacerbado das massas com suas linhas de produção a produzir praticamente 24 horas por dia. Isto origina um infinito círculo vicioso no qual, efetivamente, o meio ambiente sai perdendo e, por conseguinte, toda a sociedade, que ainda se encontra em estado de letargia e não se apercebeu da gravidade da situação.

Assim, é urgente uma mudança, seja nos nossos comportamentos, na maneira como adquirimos coisas, muitas delas às vezes desnecessárias, seja nas políticas públicas, ainda ineficientes na proteção do meio ambiente, seja na fiscalização e punição das empresas que não atentam para o dever constitucional de preservar o meio ambiente quando no exercício de suas atividades empresariais. Por certo, reitera-se, ainda há muito a ser feito, mas a mudança maior começa em cada um de nós, cidadãos, e em nossos comportamentos com relação ao meio ambiente e ao consumismo desenfreado. Só assim o termo "desenvolvimento sustentável" será uma realidade para as gerações futuras.

Referências

CANÇADO TRINDADE, Antônio Augusto (Ed.). A proteção dos Direitos Humanos nos planos nacional e internacional: perspectivas brasileiras. San José de Costa Rica: Friedrich Naumann – Stiftung, 1992.

CRUZ, Branca Martins da. Desenvolvimento sustentável e responsabilidade ambiental. In: Marques, José Roberto (Org.). Sustentabilidade e temas fundamentais de Direito Ambiental. Campinas: Millenium, 2009, p. 2-49.

DIAS, Nildo da Silva; SILVA, Márcia Regina Farias da. Gestão ambiental – Caminhos para uma sociedade sustentável. São Paulo: Livraria da Física, 2011. (Coleção Futuro Sustentável.)

DIAS, Reinaldo. Gestão ambiental – Responsabilidade social e sustentabilidade. 2. ed. São Paulo: Atlas, 2011.

GRAYSON, David; HODGES, Adrian. Compromisso social e gestão empresarial. São Paulo: Publifolha, 2003.

JUNIOR, Arlindo Philippi; PELICIONI, Maria Cecília Focesi. Educação ambiental e sustentabilidade. 2. ed. São Paulo: Manolo.

LEITE, José Rubens Morato. Dano ambiental – Do individual ao coletivo extrapatrimonial. 5. ed. São Paulo: RT.

LEWANDOWSKI, Enrique Ricardo. Proteção dos Direitos Humanos na ordem interna e internacional. Rio de Janeiro: Forense, 1984.

MILARÉ, Édis. Direito do Ambiente. A gestão ambiental em foco. 8. ed. São Paulo: RT, 2013.

NALINI, José Renato. Coletânea justiça, empresa e sustentabilidade. V. 2. São Paulo: RT, 2011, p. 124.

NALINI, José Renato. Ética ambiental. 2. ed. Campinas: Millennium, 2008.

PADILHA, Norma Sueli. Fundamentos constitucionais do Direito Ambiental brasileiro. Rio de Janeiro: Campus.

PORTILHO, Fátima. Sustentabilidade Ambiental, consumo e cidadania. V. 1. São Paulo: Cortez, 2012.

ROCASOLANO, M. M. Algunas consideraciones sobre la fundamentación axiologica del derecho a un medio ambiente adecuado para el desarrollo de la persona. Estudios de teoría del Estado y Derecho Constitucional en honor de Pablo Lucas Verdú. 2001.

SARLET, Ingo Wolfgang; FENSTERSEIFER, Tiago. Direito Constitucional Ambiental – Constituição, direitos fundamentais e proteção do ambiente. 3. ed. São Paulo: RT.

SILVEIRA, Vladmir Oliveira da; ROCASOLANO, Maria Mendez. Direitos Humanos: conceito, significado e funções. São Paulo: Saraiva, 2010.

THOMÉ, Romeu. Manual de Direito Ambiental. 3. ed. Salvador: Juspodivm, 2013.

TRENNEPOHL, Terence Dorneles. Direito Ambiental Empresarial. São Paulo: Saraiva.

Questões Jurídicas Relativas à Antecipação de Recebíveis Imobiliários – Certificados de Recebíveis Imobiliários

Carlos Eduardo Peres Ferrari
Vinicius Nogueira Franco

1. Introdução

Os mercados financeiro e de capitais são, por definição, dinâmicos e pródigos no desenvolvimento e na introdução de novos instrumentos e estruturas para atender as demandas de seus participantes; notadamente no que diz respeito a inovações para captação de recursos como alternativa de financiamento às atividades das empresas.

O mercado imobiliário, igualmente, possui uma dinâmica muito própria para possibilitar aos que atuam no setor, quer seja no desenvolvimento de empreendimentos, na utilização ou no investimento em imóveis, diferentes possibilidades de financiamento.

Neste contexto, foram criadas as operações de securitização de recebíveis imobiliários por meio da emissão estruturada de Certificados de Recebíveis Imobiliários (CRI).

Para isso, abordaremos as diversas questões decorrentes da cadeia de instrumentos e negócios jurídicos envolvidos. Por se tratar de um instituto recente, os CRI não possuem, ainda, precedentes jurisprudenciais a seu respeito, o que demonstra a pertinência do tema ora apresentado.

2. Certificados de recebíveis imobiliários (CRI)

Os CRI foram instituídos por meio da Lei nº 9.514, de 20 de novembro de 1997, e tiveram sua oferta ao mercado regulamentada pela Instrução nº 414, de 30 de dezembro de 2004, da Comissão de Valores Mobiliários (CVM).

Nos termos do art. 6º da Lei nº 9.514/97 "O Certificado de Recebíveis Imobiliários – CRI é título de crédito normativo, de livre negociação, lastreado em créditos imobiliários e constitui promessa de pagamento em dinheiro". Nota-se, portanto, que a legislação em questão não o define como valor mobiliário e sim como título de crédito. Nesse contexto, cumpre esclarecer que título de crédito e valor mobiliário são udas características distintas que não se confundem.

De acordo com o art. 887 do Código Civil "o título de crédito, documento necessário ao exercício do direito literal e autônomo nele contido, somente produz efeito quando preencha os requisitos da lei". Deste conceito, surgem os três elementos essenciais de um título de crédito, a autonomia das obrigações, a literalidade e a cartularidade, que devem ser preenchidos para que um documento seja considerado um título de crédito.

Analisando as principais características dos títulos de crédito e comparando-as com aquelas típicas dos valores mobiliários, percebe-se que são dois institutos distintos, a começar pela fungibilidade dos valores mobiliários. Enquanto os valores mobiliários caracterizam-se como títulos ou contrato de investimento coletivo com intuito lucrativo, os títulos de crédito consistem, geralmente, em instrumentos de pagamento. Como se não bastasse, o valor mobiliário, dependendo de sua espécie, não assegura ao seu titular apenas direito de crédito em face da emitente, mas também direito de participação e de parceria.

Embora a noção de título de crédito não se confunda com a de valor mobiliário, em alguns casos poderá haver um título que se enquadre em ambas as categorias. É o que se sucede com os CRI.

Os CRI possuem as seguintes características: emissão em forma escritural; possibilidade de pagamento parcelado e estipulação de taxas de juros fixas ou flutuantes; conter previsão de reajuste; registro e negociação feitos por sistemas centralizados de custódia e liquidação financeira de títulos privados; e possibilidade de estipulação de garantia flutuante.

Salvo as exceções previstas na regulamentação aplicável, as ofertas públicas de CRI dependem de prévio registro na CVM, consoante o art. 19 da Lei nº 6.385, de 07 de dezembro de 1976. Os CRI são negociados, tanto de forma primária como secundária, em mercado de balcão organizado e bolsa de valores, sendo considerados como instrumentos financeiros de renda fixa, representativos de uma dívida.

3. Estruturação das emissões de CRI

De maneira geral, as emissões de CRI são estruturadas de modo que o empreendedor ceda seus créditos de natureza imobiliária para uma companhia securitizadora, que emite os CRI, repassando os riscos de crédito para os investidores que os subscrevem, e antecipando os recebíveis. Dessa forma, os CRI possibilitam acesso a capital sem prejudicar o limite de crédito ou aumentar o endividamento. Além disso, os CRI são uma importante fonte de recursos para o custeio de obras – mediante o adiantamento dos recebíveis imobiliários, o empreendedor obtém o capital necessário para concluir as edificações, sem recorrer a financiamentos bancários ou utilizar capital próprio.

No exercício de suas atividades, as empresas têm necessidades constantes de capital para desenvolver seus empreendimentos. Como fontes possíveis de financiamento podemos apontar, em uma primeira visão, um aporte de capital pelos sócios ou reinvestimento de lucros, não existindo nesses casos captação de recursos de terceiros.

É também possível para as empresas contratar empréstimos bancários, ou ainda, em se tratando das sociedades anônimas, buscar recursos de terceiros por meio da emissão de valores mobiliários no mercado de capitais.

Contudo, não obstante as possibilidades sejam variadas, por vezes os custos inerentes à captação de recursos acabam por inviabilizar o sistema produtivo e a produção a preços competitivos; em função dos vários fatores que influenciam nas taxas cobradas pelos empréstimos, seja no mercado bancário ou no mercado de capitais. Dentre tais fatores, podemos destacar a situação da empresa, seu nível de endividamento, sua classificação de risco, a situação econômica nacional e mundial, a perspectiva de pagamento, as garantias prestadas, enfim, diversos aspectos que são levados em conta para a concessão do empréstimo ou para o investimento.

Nesse contexto, surge a securitização como uma opção para levantar recursos sem vincular o risco da empresa tomadora e aumentar seus níveis de endividamento. E os CRI, como instrumento específico para a securitização de créditos imobiliários, com suas peculiaridades e vantagens para o tomador dos recursos e para o investidor.

Em síntese, os CRI podem ser definidos como títulos de crédito nominativos, emitidos exclusivamente pelas companhias securitizadoras – sociedades anônimas de capital aberto registradas na CVM, que têm por objeto a aquisição de créditos imobiliários e a emissão dos CRI com lastro nos créditos imobiliários adquiridos.

A securitização por meio da emissão de CRI estrutura-se, de maneira geral, da seguinte forma: uma empresa, chamada de originadora, transfere, por meio de cessão onerosa ou outras formas de transmissão previstas no Código Civil e na legislação aplicável, recebíveis de sua titularidade para uma outra empresa, a companhia securitizadora, constituída especificamente para tanto. A securitizadora adquirirá os recebíveis da originadora com determinado deságio e, tendo-os por lastro, emitirá os CRI que serão ofertados publicamente no mercado de capitais. Com os recursos obtidos por meio dessa oferta pública de CRI, a securitizadora pagará a originadora pelos créditos a ela cedidos. O diagrama a seguir exibe, de forma simplificada, a operação

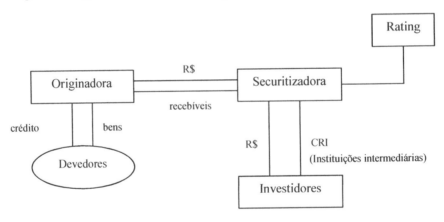

Utilizando-se da estrutura da securitização por meio dos CRI, a sociedade originadora conseguirá receber uma antecipação de seus créditos vincendos e, por consequência, terá acesso ao capital, por vezes a um custo inferior ao que obteria no mercado bancário ou mesmo por uma emissão de seus próprios valores mobiliários – uma vez que, na securitização, o risco de liquidez vem dos próprios créditos que dão lastro aos CRI, e o custo financeiro da operação, consubstanciado no deságio[1] aplicado na aquisição dos créditos

---

[1] GAGGINI, Fernando Schwarz. *Securitização de Recebíveis*. Livraria e Editora Universitária de Direito, 2003.

pela securitizadora, será calculado considerando este risco. Desta feita, uma empresa originadora que tenha créditos de devedores com bons indicadores financeiros e adimplentes poderá, por meio da securitização, obter recursos a taxas mais competitivas do que em operações financeiras nas quais o risco de crédito é o da própria empresa. Em outras palavras, a função econômica da securitização pode ser resumida em três aspectos: mobilizar riquezas, dispersar riscos e desintermediar o processo de financiamento.[2] Além disso, a securitização não impacta, contabilmente, no endividamento da empresa originadora, uma vez que se trata de uma antecipação de recebíveis e não de contração de passivo.

Importante característica das companhias securitizadoras presente na Lei nº 9.514/97[3], que confere maior higidez à estrutura dos CRI, é a permissão de instituição de regime fiduciário sobre os créditos destinados a lastrear determinada emissão de CRI. O regime fiduciário permite a estipulação de um patrimônio em separado, destinado única e exclusivamente ao pagamento dos valores mobiliários dos quais tais créditos serviram de lastro. Por consequência, obtém-se o isolamento da carteira permitindo a uma mesma securitizadora possuir diferentes carteiras de recebíveis, sem que uma venha a influenciar as demais.

3.1. Termo de securitização de créditos imobiliários

O documento que formaliza a emissão dos CRI é o termo de securitização de créditos imobiliários, firmado pela securitizadora e pelo agente fiduciário da emissão (cujo papel será tratado mais adiante, neste trabalho). Nele estão contidos todos os termos e condições dos CRI, bem como os fatores de risco da emissão, entre outras disposições necessárias.

O termo de securitização de créditos deve ser registrado ou averbado, conforme o caso, (i) no cartório de registro de imóveis competente; ou (ii) quando os CRI tiverem como lastro créditos imobiliários representados por Cédulas de Crédito Imobiliário (CCI) emitidas na forma da Lei nº 10.931, de 02 de agosto de 2004, e for instituído o regime fiduciário, na instituição

---

[2] CAMINHA, Uinie. *Securitização*. Editora Saraiva, 2005.
[3] Art. 9º da Lei nº 9.514/97.

DIREITO DOS NEGÓCIOS APLICADO

custodiante das CCI; devendo o comprovante de tal registro ou averbação ser apresentado à CVM como condição para o registro da distribuição dos CRI[4].

3.2. Conceito de crédito imobiliário

Em que pese exista um infindável debate sobre o conceito de recebíveis imobiliários (muito pela ausência de definição na Lei nº 9.514/97 e nos normativos da CVM), o mercado, a CVM e a CETIP[5], na qualidade de mercado de balcão com poderes fiscalizatórios, têm considerado assim os créditos decorrentes de operações imobiliárias, com ou sem garantias reais ou fidejussórias, como, por exemplo, compra e venda de imóveis a prazo; financiamentos imobiliários contratados no âmbito do Sistema Financeiro da Habitação (SFH) ou do Sistema Financeiro Imobiliário (SFI); locação (residencial, comercial ou industrial – inclusive contratos de locação por encomenda sob a modalidade *built-to-suit*); do financiamento de operações imobiliárias, como, por exemplo, Cédulas de Crédito Bancário ou Cédulas de Crédito Imobiliário cujos créditos se destinam ao desenvolvimento de empreendimentos imobiliários; debêntures emitidas por sociedades cujo objeto social principal seja relacionado a atividades imobiliárias e que tenham por destinação dos recursos o desenvolvimento de projetos imobiliários; entre outros.

3.2.1. Limite de concentração

Ao compor a carteira de créditos imobiliários que servirá de lastro para uma emissão de CRI, é necessário respeitar o limite máximo de concentração de 20% do volume financeiro dos créditos por devedor ou coobrigado[6], previsto no art. 5º da Instrução CVM nº 414.

Tal limite poderá ser excedido quando o devedor ou coobrigado (i) tenha registro de companhia aberta; (ii) seja instituição financeira ou equiparada;

---

[4] Nas ofertas de CRI destinadas exclusivamente a investidores qualificados (vide nota 13 abaixo), vinculados a créditos imobiliários referentes a imóveis com "habite-se" concedido pelo órgão administrativo competente, a certidão da averbação ou do registro do termo de securitização poderá ser apresentada em até 90 dias a contar da data de pedido de registro da oferta dos CRI na CVM, desde que oferecidas as garantias mencionadas nos incisos I e II do art. 7º, § 3º, da Instrução CVM nº 414, as quais visam assegurar que, caso tal certidão de averbação ou registro não seja apresentada nesse prazo, a CVM possa determinar o cancelamento dos CRI e o ressarcimento dos investidores.

[5] Nesse sentido, vide Comunicado CETIP nº 057/12, de 19 de junho de 2012.

[6] Vide item "5.5. Coobrigação" deste artigo.

ou (iii) seja sociedade empresarial que tenha suas demonstrações financeiras relativas ao exercício social imediatamente anterior à data de emissão dos CRI elaboradas em conformidade com o disposto na Lei nº 6.404, de 15 de dezembro de 1976, e auditadas por auditor independente registrado na CVM[7].

O art. 5º-A da Instrução CVM nº 414 acrescenta, ainda, que as disposições relativas aos limites de concentração em comento se estendem também aos originadores dos créditos imobiliários referentes a imóveis sem "habite-se" concedido pelo órgão administrativo competente.

3.3. Restrições sobre o valor nominal unitário dos CRI

A oferta pública de distribuição de CRI destinada a investidores que não sejam qualificados, conforme definidos na Instrução CVM nº 554, somente será admitida para CRI lastreados em créditos sobre os quais haja sido instituído o regime fiduciário, originados (i) de imóveis com "habite-se" concedido pelo órgão administrativo competente; ou (ii) da aquisição ou da promessa de aquisição de unidades imobiliárias vinculadas a incorporações objeto de financiamento, desde que integrantes de patrimônio de afetação, constituído em conformidade com o disposto nos arts. 31-A e 31-B da Lei nº 4.591, de 16 de dezembro de 1964.

3.4. Registro da oferta pública de distribuição de CRI

A Instrução CVM nº 414, em seu art. 4º, prevê que a oferta pública de distribuição de CRI somente pode ser iniciada após a concessão de registro, pela CVM. Com efeito, tal registro segue as regras previstas na Instrução CVM nº 400, de 29 de dezembro de 2003, em extensão do que trata o art. 19 da Lei nº 6.385/76.

O pedido de registro de oferta pública de distribuição dos CRI será apresentado à CVM pela instituição líder da distribuição (coordenador líder), e observará o rito e as formalidades previstas na Instrução CVM nº 400.

---

[7] Ressalve-se que o art. 5º, §4º, da Instrução CVM nº 414 prevê a dispensa do requisito relativo às demonstrações financeiras auditadas os CRI que (i) tenham como público destinatário exclusivamente sociedades integrantes do mesmo grupo econômico, seus respectivos administradores e acionistas controladores, sendo vedada a negociação dos CRI no mercado secundário; ou (ii) sejam objeto de oferta pública destinada à subscrição por não mais que 50 investidores profissionais (vide nota 16 abaixo).

DIREITO DOS NEGÓCIOS APLICADO

Notadamente, o pedido de registro em referência deverá ser instruído pelo prospecto da oferta pública de distribuição dos CRI, elaborado em consonância com os arts. 38 e seguintes da Instrução CVM nº 400 e demais dispositivos aplicáveis. O prospecto é o documento elaborado pela securitizadora, em conjunto com a instituição líder da distribuição, destinado aos potenciais investidores dos CRI, que contém as informações relevantes sobre a oferta, os CRI, a securitizadora e os riscos envolvidos no investimento.

Além do prospecto, entre outros, deverão ser apresentadas à CVM as minutas dos anúncios de início e de encerramento da distribuição, a serem publicados pela securitizadora.

Consoante o art. 8º da Instrução CVM nº 414, poderá ser concedido registro provisório para a distribuição pública de CRI destinada exclusivamente a investidores qualificados, conforme definidos na Instrução CVM nº 539, de 13 de novembro de 2013[8], mediante apresentação à CVM, por bolsa de valores ou entidade do mercado de balcão organizado, de formulário específico e do prospecto, em versão preliminar. O registro provisório é concedido com maior celeridade pela CVM; dependendo, entretanto, da posterior solicitação do registro definitivo, o qual deverá ser requerido até o trigésimo dia do mês subsequente ao da concessão do provisório.

O art. 9º da Instrução CVM nº 414 prevê que, excepcionalmente, a oferta pública de distribuição de CRI poderá ser feita sem a participação de instituição intermediária (a) para captação de importância não superior a R$ 30.000.000,00 (trinta milhões de reais); (b) caso tenha como público destinatário exclusivamente sociedades integrantes do mesmo grupo econômico, seus respectivos administradores e acionistas controladores, sendo vedada a negociação dos CRI no mercado secundário; ou (c) caso os CRI sejam objeto de oferta pública destinada à subscrição por não mais que 50 investidores

---

[8] Nos termos do art. 9º-B da Instrução CVM nº 539, introduzido pela Instrução CVM nº 554, de 17 de dezembro de 2014, vigente a partir de 1º de outubro de 2015, são investidores qualificados – "I. investidores profissionais (vide nota 16 abaixo); II. pessoas naturais ou jurídicas que possuam investimentos financeiros em valor superior a R$ 1.000.000,00 e que, adicionalmente, atestem por escrito sua condição de investidor qualificado mediante termo próprio, de acordo com o Anexo 9-B da Instrução CVM nº 539; III. as pessoas naturais que tenham sido aprovadas em exames de qualificação técnica ou possuam certificações aprovadas pela CVM como requisitos para o registro de agentes autônomos de investimento, administradores de carteira, analistas e consultores de valores mobiliários, em relação a seus recursos próprios; e IV. clubes de investimento, desde que tenham a carteira gerida por um ou mais cotistas, que sejam investidores qualificados".

QUESTÕES JURÍDICAS RELATIVAS À ANTECIPAÇÃO DE RECEBÍVEIS IMOBILIÁRIOS

profissionais[9], conforme definidos na Instrução CVM nº 539[10]. Sem prejuízo, nestas hipóteses, observar-se-á a Instrução CVM nº 400.

A oferta pública de distribuição dos CRI poderá ser dispensada de registro na CVM caso seja feita sob a modalidade de esforços restritos, nos termos da Instrução CVM nº 476, de 16 de janeiro de 2009. Na distribuição com esforços restritos, é permitida a procura de, no máximo, 75 investidores profissionais[11]; e os CRI ofertados deverão ser subscritos ou adquiridos por, no máximo, 50 investidores profissionais (art. 3º da Instrução CVM nº 476). Não se aplicam às ofertas realizadas sob o regime da Instrução CVM nº 476 as disposições da Instrução CVM nº 400, de modo que é necessário confeccionar menos documentos para uma oferta pública com esforços restritos (entre outros, o prospecto é dispensado).

Em que pese a menor burocracia e maior agilidade em adotar a oferta pública com esforços restritos, a Instrução CVM nº 476 prevê um *lock-up period* (período em que os valores mobiliários não poderão ser negociados no mercado secundário) de 90 dias a partir da data da subscrição ou aquisição dos CRI pelos investidores.

O prazo máximo de encerramento da oferta pública de distribuição de CRI realizada sob o regime da Instrução CVM nº 400 é de 6 meses contados da data de concessão do registro pela CVM, nos termos da Instrução CVM nº 400, ou, se houver, da data de publicação do anúncio de início da distribuição; ou, no caso das ofertas realizadas sob o regime da Instrução CVM nº 476, da data de início da distribuição (art. 10 da Instrução CVM nº 414 e art. 8º, § 2º, da Instrução CVM nº 476).

---

[9] Sobre investidores profissionais, vide nota 16 abaixo.

[10] Na hipótese deste item "c", há de se observar um *lock-up period* (período em que os valores mobiliários não poderão ser negociados no mercado secundário) de 18 meses para os CRI subscritos nestas condições, a partir da data do encerramento da distribuição (art. 5º, § 5º da Instrução CVM nº 414).

[11] A definição de investidor profissional é dada pelo art. 9º-A da Instrução CVM nº 539, introduzido pela Instrução CVM nº 554, de 17 de dezembro de 2014, vigente a partir de 1º de outubro de 2015 – "I. instituições financeiras e demais instituições autorizadas a funcionar pelo Banco Central do Brasil; II. companhias seguradoras e sociedades de capitalização; III. entidades abertas e fechadas de previdência complementar; IV. pessoas naturais ou jurídicas que possuam investimentos financeiros em valor superior a R$ 10.000.000,00 e que, adicionalmente, atestem por escrito sua condição de investidor profissional mediante termo próprio, de acordo com o Anexo 9-A da Instrução CVM nº 539; V. fundos de investimento; VI. clubes de investimento, desde que tenham a carteira gerida por administrador de carteira de valores mobiliários autorizado pela CVM; VII. agentes autônomos de investimento, administradores de carteira, analistas e consultores de valores mobiliários autorizados pela CVM, em relação a seus recursos próprios; e VIII. investidores não residentes".

4. Participantes da operação

A seguir, temos uma breve análise dos entes envolvidos na estruturação de uma operação de emissão de CRI.

4.1. Companhia securitizadora

A companhia securitizadora é uma sociedade anônima de capital aberto, registrada na CVM nos termos do art. 21 da Lei nº 6.385/76, que não possui outros ativos que não os créditos imobiliários, o que garante ao investidor dos CRI o isolamento do risco também com relação à própria securitizadora.

Importante característica das companhias securitizadoras presente na Lei nº 9.514/97[12] é a permissão de instituição de regime fiduciário sobre os créditos destinados a lastrear determinada emissão de CRI. O regime fiduciário permite a estipulação de um patrimônio em separado, destinado única e exclusivamente ao pagamento dos valores mobiliários dos quais tais créditos serviram de lastro. Por consequência, obtém-se o isolamento da carteira permitindo a uma mesma securitizadora possuir diferentes carteiras de recebíveis, sem que uma venha a influenciar as demais.

4.2. Agente fiduciário

Nesse contexto de regime fiduciário, os investidores terão como seu representante um agente fiduciário, necessariamente uma instituição financeira ou companhia autorizada pelo Banco Central do Brasil. A atuação do agente fiduciário nas emissões de CRI obedecerá aos ditames da Instrução CVM nº 28, de 23 de novembro de 1983, e, supletivamente, aos dispositivos aplicáveis ao agente fiduciário das emissões de debêntures previstos na Lei nº 6.404/76.

Os arts. 12 e seguintes da Instrução CVM nº 28 regulam os deveres do agente fiduciário, a fim de proteger os direitos e interesses dos investidores. Dentre eles, destacam-se: "(a) verificar a veracidade das informações prestadas pela emitente, seja no momento da emissão, seja posteriormente, alertando os investidores a respeito de eventuais falhas ou omissões; (b) verificar a regularidade da constituição de garantias e o valor dos bens oferecidos, observando-se sua suficiência e exequibilidade; (c) intimar a emitente a reforçar garantias

---

[12] Art. 9º da Lei nº 9.514/97.

dadas, na hipótese de deterioração ou depreciação; (d) solicitar auditoria externa, sempre que necessária; (e) checar a existência de ações judiciais e procedimentos administrativos em face da emitente, quando julgar relevante; (f) convocar assembleia ou reunião de investidores sempre que necessário, comparecendo à mesma e prestando os esclarecimentos necessários; (g) elaborar relatório aos investidores, divulgando informações importante; e (h) analisar eventos que possam influir na segurança da securitização"[13].

No caso de inadimplência da companhia emissora, o agente fiduciário deverá usar toda e qualquer ação para proteger os investidores, podendo executar garantias, requerer falência, liquidar antecipadamente a securitização, e tomar outras medidas necessárias ao cumprimento de suas funções.

O agente fiduciário é obrigatório nas emissões públicas e facultativo nas emissões privadas.

4.3. Agência de classificação de risco (*rating*)

Há, ainda, a possibilidade[14] de se contratar uma agência de classificação de risco (*rating*) para atribuir aos CRI uma nota de risco, em face do perfil da carteira de créditos que os dá lastro.

As agências de rating são pessoas físicas ou jurídicas que prestam serviços de análise e avaliação da capacidade de o emissor pagar suas dívidas, da responsabilidade jurídica e da vontade do emissor de títulos e valores mobiliários de cumprir o pactuado.

A atividade de rating foi introduzida há mais de 10 anos no Brasil, porém, apesar de ser reconhecida formalmente pelo Conselho Monetário Nacional (CMN) e pela CVM ainda não há uma legislação que aborde especificamente a matéria. Tanto é que cada agência tem o seu procedimento de avaliação e classificação. Portanto, o que importa efetivamente é a credibilidade do serviço prestado, seja pelo seu destinatário, seja pelos investidores[15].

---

[13] CHAVES, Natália Cristina. *Direito Empresarial – Securitização de Crédito*. Editora Del Rey, 2006.
[14] Nos termos do art. 7º, § 6º, da Instrução CVM nº 414, nas ofertas públicas de distribuição de CRI destinadas a investidores que não sejam qualificados será obrigatório ao menos um relatório de agência classificadora de risco atribuído ao CRI.
[15] CHAVES, Natália Cristina. *Direito Empresarial – Securitização de Crédito*. Editora Del Rey, 2006.

DIREITO DOS NEGÓCIOS APLICADO

Ressalta-se que a nota atribuída por uma agência de rating poderá posteriormente ser modificada, tendo em vista o serviço de monitoramento realizado pela emissora.[16]

Além da classificação de risco ser benéfica aos investidores, em alguns casos pode até ser de grande interesse da emissora, tendo em vista que, dependendo da nota recebida esta terá maior facilidade de colocação de seus títulos no mercado.

Apesar da falta de dispositivo legal que regula a sua função, as agências de rating respondem civilmente pelos prejuízos causados a terceiros, por culpa ou dolo, no exercício de sua função.

4.4. Auditor independente

O auditor independente é elemento imprescindível para a credibilidade do mercado e instrumento de significativo valor na proteção dos investidores, na medida em que sua função é zelar pela confiabilidade das demonstrações contábeis da emissora.

Dessa forma, nas operações de emissão de CRI, o auditor independente corresponde a um dos principais colaboradores do agente fiduciário, pois, por meio de seus relatórios permite verificar a veracidade das informações prestadas pela emissora, bem como tomar medidas preventivas para evitar ou minimizar os riscos de inadimplência da emissora em face dos investidores[17].

A prestação de serviços de auditoria no âmbito do mercado de capitais requer um prévio registro na CVM, o qual depende do preenchimento de determinado requisitos pelo auditor, conforme previsto na Instrução CVM nº 308, de 14 de maio de 1999.

Conforme estabelece o art. 25 da referida Instrução, o auditor independente desempenhas as seguintes funções: (i) verificar se as demonstrações contábeis e o parecer de auditoria foram divulgados corretamente; (ii) verificar se as informações e análises contábeis e financeiras apresentadas no relatório da administração da entidade estão em consonância com as demonstrações contábeis auditadas; (iii) verificar se as destinações do resultado da entidade

---

[16] Conforme o art. 7º, § 7º, da Instrução CVM nº 414, Sempre que for elaborado relatório de classificação de risco, será obrigatória a sua atualização, pelo menos, a cada período de 3 (três) meses, admitindo-se, no caso de CRI cuja negociação seja restrita a investidores qualificados ou profissionais, que o termo de securitização de créditos exclua esta obrigação.

[17] CHAVES, Natália Cristina. *Direito Empresarial – Securitização de Crédito*. Editora Del Rey, 2006.

QUESTÕES JURÍDICAS RELATIVAS À ANTECIPAÇÃO DE RECEBÍVEIS IMOBILIÁRIOS

estão de acordo com as disposições da lei societária, com o seu estatuto social e com as normas emanadas da CVM; (iv) verificar o eventual descumprimento das disposições legais e regulamentares aplicáveis às atividades da entidade auditada e/ou relativas à sua condição de entidade integrante do mercado de valores mobiliários; (v) elaborar e encaminhar à administração e, quando solicitado, ao Conselho Fiscal, relatório circunstanciado que contenha suas observações a respeito de deficiências ou ineficácia dos controles internos e dos procedimentos contábeis da entidade auditada; (vi) conservar em boa guarda toda a documentação, relacionados com o exercício de suas funções; (vii) indicar com clareza as contas do ativo, passivo, resultado e patrimônio líquido que estão afetados pela adoção de procedimentos contábeis conflitantes com os Princípios Fundamentais de Contabilidade, bem como os efeitos no dividendo obrigatório e no lucro ou prejuízo por ação, conforme o caso, sempre que emitir relatório de revisão especial de demonstrações trimestrais ou parecer adverso ou com ressalva; (viii) dar acesso à fiscalização da CVM; e (ix) possibilitar, no caso de substituição por outro auditor, resguardados os aspectos de sigilo e mediante prévia concordância da entidade auditada, o acesso do novo auditor contratado aos documentos e informações que serviram de base para a emissão dos relatórios de revisões especiais de demonstrações trimestrais e pareceres de auditoria dos exercícios.

4.5. Advogados

Os escritórios de advocacia especializados em mercado de capitais contribuem com as operações de CRI desde a elaboração dos contratos e demais documentos relacionados à realização da oferta, até a devida e eficiente verificação do crédito imobiliário que servirá de lastro para os CRI (due diligence).

4.6. Coordenador

É a instituição financeira, integrante do sistema de distribuição de valores mobiliários, responsável pela colocação destes no mercado de investidores e, quando necessário, pelo registro da oferta pública dos CRI na CVM. "O coordenador líder tem diversas obrigações, dentre elas: (i) avaliar, em conjunto com o ofertante, a viabilidade da distribuição, suas condições e o tipo de contrato de distribuição a ser celebrado; (ii) solicitar, juntamente com o ofertante, o registro de distribuição devidamente instruído, assessorando-o em todas as etapas da distribuição; (iii) se necessário, formar o consórcio de distribuição; (iv) comunicar imediatamente à CVM qualquer eventual alteração no contato de distribuição, ou a sua rescisão; (v) participar ativamente, em conjunto com o ofertante, na elaboração do prospecto e na verificação da consistência, qualidade e suficiência das informações dele constantes, ficando responsável pelas informações prestadas; (vi) suspender a distribuição na ocorrência de qualquer fato ou irregularidade, inclusive após a obtenção do registro, que venha a justificar a suspensão ou o cancelamento do registro; (vii) guardar, por cinco anos, à disposição da CVM, toda a documentação relativa ao processo de registro de distribuição pública e elaboração do prospecto."[18]

A distribuição pública dos CRI pode ser intermediada por uma ou mais instituições intermediárias; sendo que, caso haja mais de uma instituição intermediária, uma delas deverá ser designada como líder perante o mercado e a CVM.

4.7. Investidores

Os investidores são os adquirentes dos CRI que, indiretamente, viabilizam a antecipação do recebimento de créditos pela originadora, pois é com a captação de seus recursos que a securitizadora efetuará o pagamento dos créditos adquiridos à originadora[19].

O investidor deve buscar o máximo de informações sobre a firmeza do crédito representado pelos CRI a serem adquiridos. Deve ler o prospecto de emissão do título e/ou o termo de securitização de créditos atentamente, especialmente as seções que tratam dos fatores de risco e das características dos créditos que dão lastro aos CRI.

O investidor que compra um CRI adquire o compromisso de que a empresa lhe pagará, após um período predeterminado, o dinheiro investido mais juros. Em geral, as emissoras dos títulos pagam juros mais a variação de um índice de inflação. Os CRI não podem ser corrigidos de acordo com a variação da taxa cambial. É permitido, porém, em alguns casos, que o investimento seja

---

[18] PORTO, Adriane Cabral da Silva; LOPES, Carlos Augusto; SPRAGINS, Chuck; PINA, Felipe. *Manual Uqbar de securitização: um glossário de termos.* Editora Uqbar, 2006.

[19] CHAVES, Natália Cristina. Direito Empresarial – Securitização de Crédito. Editora Del Rey, 2006.

reajustado por índices de inflação ou pelo índice de remuneração básica da poupança, se o prazo de vencimento dos títulos for superior a 36 meses[20].

Outra vantagem do CRI é a isenção de Imposto de Renda para pessoas físicas sobre os rendimentos obtidos com esses títulos, a exemplo do que acontece na caderneta de poupança[21].

5. Aspectos relativos à cessão dos créditos imobiliários

5.1. Formalidades legais da cessão de créditos

O negócio jurídico fundamental que sustenta a estrutura da operação de securitização para emissão de CRI acima descrita é a cessão dos créditos imobiliários à securitizadora. Por ser esta matéria amplamente tratada no Código Civil e na legislação, faz-se importante tecer alguns comentários sobre seus mais relevantes aspectos.

Inicialmente, destaca-se que a cessão de créditos é, entre as partes, um negócio não solene e consensual. No entanto, para que tenha validade perante terceiros, a lei estabelece alguns requisitos a serem observados. Nos termos do art. 288 do Código Civil, para que tenha eficácia perante terceiros, a cessão de créditos deve ser celebrada por meio de instrumento público ou particular revestido das solenidades do § 1º do art. 654 – geralmente, nas operações de securitização, tal instrumento é o denominado *contrato de cessão*. Ainda, o contrato de cessão, além da assinatura de duas testemunhas, deve, para valer

---

[20] Art. 46 da Lei nº 10.931/01: "Nos contratos de comercialização de imóveis, de financiamento imobiliário em geral e nos de arrendamento mercantil de imóveis, bem como nos títulos e valores mobiliários por eles originados, com prazo mínimo de trinta e seis meses, é admitida estipulação de cláusula de reajuste, com periodicidade mensal, por índices de preços setoriais ou gerais ou pelo índice de remuneração básica dos depósitos de poupança". Neste mesmo sentido dispõe a Decisão-Conjunta nº 013, de 14 de março de 2003, do Banco Central do Brasil e da CVM, que veda aos CRI a correção com base na taxa cambial e admite a estes a estipulação de cláusula de reajuste, com periodicidade mensal, por índices de preços setoriais ou gerais ou pelo índice de remuneração básica dos depósitos de poupança, se emitidos com prazo de vencimento mínimo de 36 meses (art. 6º).

[21] Tal isenção foi conferida pela Lei nº 11.033, de 21 de dezembro de 2004 (art. 3º, II). Para investidores pessoas jurídicas, aplicam-se as alíquotas progressivas previstas no art. 1º da referida lei, de acordo com o prazo do investimento, da seguinte forma: (i) 22,5% quando os investimentos forem realizados com prazo de até 180 dias; (ii) 20% quando os investimentos forem realizados com prazo de 181 dias até 360 dias; (iii) 17,5% quando os investimentos forem realizados com prazo de 361 dias até 720 dias; e (iv) 15% quando os investimentos forem realizados com prazo superior a 721 dias.

DIREITO DOS NEGÓCIOS APLICADO

ante terceiros, ser transcrito no Registro Público (art. 129, n. 9, da Lei nº 6.015, de 31 de dezembro de 1973, conforme alterada)[22].

No caso específico dos créditos imobiliários, ainda, deve-se observar o disposto no art. 167, II, n. 21 da Lei nº 6.015/75, que determina a averbação desta na matrícula do correspondente imóvel, junto ao Registro de Imóveis competente, como condição para validade do negócio.

Os créditos imobiliários representados por Cédulas de Crédito Imobiliário (CCI), que contam com regulamentação específica introduzida pela Lei nº 10.931/04, poderão ser negociados por meio de sistemas de registro e de liquidação financeira de títulos privados autorizados pelo Banco Central do Brasil (art. 22 da Lei nº 10.931/04).

Dado que a cessão de créditos, no contexto das operações de emissão de CRI, é feita a título oneroso, o cedente será responsável pela existência dos créditos, em observância ao disposto no art. 295 do Código Civil.

5.2. Notificação ao devedor

Quando faz-se referência aos terceiros aos quais o contrato de cessão deve ser oponível, é inevitável deixar de atentar à principal figura que interessa ao cessionário do crédito – o devedor, contra quem o crédito será cobrado. Nesse sentido, ilumina-se o art. 290 do Código Civil, o qual determina, em sua primeira parte, que a cessão de crédito não tem eficácia em relação ao devedor, senão quando a este notificada. Tal ato tem por objetivo vincular de forma veemente e indubitável o devedor ao novo credor.

Contudo, a segunda parte do art. 290 do Código Civil prevê que, caso o devedor, em escrito público ou particular, tenha se declarado ciente da cessão efetuada, a notificação, *per se*, é dispensada. Em que pese tal dispensa, na prática, é sempre recomendável que o devedor seja notificado a fim de que fique claro que o negócio, originalmente ligando cedente e cessionário, modificou-se de modo a afetar também o devedor; e que o crédito passou a ter um novo titular.

5.3. Vedações convencionais à cessão do crédito

Superadas as questões da formalização e da notificação ao devedor, faz-se necessário observar as vedações à cessão do crédito imobiliário. Ao celebrar o

---

[22] RODRIGUES, Silvio. *Curso de Direito Civil*. Volume 2. Editora Saraiva, 2003.

QUESTÕES JURÍDICAS RELATIVAS À ANTECIPAÇÃO DE RECEBÍVEIS IMOBILIÁRIOS

contrato de cessão, é necessário verificar se o instrumento que consubstancia o crédito imobiliário prevê a possibilidade da cessão do mesmo. O art. 286 do Código Civil preconiza que a cessão de créditos só é possível se o instrumento do crédito não a vedar. Nesse sentido, caso tal instrumento possua qualquer cláusula proibitiva da cessão, a mesma não ocorrerá, salvo se o que se pretende cedente convencionar a exclusão da cláusula junto ao devedor.

5.4. Tratamento dispensado às garantias do crédito imobiliário

Um importante aspecto a ser tratado na securitização de créditos imobiliários diz respeito às garantias dos créditos. É bastante comum que operações de crédito imobiliário envolvam garantias reais como a alienação fiduciária ou a hipoteca do imóvel financiado, ou mesmo a cessão fiduciária de recebíveis originados da venda de imóveis (prevista na Lei nº 9.514/97); ou garantias fidejussórias, como avais ou fianças. Tais garantias melhoram a qualidade do crédito e influenciam diretamente na avaliação do investidor quanto ao lastro de um CRI.

Nesse sentido, ilumina-se o art. 287 do Código Civil: salvo disposição em contrário, na cessão de um crédito abrangem-se todos os seus acessórios – por conseguinte, mediante a cessão, o cessionário se sub-roga na garantia do crédito.

No caso das operações de emissão de CRI, a securitizadora, como cessionária do crédito imobiliário, passará a ser a titular da garantia, vinculando--a ao patrimônio separado sob regime fiduciário correspondente aos CRI lastreados naquele crédito imobiliário, e devendo executá-la ou excuti-la em benefício de tal patrimônio separado, para que o produto de sua liquidação seja destinado a satisfazer os titulares dos CRI.

Outrossim, no caso de garantias reais que recaiam sobre imóveis, a cessão do crédito garantido deverá ser averbada junto ao Registro de Imóveis competente, para que a securitizadora, como cessionária, passe a ser a beneficiária da garantia. Contudo, a cessão de crédito garantido por direito real representado por CCI emitida sob a forma escritural (a qual deverá ser custodiada em instituição financeira e registrada em sistemas de registro e liquidação financeira de títulos privados autorizados pelo Banco Central do Brasil) é dispensada de averbação no Registro de Imóveis, nos termos do art. 22, § 2º, da Lei nº 10.931/04; sem prejuízo da averbação da própria CCI na matrícula do imóvel ao qual se vincula, conforme o art. 18, § 5º, da citada Lei.

5.5. Coobrigação

A fim de reduzir o risco do crédito lastro e, por consequência, o custo da operação, algumas emissões de CRI podem contar com a coobrigação do cedente, assumida no contrato de cessão. Nesta hipótese, o cedente não apenas se responsabiliza pela existência do crédito, mas também pela solvência do credor, de forma solidária, em subsunção à excepcionalidade aposta no art. 296 do Código Civil.

Aplicam-se ao coobrigado as regras de concentração de crédito previstas no art. 5º da Instrução CVM nº 414[23].

5.6. Recompra, substituição e garantias adicionais

Na mesma linha da coobrigação, e também para mitigar o risco do crédito lastro, as operações de CRI podem ser estruturadas de modo a prever, na hipótese de inadimplência dos devedores, a obrigação de recompra dos créditos imobiliários pelo cedente – dando liquidez ao patrimônio separado e, assim, garantindo o pagamento dos valores devidos aos titulares dos CRI – ou de substituição destes por outros créditos imobiliários com características semelhantes, que não estejam inadimplentes.

Ainda nesse sentido, os estruturadores das operações de CRI podem solicitar que o cedente constitua outras garantias reais ou fidejussórias, que não as já inerentes aos créditos imobiliários, em favor do patrimônio separado, para assegurar o pagamento dos CRI.

Outras garantias mais sofisticadas que têm sido utilizadas amplamente nas operações de CRI são a subordinação (em que os CRI, com um mesmo conjunto de créditos lastro, são divididos em duas séries, sendo o pagamento de uma das séries subordinado ao da outra – ficando, muitas vezes, a série subordinada com a empresa originadora, como sinalização de garantia) e a cessão de créditos adicional, conhecida pelo mercado como *overcollateral* (que consiste em ceder ao patrimônio separado mais créditos do que o necessário para o fluxo dos CRI, de modo a absorver a inadimplência dos recebíveis).

Sublinhe-se que, conforme a Resolução CMN nº 3.533, de 31 de janeiro de 2008, caso a originadora dos créditos seja uma instituição financeira, esta somente deverá baixar o ativo cedido (crédito) de seu balanço quando houver transferência substancial de riscos e benefícios. Na hipótese de reter

---

[23] Sobre o tema, vide item "3.1.1. Limite de concentração" deste artigo.

substancialmente o risco, a instituição financeira passará a apropriar o ganho ou a perda com a securitização no prazo remanescente da operação. Tal Resolução visa evitar que as instituições financeiras gerenciem seus resultados gerando caixa sobre operações de securitização de créditos que, na prática, são garantidas pela própria instituição.

6. Considerações finais

A emissão de CRI é uma inovação financeira que busca oferecer uma forma alternativa de financiamento para as empresas e um investimento diversificado e de menor risco para o investidor. Para as empreendedoras, tal operação permite a captação de recursos mediante a antecipação do recebimento de créditos vincendos, sem afetar o nível de endividamento de seu balanço, a depender da estrutura de garantias da operação.

Por se tratar de uma operação estruturada, envolvendo um instituto recente e ainda não levado à prestação jurisdicional, os negócios jurídicos envolvidos compreendem uma vasta gama de questões a serem observadas, consistindo em rica matéria para discussão.

Referências

CAMINHA, Uinie. *Securitização*. Editora Saraiva, 2005.

CHAVES, Natália Cristina. *Direito Empresarial – Securitização de Crédito*. Editora Del Rey, 2006.

GAGGINI, Fernando Schwarz. *Securitização de Recebíveis*. Livraria e Editora Universitária de Direito, 2003.

PORTO, Adriane Cabral da Silva; LOPES, Carlos Augusto; SPRAGINS, Chuck; PINA, Felipe. *Manual Uqbar de securitização: um glossário de termos*. Editora Uqbar, 2006.

RIZZARDO, Arnaldo. *Contratos de Crédito Bancário*. 7ª edição. Editora RT, 2007.

RODRIGUES, Silvio. *Curso de Direito Civil*. Volume 2. Editora Saraiva, 2003.

TOMAZETTE, Marlon. *Direito Societário*. 2ª edição. Editora Juarez de Oliveira, 2004.

Atividade Empresarial e o Combate à Corrupção na Administração Pública: Anotações sobre a Lei nº. 12.846/2013

Rafael Soares Souza

1. Repressão à corrupção empresarial no Brasil: um novo momento

Enquanto fenômeno sem fronteiras e universalmente danoso, a corrupção passou a ser objeto de diversos tratados internacionais a partir de 1990, a exemplo da Convenção sobre o Combate da Corrupção de Funcionários Públicos Estrangeiros em Transações Comerciais Internacionais da Organização para a Cooperação e Desenvolvimento Econômico (OCDE), da Convenção das Nações Unidas contra a Corrupção e da Convenção Interamericana contra a Corrupção.

Os reflexos em nosso ordenamento não tardaram a se fazer sentir, sendo o mais recente a Lei Federal nº. 12.846/2013, alcunhada de *Lei Anticorrupção*[24],

---

[24] MOREIRA NETO, Diogo de Figueiredo; FREITAS, Rafael Véras de. A juridicidade da Lei Anticorrupção: reflexões e interpretações prospectivas. **Fórum Administrativo – FA**, Belo Horizonte, ano 14, n. 156, p. 16, fev. 2014; OLIVEIRA, Rafael Carvalho Rezende; NEVES, Daniel Amorim Assumpção. O sistema brasileiro de combate à corrupção e a Lei nº 12.846/2013 (Lei anticorrupção). **Revista Brasileira de Direito Público – RBDP**, Belo Horizonte, ano 12, n. 44, p. 9-21, jan./mar. 2014.

Lei Anticorrupção Empresarial[25], *Lei da Improbidade Empresarial*[26] ou ainda *Lei da Empresa Limpa*[27], aqui utilizados como sinônimos. O diploma aborda a corrupção sob uma ótica diferenciada, simultaneamente repressiva (imposição de severas sanções administrativas e judiciais direcionadas às pessoas jurídicas)[28] e preventiva (fomento a novos comportamentos corporativos e mecanismos de integridade empresarial – *compliance*).

O presente estudo contextualiza algumas das inovações promovidas pela Lei Anticorrupção, propondo-se um corte temático centrado (i) nos documentos internacionais que influenciaram nossa legislação – a "agenda anticorrupção" –, (ii) as justificações da adoção de mecanismos paralelos a institutos tradicionais, com foco nas pessoas jurídicas e (iii) sua responsabilidade objetiva, (iv) o fomento ao compliance e, por fim, (v) o acordo de leniência.

2. O esforço internacional contra a corrupção empresarial

A Lei Anticorrupção é fruto de compromissos internacionais, almejando assegurar um ambiente de negócios saudável, transparente e competitivo. À princípio poderia parecer que todos são contra a corrupção, mas olhando mais a fundo, combatê-la é uma tarefa das mais difíceis. É que sob o ponto de vista estritamente finalístico, subornar um agente público (*bribery*) é uma estratégia eficiente, atraente para quem recebe a vantagem indevida, e altamente lucrativa para o corruptor, que amealha um retorno em média dez vezes

---

[25] NASCIMENTO, Melillo Dinis do (Org.). **Lei Anticorrupção Empresarial:** aspectos críticos à Lei nº 12.846/2013. Belo Horizonte: Fórum, 2014. 188 p.

[26] FERRAZ, Luciano. Reflexões sobre a Lei nº 12.846/2013 e seus impactos nas relações público-privadas: lei de improbidade empresarial e não lei anticorrupção. **Revista Brasileira de Direito Público – RBDP,** Belo Horizonte, ano 12, n. 47, p. 35, out./dez. 2014.

[27] É o que prefere a Controladoria-Geral da União em parte de suas publicações oficiais, como se infere pelo sítio oficial: < http://www.cgu.gov.br/assuntos/responsabilizacao-de-empresas/integridade-no-setor-privado>. Acesso em 15 nov. 2015.

[28] Em sede administrativa, é possível a imposição de (a) multa de até 20% do faturamento bruto da empresa, ou até 60 milhões de reais, quando não for possível calcular o faturamento bruto; (b) publicação extraordinária da decisão condenatória em meios de grande circulação, à expensas da pessoa jurídica. Judicialmente, em ação movida pelo Ministério Público ou pelas procuradorias da União, estados-membros ou municípios, a condenação poderá ser: (a) perdimento de bens; (b) suspensão de atividades e dissolução compulsória; (c) proibição de recebimento de incentivos, subsídios, subvenções, doações ou empréstimos de órgãos ou entidades públicas e de instituições financeiras públicas ou controladas pelo poder público, por prazo determinado (art. 6º e 19).

maior que a propina paga[29]. Não por acaso, quinze por cento das empresas multinacionais pesquisadas em 2012 consideraram o suborno tolerável em certas circunstâncias[30], e que o Banco Mundial estime em 1 trilhão de dólares o montante anual pago em propinas em todo o mundo[31].

Não obstante essas aparentes *vantagens* negociais, a corrupção suscita práticas anticompetitivas, distorce preços, prejudica empresas honestas e desvia recursos públicos necessários ao desenvolvimento social. Outrossim, faz nascer uma atmosfera de permissividade em respeito a outros tipos de desvio corporativo, incrementando os riscos a longo prazo, sacrificando os interesses dos seus investidores[32].

O primeiro marco legislativo a ser mencionado não é uma convenção, e sim o *U.S. Foreign Corrupt Practices Act* de 1977 – FCPA. Tal estatuto foi uma resposta ao escândalo *Watergate* e à descoberta de que milhões de dólares em suborno estavam sendo pagos por mais de quatrocentas empresas americanas, no exterior, com o escopo de assegurar negócios[33]. O FCPA é direcionado contra duas atividades distintas: (i) pagamentos de qualquer natureza ou valor para agentes públicos estrangeiros no sentido de ajudar o pagador a obter vantangens negociais, como conseguir ou assegurar um contrato; (ii) deixar a sociedade empresária de manter seus registros e escrituração em dia e de forma acurada, espelhando a realidade das transações e dos seus ativos[34]. O FCPA é aplicável a uma vasta gama de sujeitos, como empresas públicas e privadas, cidadãos estadudinenses ou residentes naquele país, ou ainda qualquer pessoa que tenha participado da conduta ilícita naquele país.

O elemento de conexão que leve à aplicabilidade do FCPA pode ser mais ou menos evidente: por exemplo, o negócio ou parte dele ter sido celebrado em solo norte-americano, a empresa lá ter sede, filial ou subsidiária. Esse

---

[29] Por exemplo, obtendo a liberação alfandegária, obtendo um contrato público, afastando concorrentes, etc. THE ECONOMIST. **You get who you pay for**, London, 02 Jun. 2012. Disponível em: < http://www.economist.com/node/21556255 >. Acesso em 15 nov. 2015.

[30] Idem.

[31] WORLD BANK INSTITUTE. **The Costs of Corruption**, 2004. Disponível em: <http://web.worldbank.org/WBSITE/EXTERNAL/NEWS/0,,contentMDK:20190187~menuPK:34457~pagePK:34370~piPK:34424~theSitePK:4607,00.html>. Acesso em 23 out. 2015.

[32] DEPARTAMENT OF JUSTICE. **FCPA: A Resource Guide to the U.S. Foreign Corrupt Practices Act**. 2012. Disponível em: <www.sec.gov/spotlight/fcpa.shtml>. Acesso em 10 out. 2015.

[33] Idem.

[34] TRAUTMAN, Lawrence J.; ALTENBAUMER-PRICE, Kara. **The Foreign Corrupt Practices Act:** Minefield for Directors. Virginia Law & Business Review, Virginia, no. 1, jan. 2011. Disponível em: <http://ssrn.com/abstract=1930190>. Acesso em 07 out. 2015.

DIREITO DOS NEGÓCIOS APLICADO

leque dilatado abrange "gigantes" de inúmeros setores, com negócios por todo o mundo[35]. Com base no FCPA, os Estados Unidos arrecadaram U$ 2,8 bilhões entre 2005 e 2010 em sede de acordos celebrados com empresas por práticas ilícitas no exterior, inclusive no Brasil – *Caso Chevron, United States/ Brazil*[36]. Mas o caminho inverso também é possível, tendo sido noticiado que companhias brasileiras como a PETROBRAS e EMBRAER estariam sendo investigadas com base no FCPA, por negócios nos Estados Unidos[37].

Uma legislação rigorosa como a FCPA poderia colocar empresas norte--americanas em desvantagem diante de concorrentes estrangeiras, cujos países de origem fossem mais indulgentes. Em virtude disso, os Estados Unidos passaram a patrocinar a ideia de uma convenção internacional sobre o tema, o que veio a acontecer décadas após com a Convenção sobre o Combate da Corrupção de Funcionários Públicos Estrangeiros em Transações Comerciais Internacionais da Organização para a Cooperação e Desenvolvimento Econômico (OCDE), que entrou em vigor em 1999[38]. No Brasil, tal convenção foi internalizada através do Decreto nº. 3.678/2000 e motivou a alteração do Código Penal, incluindo o Capítulo II-A no Título XI intitulado "dos crimes praticados contra a Administração Pública Estrangeira", que antes eram fatos atípicos.

O segundo documento internacional é a Convenção das Nações Unidas contra a Corrupção, que entrou em vigor em 2005, promulgada no Brasil pelo Decreto nº. 5.587/2006. São seus objetivos: (i) promover e fortalecer as medidas para prevenir e combater mais eficaz e eficientemente a corrupção;

---

[35] DEPARTAMENT OF JUSTICE, op. cit.

[36] As cifras são astronômicas: "1. Siemens AG, Germany: US$800 million in 2008. 2. KBR/Halliburton, United States: US$579 million in 2009. 3. BAE, United Kingdom: US$400 million in 2010. 4. Snamprogetti Netherlands B.V./ENI S.p.A: US$365 million in 2010. 5. Technip S.A., France: US$338 million in 2010. 6. Daimler AG, Germany: US$185 million in 2010. 7. Baker Hughes, United States: US$44.1 million in 2007. 8. Willbros, United States: US$32.3 million in 2008. 9. Chevron, United States/Brazil: US$30 million in 2007. 10. Titan Corporation, United States: US$28.5 million in 2005". Disponível em: <www.fcpablog.com/blog/2010/7/20/the-fcpas-top-ten.html>. Acesso em 10 out. 2015.

[37] HALLAKE, Marcello; HARPER, Michael. EUA de olho nas empresas brasileiras. **Folha de São Paulo**. São Paulo, 03 nov. 2015. Disponível em: <http://www1.folha.uol.com.br/opiniao/2015/11/1700820-eua-de-olho-nas-empresas-brasileiras.shtml>. Acesso em: 03 nov. 2015.

[38] Em 2000, a OCDE complementou a convenção listando medidas preventivas de combate à corrupção – *Diretrizes para Empresas Multinacionais* FEDERAL MINISTRY FOR ECONOMIC COOPERATION AND DEVELOPMENT. **Anti-corruption and integrity in German development policy**, 2012. Disponível em: < http://www.bmz.de/en/publications/archiv/type_of_publication/strategies/Strategiepapier323_04_2012.pdf>. Acesso em 23 out. 2015.

(ii) promover, facilitar e apoiar a cooperação internacional e a assistência técnica na prevenção e na luta contra a corrupção, incluída a recuperação de ativos; (iii) promover a integridade, a obrigação de render contas e a devida gestão dos assuntos e dos bens públicos (art. 1º.). Os Estados-partes comprometem-se a criar mecanismos e legislação aptos a reprimir tais práticas ilícitas, organizadas em tópicos como setor público, setor privado e participação da sociedade. Em que pese a preocupação em reprimir práticas ilícitas em sede contábil e controle interno[39], a legislação brasileira não evoluiu nesse aspecto, sendo que até hoje não se tipificou os crimes de "suborno no setor privado" (art. 21), "malversação ou peculato de bens no setor privado" (art. 22). Já a "responsabilidade das pessoas jurídicas", prevista no art. 26 só veio a ser regulamentada mais recentemente com a Lei Anticorrupção.

O terceiro documento internacional é de âmbito regional, a Convenção Interamericana contra a Corrupção, promulgada no Brasil através do Decreto nº. 4.410/2002. São suas metas promover e fortalecer o desenvolvimento de mecanismos para prevenir, detectar, punir e erradicar a corrupção, bem como a cooperação internacional nesse quesito (art. 1º.). Analogamente à Convenção das Nações Unidas contra a Corrupção, há um repertório de instrumentos para repressão da corrupção, bem como enunciação de condutas a serem reprimidas[40].

---

[39] Artigo 12 Setor Privado
1. Cada Estado Parte, em conformidade com os princípios fundamentais de sua legislação interna, adotará medidas para prevenir a corrupção e melhorar as normas contábeis e de auditoria no setor privado, assim como, quando proceder, prever sanções civis, administrativas ou penais eficazes, proporcionadas e dissuasivas em caso de não cumprimento dessas medidas. (...)

[40] Artigo VI – Atos de corrupção
1. Esta Convenção é aplicável aos seguintes atos de corrupção:
a. a solicitação ou a aceitação, direta ou indiretamente, por um funcionário público ou pessoa que exerça funções públicas, de qualquer objeto de valor pecuniário ou de outros benefícios como dádivas, favores, promessas ou vantagens para si mesmo ou para outra pessoa ou entidade em troca da realização ou omissão de qualquer ato no exercício de suas funções públicas;
b. a oferta ou outorga, direta ou indiretamente, a um funcionário público ou pessoa que exerça funções públicas, de qualquer objeto de valor pecuniário ou de outros benefícios como dádivas, favores, promessas ou vantagens a esse funcionário público ou outra pessoa ou entidade em troca da realização ou omissão de qualquer ato no exercício de suas funções públicas;
c. a realização, por parte de um funcionário público ou pessoa que exerça funções públicas, de qualquer ato ou omissão no exercício de suas funções, a fim de obter ilicitamente benefícios para si mesmo ou para um terceiro;
d. o aproveitamento doloso ou a ocultação de bens provenientes de qualquer dos atos a que se refere este artigo; e

DIREITO DOS NEGÓCIOS APLICADO

Além das convenções internacionais, a legislação doméstica tem importância visto ser comum uma empresa possuir sede num Estado e negócios em múltiplos países, o que poderá gerar sua aplicação extraterritorial. É o caso do já mencionado FCPA, da Alemanha e seus critérios para evitar a corrupção em relações de empresas tedescas em países parceiros[41], no Reino Unido, o *UK Bribery Act 2010* e também do Brasil, cuja Lei Anticorrupção incide sobre atos lesivos praticados por pessoa jurídica brasileira contra a Administração Pública estrangeira, ainda que praticados no exterior (art. 28).

3. A inadequação dos instrumentos repressivos tradicionais e a abordagem promovida pela Lei Anticorrupção

Tradicionalmente, corrupção no Brasil é um *caso de polícia*. O Código Criminal de 1830 previa inúmeros delitos visando tutelar a moralidade da Administração, como os de peita, suborno e concussão (arts. 130 a 136), o que foi replicado no Código Criminal de 1890 (arts. 214 a 219). O vigente Código Penal aprofundou tal tópico no Título XI – Dos crimes contra a Administração Pública, havendo ainda vasta legislação esparsa.

Em sendo o Direito Penal a intervenção mais severa na esfera individual, era de se esperar que fosse bastante para reprimir condutas indesejadas. Entretanto, no mundo real, a tutela penal efetiva e reparação do dano são extremamente raros[42]. É que uma sociedade empresária é composta por diversos órgãos, sen-

---

e a participação, como autor, co-autor, instigador, cúmplice, acobertador ou mediante qualquer outro modo na perpetração, na tentativa de perpetração ou na associação ou confabulação para perpetrar qualquer dos atos a que se refere este artigo.

[41] FEDERAL MINISTRY FOR ECONOMIC COOPERATION AND DEVELOPMENT. **Anti-corruption and integrity in German development policy**, 2012. Disponível em: < http://www.bmz.de/en/publications/archiv/type_of_publication/strategies/Strategiepapier323_04_2012.pdf>. Acesso em 23 out. 2015.

[42] Essa situação não se deve à falta de normas. Desde antes da Independência do Brasil, a repação do dano deveria ser um dos efeitos práticos da condenação penal. Assim: a) o Livro V das Ordenações Filipinas, Título CXVII, § 21, previa a ação penal e a reparação dos danos, simultaneamente ou não; b) o Código Criminal do Império do Brasil de 1830, ordenava que o prejudicado poderia optar pela ação civil ou apresentar o valor provável do dano sofrido na ação penal, cujo pagamento da indenização deveria ser feito em até oito dias, sob pena de prisão com trabalhos até a quitação do débito (art. 21 a 32); c) o Código de Processo Criminal de 1832 prescrevia que a queixa ou denúncia deveria conter o valor provável do dano, o que deveria constar da sentença criminal, sem prejuízo da liquidação no juízo cível, acaso necessário (art. 79 e 338); d) o Código de Processo Criminal de 1841 instituiu a separação entre o juízo cível e criminal, mas com a limitação que perdura até hoje: a existência do fato e autoria reconhecidas pelo juízo criminal não poderiam mais ser

do penoso limitar a responsabilidade individual, face à compartimentalização da cadeia de comando e execução[43]. E ainda que as estruturas societárias sejam bem definidas, práticas ilícitas não são documentadas, reduzidas a termo ou publicizadas por motivos óbvios. Em suma, a impunidade é a regra.

A vantagem em se responsabilizar diretamente as pessoas jurídicas está em evitar infindáveis discussões acerca de autoria e elemento subjetivo, pois as sanções recaem sobre o ente abstrato. Em que pese a resistência desse tipo de abordagem, é preciso sublinhar que em sede de crime ambiental atribuído à PETROBRAS, o Supremo Tribunal Federal julgou ser desnecessária a vinculação ou identificação da pessoa natural envolvida, sob pena de inviabilizar qualquer tentativa de repressão à condutas ilícitas (no caso, criminosas). Consta do voto da Ministra Rosa Weber:

> E em grandes corporações há de se reconhecer a dificuldade prática de identificar a pessoa física diretamente responsável por ato criminoso corporativo, até porque no mínimo inusual seja sua prática submetida a votação do conselho de diretores ou objeto de registro documental. Pode-se, por outro lado, entender, na esteira da jurisprudência do Superior Tribunal de Justiça, que a condição estabelecida de identificação e persecução penal simultânea da pessoa física responsável decorreria da própria natureza das coisas, uma vez que a ação da corporação se identificaria com a ação dos dirigentes e empregados que a compõem. (...) Daí

---

rediscutidas (art. 68); e) o Código Penal dos Estados Unidos do Brasil de 1890, estatuía como efeito da condenação penal a obrigação de reparar o dano, o que seria regulado pela lei civil (art. 69 e 70); f) a Lei nº. 221/1894 estatuiu que nos crimes contra a Fazenda Nacional deveria o Ministério Público buscar a reparação ao erário (art. 33); g) a redação original do Código de Processo Penal seguiu os ditames anteriores, sendo que a sentença penal condenatória tornaria certa a obrigação de indenizar, mas dependeria de liquidação no juízo cível. Mas, em 2008, a Lei nº. 11.719/08, que incluiu o inciso IV no art. 387 do CPP, ordenando que o juiz, na sentença condenatória, "fixará valor mínimo para reparação dos danos causados pela infração, considerando os prejuízos sofridos pelo ofendido". Trata-se da mais recente tentativa de melhor proteger os interesses da – muitas vezes esquecida – vítima no processo penal. Mas note-se: o valor mínimo da indenização será devida pelo autor do fato (réu/pessoa física), não da pessoa jurídica envolvida, que não participa da lide penal salvo em crimes ambientais.

[43] "Como es sabido, la criminalidad empresarial se caracteriza por algunas peculiaridades en el modo de realización delictiva, tales como la división funcional del trabajo en el plano horizontal, y la jerarquía en el plano vertical. En este sentido, los problemas de autoría y participación que se presentan no sólo afectan a los delitos socioencómicos en sentido estricto, sino que son comunes a otras infracciones, en las que intervienen estructuras organizadas de personas". CRESPO, Eduardo Demetrio (Org.). Sobre la posición de garante del empresario por la no evitación de delitos cometidos por sus empleados. In: PRADO, Luiz Regis; DOTTI, René Ariel (Org.). **Doutrinas essenciais direito penal econômico e da empresa.** São Paulo: Revista dos Tribunais, 2011. p. 26.

porque a responsabilidade da pessoa jurídica – a par das razões decorrentes da intenção de impedir que o ente coletivo obtenha lucros e vantagens advindos da prática de fatos ilícitos no seu interesse, e de fomentar que os órgãos técnicos e de direção da empresa atuem para impedir o cometimento de injustos, até como reforço, no caso da norma constitucional brasileira, na preservação dos bens jurídicos ambientais tutelados –, fundamenta-se na extrema dificuldade de obtenção da prova da autoria de ilícitos cometidos no ambiente empresarial e de conglomerados associativos, de intensa e intrincada segmentação na tomada de decisões e na condução técnica e de opções da sociedade, muitas vezes desenvolvidas em etapas sucessivas e complementares[44].

O legislador brasileiro poderia optar por ampliar as hipóteses de responsabilização penal da própria pessoa jurídica, abrangendo crimes contra a Administração, mas o caminho trilhado foi outro, um movimento *para fora do Direito Penal*. Sinal disso foi a Lei nº. 8.429/1992 (Improbidade Administrativa), um dos instrumentos mais usuais em termos de combate à corrupção e a atual Lei Anticorrupção. Ambas têm em comum diferentes períodos turbulentos de nossa história recente: a Lei de Improbidade, o fim do Governo Collor; já a Lei Anticorrupção é contemporânea dos grandes protestos de 2013. A indignação coletiva como combustível para mudanças legislativas aconteceu também nos Estados Unidos, no qual o escândalo *Watergate* levou ao *Foreign Corrupt Act* (FCA)[45].

Voltando à Lei Anticorrupção, esta propõem-se a suprir duas grandes deficiências na lei de licitações e contratos administrativos (Lei 8.666/1993). A primeira, que as condutas mais graves na citada lei seriam puníveis apenas em caráter penal, o que não atinge pessoas jurídicas. E, em segundo lugar, a insuficiência das sanções patrimoniais impostas às pessoas jurídicas, de modo que não há o ressarcimento ao erário e tampouco repressão eficiente[46].

No tocante ao confronto entre a Lei Anticorrupção e a Lei de Improbidade Administrativa, visualiza-se uma relação de complementaridade. A primeira penaliza primordialmente condutas praticadas por qualquer agente público, servidor ou não, contra a administração direta, indireta ou fundacional de

---

[44] BRASIL. Supremo Tribunal Federal. **Recurso Extraordinário nº 548.181**, 1ª Turma. Relator: Ministra Rosa Weber. Brasília, DF, 06 de janeiro de 2013. Brasília, . Disponível em: <www.stf.jus.br>. Acesso em: 11 nov. 2015.

[45] DEPARTAMENT OF JUSTICE, op. cit.

[46] SUBCHEFIA DE ASSUNTOS PARLAMENTARES. **EMI Nº 00011 2009 – CGU/MJ/ AGU**, 2009. Disponível em:<http://www.planalto.gov.br/ccivil_03/projetos/EXPMOTIV/ EMI/2010/11%20-%20CGU%20MJ%20AGU.htm>. Acesso em 01 nov. 2015.

qualquer dos Poderes da União, dos Estados, do Distrito Federal, dos Municípios, de Território, de empresa incorporada ao patrimônio público ou de entidade para cuja criação ou custeio o erário haja concorrido ou concorra com mais de cinquenta por cento do patrimônio ou da receita anual (art. 1º.). Já a Lei Anticorrupção tem por alvo sociedades empresárias e sociedades simples, personificadas ou não, independentemente da forma de organização ou modelo societário adotado, bem como a quaisquer fundações, associações de entidades ou pessoas, ou sociedades estrangeiras, que tenham sede, filial ou representação no território brasileiro, constituídas de fato ou de direito, ainda que temporariamente (art. 1º, § único). É indiferente se a pessoa jurídica tem ou não fins lucrativos, a exemplo de associações, sindicatos, partidos políticos, orgtanizações religiosas, etc.

A atenção concentrada nas pessoas jurídicas arrima-se na Convenção da OCDE[47] e também com a Convenção das Nações Unidas contra a Corrupção[48]. Para além disso, os resultados são mais expressivos quando se mira na pessoa jurídica. Ora,

> (...) uma coisa é punir o diretor de uma sociedade anônima que praticou atos de corrupção – porém, seus efeitos, circunscritos àquela pessoa, são microscópicos e retrospectivos (e, usual, a parte financeira é coberta por seguros). Outra coisa, bastante mais efetiva em termos macroscópicos e prospectivos, é impedir que o acionista dessa companhia se beneficie economicamente desse mesmo ato – ou

---

[47] Artigo 2 – Responsabilidade de Pessoas Jurídicas.
Cada Parte deverá tomar todas as medidas necessárias ao estabelecimento das responsabilidades de pessoas jurídicas pela corrupção de funcionário público estrangeiro, de acordo com seus princípios jurídicos.

[48] Artigo 26
Responsabilidade das pessoas jurídicas
1. Cada Estado Parte adotará as medidas que sejam necessárias, em consonância com seus princípios jurídicos, a fim de estabelecer a responsabilidade de pessoas jurídicas por sua participação nos delitos qualificados de acordo com a presente Convenção.
2. Sujeito aos princípios jurídicos do Estado Parte, a responsabilidade das pessoas jurídicas poderá ser de índole penal, civil ou administrativa.
3. Tal responsabilidade existirá sem prejuízo à responsabilidade penal que incumba às pessoas físicas que tenham cometido os delitos.
4. Cada Estado Parte velará em particular para que se imponham sanções penais ou não-penais eficazes, proporcionadas e dissuasivas, incluídas sanções monetárias, às pessoas jurídicas consideradas responsáveis de acordo com o presente Artigo.

proibir, de modo eficaz, que, no futuro, tal sociedade volte a ser instrumento para a prática de atos semelhantes, ainda que pelas mãos de outros diretores[49].

Outra faceta da Lei Anticorrupção é o modo como se dará essa responsabilidade, abandonando-se o sistema da responsabilidade subjetiva, o que é explicado adiante.

4. Responsabilidade objetiva das pessoas jurídicas

Como visto, os compromissos internacionais assumidos pelo Brasil tornaram imperativa a responsabilização das pessoas jurídicas. Mas em respeito às diferentes culturas jurídicas, deixou-se à cargo de cada país definir *como* isso aconteceria. A única imposição é que as sanções – penais ou não-penais, conforme cada país – sejam eficazes, proporcionais e dissuassivas. Desde o anteprojeto, a Lei Anticorrupção optou pela responsabilização civil objetiva[50], mas durante o processo legislativo houve tentativa de abrandamento, criando uma hipótese de responsabilidade subjetiva, o que foi vetado ($\S$ 2º do art. 19). Eis as razões:

> Tal como previsto, o dispositivo contraria a lógica norteadora do projeto de lei, centrado na responsabilidade objetiva de pessoas jurídicas que cometam atos contra a administração pública. A introdução da responsabilidade subjetiva anularia todos os avanços apresentados pela nova lei, uma vez que não há que se falar na mensuração da culpabilidade de uma pessoa jurídica[51].

[49] MOREIRA, Egon Bockmann; BAGATIN, Andreia Cristina. Lei Anticorrupção e quatro de seus principais temas: responsabilidade objetiva, desconsideração societária, acordos de leniência e regulamentos administrativos. **Revista de Direito Público da Economia – RDPE**, Belo Horizonte, ano 12, n. 47, p. 58, jul./set. 2014.

[50] O anteprojeto que deu origem à Lei Anticorrupção justificou a responsabilização objetiva nos seguintes termos: "5. Disposição salutar e inovadora é a da responsabilização objetiva da pessoa jurídica. Isso afasta a discussão sobre a culpa do agente na prática da infração. A pessoa jurídica será responsabilizada uma vez comprovados o fato, o resultado e o nexo causal entre eles. Evita-se, assim, a dificuldade probatória de elementos subjetivos, como a vontade de causar um dano, muito comum na sistemática geral e subjetiva de responsabilização de pessoas naturais". SUBCHEFIA DE ASSUNTOS PARLAMENTARES, op. cit.

[51] O $\S$ 2º do art. 19 exigia a demonstração de dolo ou culpa para algumas das condutas a serem punidas foi vetado com base nas seguintes razões:. PRESIDÊNCIA DA REPÚBLICA. *Mensagem nº 314, de 1º de agosto de 2013*. Disponível em: < http://www.planalto.gov.br/ccivil_03/_ato2011-2014/2013/Msg/VEP-314.htm>. Acesso em 02 nov. 2015.

Deveras, longe de ser uma excepcionalidade, a responsabilidade objetiva é amplamente adotada nessa matéria, sendo o recomendado pela Convenção Europeia sobre a Corrupção[52], em vigor em quase cinquenta países (não no Brasil) e no *UK Bribery Act 2010*, que pune até a mera omissão da pessoa jurídica em instituir mecanismos internos preventivos, sem qualquer espaço para discussão acerca de elemento subjetivo dolo ou culpa[53].

Entrementes, como as pessoas morais são entes abstratos, suas manifestações de vontade e atos em geral são praticados através de pessoas físicas, peculiaridade que faz com que os detratores da responsabilidade objetiva aleguem ser difícil estabelecer um discrímen entre quando o agente atua enquanto pessoa física ou em nome da pessoa jurídica, notadamente em situações de abuso de direito, excesso de poderes, etc. Consoante art. 2º da Lei Anticorrupção. "(a)s pessoas jurídicas serão responsabilizadas objetivamente, nos âmbitos administrativo e civil, pelos atos lesivos previstos nesta Lei praticados em seu interesse ou benefício, exclusivo ou não". O parâmetro, como

---

[52] Article 18 – Corporate liability

1 Each Party shall adopt such legislative and other measures as may be necessary to ensure that legal persons can be held liable for the criminal offences of active bribery, trading in influence and money laundering established in accordance with this Convention, committed for their benefit by any natural person, acting either individually or as part of an organ of the legal person, who has a leading position within the legal person, based on:

   – a power of representation of the legal person; or

   – an authority to take decisions on behalf of the legal person; or

   – an authority to exercise control within the legal person; as well as for involvement of such a natural person as accessory or instigator in the abovementioned offences.

2 Apart from the cases already provided for in paragraph 1, each Party shall take the necessary measures to ensure that a legal person can be held liable where the lack of supervision or control by a natural person referred to in paragraph 1 has made possible the commission of the criminal offences mentioned in paragraph 1 for the benefit of that legal person by a natural person under its authority.

3 Liability of a legal person under paragraphs 1 and 2 shall not exclude criminal proceedings against natural persons who are perpetrators, instigators of, or accessories to, the criminal offences mentioned in paragraph 1.

CONSELHO DA EUROPA. **Criminal Law Convention on Corruption**. Disponível em: < http://www.coe.int/en/web/conventions/full-list/-/conventions/treaty/173>. Acesso em 10 nov. 2015.

[53] 7 Failure of commercial organisations to prevent bribery

(1) A relevant commercial organisation ("C") is guilty of an offence under this section if a person ("A") associated with C bribes another person intending—

   (a) to obtain or retain business for C, or

   (b) to obtain or retain an advantage in the conduct of business for C.

(2) But it is a defence for C to prove that C had in place adequate procedures designed to prevent persons associated with C from undertaking such conduct.

DIREITO DOS NEGÓCIOS APLICADO

se vê, é o do proveito/interesse, algo já referendado pelo Supremo Tribunal Federal em sede de responsabilidade penal da pessoa jurídica. Cita-se trecho do voto da Relatora:

> Não será qualquer atuação de qualquer dos indivíduos ou unidades vinculadas à empresa que poderá acarretar a atribuição do fato lesivo à pessoa jurídica; indispensável que a pessoa, indivíduos ou unidades participantes do processo de deliberação ou da execução do ato estivessem a atuar de acordo com os padrões e objetivos da empresa, ou seja, estivessem a cumprir com suas funções e atividades ordinárias definidas expressa ou implicitamente pelo corpo social com vista a atender o objetivo da atividade econômica organizada. O fato deve ter se realizado em nome ou sob o amparo da representação social: *"prevalece el punto de vista que considera suficiente que el comportamiento sea cometido al amparo de la representación social, pues de lo contrario la responsabilidad de la persona jurídica quedaría diluida ante hipótesis formales de extralimitación estatutaria."* (RIGHI, Estaban. **Los delitos econômicos**. Buenos Aires: Ad-Hoc, 2000, p. 143). Para além disso, necessário que a infração seja cometida no interesse ou benefício da entidade de modo a afastar a possibilidade de atribuição do fato ilícito ao ente moral se o indivíduo ou órgão interno responsável pelo ato tenha atuado unicamente para satisfação de interesse próprio, em busca de vantagem unicamente pessoal, ou ainda em detrimento consciente dos interesses e fins da empresa[54].

Dentre outras críticas[55], uma que merece um pouco mais de atenção diz respeito às supostas restrições à ampliação das hipóteses de responsabilidade objetiva, que deveriam se limitar às previstas na Constituição de 1988. É o que pensam, dentre outros, Jorge Ulisses Jacoby Fernandes e Karina Amorim Sampaio Costa[56].

---

[54] BRASIL. Supremo Tribunal Federal. **Recurso Extraordinário nº 548.181**, 1ª Turma. Relator: Ministra Rosa Weber. Brasília, DF, 06 de janeiro de 2013. Brasília, DF. Disponível em: <www.stf. jus.br>. Acesso em: 11 nov. 2015.

[55] Luciano Ferraz, por exemplo, pretende que o elemento subjetivo (dolo ou culpa) é essencial para as punições da Lei Anticorrupção, dado que tal legislação seria irmã siamesa da Lei de Improbidade, sendo que ambas devem ser lidas como um sistema único. E como nos atos de improbidade é necessária a culpa (sentido lato), o mesmo se aplicaria à Lei Anticorrupção – ponto de vista que contraria frontalmente o art. 2º. FERRAZ, Luciano, op. cit., p. 35.

[56] "A regra nas civilizações é a da responsabilidade subjetiva, e não o contrário. Só se deve reconhecer como válidas as exceções à culpa subjetiva em situações em que o Estado indeniza sem perquirir a culpa, como nos casos de responsabilidade objetiva e por danos nucleares. Apenas nestes. A fórmula inventada da responsabilidade objetiva somente é permitida em casos extremos e como garantia do particular frente ao Estado; nunca poderia ser admitida em sentido contrário, por mais nobres que fossem os interessados a serem protegidos". FERNANDES, Jorge Ulisses Jacoby;

424

ATIVIDADE EMPRESARIAL E O COMBATE À CORRUPÇÃO NA ADMINISTRAÇÃO PÚBLICA

Deve-se ponderar que a responsabilização objetiva é uma tendência em inúmeros ramos do Direito e não necessariamente precisa estar prevista no texto constitucional. Há muito a Administração Pública responde objetivamente pelos danos que causar (art. 37, § 6º da Constituição), da mesma forma que a reparação por dano ambiental prescinde a discussão sobre dolo ou culpa (art. 14,§ 1º da Lei 6.938/81 c/c art. 3º da Lei 9.605/98). Nos contratos administrativos, o art. 70 da Lei 8.666/93 determina que o contratado é responsável pelos danos causados diretamente à Administração ou a terceiros, decorrentes de sua culpa ou dolo na execução do contrato, não excluindo ou reduzindo essa responsabilidade a fiscalização ou o acompanhamento pelo órgão interessado. E, por último, na legislação civil, o parágrafo único do art. 927 prescreve que haverá obrigação de reparar o dano, independentemente de culpa, nos casos especificados em lei, ou quando a atividade normalmente desenvolvida pelo autor do dano implicar, por sua natureza, risco para os direitos de outrem.

A objetivação da responsabilidade é explicada por Gustavo Tepedino como reflexo da nova tábua axiológica inagurada pela Constituição de 1988, e da reverberação de sólidos princípios constitucionais como a solidariedade social e justiça distributiva. Em suas palavras,

> (...) os princípios da solidariedade social e da justiça distributiva, capitulados no art. 3º, incisos I e III, da Constituição, segundo os quais se constituem em objetivos fundamentais da República a construção de uma sociedade livre, justa e solidária, bem como a erradicação da pobreza e marginalização e a redução das desigualdades sociais e regionais, não podem deixar de moldar os novos contornos da responsabilidade civil. Do ponto de vista legislativo e interpretativo, retiram da esfera meramente individual e subjetiva o dever de repartição dos riscos da atividade econômica e da autonomia privada, cada vez mais exacerbados na era da tecnologia. Impõem, como linha de tendência, o caminho da intensificação dos critérios objetivos de reparação e do desenvolvimento de novos mecanismos de seguro social[57].

Afora todos esses argumentos, na realidade, o que temos aqui é um falso problema, uma falsa inovação. Ora, as inúmeras condutas listadas no art.

COSTA, Karina Amorim Sampaio. Breves comentários à Lei da Responsabilização Administrativa e Civil de pessoas jurídicas pela prática de atos contra a Administração Pública, nacional ou estrangeira. In: NASCIMENTO, Melillo Dinis do (Org.). **Lei Anticorrupção Empresarial:** aspectos críticos à Lei nº 12.846/2013. Belo Horizonte: Fórum, 2014. p. 51.

[57] TEPEDINO, Gustavo. **Temas de Direito Civil.** 3. ed. Rio de Janeiro: Renovar, 2004. p. 194.

DIREITO DOS NEGÓCIOS APLICADO

5º da Lei 12.846/2013 exigem uma conduta intencional de alguém ligado à entidade. Por exemplo, o inciso IV, alínea "a" – "frustrar ou fraudar, mediante ajuste, combinação ou qualquer outro expediente, o caráter competitivo de procedimento licitatório público" – evidentemente demanda elemento subjetivo dolo[58], isto é, uma deliberada intenção de frustar o caráter competivo de uma licitação. E a responsabilização da pessoa jurídica por ato ou fato de um de seus empregados é objetiva desde o Código Civil de 1916, *literalmente há um século* (art. 1.521, III c/c 1.522, atual art. 932, III c/c 933 do CC2002). Se assim o é nas relações privadas, não há motivo para ser diferente se o lesado for a Administração Pública.

Há de se ter em conta ainda que responsabilidade objetiva não se confunde com responsabilidade pela teoria do risco integral, que afasta excludentes como culpa exclusiva de terceiro, força maior ou caso fortuito. Significa dizer que, se a pessoa jurídica acusada de atos de corrupção fizer prova de que não houve violação à ordem jurídica, ou de que tal evento não decorreu da conduta de seus representantes — rompendo o nexo de causalidade — não há ilícito. Mais que isso: caso se faça prova de que o ato de corrupção foi praticado, por pessoa física, fora do contexto da atividade empresária e sem benefício da entidade, não há que se cogitar de responsabilização[59] – parâmetro do proveito/ interesse.

Uma decorrência da resposabilidade objetiva é que a mesma funciona como incentivo a mecanismos de integridade empresarial (*compliance*). Da mesma forma que uma empresa precisa tomar medidas preventivas com relação à poluição ambiental, prevenção de acidentes de trabalho e de danos aos consumidores (três casos clássicos de responsabilidade objetiva), também deverá levar em conta a prevenção à corrupção, evitando ser responsabilizada com base na Lei Anticorrupção por condutas indevidas de seus agentes[60]. É o assunto explorado a seguir.

---

[58] Adota-se aqui a definição de dolo encontrada na doutrina penal: "O dolo, conforme um conceito generalizado, é a vontade consciente de realizar um crime, ou, mais tecnicamente, o tipo objetivo de um crime, também definível como saber e querer em relação às circunstâncias de fato do tipo legal. Assim, o dolo é composto de um elemento intelectual (consciência, no sentido de representação psíquica) e de um elemento volitivo (vontade, no sentido de decisão de agir), como fatores formadores da ação típica dolosa". SANTOS, Juarez Cirino dos. *A moderna teoria do fato punível*. 2. ed. REVAN: Rio de Janeiro. p. 54.

[59] MOREIRA NETO, Diogo de Figueiredo; FREITAS, Rafael Véras de, op. cit., p. 16.

[60] "(...) a responsabilidade objetiva induz mudança de comportamento das empresas, pois o quadro de insegurança é muito maior para aquelas que não definem rígidos padrões de conduta e que ignoram seu papel de orientar, controlar e, eventualmente, punir os atos de seus funcionários. E, se

5. Programa de integridade empresarial (*compliance*) e suas consequências

Por *compliance* entende-se o conjunto de práticas e disciplinas adotadas pelas empresas para alinhar o comportamento corporativo ao cumprimento das normas legais e das políticas governamentais aplicáveis ao setor de atuação, inclusive mediante mecanismos e procedimentos internos de integridade, auditoria e incentivo à denúncia de irregularidades e a aplicação efetiva de códigos de ética e de conduta no respectivo âmbito[61]. Óbvia manifestação do *compliance* está no art. 12 da Convenção das Nações Unidas contra a Corrupção que, pela importância, é abaixo transcrito:

> Artigo 12
> Setor Privado
> 1. Cada Estado Parte, em conformidade com os princípios fundamentais de sua legislação interna, adotará medidas para prevenir a corrupção e melhorar as normas contábeis e de auditoria no setor privado, assim como, quando proceder, prever sanções civis, administrativas ou penais eficazes, proporcionadas e dissuasivas em caso de não cumprimento dessas medidas.
> 2. As medidas que se adotem para alcançar esses fins poderão consistir, entre outras coisas, em:
> a) Promover a cooperação entre os organismos encarregados de fazer cumprir a lei e as entidades privadas pertinentes;
> b) Promover a formulação de normas e procedimentos com o objetivo de salvaguardar a integridade das entidades privadas pertinentes, incluídos códigos de conduta para o correto, honroso e devido exercício das atividades comerciais e de todas as profissões pertinentes e para a prevenção de conflitos de interesses, assim como para a promoção do uso de boas práticas comerciais entre as empresas e as relações contratuais das empresas com o Estado;
> c) Promover a transparência entre entidades privadas, incluídas, quando proceder, medidas relativas à identificação das pessoas jurídicas e físicas envolvidas no estabelecimento e na gestão de empresas;
> (...)

---

o grau de insegurança é maior nesses casos, a menor probabilidade da ocorrência de desvios coloca finalmente as empresas que procedem de forma correta e preventiva em vantagem, alterando-se assim o cálculo da escolha, que antes pendia para o caminho errado frente a um cenário de impunidade e ausência em se fazer o correto". CAPANEMA, Renato de Oliveira. Inovações da Lei nº. Breves comentários à Lei da 12.846/2013. In: NASCIMENTO, Melillo Dinis do (Org.). **Lei Anticorrupção Empresarial:** aspectos críticos à Lei nº 12.846/2013. Belo Horizonte: Fórum, 2014. p. 21.
[61] FERRAZ, Luciano, op. cit., p. 34.

DIREITO DOS NEGÓCIOS APLICADO

Conquanto pareça inusitado consignar a relevância jurídica de códigos de ética e conduta, deve-se ter clareza que a *mens legis* é incentivar que a organização privada crie uma cultura corporativa contra a corrupção, seguindo critérios definidos pelo Poder Público, algo regulamentado no Brasil pelo Decreto nº. 8.420/2015 (*Programa de Integridade*)[62], segundo o qual quanto mais efetivos forem os mecanismos e procedimentos internos de integridade, auditoria e incentivo à denúncia de irregularidades e a aplicação efetiva de códigos de ética e de conduta no âmbito da pessoa jurídica, maior será a atenuante prevista no art. 7º, VIII da Lei Anticorrupção[63]. É algo parecido com o *UK Bribery Act 2010*, segundo o qual tais orientações (*guidance*) precisam ser periodicamente atualizadas[64].

O Programa de Integridade é evidentemente ambicioso, intencionando impor uma mudança cultural de dentro para fora, *funcionalizando* as pessoas jurídicas em prol do combate à corrupção. Melhor explicando,

> (...) todas as pessoas jurídicas precisam institucionalizar mecanismos de inibição a tais ilícitos. Para que elas sejam consideradas pelo ordenamento, já não mais basta a celebração do ato constitutivo e o seu registro no órgão competente, mas necessária se faz a prática cotidiana do compliance. A Lei Anticorrupção estabeleceu essa função para as pessoas jurídicas. Os atos de corrupção, ao invés de

[62] Art. 41. Para fins do disposto neste Decreto, programa de integridade consiste, no âmbito de uma pessoa jurídica, no conjunto de mecanismos e procedimentos internos de integridade, auditoria e incentivo à denúncia de irregularidades e na aplicação efetiva de códigos de ética e de conduta, políticas e diretrizes com objetivo de detectar e sanar desvios, fraudes, irregularidades e atos ilícitos praticados contra a administração pública, nacional ou estrangeira.
Parágrafo Único. O programa de integridade deve ser estruturado, aplicado e atualizado de acordo com as características e riscos atuais das atividades de cada pessoa jurídica, a qual por sua vez deve garantir o constante aprimoramento e adaptação do referido programa, visando garantir sua efetividade.

[63] O tema é tratado no art. 42 do Decreto nº. 8.420/2015 que, pelo seu detalhamento, escapa dos limites deste trabalho.

[64] 9 Guidance about commercial organisations preventing bribery
(1) The Secretary of State must publish guidance about procedures that relevant commercial organisations can put in place to prevent persons associated with them from bribing as mentioned in section 7(1).
(2) The Secretary of State may, from time to time, publish revisions to guidance under this section or revised guidance.
(3) The Secretary of State must consult the Scottish Ministers before publishing anything under this section.
(4) Publication under this section is to be in such manner as the Secretary of State considers appropriate.
(5) Expressions used in this section have the same meaning as in section 7.

caracterizarem uma disfunção circunstancial (como se dá naqueles que podem instalar as hipóteses tradicionais de desconsideração), assumem a condiçao de disfunção estrutural. Por isso que aquela pessoa jurídica que pratique os atos de corrupção, nos termos dos incs. I e II do § 1º do art. 19 da Lei nº. 12.846/2013, poderá sofrer a dissolução judicial compulsória[65].

A "pena de morte" para a pessoa jurídica – *rectius*, dissolução compulsória – é um ato extremo, com sentido mais simbólico do que prático. A intenção primordial não é inviabilizar as pessoas jurídicas, mas simplesmente atrair potenciais infratores à via da correição.

De se ver que o incentivo ao *compliance* no Brasil foi feito de forma pouco incisiva quando cotejado com outras experiências no exterior. Ora, a já mencionada Convenção Europeia sobre a Corrupção prevê que a pessoa jurídica pode ser punida por não ter criado mecanismos internos preventivos aptos a evitar práticas ilícitas em seu seio (art. 18, "corporate liability")[66], algo semelhante ao *Failure of commercial organisations to prevent bribery* do *UK Bribery Act*

---

[65] MOREIRA, Egon Bockmann; BAGATIN, Andreia Cristina. Lei Anticorrupção e quatro de seus principais temas: responsabilidade objetiva, desconsideração societária, acordos de leniência e regulamentos administrativos. **Revista de Direito Público da Economia – RDPE**, Belo Horizonte, ano 12, n. 47, p. 55-84, jul./set. 2014.

[66] Article 18 – Corporate liability

1 Each Party shall adopt such legislative and other measures as may be necessary to ensure that legal persons can be held liable for the criminal offences of active bribery, trading in influence and money laundering established in accordance with this Convention, committed for their benefit by any natural person, acting either individually or as part of an organ of the legal person, who has a leading position within the legal person, based on:

 – a power of representation of the legal person; or

 – an authority to take decisions on behalf of the legal person; or

 – an authority to exercise control within the legal person; as well as for involvement of such a natural person as accessory or instigator in the abovementioned offences.

2 Apart from the cases already provided for in paragraph 1, each Party shall take the necessary measures to ensure that a legal person can be held liable where the lack of supervision or control by a natural person referred to in paragraph 1 has made possible the commission of the criminal offences mentioned in paragraph 1 for the benefit of that legal person by a natural person under its authority.

3 Liability of a legal person under paragraphs 1 and 2 shall not exclude criminal proceedings against natural persons who are perpetrators, instigators of, or accessories to, the criminal offences mentioned in paragraph 1.

CONSELHO DA EUROPA, op. cit.

DIREITO DOS NEGÓCIOS APLICADO

2010[67]. Em que pese ainda não haver condenação no Reino Unido com base em tal previsão, sua mera existência já traz importantes resultados na vida diária das empresas, com aumento dos custos de auditagem, florescimento de um novo mercado de consultoria (*compliance industry*), novas coberturas securitárias, etc[68]. É de se esperar que, em algum grau, o mesmo se passe no Brasil.

6. Acordos de leniência

Acordos substitutivos de sanções não são novidade em nosso sistema jurídico. Se bem que o exemplo mais comum seja o acordo de leniência na legislação antitruste (art. 86 da Lei 12.529/2011), há diversos outros, como o termo de ajustamento de conduta previsto no art. 5º da Lei nº 7.347/1985, o termo de compromisso da Lei da Comissão de Valores Mobiliários (art. 11, §§5º, 6º, 7º e 8º da Lei nº 6.385/1976), ou ainda, no setor de saúde suplementar, a Agência Nacional de Saúde Suplementar recebeu competência expressa para firmar termo de compromisso de ajuste de conduta (arts. 4º, XXXIX da Lei nº 9.961, de 2000, e 29 e 29A da Lei nº 9.656/1998), etc.

Tais acordos substituem as sanções no sentido de que a punição será abrandada proporcionalmente à colaboração do investigado. Parte-se de uma visão funcional das sanções, segundo o qual são elas instrumentos de regulação e não um fim em si mesmas. Como os mesmos propósitos (repressão de condutas e reparação do dano) são atingíveis de modo mais rápido, barato e previsível com a utilização de meios alternativos, esses acordos vem sendo paulatinamente valorizados[69]. E do ponto de vista estatal, pelas dificuldades em se apurar malfeitos dessa natureza, a colaboração espontânea ou provocada é

---

[67] 7 Failure of commercial organisations to prevent bribery
(1) A relevant commercial organisation ("C") is guilty of an offence under this section if a person ("A") associated with C bribes another person intending—
(a) to obtain or retain business for C, or
(b) to obtain or retain an advantage in the conduct of business for C.
(2) But it is a defence for C to prove that C had in place adequate procedures designed to prevent persons associated with C from undertaking such conduct.

[68] TRAUTMAN, Lawrence J.; ALTENBAUMER-PRICE, Kara. Lawyers, Guns and Money – The Bribery Problem and U.K. Bribery Act. **The International Lawyer,** New York, n. 481, p.511-513, 12 jun. 2013. Disponível em: <http://ssrn.com/abstract=2276738>. Acesso em: 11 nov. 2015.

[69] SUNDFELD, Carlos Ari; CÂMARA, Jacintho Arruda. Acordos substitutivos nas sanções regulatórias. **Revista de Direito Público da Economia – RDPE**, Belo Horizonte, ano 9, n. 34, abr./jun. 2011. Disponível em: <http://www.bidforum.com.br/bid/PDI0006.aspx?pdiCntd=73323>. Acesso em: 10 out. 2015.

essencial, tanto para melhor entender o mercado, como para fomentar uma cultura de boas práticas e *compliance*. Nesse contexto,

> (...) o acordo de leniência é um incentivo em sentido contrário àquela que usualmente orienta quem praticou o ilícito (ou o pratica ou tem conhecimento da sua prática). Como o risco de ser apanhado (e, por conseguinte, sancionado) é inerente ao ilícito, o acordo de leniência tenta inverter a lógica daquele que se envolveu na conduta indevida. Estimula o fornecimento de informações que permitam que a prática seja combatida, encerrada e sancionada, afastando parcela das sanções que incidiram sobre quem dela participou, mas decidiu colaborar por meio do fornecimento dos dados[70].

Ante tais observações, o argumento de inconstitucionalidade no acordo de leniência, por condicionar sua adesão à colaboração do infrator nas investigações não impressiona[71]. É que o direito a não se auto-incriminar é disponível, tanto que réus há décadas vem confessando crimes em troca de atenuação da pena (art. 65, III, "d" do Código Penal). E, num momento mais recente, a colaboração premiada vem sendo largamente utilizada no processo penal (12.850/2013, art. 4º), com acolhida pelo Supremo Tribunal Federal[72]. Outro detalhe é que o acordo de leniência, como o nome deixa claro, é um expediente negocial, facultativo, cujas vantagens e desvantagens deverão ser sopesadas pelo interessado e Administração. Consentâneo com tal pensamento, a Lei Anticorrupção preconiza que não importará em reconhecimento da prática do ato ilícito investigado a proposta de acordo de leniência rejeitada (Art. 16, § 7º).

No tocante à mecânica legal de tal acordo, sinteticamente, a autoridade máxima de cada órgão ou entidade pública pode compor com a pessoa jurídica envolvida desde que ela colabore com as investigações e processo administrativo, resultando dessa avença dois resultados finalísticos: identificação dos demais envolvidos + obtenção de informações e documentos que comprovem

---

[70] MOREIRA, Egon Bockmann; BAGATIN, Andreia Cristina. Lei Anticorrupção e quatro de seus principais temas: responsabilidade objetiva, desconsideração societária, acordos de leniência e regulamentos administrativos. **Revista de Direito Público da Economia – RDPE**, Belo Horizonte, ano 12, n. 47, p. 74-75, jul./set. 2014.

[71] No sentido oposto: "A previsão da celebração do acordo de leniência previsto no artigo 16 do referido diploma se configura como uma típica hipótese de acordo substitutivo. Tal disciplina, contudo, ao prever confissão obrigatória do acusado, se encontra maculada *pela pecha da inconstitucionalidade*, por violação ao artigo 5º, inciso LXIII, da Constituição da República e do artigo 14, 3, "g", do Pacto Internacional sobre Direitos Civis e Políticos, do qual o Brasil é signatário". MOREIRA NETO, Diogo de Figueiredo; FREITAS, Rafael Véras de, op. cit., p. 27.

[72] Vide HC 127483, julgado em 27.08.2015, acórdão ainda não publicado.

DIREITO DOS NEGÓCIOS APLICADO

o ilícito. Há outros requisitos: (i) ser a primeira a manifestar interesse em cooperar; (ii) cessar sua participação no ilícito; (iii) cooperação plena e permamente, comparecendo sempre que chamada (art. 16)[73].

Os prós para a pessoa jurídica em aderir ao acordo são: (i) redução das sanções, como abrandamento da multa em até 2/3; (ii) manutenção da possibilidade de recebimento de incentivos, subsídios, empréstimos estatais; (iii) dispensa de publicação da decisão condenatória. Todavia, a obrigação de reparar o dano permanece. Ademais, não pode ser submestimado que o acordo

---

[73] Art. 16. A autoridade máxima de cada órgão ou entidade pública poderá celebrar acordo de leniência com as pessoas jurídicas responsáveis pela prática dos atos previstos nesta Lei que colaborem efetivamente com as investigações e o processo administrativo, sendo que dessa colaboração resulte:

I – a identificação dos demais envolvidos na infração, quando couber; e

II – a obtenção célere de informações e documentos que comprovem o ilícito sob apuração.

§ 1º O acordo de que trata o caput somente poderá ser celebrado se preenchidos, cumulativamente, os seguintes requisitos:

I – a pessoa jurídica seja a primeira a se manifestar sobre seu interesse em cooperar para a apuração do ato ilícito;

II – a pessoa jurídica cesse completamente seu envolvimento na infração investigada a partir da data de propositura do acordo;

III – a pessoa jurídica admita sua participação no ilícito e coopere plena e permanentemente com as investigações e o processo administrativo, comparecendo, sob suas expensas, sempre que solicitada, a todos os atos processuais, até seu encerramento.

§ 2º A celebração do acordo de leniência isentará a pessoa jurídica das sanções previstas no inciso II do art. 6o e no inciso IV do art. 19 e reduzirá em até 2/3 (dois terços) o valor da multa aplicável.

§ 3º O acordo de leniência não exime a pessoa jurídica da obrigação de reparar integralmente o dano causado.

§ 4º O acordo de leniência estipulará as condições necessárias para assegurar a efetividade da colaboração e o resultado útil do processo.

§ 5º Os efeitos do acordo de leniência serão estendidos às pessoas jurídicas que integram o mesmo grupo econômico, de fato e de direito, desde que firmem o acordo em conjunto, respeitadas as condições nele estabelecidas.

§ 6º A proposta de acordo de leniência somente se tornará pública após a efetivação do respectivo acordo, salvo no interesse das investigações e do processo administrativo.

§ 7º Não importará em reconhecimento da prática do ato ilícito investigado a proposta de acordo de leniência rejeitada.

§ 8º Em caso de descumprimento do acordo de leniência, a pessoa jurídica ficará impedida de celebrar novo acordo pelo prazo de 3 (três) anos contados do conhecimento pela administração pública do referido descumprimento.

§ 9º A celebração do acordo de leniência interrompe o prazo prescricional dos atos ilícitos previstos nesta Lei.

§ 10º A Controladoria-Geral da União – CGU é o órgão competente para celebrar os acordos de leniência no âmbito do Poder Executivo federal, bem como no caso de atos lesivos praticados contra a administração pública estrangeira.

de leniência é uma saída menos traumática, e nada como uma investigação para afugentar parceiros, clientes e investidores. Em sociedades anônimas de capital aberto, isso é particularmente delicado: conforme levantamento feito nos Estados Unidos, a mera notícia de investigação derruba o valor de mercado de uma empresa em 9%, em média[74]. O apelo à discrição é um incentivo e, pensando nisso, a Lei Anticorrupção prevê o sigilo da proposta, até que a mesma seja formalizada e homologada (art. 16, § 6º).

Todavia, a decisão de aderir a um acordo de leniência é um passo que exigirá muita reflexão, avaliação de riscos e potenciais efeitos colaterais. Na Lei Anticorrupção, o acordo cobre apenas pessoas jurídicas e, pior, não exclui as competências de outros órgãos de controle, como o CADE, não interfere no seguimento de eventuais ações penais contra dirigentes e tampouco influencia no trâmite das ações de improbidade administrativa[75]. Não é difícil imaginar cenários nos quais a empresa adira ao acordo, colabore com as investigações, e com isso, forneça elementos incriminadores contra pessoas físicas a ela ligadas, que virão a ser processadas com base em tais provas. Ou, noutra vertente, o fruto da colaboração vir a ser utilizado contra a própria empresa, por exemplo, em sede de ação de improbidade administrativa, cuja lei veda expressamente acordos em seu bojo[76]. Em contrapartida, se o administrador da pessoa jurídica não aderir ao acordo de leniência, poderá comprometer o futuro da entidade como um todo, sujeitando-se a ações cíveis de regresso por parte da companhia ou acionistas, para ficar aqui no exemplo de sociedade anônima[77]. À toda evidência, poderá surgir um conflito de interesses que recomende a troca dos dirigentes mais diretamente envolvidos com os fatos.

---

[74] THE ECONOMIST, op. cit.

[75] Art. 29. O disposto nesta Lei não exclui as competências do Conselho Administrativo de Defesa Econômica, do Ministério da Justiça e do Ministério da Fazenda para processar e julgar fato que constitua infração à ordem econômica.

Art. 30. A aplicação das sanções previstas nesta Lei não afeta os processos de responsabilização e aplicação de penalidades decorrentes de:

I – ato de improbidade administrativa nos termos da Lei no 8.429, de 2 de junho de 1992; e

II – atos ilícitos alcançados pela Lei no 8.666, de 21 de junho de 1993, ou outras normas de licitações e contratos da administração pública, inclusive no tocante ao Regime Diferenciado de Contratações Públicas – RDC instituído pela Lei no 12.462, de 4 de agosto de 2011.

[76] Art. 17. A ação principal, que terá o rito ordinário, será proposta pelo Ministério Público ou pela pessoa jurídica interessada, dentro de trinta dias da efetivação da medida cautelar.

§ 1º É vedada a transação, acordo ou conciliação nas ações de que trata o caput.

[77] Art. 159. Compete à companhia, mediante prévia deliberação da assembléia-geral, a ação de responsabilidade civil contra o administrador, pelos prejuízos causados ao seu patrimônio.

DIREITO DOS NEGÓCIOS APLICADO

Dentro desse autêntico campo minado, melhor seria se a legislação tivesse seguido o exemplo do Sistema Brasileiro de Concorrência (Lei 12.529/2011), segundo o qual as pessoas físicas podem fazer o acordo de leniência e, acrescenta, os efeitos de tal acordo espraiam-se para a seara penal[78]. Tal medida garante maior segurança para os envolvidos, minimiza os riscos e, consequentemente, atenderia melhor às finalidades da nova legislação.

7. Conclusão

Mais que uma questão doméstica, combater a corrupção empresarial é hoje um compromisso internacional assumido pelo Brasil. Nesse contexto, a Lei Anticorrupção aborda o assunto de forma inovadora, voltando-se para mecanismos profiláticos de integridade empresarial *dentro* das pessoas jurídicas. Ao mesmo tempo, instrumentos repressivos foram redesenhados, elencando sanções que vão de multa até à extrema dissolução forçada da pessoa jurídica. Muito embora seja necessário tempo para a sedimentação dos novos institutos, a Lei Anticorrupção é um convite para que os gestores privados façam

§ 1º A deliberação poderá ser tomada em assembléia-geral ordinária e, se prevista na ordem do dia, ou for consequência direta de assunto nela incluído, em assembléia-geral extraordinária.

§ 2º O administrador ou administradores contra os quais deva ser proposta ação ficarão impedidos e deverão ser substituídos na mesma assembléia.

§ 3º Qualquer acionista poderá promover a ação, se não for proposta no prazo de 3 (três) meses da deliberação da assembléia-geral.

§ 4º Se a assembléia deliberar não promover a ação, poderá ela ser proposta por acionistas que representem 5% (cinco por cento), pelo menos, do capital social.

§ 5º Os resultados da ação promovida por acionista deferem-se à companhia, mas esta deverá indenizá-lo, até o limite daqueles resultados, de todas as despesas em que tiver incorrido, inclusive correção monetária e juros dos dispêndios realizados.

§ 6º O juiz poderá reconhecer a exclusão da responsabilidade do administrador, se convencido de que este agiu de boa-fé e visando ao interesse da companhia.

§ 7º A ação prevista neste artigo não exclui a que couber ao acionista ou terceiro diretamente prejudicado por ato de administrador.

[78] Art. 87. Nos crimes contra a ordem econômica, tipificados na Lei nº 8.137, de 27 de dezembro de 1990, e nos demais crimes diretamente relacionados à prática de cartel, tais como os tipificados na Lei nº 8.666, de 21 de junho de 1993, e os tipificados no art. 288 do Decreto-Lei nº 2.848, de 7 de dezembro de 1940 – Código Penal, a celebração de acordo de leniência, nos termos desta Lei, determina a suspensão do curso do prazo prescricional e impede o oferecimento da denúncia com relação ao agente beneficiário da leniência.

Parágrafo único. Cumprido o acordo de leniência pelo agente, extingue-se automaticamente a punibilidade dos crimes a que se refere o caput deste artigo.

ATIVIDADE EMPRESARIAL E O COMBATE À CORRUPÇÃO NA ADMINISTRAÇÃO PÚBLICA

parte de um ambiente de negócios mais saudável, ao mesmo tempo em que faz florescer um inédito campo de consultoria em *compliance* empresarial.

8. Referências

BRASIL. Supremo Tribunal Federal. **Recurso Extraordinário nº 548.181**, 1ª Turma. Relator: Ministra Rosa Weber. Brasília, DF, 06 de janeiro de 2013. Brasília, . Disponível em: <www.stf.jus.br>. Acesso em: 11 nov. 2015.

CAPANEMA, Renato de Oliveira. Inovações da Lei nº. Breves comentários à Lei da 12.846/2013. In: NASCIMENTO, Melillo Dinis do (Org.). **Lei Anticorrupção Empresarial:** aspectos críticos à Lei nº 12.846/2013. Belo Horizonte: Fórum, 2014. p. 13-28.

CONSELHO DA EUROPA. **Criminal Law Convention on Corruption**. Disponível em: < http://www.coe.int/en/web/conventions/full-list/-/conventions/treaty/173>. Acesso em 10 nov. 2015.

CRESPO, Eduardo Demetrio (Org.). Sobre la posición de garante del empresario por la no evitación de delitos cometidos por sus empleados. In: PRADO, Luiz Regis; DOTTI, René Ariel (Org.). **Doutrinas essenciais direito penal econômico e da empresa.** São Paulo: Revista dos Tribunais, 2011. p. 26-56.

DEPARTAMENT OF JUSTICE. *FCPA:* **A Resource Guide to the U.S. Foreign Corrupt Practices Act**. 2012. Disponível em: <www.sec.gov/spotlight/fcpa.shtml>. Acesso em 10 out. 2015.

FEDERAL MINISTRY FOR ECONOMIC COOPERATION AND DEVELOPMENT. **Anti-corruption and integrity in German development policy**, 2012. Disponível em: < http://www.bmz.de/en/publications/archiv/type_of_publication/strategies/ Strategiepapier323_04_2012.pdf>. Acesso em 23 out. 2015.

FERNANDES, Jorge Ulisses Jacoby; COSTA, Karina Amorim Sampaio. Breves comentários à Lei da Responsabilização Administrativa e Civil de pessoas jurídicas pela prática de atos contra a Administração Pública, nacional ou estrangeira. In: NASCIMENTO, Melillo Dinis do (Org.). **Lei Anticorrupção Empresarial:** aspectos críticos à Lei nº 12.846/2013. Belo Horizonte: Fórum, 2014. p. 29-58.

FERRAZ, Luciano. Reflexões sobre a Lei nº 12.846/2013 e seus impactos nas relações público-privadas: lei de improbidade empresarial e não lei anticorrupção. **Revista Brasileira de Direito Público – RBDP**, Belo Horizonte, ano 12, n. 47, p. 33-43, out./ dez. 2014.

HALLAKE, Marcello; HARPER, Michael. EUA de olho nas empresas brasileiras. **Folha de São Paulo.** São Paulo, 03 nov. 2015. Disponível em: <http://www1.folha.uol.com. br/opiniao/2015/11/1700820-eua-de-olho-nas-empresas-brasileiras.shtml>. Acesso em: 03 nov. 2015.

MOREIRA NETO, Diogo de Figueiredo; FREITAS, Rafael Véras de. A juridicidade da Lei Anticorrupção: reflexões e interpretações prospectivas. **Fórum Administrativo – FA**, Belo Horizonte, ano 14, n. 156, p. 9-20, fev. 2014.

MOREIRA, Egon Bockmann; BAGATIN, Andreia Cristina. Lei Anticorrupção e quatro de seus principais temas: responsabilidade objetiva, desconsideração societária, acordos de leniência e regulamentos administrativos. **Revista de Direito Público da Economia – RDPE**, Belo Horizonte, ano 12, n. 47, p. 55-84, jul./set. 2014.

OLIVEIRA, Rafael Carvalho Rezende; NEVES, Daniel Amorim Assumpção. O sistema brasileiro de combate à corrupção e a Lei nº 12.846/2013 (Lei anticorrupção). **Revista Brasileira de Direito Público – RBDP**, Belo Horizonte, ano 12, n. 44, p. 9-21, jan./ mar. 2014.

PRESIDÊNCIA DA REPÚBLICA. **Mensagem nº 314, de 1º de agosto de 2013.** Disponível em: < http://www.planalto.gov.br/ccivil_03/_ato2011-2014/2013/Msg/VEP-314.htm>. Acesso em 02 nov. 2015.

SANTOS, Juarez Cirino dos. **A moderna teoria do fato punível**. 2. ed. REVAN: Rio de Janeiro. 323 p.

SUBCHEFIA DE ASSUNTOS PARLAMENTARES. **EMI Nº 00011 2009 – CGU/MJ/ AGU**, 2009. Disponível em:<http://www.planalto.gov.br/ccivil_03/projetos/EXP-MOTIV/EMI/2010/11%20-%20CGU%20MJ%20AGU.htm>. Acesso em 01 nov. 2015.

SUNDFELD, Carlos Ari; CÂMARA, Jacintho Arruda. Acordos substitutivos nas sanções regulatórias. **Revista de Direito Público da Economia – RDPE**, Belo Horizonte, ano 9, n. 34, abr./jun. 2011. Disponível em: <http://www.bidforum.com.br/bid/PDI0006. aspx?pdiCntd=73323>. Acesso em: 10 out. 2015.

TEPEDINO, Gustavo. **Temas de Direito Civil**. 3. ed. Rio de Janeiro: Renovar, 2004. 583 p.

THE ECONOMIST. **You get who you pay for**, London, 02 Jun. 2012. Disponível em: < http://www.economist.com/node/21556255 >. Acesso em 15 nov. 2015.

TRAUTMAN, Lawrence J.; ALTENBAUMER-PRICE, Kara. Lawyers, Guns and Money – The Bribery Problem and U.K. Bribery Act. **The International Lawyer,** New York, n. 481, p.511-513, 12 jun. 2013. Disponível em: <http://ssrn.com/abstract=2276738>. Acesso em: 11 nov. 2015.

_____. **The Foreign Corrupt Practices Act:** Minefield for Directors. Virginia Law & Business Review, Virginia, no. 1, jan. 2011. Disponível em: <http://ssrn.com/abs-tract=1930190>. Acesso em 07 out. 2015.

WORLD BANK INSTITUTE. **The Costs of Corruption**, 2004. Disponível em: <http:// web.worldbank.org/WBSITE/EXTERNAL/NEWS/0,,contentMDK:20190187~men uPK:34457~pagePK:34370~piPK:34424~theSitePK:4607,00.html>. Acesso em 23 out. 2015.

NOTAS BIOGRÁFICAS

Adriana Piraíno Sansiviero
Pós-graduação *lato sensu* pelo Centro de Extensão Universitária e Fundação Getulio Vargas. Advogada em São Paulo.

Carlos Eduardo Peres Ferrari
Bacharel em Direito pelas Faculdades Metropolitanas Unidas – FMU. Advogado. LL.M. em Direito do Mercado Financeiro e de Capitais pelo Insper. Especialista em Direito Tributário pela Fundação Getúlio Vargas. Sócio de Negrão, Ferrari & Bumlai Chodraui Advogados.

Carlos Leduar de Mendonça Lopes
Advogado em São Paulo, Pós graduado em Direito Tributário e Ambiental pela Pontifícia Universidade Católica de São Paulo.

Carlos Marcelo Gouveia
Mestrando em Direito Tributário pela PUC / SP, especialista em direito societário pela FGV / SP e em direito tributário pela PUC / SP. Membro do Instituto dos Advogados de São Paulo. Advogado em São Paulo.

Cristiano Avila Maronna
Bacharel em Direito, mestre e doutor em Direito Penal pela Universidade de São Paulo – USP. Pós-graduado em Direito Penal pela Universidade de Salamanca, Espanha e em Direito Penal Econômico Europeu pela Universidade de Coimbra, Portugal. Membro da diretoria do Instituto Brasileiro de Ciências Criminais – IBCCRIM e do Conselho de Prerrogativas da Ordem dos Advogados do Brasil (OAB/SP).

Eduardo Correa
Advogado em São Paulo, Formado em Direito em 2004 pela FMU, Mestrando em Direito Tributário pela Fundação Getúlio Vargas - FGV, Pós-graduado em Direito Tributário pela PUC/SP, Pós-graduado em Processo Tributário pelo Instituto Internacional de Ciências Sociais - IICS.

Eugênio Alves Soares
Bacharel em Direito formado em 2009 no Centro Universitário de Santo André – UNIA, Pós -graduado em Direto Empresarial Contemporâneo formado em 2014 na FMU – Faculdades Metropolitanas Unidas, Advogado devidamente Inscrito na OAB/SP, Assessor da UNISOL Brasil.

Flávio Franco
Diretor Executivo Jurídico da Netshoes, Vice-Presidente da Comissão de Apoio a Departamentos Jurídicos da OAB/SP e Professor Convidado da Fundação Getúlio Vargas (Direito/GV).

Helmo F. A. Freitas
Advogado com MBA em Administração Geral e Estratégica pelo IPEC-SP e Pós-graduado em Direito Empresarial pela UNINOVE-SP.

José Inácio Gonzaga Franceschini
Formado pela Faculdade de Direito da Universidade de São Paulo em 1972 e com cursos de pós-graduação em Direito Penal-Econômico e Direito Internacional.

Luciano Martins Ogawa
Advogado em São Paulo, graduado pela Faculdade de Direito de São Bernardo do Campo, pós-graduado em Direito Tributário pela PUC/SP, L.L.M. em Direito Societário pelo IBMEC/SP e L.L.M. em Direito do Mercado Financeiro e de Capitais pelo INSPER/SP.

Lutfe Mohamed Yunes
Pós-graduação *lato sensu* pela Fundação Getulio Vargas – FGV/SP. Advogado em São Paulo.

NOTAS BIOGRÁFICAS

Marina Pires Bernardes
Advogada em São Paulo, graduada pela Faculdade de Direito da Pontifícia Universidade Católica de São Paulo (PUC-SP) e pós-graduada em Direito Tributário pelo Instituto Brasileiro de Estudos Tributário – IBET e pela Fundação Getúlio Vargas (GVLaw).

Mário Luiz Oliveira da Costa
Graduado em Direito pela Faculdade Paulista de Direito da Pontifícia Universidade Católica de São Paulo - PUC/SP. Especialista em Direito Tributário (pelo Centro de Extensão Universitária) e Direito Empresarial (pela Pontifícia Universidade Católica de São Paulo). É mestre em Direito Econômico pela Faculdade de Direito da Universidade de São Paulo – USP.

Mayra Pino Bonato
Especialista em Direito Tributário pelo Instituto Brasileiro de Estudos Tributários – IBET. Advogada em São Paulo.

Priscila Akemi Beltrame
Graduação pela Faculdade de direito de São Paulo, USP, mestrado pela USP, em direitos humanos e doutoranda em direito penal pela USP.

Rafael Soares Souza
Mestre em Direito de Estado pela Universidade de São Paulo. Juiz Federal vinculado ao Tribunal Regional Federal da 5ª Região.

Roberto Correia da Silva Gomes Caldas
Mestre e doutor em Direito Público pela PUC/SP é Professor do curso de mestrado da Uninove e advogado no Brasil e em Portugal.

Roberto N. P. di Cillo
Advogado em São Paulo, graduado pela Universidade de São Paulo (1995) e LLM pela University of Notre Dame (1999).

Rogerio Mollica
Mestre e Doutor em Direito Processual pela Universidade de São Paulo. Especialista em Direito Tributário pelo Instituto Brasileiro de Estudos Tributários (IBET)
Membro do Conselho Municipal de Tributos da Prefeitura de São Paulo desde 2010.

Santiago Andre Schunck
Advogado em São Paulo.

Tânia Pantano
Advogada em São Paulo. Graduada pela Faculdade de Direito do Largo São Francisco em 1995. Especialista em Direito Empresarial pela Pontifícia Universidade Católica. Mestre e doutora em Direito pela Faculdade de Direito do Largo São Francisco.

Vinicius Nogueira Franco
Bacharel em Direito pela Pontíficia Universidade Católica de São Paulo. Advogado. Associado de Negrão, Ferrari & Bumlai Chodraui Advogados.

SUMÁRIO

Apresentação 9
Os Coordenadores

Prefácio. 13
Marcelo Guedes Nunes

Contratos de Transferência de Tecnologia e o CADE 15
José Inácio Gonzaga Franceschini

Desafios da gestão jurídica nas empresas. 43
Flávio Franco
Roberto Correia da Silva Gomes Caldas

A guerra fiscal no âmbito do ICMS e a insegurança no plano empresarial 81
Carlos Marcelo Gouveia

Da não incidência do IRPJ, CSLL, contribuição ao PIS e COFINS
sobre verbas indenizatórias. 105
Mayra Pino Bonato

O ISS e a exportação de serviços. 131
Rogerio Mollica

Questões jurídicas relativas à antecipação de recebíveis imobiliários –
certificados de recebíveis imobiliários 149
Carlos Eduardo Peres Ferrari
Vinicius Nogueira Franco

DIREITO DOS NEGÓCIOS APLICADO

PIS e COFINS não cumulativos 169
Mário Luiz Oliveira da Costa

Criminal compliance no Direito Brasileiro: apontamentos e perspectivas 191
Cristiano Avila Maronna
Priscila Akemi Beltrame

Estruturação de investimentos em *startups* – aspectos legais e negociais 215
Adriana Piraíno Sansiviero
Lutfe Mohamed Yunes

Criminal compliance: breves considerações 233
Santiago Andre Schunck

Considerações a respeito da constituição e funcionamento de
fundos de investimento imobiliário 249
Tânia Pantano

Reorganizações societárias aprovadas por órgãos reguladores
versus planejamento tributário 271
Luciano Martins Ogawa
Marina Pires Bernardes

O ICMS no comércio não presencial e os reflexos atuais
na atividade empresarial 299
Eduardo Correa

Formas jurídicas de empreendimentos econômicos solidários 313
Eugênio Alves Soares

Ferramentas de eficácia de programas de combate à corrupção 335
Roberto N. P. di Cillo

Os insumos de PIS/COFINS na atividade comercial 359
Carlos Leduar de Mendonça Lopes

Livre iniciativa empresarial x sustentabilidade ambiental 385
Helmo F. A. Freitas

SUMÁRIO

Questões jurídicas relativas à antecipação de recebíveis imobiliários –
certificados de recebíveis imobiliários 393
Carlos Eduardo Peres Ferrari
Vinicius Nogueira Franco

Atividade empresarial e o combate à corrupção na administração pública:
anotações sobre a lei nº. 12.846/2013 413
Rafael Soares Souza

Notas Biográficas 437

Sumário. 441